JN297575

詳解信託判例

信託実務の観点から

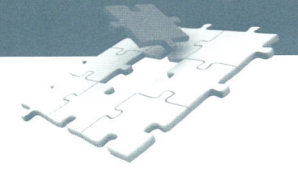

みずほ信託銀行／堀総合法律事務所
［編］

一般社団法人 金融財政事情研究会

推薦の言葉

　本書は、信託を理解するうえで重要な判決を、大審院の判決から最新の判決に至るまで取り上げ、実務的かつ理論的な検討を加えるものである。すなわち、実際に裁判で争われた信託を材料とすることによって、「生ける信託法」の姿を伝えてくれるのである。信託に関する裁判例だけで、「信託の成立と信託財産」「受託者の地位」「受益者」「信託と貸付取引」「信託関係の対外的効力」というように、信託制度の全体的な概要がわかるような本が書けるということは、実に画期的なことである。これまでにも、判例を題材として信託を論じる書物がなかったわけではないが、公表された裁判例がそれほど多くなかったこともあって、判例を通じて現実の信託に迫ることは困難であった。しかし、本書の目次をみれば明らかなように、平成になってから判例の数が飛躍的に増え、かつ、それがいろいろな論点にわたるようになり、判例から信託を語ることができる条件が整いつつあった。本書は、このような時期において、判例に基づいて信託ないし信託法の生きた姿を伝えようとするものであり、まさに時宜を得た企画であるといえるであろう。

　判例を題材として信託を論じることには、さまざまなメリットがある。

　第一に、判決を通じて、その背後にある紛争の実体に迫ることでき、信託ないし信託法がどのようなところで使われているのか、また、何が紛争となりえ、そして紛争となったときには裁判所でどのように解決されるのか、という一連の情報を本書の読者は得ることができる。個々の判決から、実に豊富な情報が与えられるのである。時には、受託者にとって当然のことと思っていたことが、受益者や債権者など、他の関係者にとってはそうではなく、紛争となることもある。そして、裁判のなかで双方の言い分が主張され、最終的に裁判所で解決される。しかし、これが「生ける信託法」なのである。このような内容を追求する本書は、信託実務に携わる者にとってはもちろん、研究者にとっても興味が尽きないであろう。

　第二に、第一点とも関連するが、生ける信託法は、信託実務そのものとは異なることを本書は教えてくれる。

これまでの信託ないし信託法は、多くは受託者となる信託銀行（戦前は信託会社）の実務をもとに論じられてきた。監督官庁の監督のもとで行われてきた信託実務であるから、その中身はそれなりに健全な発展をしてきたのであるが、それでも、裁判で争われるということは、信託実務が前提としていた信託法の解釈とは異なる考え方があることを示すものである。そして、裁判でいままでの信託実務が否定された場合はもちろん、否定されなくて条件付きで認められたり、あるいは異なる理論的根拠で認められたりすることもある。たとえば、受益権を担保にする貸付や、受益権と受託者に対する貸付債権との相殺などは、信託実務では当然できるものと考えていたであろう。しかし、それでも紛争になるのである。最終的には裁判で認められたとしても、受託者としてはどのようなところに気をつけなければならないかが明らかになる。また、委託者ないし委託者と契約した投資顧問業者が指図する年金信託などにおいて、受託者としては委託者ないし投資顧問業者の指図に従っていれば責任が生じることはないと思っていても、現実の信託では委託者に対する助言義務などが問題となることがある。生ける信託法の姿は、このような一定の紛争リスクを抱える信託の姿をそのまま伝えることで、信託実務家にとっても指針となるであろう。このようなことは、信託法の条文をいくら丁寧に読んでも、また、どのように優れた信託法の概説書を読んでも、十分には伝えられないのである。本書は、このようにして信託法理解を深めることに役立つであろう。

　第三に、本書の取り上げる判例が、旧信託法に関する戦前の判例も対象としたことで、信託法の議論の時間的・歴史的な流れも概観できることがありがたい。昭和8年の受益権担保貸付に関する大審院判決から始まり、昭和13年（信託利益の受益者と信託財産の処分）、昭和17年の両大審院判決（数人の受託者と信託財産に関する保存行為）、戦後昭和期の若干の判例、そして平成に入ってから飛躍的に増えた下級審判例および若干の重要な最高裁判決が取り上げられている。そこで取り上げられている論点の変遷をみると、信託法と信託実務の発展が手にとるようにわかる。現在となってはあまりみることもない大審院判決や昭和期の判例かもしれないが、信託法の実務および理論にとっては重要な問題を扱っているので、本書がこれらを取り上げたことの意

義は大きい。

　本書の叙述は、各講で取り上げられた判決についての要旨、事案の概要、判決文、解説の順で書かれているが、解説の部分では「問題の所在」を明らかにしたうえで、学説の動向や実務の対応を丁寧に説明している。信託の専門的知識を持ち合わせていない読者にとっても、理解できる内容となっている。また、参考文献も丁寧に引用されているので、信託の専門家にとっても、十分な情報が提供されている。法律的な論点については、信託銀行で実務に精通している信託銀行の関係者と弁護士との共同の研究会で検討を経たものであるから、法律的議論としても一級のものである。どのような立場の読者にとっても、どこかに意味を発見する本であろう。

　平成26年3月

　　　　　　　　　　　　　　　　　学習院大学教授　　能見　善久

はしがき

　平成16年の信託業法の改正あるいは平成18年の現行信託法の制定と前後して、「信託法」あるいは「信託業法」に関する多くの解説書が新たに出版され、信託業務にかかわりをもつ者として信託法理の構築・整理あるいは実務対応においておおいに参考になっているとともに、新しい信託スキームのあり方などにおいてもその本質的な問題点の把握および検証が容易に行えるようになり、誠に喜ばしいことであります。

　他面、わが国においては信託制度が従来より商事信託ないし営業信託として比較的限られた領域での法技術として利用されてきたこともあり、信託法や信託業務に関する判例の集積が他の基本法に比して決して多くはないと思われます。しかしながら、近時、信託に関する画期的な判例がみられるようになってきたのも事実です。信託制度に対する関心が高まっているなか、信託業務の取扱いや信託法令の解釈が裁判実務においていかにとらえられ、今後どのようにとらえられるかの検討は司法過程における今後の判断を探るうえでも重要な課題の一つであります。

　本書は下級裁判所から最高裁判所に至る判例のなかから、「Ⅰ　信託の成立と信託財産」「Ⅱ　受託者の地位」「Ⅲ　受益者」「Ⅳ　信託と貸付取引等」「Ⅴ　信託関係の対外的効力」等の信託分野におけるリーディングケースと考えられる判例・判決を軸に分野別に選定し、その事案の概要・判旨・意義・射程等について多角的に検討した成果を示したものであります。

　本書における目次の作成にあたっては、信託法に関するわが国の代表的な基本書を参考に、取り上げた判例がなるべくこれらの基本書の項目に沿って配置されるように配意しました。ただ、信託銀行等が受益者との間で貸付取引を行っている場合におけるその貸付取引と信託取引との関係については、相互に関連性のある一連の判例群があり、それらは信託財産、受託者および受益者の権利・義務関係にまたがる多くの論点を含んでいることから、これ

らを「信託と貸付取引等」という項目のもとに取りまとめました。

　判例の選定や検討にあたっては、みずほ信託銀行株式会社法務・受託審査部の行員を中心として同行において最前線で信託実務に携わっている有志と、堀総合法律事務所で、信託業務あるいは信託の訴訟実務にかかわる藤池智則弁護士をはじめとする弁護士たちが定期的に合同で研究会を開き、議論と検討を重ね、信託法務と訴訟実務の観点から対象判例を抽出しました。そのうえで、それぞれの判例の執筆責任者が原稿を起案し、これらをさらに研究会において討議しました。本書は、こうした過程を通じて、極力起案者の意図を尊重しつつ、偏りの極小化と精度の高さを担保しようとの試みのもと、生まれたものであります。

　また、各判例に関する解説の執筆にあたっては、対象判例のほとんどが、現行信託法施行前に設定された旧信託法が適用される信託に関連するものではあることから、各判例の旧信託法上の意義だけでなく、現行信託法上の意義についても、可及的に検討するよう努めております。

　加えて、本書が、上記のような信託実務家の執筆陣によるものであることから、各判例の結論および理論をふまえた実務上の対応についても、可能な限り深く掘り下げて検討し解説を加えており、今後の信託実務の参考となるように期しております。

　もとより、上記のとおり各執筆者の意見にわたる部分については、それぞれ担当している執筆者の個人的見解を可能な限り尊重することにしており、したがって、執筆者の所属する組織等の意見を示すものではないものであることをあらかじめお断りさせていただき、至らぬ部分につきましては今後読者の皆様の御指摘・御指導をいただきながら検討を重ねて参りたく存じます。

　幸に本書の発刊に際し、信託法の泰斗である能見善久教授（東京大学名誉教授・学習院大学教授）より温かな「推薦の言葉」をいただいたことは光栄の極みであり、信託法に係る執筆者ら一同のおおいなる励みになるものであります。

今後、本書が多少でも信託にかかわる方々の一助となれば、執筆者一同の喜びでございます。

　最後に本書の刊行に至るまで多大なご尽力をいただいた金融財政事情研究会の出版部の皆さんに、この場を借りて厚く御礼申し上げる次第であります。

　平成26年3月

編集代表　弁護士　堀　　裕
（堀総合法律事務所　代表弁護士）

凡　例

〔法令関係〕

現行信託法	信託法（平成18年法律第108号）
旧信託法	平成18年法律第109号による改正前の信託法
整備法	信託法の施行に伴う関係法律の整備等に関する法律（平成18年法律第109号）
新法信託	契約によってされた信託で現行信託法の施行の日以後にその効力が生じたもの、ならびに、契約によってされた信託で現行信託法の施行の日前にその効力が生じたものであって、信託行為の定めにより、または委託者、受託者および受益者（旧信託法8条1項に規定する信託管理人が現に存する場合にあっては、当該信託管理人）の書面もしくは電磁的記録による合意によって適用される法律を新法（現行信託法および整備法の規定による改正後の法律をいう。以下同じ）とする旨の信託の変更をして、これを新法の規定の適用を受けることとした信託。
旧法信託	信託行為の定めがなく、かつ委託者、受託者および受益者（旧信託法8条1項に規定する信託管理人が現に存する場合にあっては、当該信託管理人）の書面もしくは電磁的記録による合意によって適用される法律を新法とする旨の信託の変更をしないため、整備法2条の規定によりなお従前の例によることとされる信託。
信託業法	整備法による改正後の現行信託業法（平成16年法律第154号）。
改正信託業法	整備法による改正前の信託業法（平成16年法律第154号〔平成18年法律第65号の改正まで織り込んだもの〕）。
旧信託業法	改正信託業法施行前の信託業法（大正11年法律第65号）。

兼営法	整備法による改正後の現行金融機関の信託業務の兼営等に関する法律（昭和18年法律第43号）。
旧兼営法	整備法による改正前の兼営法（昭和18年法律第43号〔平成18年法律第65号の改正まで織り込んだもの〕）。

〔判例〕

大判（決）	大審院判決（決定）
最判（決）	最高裁判決（決定）
高判（決）	高等裁判所判決（決定）
地判（決）	地方裁判所判決（決定）

〔判例集、判例評釈〕

民集	大審院民事判例集、最高裁判所民事判例集
判解	最高裁判所判例解説
金法	金融法務事情
判時	判例時報
判タ	判例タイムズ
ジュリ	ジュリスト
民商	民商法雑誌
金判	金融・商事判例

〔文献〕

信託法案説明書	山田昭編著『日本立法資料全集 信託業法・信託法〔大正11年〕』所収
要綱試案	法制審議会信託法部会「信託法改正要綱試案」（2005） http://www.moj.go.jp/content/000011801.pdf
補足説明	法務省民事局参事官室「信託法改正要綱試案 補足説明」（2005） http://www.moj.go.jp/content/000011802.pdf
四宮	四宮和夫『法律学全集 信託法〔新版〕』（有斐閣、1989）
能見	能見善久『現代信託法』（有斐閣、2004）
新井	新井誠『信託法〔第4版〕』（有斐閣、2014）
寺本	寺本昌広『逐条解説 新しい信託法〔補訂版〕』（商事法務、2008）

信託法判例研究	中野正俊『信託法判例研究』(酒井書店、2005)
信託の法務と実務	三菱UFJ信託銀行編著『信託の法務と実務〔5訂版〕』(金融財政事情研究会、2008)

目　次

I　信託の成立と信託財産

第1講　預金の帰属と信託(1)
（最判平成14年1月17日民集56巻1号20頁）
　　　　　　　　　　　　　　藤池智則・関口諒　　2

第2講　預金の帰属と信託(2)
（最判平成15年2月21日民集57巻2号95頁）
　　　　　　　　　　　　　　藤池智則・関口諒　　19

第3講　遺言信託における受託者の裁量権
（大阪高判昭和48年7月12日金判525号47頁）
　　　　　　　　　　　　　　藤池智則・冨松宏之　　41

第4講　信託財産に対する受益者の処分権と名義信託
（大判昭和13年9月21日民集17巻20号1854頁）
　　　　　　　　　　　　　　岡田孝介　　61

第5講　議決権信託の効力
（大阪高決昭和58年10月27日判時1106号139頁）
　　　　　　　　　　　　　　岡田孝介　　71

第6講　旧信託法11条にいう訴訟行為の意義
（最判昭和36年3月14日民集15巻3号444頁）
　　　　　　　　　　　　　　秋山朋治　　83

第7講　信託登記と旧信託法3条1項の法意
（最判昭和25年11月16日民集4巻11号567頁）
　　　　　　　　　　　　　　須田力哉　　101

II　受託者の地位

第8講　信託の本旨に反する委託者の意思表示と受託者の義務
（大判昭和9年5月29日法律新聞3706号14頁）
　　　　　　　　　　　　　　　　　　　亀甲智彦　116

第9講　公有地信託における受託者の管理失当の有無
（大阪高判平成22年5月14日金法1935号59頁）
　　　　　　　　　　　　　　　藤池智則・松本亮一　129

第10講　信託型不動産小口化商品における受託者の説明義務・公平義務
（東京地判平成14年7月26日判タ1212号145頁）
　　　　　　　　　　　　　　　　　　　亀甲智彦　150

第11講　年金信託における受託者の助言義務等
（大阪地判平成25年3月29日判時2194号56頁）
　　　　　　　　　　　　　　　　　　　岡田孝介　171

第12講　年金信託契約における信託財産の運用方法
（大阪高判平成17年3月30日判時1901号48頁）
　　　　　　　　　　　　　　　　　　　隈元慶幸　196

第13講　共同受託と信託財産に関する保存行為
（大判昭和17年7月7日民集21巻13号740頁）
　　　　　　　　　　　　　　　　　　　谷川修一　216

第14講　委託者指図型投資信託の委託者に対する受託者の費用償還請求権等の有無
（東京地判平成21年6月29日金判1324号18頁）
　　　　　　　　　　　　　　　　　　　髙木いづみ　233

Ⅲ　受益者

第15講　集団信託における受益者の書類閲覧請求権と受託者の公平義務
（東京地判平成13年2月1日判タ1074号249頁）
　　　　　　　　　　　　　　　　　　　　　岡田孝介　252

第16講　公有地信託における受益者に対する費用補償請求権
（最判平成23年11月17日民集238号115頁）
　　　　　　　　　　　　　　　　　　　　　藤池智則　269

第17講　公有地信託における受益権放棄
（大阪地判平成25年3月7日判時2190号66頁）
　　　　　　　　　　　　　　　　　藤池智則・松本亮一　285

第18講　投資信託受益権の共同相続人の一部による解約請求・買戻し請求の可否
（福岡高判平成22年2月17日金法1903号89頁）
　　　　　　　　　　　　　　　　　　　　　野村周央　301

Ⅳ　信託と貸付取引等

第19講　信託受益権担保貸付の可否
（大判昭和8年3月14日民集12巻4号350頁）
　　　　　　　　　　　　　　　　　　　　　谷川修一　318

第20講　信託終了後における信託銀行による貸付債権と金銭信託受益者の元本等引渡し請求権の相殺の可否
（大阪高判平成12年11月29日判時1741号92頁）
　　　　　　　　　　　　　　　　　　　　　鈴木あや　331

第21講 委託者兼受益者である会社が解散した場合の受託者による信託契約解除と留置権行使・弁済充当等の可否
（大阪高判平成13年11月6日判タ1089号279頁）
　　　　　　　　　　　　　　　　　　　　　秋山朋治　　344

第22講 貸付信託受益証券担保貸付と民法478条の類推適用の可否
（東京高判平成8年11月28日判タ962号171頁）
　　　　　　　　　　　　　　　　　　　　　野村周央　　368

第23講 MMF（マネー・マネージメント・ファンド）解約実行請求時の販売会社に対する解約金支払請求権の性質
（最判平成18年12月14日民集60巻10号3914頁）
　　　　　　　　　　　　　　　　　　藤池智則・冨松宏之　　381

第24講 投資信託受益者につき破産手続が開始した場合における、販売会社たる銀行が受益者に対して有する債権と解約金支払債務の相殺の可否
（大阪高判平成22年4月9日金法1934号98頁）
　　　　　　　　　　　　　　　　　高木いづみ・松本亮一　　400

第25講 投資信託受益者につき民事再生手続が開始した場合における、販売会社たる銀行が受益者に対して有する債権と解約金支払債務の相殺の可否
（名古屋高判平成24年1月31日金法1941号133頁）
　　　　　　　　　　　　　　　　　高木いづみ・松本亮一　　412

V 信託関係の対外的効力

第26講 信託型不動産小口化商品における敷金返還義務を含む賃貸人の地位の承継
（最判平成11年3月25日判タ1001号77頁）
　　　　　　　　　　　　　　　　　　　　　　　髙木いづみ　432

第27講 過払金が生じている貸金債権の信託譲渡を受けた受託者の不当利得返還義務の有無
（札幌高判平成24年9月20日判タ1390号244頁）
　　　　　　　　　　　　　　　　　　　　　　　信森久典　449

- ■Column 1　信託関連訴訟の類型……38
- ■Column 2　訴訟信託と判定された信託の帰趨……98
- ■Column 3　不動産の信託と訴訟……167
- ■Column 4　信託訴訟における当事者適格……231
- ■Column 5　受益者の訴訟参加適格……267
- ■Column 6　信託行為の本質と実務……366

判例索引……471
編集・執筆者紹介……475

I

信託の成立と信託財産

第1講

預金の帰属と信託(1)

最判平成14年1月17日民集56巻1号20頁

> **判決要旨**
>
> 公共工事の請負業者が、保証事業会社の保証のもとに地方公共団体から支払を受けた前払金について、地方公共団体と請負業者との間における信託契約の成立を認めた。

> **事案の概要**
>
> 1 地方公共団体は、その発注する公共工事について、「公共工事の前払金保証事業に関する法律」(平成11年法律第160号による改正前のもの。以下「保証事業法」という)所定の前払金保証事業を営む保証事業会社により前払金保証がされた場合には、請負業者に対し、その工事に要する経費につき前払いをすることができるとされている(地方自治法232条の5第2項、同法施行令附則7条)。
>
> 2 A県公共工事請負契約約款によれば、前払金の支払を請求するためには、あらかじめ保証事業会社との間で保証事業法2条5項に規定する保証契約を締結し、その保証証書を発注者に寄託する必要があり、請負業者は前払金を当該工事の必要経費以外に支出してはならないとされていた。
>
> 3 A県は、請負業者Bとの間で、公共工事(以下「本件工事」という)の請負契約を締結し(以下「本件請負契約」という)、Bは、保証会社Y_1(被告、被控訴人、被上告人)との間で、保証事業法およびY_1の前払金保証約款(以下「本件保証約款」という)に基づき、BがAに対して負担する前払金返還債務について、Y_1が保証する旨の本件保証契約(Aを受益者とする第三者のためにする契約)を締結した。
>
> 4 その際、本件保証約款によれば、請負業者は、前払金を、Y_1があらか

【関係図】

A県 ──公共工事請負契約──→ 請負業者B（破産管財人X）

請負業者B ──前払金を別口普通預金口座に預金──→ 預託金融機関Y₂

A県 ←──受益の意思表示── 保証会社Y₁

B ──Bの前払金返還債務についての保証契約（A県が受益者）──→ 保証会社Y₁

預託金融機関Y₂ ──業務委託契約── 保証会社Y₁

じめ業務委託契約を締結している金融機関のなかから選定した金融機関に別口普通預金として預け入れなければならないものとされ、また、請負業者は、前払金を保証申込書に記載した目的に従い、適正に使用する責めを負い、預託金融機関に適正な使途に関する資料を提出して、その確認を受けなければ、別口普通預金の払出しを受けることができないものとされていた。

5　そこで、Bは、前払金の預託金融機関として、Y₁が業務委託契約を締結していたY₂（被告、被控訴人、被上告人）を選定した。

6　Bは、Aから前払金（以下「本件前払金」という）を当該金融機関の別口普通預金口座（前払金専用口座）に振込みを受けて、これを預金（以下「本件預金」という）し、これにより、Aは、保証事業法13条1項により、本件保証契約の受益を享受する旨の意思表示をしたものとみなされた。

7　その後、Bの営業停止により、本件工事の続行が不能になったため、Aは、本件請負契約を解除し、Y₁から保証債務の履行として本件前払金から本件工事の既済部分に対する代価に相当する額を控除した残金相当額の支払を受けた。

8　Bが破産宣告を受け、破産管財人X（原告、控訴人、上告人）が選任された。

9　Xは、本件預金は破産財団に属すると主張して、Y₁に対し本件預金についてXが債権者であること等の確認、Y₂に対し本件預金の支払を求め

た。

　第1審（名古屋地裁豊橋支判平成12年2月8日金判1087号40頁）は、AとBの関係は、発注者Aを委託者兼受益者とし、請負業者Bを受託者とする「実質的にみて信託関係と解される法的関係」が認められることから、旧信託法16条の趣旨を類推適用して、本件預金は、Bの破産に係る破産財団に帰属しないと判示した。

　原審（名古屋高判平成12年9月12日金判1109号32頁）は、Bが本件預金の払戻しにつきY_1の委託を受けたY_2によって厳重に使途が規制され、Y_1から支払の中止にまで及ぶ監査をされていること、Y_1が保証債務を履行した場合、Bに対して求償権を取得するほか、Aに代位することが予定されていること、Y_2においてBに対して反対債権を有する場合であっても、本件預金と相殺する余地はないことを考慮して、Y_1は、自己の保証債務の履行の確保のため、本件預金債権を「指名債権質又はこれに類似する担保」としてBから取得したとして、Y_1が、代位弁済した結果、本件預金について別除権を有していると判示した。X上告。

本　判　決

　本判決は、次のように判示して、原審の理由づけは相当でないとしつつも、上告人の請求を棄却した原審の結論を維持した（信託法の条文は旧信託法）。

　「前払金の支払は保証事業法の規定する前払金返還債務の保証がされたことを前提としているところ、保証事業法によれば、保証契約を締結した保証事業会社は当該請負者が前払金を適正に使用しているかどうかについて厳正な監査を行うよう義務付けられており（27条）、保証事業会社は前払金返還債務の保証契約を締結しようとするときは前払金保証約款に基づかなければならないとされ（12条1項）、この前払金保証約款である本件保証約款は、建設省から各都道府県に通知されていた。そして、本件保証約款によれば、（中略）前払金の保管、払出しの方法、Y_1による前払金の使途についての監査、使途が適正でないときの払出し中止の措置等が規定されているのである。したがって、Bはもちろん、Aも、本件保証約款の定めるところを合意内

容とした上で本件前払金の授受をしたものというべきである。このような合意内容に照らせば、本件前払金が本件預金口座に振り込まれた時点で、AとBとの間で、Aを委託者、Bを受託者、本件前払金を信託財産とし、これを当該工事の必要経費の支払に充てることを目的とした信託契約が成立したと解するのが相当であり、したがって、本件前払金が本件預金口座に振り込まれただけでは請負代金の支払があったとはいえず、本件預金口座からBに払い出されることによって、当該金員は請負代金の支払としてBの固有財産に帰属することになるというべきである。

また、この信託内容は本件前払金を当該工事の必要経費のみに支出することであり、受託事務の履行の結果は委託者であるAに帰属すべき出来高に反映されるのであるから、信託の受益者は委託者であるAであるというべきである。

そして、本件預金は、Bの一般財産から分別管理され、特定性をもって保管されており、これにつき登記、登録の方法がないから、委託者であるAは、第三者に対しても、本件預金が信託財産であることを対抗することができるのであって（信託法3条1項参照）、信託が終了して同法63条のいわゆる法定信託が成立した場合も同様であるから、信託財産である本件預金はBの破産財団に組み入れられることはないものということができる（同法16条参照）」

検討

1 問題の所在

本件では、請負業者が、保証会社の保証のもとに、地方公共団体から前払金を受領して、当該前払金を金融機関に専用普通預金口座を開設して本件預金としていたが、その後、破産した。この場合、地方公共団体と請負業者の間には、明示的な信託契約はないが、信託契約が成立して、本件預金が信託財産を構成し、請負業者の破産財団に組み込まれないことになるのか、が問題となった。

2　学説等の状況

(1)　信託関係の成立

　英米信託法上、具体的事案の妥当な解決を図るために、当事者の意思表示と無関係に信託の成立を擬制する擬制信託（constructive trust）が認められているが、わが国では、これは認められず、信託契約等の意思表示に基づき信託関係が成立するものとされている（旧信託法1条、現行信託法2条、3条）[1]。

　もっとも、信託契約が成立するためには、「信託」といった用語を使用する必要はなく、当事者が信託関係を設定するに相当な意思を表示すれば足りるとされている[2]。すなわち、明示的な信託契約がなくとも、委託者の信託を設定しようとする意思と受託者の信託を引き受ける意思の合致が認められれば、黙示的な信託契約の成立は肯定されよう。どのような場合に当事者に信託設定の意思が認められるかは、意思表示の解釈の問題である[3]。

　この点、最判昭和29年11月16日金法61号4頁も、甲が乙から、乙の詐欺による被害者と目される者（甲を含む）を受益者として、乙の騙取金の疑いのある金銭の保管を委託され、甲がその金銭の保管方法として自己名義をもって丙銀行に特別当座預金として預け入れたときは、当該預金債権はこれを信託財産と認めることを妨げないとしたうえで、丙銀行が当該預金につき適法に弁済供託したときは、供託金還付請求権も信託財産となり甲個人の財産には属しないと判示し、黙示的な信託契約の成立を肯定している。

(2)　信託の構成要素

　そこで、信託設定の合意が認められるために何が必要か、信託の構成要素を検討する必要がある。

1　四宮39頁、新井186頁。
2　四宮106頁。
3　能見18頁。この点、新井191頁は、「信託設定に向けられた当事者の主観的意図がなくとも、特定の財産をめぐる客観的な関係が信託関係として理解できる場合には、そこに信託関係の成立を認めることを、上掲擬制信託と区別するために、推定信託（当事者の信託設定意思を推定するとの意）と呼ぶこととしたい」と述べているが、これは、信託設定の法的意味まで理解していなくとも、社会通念上、信託を設定する意思が認められるような契約内容の場合には、当事者の信託設定の意思を推定することを意味するものと思われ、通常の意思表示の解釈論の枠内のものであると理解される。

旧信託法1条によれば、「信託」の構成要素として、①一定の財産の財産権を処分して、②当該財産について他人をして一定の目的に従い管理または処分させることが必要とされており、これらに向けられた契約当事者の意思の合致が認められれば信託契約が成立するものと解される[4]。

この点、現行信託法3条における「信託契約」の定義は旧信託法のそれに比して若干広汎であるが[5]、そうだとしても、基本的に、信託設定の合意は、(i)財産を処分する意思（以下「財産処分意思」という）、および(ii)当該財産を一定目的に従って管理・処分させる意思（以下「管理処分させる意思」という）が構成要素となることには変わりはないものと思われる。

(3) 信託財産の対抗要件

旧信託法3条は、信託財産が登記もしくは登録すべき財産権である場合または有価証券である場合、それぞれについて要求される公示がなければ、その財産が信託財産であることを第三者に対抗することができないと定めており、現行信託法14条も同様の規定を置いている。しかし、金銭・動産・一般の債権その他の財産権については、明文の規定がなく、旧信託法下においては、信託の公示なしに、信託財産であることを善意の第三者にも対抗することができるとするのが通説であり[6]、現行信託法上も、これに依拠している[7]。

3　本判決の意義およびその射程

(1) 黙示的な信託契約の成立

本判決の意義は、本件前払金が振り込まれた預金口座が請負業者Bに帰属することを前提として、発注者AとBとの間で、Aを委託者兼受益者、Bを

---

[4] 大村敦志「遺言の解釈と信託－信託法2条の適用をめぐって」トラスト60『実定信託法研究ノート』(1996) 37頁。道垣内弘人「最近信託法判例批評(8)」金法1598号46頁。
[5] 旧信託法は、信託の対象を「財産権」とし、委託者の行為を「財産権ノ（中略）処分」とし、受託者の権限を「管理又ハ処分」としているのに対して、現行信託法は、信託の対象を「財産」と広げ、委託者の行為につき「処分」行為のなかに「担保権の設定」も含め、受託者の権限を「管理又は処分及びその他の当該目的の達成のために必要な行為」に広げている（寺本32頁〜33頁）。
[6] 四宮169頁。
[7] 寺本71頁。

受託者、本件前払金を信託財産として、これを工事の必要経費の支払に充てることを目的とした黙示的な信託契約の成立を認めた点にある。

(2) 黙示的な信託契約の事実認定

問題は、本判決が、どのような事実認定を行って、黙示的な信託契約の成立を認めたのか、である。

本件において、本件前払金はAからBの本件預金口座に振り込まれ、その本件預金口座はBがB名義で開設し管理していることから、本件預金の預金者はBであると考えられる（第2講参照）[8]。したがって、AがBに対して本件前払金を振り込むことにより、財産処分意思は認められる。

そこで、本判決が、いかに管理処分させる意思を認定したかが注目されるところであるが、この点について、一般論を述べておらず、その意味で事例判決である。

しかし、本件では、①AB間の請負契約約款上で本件前払金を工事の必要経費以外に支出してはならないと規定され、本件前払金の資金使途が制限されていたが、本判決は、そのことから直ちに管理処分させる意思を認定していない。これに加えて、本判決は、②保証事業法のもとで保証されている本件前払金について、保証会社が前払金の適正使用について監査が義務づけられていたこと、③同法に基づき制定された前払金保証約款上も、本件前払金が別口普通預金として保管されなければならないこと等の保管・監査についての厳格な規定があったこと等の事情をあげている。そのため、最高裁調査官解説によると、こうした保証スキームが採用されていない民間工事の請負代金の前払いに本判決の射程が及ぶものではないとされている[9]。

このように、本判決は、契約当事者であるAB間の明示的な合意内容である預託した金銭の使途の制限のみならず、上記②③の事実のような、当該金銭の特定性およびその使途の適正性を担保するための具体的措置を定めた契約当事者以外の者との間の契約内容をも、AB間の契約の黙示的内容として

---

[8] 中村也寸志「公共工事の請負者が保証事業会社の保証の下に地方公共団体から支払を受けた前払金について地方公共団体と請負者との間の信託契約の成立が認められた事例」「判解」民事篇平成14年度（上）24頁。

[9] 中村・前掲注8・28頁。

あえて取り込み信託契約の成立を認めており、この点にかんがみると、単に財産の使途を制限して預託しただけでは、管理処分させる意思は認められないと考えているようにみえる。すなわち、財産の使途の制限に加えて、当該財産が特定されその使途の適正性が担保される具体的措置についての合意が認められる場合に、管理処分させる意思を認定して、黙示的な信託契約の成立を認めたものであるとも考えられよう[10]。

ただ、財産が特定されその使途の適正性が担保される措置がなければ信託契約は成立していないとも明示的に述べていないことから、信託契約の成立要件の明確化のための今後の判例の集積が待たれる。

なお、信託の定義が、既述のように、旧信託法と現行信託法で基本的に異ならないことから、本判決は、新法信託においても参考になるものと思われる。

(3) 受益者の認定

本判決は、本件前払金を工事の必要経費として支払うという信託事務を履行すると、その効果は、委託者であるAに帰属することから、信託の受益者を委託者であるAとしている。

(4) 預金債権を信託財産とする場合の対抗要件

また、本判決は、信託財産である預金債権については、既述のように、旧信託法上の通説に沿って、Bの一般財産から分別管理して特定性を備えていることをもって、当該預金債権が信託財産であることを第三者に対抗できるものとする。

4 本判決の評価

(1) 信託関係の成立

第1審判決は、AB間に「実質的にみて信託関係と解される法的関係」があったとして、当事者の意思によらずに信託関係の成立を肯定しうるものとしているようである。

しかし、信託法は英米法に起源があるとはいえ、判例法を基礎とする英米法と異なり、制定法主義を採用するわが国の法体系において、信託法の条文

---

[10] 中村・前掲注8・26頁。

から離れて、当事者の意思によらない信託関係である擬制信託を一般的に許容することは、解釈論として困難なように思われる。

　もちろん、わが国においても、信義則や権利濫用といった一般法理を適用して具体的事案についての妥当な解決を図るなかで、信託設定の意思なきところに信託的関係を認める判例法理が形成され法創造機能を果たすことまで否定されるべきではないが、法の予見可能性の観点から、一般法理の援用は抑制的であるべきであって、その意味で、本判決が、本件の事実関係のもとで、端的に、黙示的な信託契約の成立を認定していることは妥当であると思われる。

(2)　黙示的な信託契約の構成要素

　本判決は、既述のように、信託契約の成立のために、財産処分意思、および管理処分させる意思の合致が必要という前提のもとで、この管理処分させる意思については、使途を定めて金銭を預託するだけでなく、当該金銭が特定されてその使途の適正性が担保される具体的措置についての合意がなされて預託されていることを認定したうえで管理処分させる意思を認めた。ただ、上記のように、信託契約の成立のために、こうした具体的措置が不可欠なものなのか、不可欠だとして、どの程度のものが必要なのかは本判決からは必ずしも明確とはいえない。

　この点、最判平成15年6月12日民集57巻6号563頁は、債務整理事務の委任を受けた弁護士が委任事務処理のために委任者から受領した金銭について、民法649条の前払費用として当該弁護士に帰属することから、当該金銭を預け入れるために弁護士の個人名義で開設した普通預金口座に係る預金債権も当該弁護士に帰属すると判示しているが、深澤武久、島田仁郎両裁判官の補足意見は、「会社の資産の全部又は一部を債務整理事務の処理に充てるために弁護士に移転し、弁護士の責任と判断においてその管理、処分をすることを依頼するような場合には、財産権の移転及び管理、処分の委託という面において、信託法の規定する信託契約の締結と解する余地もあるものと思われるし、場合によっては、委任と信託の混合契約の締結と解することもできる」として黙示的な信託契約の成立の余地を認めている。しかし、同補足意見も、弁護士が委任の前払費用として受領した金銭について使途が定めら

れているというだけで、直ちに信託契約が成立するものとはしていない[11]。

(3) 信託契約の成立と分別管理義務

一般に、なんらかの委任事務において受任者が使途を定められて受領した金銭は、民法649条の前払費用に該当し、当該金銭の所有権は受任者に帰属し、かつ、そこに当該金銭を信託財産とする信託契約が成立するとは考えられていないものと思われる。

そこで、道垣内教授は、信託においては、受益者が所有権を有していないのにもかかわらず、信託財産につき物権的救済を受ける地位にあることにかんがみて、分別管理がなされていないときに、受益者の物権的救済を認めることは困難であるとして、分別管理義務が課されているかどうかが信託設定意思の存否のポイントであるとする[12]。

もっとも、分別管理義務は、信託契約が成立した場合に認められる契約の効果としての受託者の義務であって、信託の成立の有無を論じるときに、分別管理義務の有無を論じるのは背理であるとも思われる。

しかし、委任者が一定の事務を委任する際に、受任者に使途を定めて金銭を預託した場合に、当該金銭が単に委任契約の前払費用にとどまるのか、信託契約に係る信託財産として受益者たる委任者の権利が物権的に保護されるのか（現行信託法27条）を判断するために、財産処分意思と管理処分させる意思を形式的に判断するのみでは判別しがたい。なぜなら、いずれの場合も、金銭の所有権は受任者に移転する意思が認められ、かつ、当該金銭の使途が定められている以上、形式的には、当該金銭を一定の目的のもとに管理処分させる意思があるともいえるからである[13]。したがって、管理処分させ

---

11 大橋寛明「債務整理事務の委任を受けた弁護士が委任事務処理のため委任者から受領した金銭を預け入れるために弁護士の個人名義で開設した普通預金口座に係る預金債権の帰属」「判解」民事篇平成15年度（上）320頁。
12 道垣内・前掲注4・46頁～48頁。道垣内弘人「最近信託法判例批評（9・完）」金法1600号84頁。
13 大阪高判平成20年9月24日判夕1290号284頁も、「意思表示の当事者が具体的な法的効果を意識していることは必要ではなく、（中略）委託者は受託者に対して一定の目的に従い財産の管理又は処分をさせ、受託者は目的に従って財産の管理又は処分を行うという抽象的な法的効果を欲することで足りると解される。しかし、それだけでは外延が曖昧であって、例えば財産の移転を伴う委任契約や目的を定めた寄託契約との区別がつかないおそれがある」としている。

る意思の要件をより実質化して、黙示的な信託契約の存在性を評価するためには、受益者の物権的救済を認めるべき態様のもとにおける管理処分をさせる意思が必要となるのではないかと思われ、受託者が実際に分別管理をしていたという事実は、そうした意思の存在を推認させる重要な徴表となると考えられる[14]。

(4) 旧信託法の分別管理義務と現行信託法の分別管理義務

では、管理処分させる意思のメルクマールとなりうる分別管理の内容はどのようなものか。

旧信託法28条は、本文において、受託者が信託財産と受託者の固有財産とを分別管理する義務および信託財産と他の信託財産とを分別管理する義務を負う旨規定し、同条但書において、信託財産が金銭の場合は、計算上の分別で足りる旨規定していたが、信託財産の特定性維持の観点から、信託財産と受託者の固有財産の分別管理については強行法規であり、同条但書は、信託財産間の分別管理のみに適用されるとされていた[15]。

しかし、現行信託法34条1項は、信託財産の種類に応じて、分別管理の方法を規定するとともに、信託財産と固有財産との間であるか信託財産と他の信託の信託財産との間であるかを問わず、同条項で規定された「分別して管理する方法」について、信託行為で別段の定めを置くことを許容し（同項但書）、分別管理義務の強行法規性は緩和された[16]。

ただ、受託者に分別管理義務を課す趣旨は、①これにより信託財産の特定

---

[14] 前掲注13・大阪高判平成20年9月24日は、転貸借関係が存在し、原賃貸借と転貸借の両方において敷金が交付されている場合に、転借人を委託者兼受益者とし、原賃借人兼転貸人を受託者とし、原賃貸借関係における敷金返還請求権を信託財産とする信託契約が成立するためには、信託が「契約即ち意思表示の合致により成立するものである以上、効果意思即ち一定の法的効果を欲する意思の合致が必要である」としたうえで、「信託の効果意思の内容となる財産の管理又は処分は、受託者の財産関係とは何らかの区分をつけたものであること、すなわち信託財産の分別管理が不可欠である」として、黙示的な信託契約の成立に、分別管理させる意思が必要であるとの前提に立っている。そして、同裁判例は、このような前提のもと、信託の効果意思の有無を検討するなかで、転借人から賃借人兼転貸人へ敷金が交付された後に、当該敷金が客観的に分別管理されていた状況が認められるか否かを検討しており、事後的に受託者が分別管理をしていたという事実について、信託の成否との関係では、信託の効果意思の存在を推認させる徴表と考えていると思われる。

[15] 四宮220頁～223頁、能見98頁～102頁。

性を維持することができ、それを前提に信託財産の独立性が認められ、受託者の倒産から信託財産の隔離機能が確保できる点、および②分別管理義務が受託者の信託財産に関する忠実義務違反の防壁の機能を営む点にある[17]。そして、現行信託法においても分別管理義務自体を免除することは許されないと解されている[18]。したがって、単なる委任と区別しうる程度に、受益者の物権的救済が図られる態様のもとにおいて管理処分させる意思が認められるためには、上記の分別管理義務の趣旨にかんがみると、信託財産の特定性およびその使途の適正性を担保する仕組みを構築する意思が必要になるものと思われる[19]。本判決の結論も、このような解釈論により基礎づけられうるのではなかろうか。

もっとも、現行信託法上、固有財産と信託財産との分別管理義務の態様が緩和されたことにかんがみると、信託財産の特定性およびその使途の適正性を担保する仕組みはより緩やかに認められる可能性があるのではないかと思われる。

(5) 受益者と旧信託法9条

工事費用の支払義務者は請負人であるから、請負人が本件信託の単独受益者となり、これにより、受託者が単独受益者となることを禁じる旧信託法9条に反しないかが問題となりうるが、本件と同種事案において、東京高判平成12年10月25日金判1109号32頁は、注文者のほかに、請負者も、工事を行え

---

16 旧信託法上の分別管理義務については、①信託財産の種類ごとに期待されている分別管理の方法が明らかではないこと、②信託財産と固有財産との間においては常に物理的分別が必要とされると、信託財産の効率的な管理・運用が阻害されかねないことといった批判があった。③現行信託法上は、信託財産に属する財産と固有財産に属する財産との間で識別不能状態が生じた場合、識別不能となった当時における各財産の価格の割合に応じた共有持分が信託財産と固有財産とに属するものとみなすこととされたため（同法18条1項）、仮に信託財産と固有財産とが混蔵保管されている場合であっても、37条1項および4項の規定に基づき信託財産に係る帳簿が作成・保存されている限り、受益者または受託者は、受託者個人の債権者との関係において信託財産の確保を図ることが可能となる。こうした事情を背景に、現行信託法上、分別管理義務が緩和され柔軟化された。寺本137頁。

17 四宮220頁。

18 寺本139頁（注9）は、信託行為で別段の定めを置くことができるのは「分別して管理する方法」についてであって、分別管理義務自体を免除することはできないとする。

19 道垣内弘人「信託の設定または信託の存在認定」道垣内弘人ほか編『信託取引と民法法理』（有斐閣、2003）23頁。

ばそれに応じて支払を受けられるという意味において共同受益者になるとしている。他方、受託者である請負業者がその裁量権を行使することにより下請業者、資材納入業者等に受益者が確定する裁量信託・他益信託とする見解もある[20]。

しかし、本判決の最高裁調査官解説は、「この信託内容は本件前払金を本件工事の必要経費に支出することであり、受託事務の履行の結果は、甲（筆者注：注文者）に帰属すべき出来高に反映されるのであり、乙（筆者注：請負業者）が工事利益を取得するものではないから、受益者は委託者である甲（筆者注：注文者）のみであるというべきである」としており[21]。このように本件信託の受益者を注文者とする自益信託と解するのが当事者の意識に合致するものと思われる。そして、このように解すれば、受益者と受託者が異なることから、旧信託法9条には反しないこととなる。

5 実務対応

(1) 黙示的な信託契約の成立のメルクマール

黙示的な信託契約が成立するためには、既述のように、財産処分意思と管理処分させる意思が必要であるが、後者の要件については、本判決のもとでは、信託財産の特定性およびその使途の適正性を担保する仕組みを構築する意思が含まれていることを要するものと考えられうる。

しかし、どの程度の事実が認められれば、こうした意思が認定されるのかについて、現時点で明確な基準はない。たとえば、銀行が、「預り金口」等の使途が定められている預金と推認される付記のある預金について、破産管財人が払戻しを請求してきた場合、一般に、銀行は、信託財産の特定性およびその使途の適正性が担保される仕組みが含まれている預金なのか知りえず、仮に知ったとしても、どの程度担保される仕組みであれば、信託契約が成立していると解すべきかについて判断することは困難である。したがって、①本件のような類型の信託のように、預金について使途の定めがあるだけでなく、その特定性およびその使途の適正性が担保されている仕組みが制

---

20 道垣内・前掲注4・44頁～45頁。
21 中村・前掲注8・26頁。

度的に組み込まれていることが公表されている場合や、②銀行がそのような仕組みが含まれている預金であることを特に知っていた場合については、信託契約が成立しているものとして取り扱うべきであろう。ただ、②の場合には、判断に迷う場合もありえ、そのような場合には、供託をするほかないであろう。

一方、破産管財人が、破産者の財産のなかに、使途が定められた預金の存在を認めた場合は、当該預金に関連して特定性および使途の適正性を担保するための仕組みがないか契約書等を精査する必要があり、そのような仕組みが認められたときは、破産財団から除外すべきこととなる。そして、その判断に迷う場合は、委任者側からヒアリングをしたうえで、裁判所と協議しながら慎重に検討する必要があるものと思われる。

(2) 訴訟上の主張立証活動と要件事実

前掲最判平成15年6月12日の補足意見は、「信託財産に属する金銭を弁護士が預金した場合の預金者が弁護士であるという結論は、委任契約の場合と異なるところがないから、本件の結論には影響を及ぼさない。そして、本件においては信託等について何らの主張、立証もないので、その可能性を指摘するにとどめることとする」とも述べている。すなわち、本判決では、預金が委任者に帰属するか受任者に帰属するかが争われたところ、受任者に帰属すると判示されたが、同意見は、預金が帰属する受任者を受託者とする信託の成立が、その要件事実の主張立証がなかったことから、信託契約の成立は認められないとするのである。そこで、黙示的な信託契約の成立を求めるために、いかなる事実を主張立証する必要があるのか、黙示的な信託契約の要件事実は何かが問題となる。

一般に黙示的な意思表示の要件事実については、黙示的な意思表示を基礎づける個々具体的な事実を主要事実ととらえる見解（主要事実説）と当該個々具体的事実は間接事実にすぎず、そこから総合的に推認される意思表示が主要事実であるととらえる見解（間接事実説）があるが、裁判実務では、黙示の意思表示について、上記の具体的事実から離れて別個に表示行為が真実存在するのか疑問であること、および、間接事実説によると、個々の具体的事実の主張責任が存在しないこととなり、黙示の意思表示の成立を争う当

事者の防御を困難にする危険があることから、主要事実説が採用されているようである[22]。

この主要事実説によれば、黙示的な信託契約において、財産処分意思および管理処分させる意思の合致は法的観点にとどまり、これらを基礎づける具体的事実こそが要件事実として訴訟当事者が主張立証責任を負う事実となる。したがって、本判決が主要事実説を採用しているか明らかではないが、主要事実説によれば、本判決において、管理処分させる意思を基礎づける上記3(2)①〜③の具体的事実は主要事実であって、当事者が主張立証しない限り、裁判所がこれらの事実を認定して、黙示の信託契約の成立を認めることはできないものと考えられる。

この点、当事者が信託契約の成立を明示的に主張しないにもかかわらず、黙示的信託契約を基礎づける具体的事実が主張立証されれば、信託契約の成立が認められるとなると、不意打ちとなるとの観点から、信託契約の成立の主張が必要であるとする見解もある[23]。たしかに、預金の帰属者が委任者か受任者かが明示的な争点となっている場合、一方当事者より委任者から受任者への金銭（預金）の移転が主張立証され、他方当事者から、委任者が受任者名義の預金を受任者を通じて実質的に管理していることが主張立証される可能性がある。このような各主張立証に照らすと、財産処分意思と管理処分させる意思の双方が認められ、全体として、黙示的な信託契約の要件事実が十分に主張立証されることとなる事態が想定されうる。このような場合に、裁判所が信託契約の成立を認定すると、当事者にとって不意打ちとなる可能性がある。したがって、裁判所としては、信託契約の成立を認定する前に、その成立の可能性について主張立証を尽くすように釈明すべきものと思われる。

(3) 信託業法との関係

本判決は、既述のように、信託会社・信託銀行以外の者を受託者とする信

22　司法研修所『増補　民事訴訟における要件事実〔第1巻〕』（法曹会、1986）37頁〜42頁。伊藤滋夫総括編集『民事要件事実講座〔第3巻〕』（青林書院、2005）219頁。
23　永石一郎「不動産・建設業等の危機・倒産をめぐる法律問題－証券化、信託、リートも視野に入れて－第9回　信託と倒産隔離」銀行法務21・706号49頁。

託を認めたものであるが、このような信託は信託業法に違反しないか。

旧信託業法1条は、「信託業」を行うためには、内閣総理大臣の免許を受ける必要があると定めていた。また、現行の信託業法は、信託業を、「信託の引受けを行う営業」と定義している（2条1項）。

この点、「営業」とは営利の目的をもって反復継続して行うことである。したがって、本判決の事案においても、受託者である請負業者が営利目的をもって反復継続的に信託を引き受けることがありうることから、「信託の引受けを行う営業」を行っていると認められる可能性がある。

しかし、本判決の事案のように、他の契約に付随して金銭の預託等を行う場合に、時に当事者間でも予期せぬかたちで信託が成立することがありうるが、このような場合にまで、信託業法を適用するのは妥当ではないことから[24]、改正信託業法では、信託業法の適用除外規定が設けられ[25]、「信託業」から、「他の取引に係る費用に充てるべき金銭の預託を受けるものその他他の取引に付随して行われるものであって、その内容等を勘案し、委託者及び受益者の保護のため支障を生ずることがないと認められるものとして政令で定めるもの」が除外され（同法2条1項）、同法施行令1条の2では、信託業から除外されるものとして、①「弁護士又は弁護士法人がその行う弁護士業務に必要な費用に充てる目的で依頼者から金銭の預託を受ける行為その他の委任契約における受任者がその行う委任事務に必要な費用に充てる目的で委任者から金銭の預託を受ける行為」、②「請負契約における請負人がその行う仕事に必要な費用に充てる目的で注文者から金銭の預託を受ける行為」、③「前2号に掲げる行為に準ずるものとして内閣府令で定める行為」（現時点で規定なし）があげられている。

この信託業法の改正により、請負業者や弁護士が工事費用や委任事務の前払金を受領した場合に、信託契約が反復継続的に成立し、形式的には、これ

---

[24] 旧信託法下において、道垣内弘人「「預かること」と信託－「信託業法の適用されない信託」の検討」ジュリ1164号84頁は、「信託業法で念頭に置かれている信託業は、投資により財産の運用を行うものなのである。とすれば、投資＝運用をともなわない、たんなる「財産の預かり・移転」は、「信託」であるが、その営業は信託業法にいう「信託業」には該当しないと見ることも不可能ではないと思われる」としていた。

[25] 小出卓哉『逐条解説　信託業法』（清文社、2008）19頁。

らの者が信託業を行っていると認められるときでも、信託業から除外され、信託業法に違反しないこととなった。しかし、これらの除外は預り金に関する金銭信託についてのみ認められており、その他の財産の信託には認められない。したがって、弁護士が会社から債務整理を委任された場合、委任事務を処理するための預り金である金銭については、信託の設定を受けても、信託業法に反しえないが、その他の財産については信託の設定を受けると、信託業法に違反する可能性がある。もっとも、動産、不動産、債権等について、それらの名義は委任者のままとし、弁護士が代理人として財産の売買の交渉、権利行使等を行えば足りるものと思われる。

（藤池智則・関口諒）

第2講

預金の帰属と信託(2)

最判平成15年2月21日民集57巻2号95頁

判決要旨

損害保険会社Xの損害保険代理店Aが、保険契約者から収受した保険料のみを入金する目的で金融機関に「X代理店A」名義の普通預金口座を開設したが、XがAに金融機関との間での普通預金契約締結の代理権を授与しておらず、同預金口座の通帳および届出印をAが保管し、Aのみが同預金口座への入金および同預金口座からの払戻し事務を行っていたという判示の事実関係のもとにおいては、同預金口座の預金債権は、Xにではなく、Aに帰属する。

事案の概要

1　Aは、損害保険会社X（原告、被控訴人、被上告人）との間で損害保険代理店委託契約を締結し、Xの損害保険代理店となった。当該契約において、Aは、Xを代理して、保険契約の締結、保険料の収受等の業務を行い、収受した保険料を、Xに納付するまで、自己の財産と明確に区分して保管し、これを他に流用してはならないものとされていた。

2　Aは、信用組合Y（被告、控訴人、上告人）に「X代理店A」名義の普通預金口座（以下「本件預金口座」という）を開設した。本件預金口座は、AがXのために保険契約者から収受した保険料のみを入金する目的で開設されたものである。本件預金口座の通帳および届出印は、Aが保管していた。

3　Aの損害保険代理店業務は、次のとおりの手順で行われた。

①　Aは、Xを代理して、保険契約者と保険契約を締結し、保険契約者から保険料を収受し、保険料として収受した金銭を本件預金口座に入金す

るまで、これを他の金銭と混同しないよう、専用の金庫ないし集金袋で保管する。
② Aは、保険料として収受した金銭をXに送金するまでの間、これをすべて本件預金口座に入金して保管する。Aが本件預金口座に保険料以外の金銭を入金したことはない。
③ 本件預金口座に生じた預金利息は、Aが取得する。

　上記取扱いは、平成7年法律第105号により廃止された保険募集の取締に関する法律、平成8年大蔵省令第5号により廃止された同法施行規則、「損害保険会社の業務運営について」と題する大蔵省通達（平成8年4月1日蔵銀第525号）および社団法人日本損害保険協会の損害保険募集関係規定に沿うものであった。

4　本件預金口座には、AがXのために収受した保険料およびこれに対する預金利息の合計342万2,903円が預け入れられていたところ（以下この預金を「本件預金」、本件預金の返還請求権を「本件預金債権」という）、Aは、2度目の不渡り手形を出すことが確実となったため、AはXに本件預金口座の通帳および届出印を交付した。

5　Xは、Yに対し、本件預金債権はXに帰属するとして、本件預金全額の払戻しを請求し、これが拒絶されたことから、訴訟を提起するに至った。

6　第1審（札幌地判平成10年12月2日金判1167号11頁）は、預金の原資の出捐者が預金者であるとの一般論を前提として、「a 本件保険料は封金と同様の性質を有するものであって、その所有権はXにあると解される上、仮に、本件保険料を封金と同様に取り扱うことができず、本件保険料の所有権は占有者たるAにあるとしても、本件保険料は実質的又は経済的にはXに帰属するものと解されることは前記のとおりであって、いずれにしても、本件預金の原資の出捐者はXというべきであること、また、b 本件預金口座を開設したのはAであり、Aが預金通帳と届出印を保管して本件預金の出納をしていたとしても、本件預金口座を実質的に管理していたのはXであると考えられることは前記のとおりである」とし、Xが預金者であると認定した。

　また、控訴審（札幌高判平成11年7月15日金判1167号9頁）は次のように

【関係図】

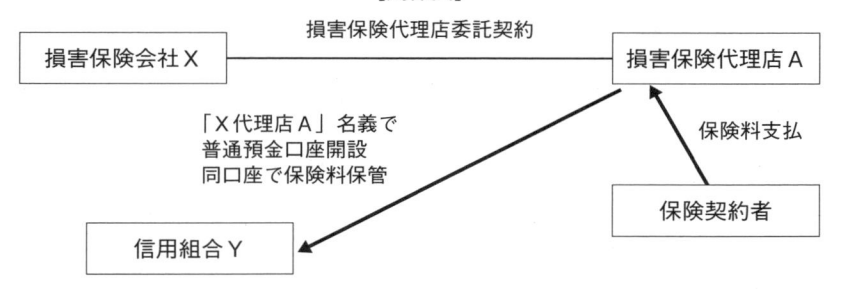

```
                    損害保険代理店委託契約
損害保険会社Ｘ ─────────────────── 損害保険代理店Ａ
       │                                    ↑
       │「Ｘ代理店Ａ」名義で                  │保険料支払
       │普通預金口座開設                     │
       │同口座で保険料保管                   │
       ↓                              保険契約者
   信用組合Ｙ
```

判示した。

「(1)Ａは、Ｘを代理して保険契約者から収受した保険料（以下「本件保険料」という。）を保管するに際して、他の金銭と明確に区別するために、本件保険料を専用の金庫ないし集金袋で保管しており、本件保険料を他の金銭と混同していたことはないこと、(2)本件預金は、Ａが右のように保管していた本件保険料が預け入れられたもの及びその利息であること、(3)Ａは、保険契約締結によってＸから代理店手数料を受領して経済的な利益を得ており、本件保険料自体の帰属については、独自の実質的又は経済的な利益を有してはいないこと、(4)Ｘは、Ａが本件保険料を領収することによって保険金支払の危険を負担することになるのであって、本件保険料とＸが負担する保険責任とは対価関係にあり、本件保険料の帰属についてＸが実質的又は経済的な利益を有していることの諸点を考慮すると、本件保険料の所有権を有するのは、占有者ではないＸであると認めるべき特段の事情（最高裁判所昭和39年1月24日第二小法廷判決、裁判集民事71号331頁参照）が存するものと解する余地が十分にあるものと考えられ、仮にそうではないとしても、前記の諸点を勘案すると、本件預金の原資の出捐者は、本件保険料の帰属主体として実質的又は経済的な利益を有しているＸと認めるのが相当である」

これに対してＹが上告した。

本判決

原判決破棄、第1審判決取消し、Ｘの請求棄却。

「前記事実関係によれば、金融機関であるＹとの間で普通預金契約を締結して本件預金口座を開設したのは、Ａである。また、本件預金口座の名義である「Ｘ社代理店Ａ社Ｂ」（筆者注：ＢはＡ社の代表者）が預金者としてＡではなくＸを表示しているものとは認められないし、ＸがＡにＹとの間での普通預金契約締結の代理権を授与していた事情は、記録上全くうかがわれない。

　そして、本件預金口座の通帳及び届出印は、Ａが保管しており、本件預金口座への入金及び本件預金口座からの払戻し事務を行っていたのは、Ａのみであるから、本件預金口座の管理者は、名実ともにＡであるというべきである。

　さらに、受任者が委任契約によって委任者から代理権を授与されている場合、受任者が受け取った物の所有権は当然に委任者に移転するが、金銭については、占有と所有とが結合しているため、金銭の所有権は常に金銭の受領者（占有者）である受任者に帰属し、受任者は同額の金銭を委任者に支払うべき義務を負うことになるにすぎない。そうすると、Ｘの代理人であるＡが保険契約者から収受した保険料の所有権はいったんＡに帰属し、Ａは、同額の金銭をＸに送金する義務を負担することになるのであって、Ｘは、ＡがＹから払戻しを受けた金銭の送金を受けることによって、初めて保険料に相当する金銭の所有権を取得するに至るというべきである。したがって、本件預金の原資は、Ａが所有していた金銭にほかならない。

　したがって、本件事実関係の下においては、本件預金債権は、Ｘにではなく、Ａに帰属するというべきである。Ａが本件預金債権をＡの他の財産と明確に区分して管理していたり、あるいは、本件預金の目的や使途についてＡとＸとの間の契約によって制限が設けられ、本件預金口座がＸに交付されるべき金銭を一時入金しておくための専用口座であるという事情があるからといって、これらが金融機関であるＹに対する関係で本件預金債権の帰属者の認定を左右する事情になるわけではない。

　（中略）以上によれば、本件預金債権はＸに帰属するとは認められないというべきである」

検討

1 問題の所在

本判決では、損害保険代理店が保険契約者から収受した保険料のみを入金する目的で開設した普通預金口座の預金債権が損害保険会社に帰属するのか、損害保険代理店に帰属するのかが問題となった。これは、いわゆる預金の帰属の問題である。

本講では、この預金の帰属について検討するとともに、預金が損害保険代理店等に帰属した場合に、その倒産隔離の観点から、信託等を利用することにより、保険料等を保全する措置についても検討する。

2 学説等の状況

(1) 預金者の認定に関する学説

預金契約における預金者の認定については、従前、預入行為者が他人のための預金であることを表示しない限り、その者の預金とみるとする主観説、預入行為者が金銭を横領して自己の預金とする場合を除いて、自らの出捐により、自己の預金とする意思で、自らまたは使者・代理人を通じて預金契約をした出捐者が預金者であるとする客観説、原則として客観説に立ちながら、例外的に預入行為者が自己を預金者であると表示した場合には、預入行為者が預金者になるとする折衷説がある[1]。

判例は、定期預金については、銀行は預金契約の締結段階において預金者が何人であるかについて格別の利害関係を有するものではないから出捐者を保護すべきなどとして、客観説を採用している[2]。しかし、本判決が出るまで、普通預金の預金者の認定については、最高裁判例はないものとされていた[3]。

---

1 預金者の認定についての学説・判例の整理については、鈴木禄弥・竹内昭夫編『金融取引法大系〔第2巻〕預金取引』〔平出慶道執筆部分〕（有斐閣、1983）70頁〜107頁。
2 最判昭和32年12月19日民集11巻13号2278頁、最判昭和35年3月8日最高裁判所裁判集民事40号177頁、最判昭和48年3月27日民集27巻2号376頁、最判昭和52年8月9日民集31巻4号742頁等。

この点、普通預金は、預金口座が開設されると、預金者は反復継続的に預入れおよび払戻しをすることが可能となるため、普通預金では、個々の預入れごとに既存の預金と結合して1個の預金債権が成立するものと解されている[4]。このような性質を有する普通預金については、ある時点における預金残高についてその出捐者を特定することは困難であって、個々の預入金の出捐者を特定して、預金債権の帰属を決定する判断手法にはなじまないとの指摘がなされていた[5]。

(2) **損害保険代理店が収受した保険料の取扱い**

　一方、損害保険代理店が、所属保険会社のために保険契約者から収受した保険料について、専用口座を開設して保管する方式は、旧保険募集の取締に関する法律12条および平成7年の同法廃止後の大蔵省通達に基づき、当時、一般的に行われている保険実務であった[6]。

　こうした専用口座の預金の帰属については、下級審の裁判例および学説上、見解が分かれてきた。すなわち、たとえば、東京地判昭和63年3月29日金法1220号30頁は、①専用口座は、損害保険会社に代理して収受した保険料を保管するためのものであって、口座名においてもこのことが明記されていること、②専用口座からの金銭の引出・流用が制限・禁止され、保険代理店がこれを流用できず、流用した事実もないこと、③預金の原資は保険料であって、実質的に保険会社が出捐したものと同視しうべきものであること等から、保険会社に帰属するとした[7]。これに対して、千葉地判平成8年3月26日金法1456号44頁は、保険代理店が口座開設者、口座管理者かつ口座名義人であること、保険代理店の営業の独立性等の事情によれば、特段の事情が

3　尾島明「損害保険代理店が保険契約者から収受した保険料のみを入金する目的で開設した普通預金口座の預金債権が損害保険会社にではなく損害保険代理店に帰属するとされた事例」「判解」民事篇平成15年度（上）63頁。

4　田中誠二『新版銀行取引法〔再全訂版〕』（経済法令研究会、1979）105頁。木内宜彦『金融法』（青林書院、1989）162頁。

5　雨宮啓「損保代理店専用口座預金者の認定について」銀行法務21・549号27頁。なお、森田宏樹「振込取引の法的構造－「誤振込」事例の再検討－」中田裕康・道垣内弘人編『金融取引と民法法理』（有斐閣、2000）139頁〜140頁は、一般の普通預金については同様の問題意識に立ちつつ、出捐者が特定している専用口座については、専用口座の原資の帰属者＝出捐者を預金者と認定するという解釈が可能であるとする。

6　山下友信『保険法』（有斐閣、2005）149頁、尾島・前掲注3・66頁。

ない限りは、保険代理店に預金が帰属するとした[8]。

3　本判決の意義と射程

(1)　本判決は、損害保険代理店が保険料を保管するために開設した専用口座の預金者を損害保険代理店とすることを明確化した点に意義がある。

(2)　また、本判決は、普通預金に関する預金者の認定についての初めての最高裁判決であり、預金者の認定の理由づけも注目されるところではあるが、主観説・客観説・折衷説いずれとも矛盾しない理由づけをしている。

すなわち、本判決は、第一に、特段の事情のない限り、金銭の占有者＝所有者であるとする判例・通説[9]の立場に立って、受任者が委任契約によって委任者から代理権を授与されている場合、受任者が受け取ったものの所有権は当然に委任者に移転するが、金銭については、その所有権は常に金銭の受領者（占有者）である受任者に帰属し、受任者は同額の金銭を委任者に支払うべき義務を負うにとどまるとする。そして、これを前提に、本件預金の原資は保険代理店所有の金銭であるとする。したがって、本件預金の原資を出捐した者は保険代理店となるので、客観説と矛盾しない[10]。

第二に、本判決は、口座開設者が保険代理店であること、本件預金口座の名義人として損害保険会社Xを表示しているものとは認められないこと、損害保険会社が保険代理店に対して預金契約締結の代理権を授与していないこと、本件預金口座の管理者は保険代理店であることを認定しているから、保険代理店を預金者とすることは、主観説や折衷説とも矛盾しない。

(3)　したがって、本判決は、普通預金の預金者の認定について、一般的な

7　同旨の裁判例として、東京地判昭和63年7月27日金法1220号34頁。保険会社に帰属するとする学説としては、山下友信「損害保険代理店の保険料保管専用預金口座と預金債権の帰属」ジュリ929号46頁、石田満「保険代理店専用口座預金とその帰属」金法1229号9頁等。

8　預金が保険代理店に帰属するとする学説として、伊藤眞「昭和63年3月29日東京地判の評釈」判時1330号223頁、弥永真生「取戻権の対象－代理店が収受した保険料が専用口座に保管された場合の預金債権－」ジュリ995号107頁、雨宮・前掲注5・29頁。

9　最判昭和39年1月24日最高裁判所裁判集民事71号331頁、我妻榮著・有泉亨補訂『新訂物権法（民法講義Ⅱ）』（岩波書店、1983）185頁～186頁、我妻榮『債権各論中巻二（民法講義Ⅴ₃）』（岩波書店、1962）678頁。

規範を定立しているわけではなく、その意味で、事例判決であるといえる[11]。すなわち、普通預金における預金者の認定について、控訴審判決は、客観説を採用しているようにみえるのに対して、本判決は、預金の出捐者だけでなく、預金口座の開設者、預金口座の名義人、預金契約の代理権、預金口座の管理者といった諸要素を総合的に考慮しており[12]、預金の出捐者を預金者として割り切って判断しているわけではないようにみえる。普通預金における預金者の認定について、諸事情を総合的に考慮して決するのか、そうだとして、いかなる事情に重点を置いて判断するのかについては、明確ではない。

(4) また、本判決では、請求原因レベルでは預金者の認定のみが問題となっている。したがって、預金債権が保険代理店に帰属するとしても、保険会社保護の観点から、信託等が成立しないかについては、なんら論じられておらず、それは将来の課題とされていた[13]。

4　本判決の評価

(1) 他人のために金銭を預金として保管する場合の預金の帰属
ア　他人のために金銭を預金として保管する場合の2類型

他人のために金銭を預金として保管する場合には、①受任者が委任者を代理して第三者から金銭を受領してこれを預金として保管する類型（以下「代理受領類型」という）と、②委任者が受任者に対して金銭を預けこれを預金

10　これに対して、控訴審判決は、①本件預金が保険代理店の財産と区分して保管されていたこと、②本件預金は、そのように保管された金銭およびその利息であること、③保険代理店が、本件保険料自体の帰属については、独自の実質的または経済的な利益を有してはいないこと、④保険会社が、本件保険料の帰属について実質的または経済的な利益を有していること等から、本件保険料の所有権は、その占有者ではない損害保険会社に帰属させる「特段の事情」が存在すると解する余地があるとする。しかし、本判決は、そうした事情を顧慮しておらず、尾島・前掲注3・65頁は、上記①および②は、受任者である保険代理店と委任者である保険会社との間の委任契約上の義務の履行の問題にすぎず、上記③および④は、委任契約において代理人が金銭を受領する場合に常に生じうる事情であるとして、これらの事情をもって、金銭の占有者が所有者ではないとする「特段の事情」があるとする控訴審判決に疑問を呈している。

11　尾島・前掲注3・69頁。
12　尾島・前掲注3・68頁。
13　尾島・前掲注3・68頁〜70頁。

として保管する類型（以下「預託類型」という）がある。

イ　代理受領類型

　本件では、保険代理店が、保険会社のために保険契約者から代理受領した保険料を自己の財産と分別管理して専用口座に保管しているので、代理受領類型に該当する。この類型において、当該金銭保管者（受任者）が倒産したときに、当該専用口座の預金者が委任者と認定されれば、受任者の倒産から隔離され、保全される。

　本判決は、保険会社からの委託に基づき、保険会社の債権の回収をする保険代理店が、保険会社のために金銭を代理受領してこれを専用口座で預金として保管していた場合、委任および金銭の所有権に関する確立した民法理論に従って、代理受領した金銭の所有権は保険代理店に帰属するとしたうえで、預金の「原資」の拠出者が保険代理店であることを理由の一つとして、預金者は受任者であるとする。したがって、本判決のこの理由からすると、代理受領類型について、受任者が、委任者のために第三者たる債務者から金銭を代理受領してこれを専用口座で預金として保管していた場合、預金は受任者に帰属しそうである。それゆえ、たとえば、債権の流動化スキームにおいて、流動化された債権の回収を委託されたサービサーが、当該債権の弁済金を受領した場合は、これを当該サービサー名義の専用口座で管理していたとしても、当該専用口座の預金者は当該サービサーと認められる可能性が高いと思われる[14]。また、たとえば、企業が、収納代行会社に料金等の収納を委託し、当該収納代行会社が当該料金等を収納して、その収納金を当該収納代行会社の口座に預金して保管していた場合も、当該収納代行会社は当該企業に対して収納金の引渡し義務を負っているにとどまり[15]、当該収納金の所有権は当該収納代行会社に帰属することから、当該口座の預金者も当該収納代行会社になると考えられる。

14　青山善充・小川万里絵「債権流動化におけるサービサー・リスク」金融研究15巻2号51頁。

15　収納代行会社が行う収納代行事務の法的構成については、藤池智則「事業会社による決済サービスにかかる公法上の規制の検討」金法1631号20頁以下。

ウ 預託類型

これに対して、他人のために金銭を預金として保管する場合のうち、委任者が一定の使途を定めて受任者に対して金銭を預ける預託類型に該当する場合はどうか。この点について、最判平成15年6月12日民集57巻6号563頁は、債務整理事務の委任を受けた弁護士が委任事務処理のために委任者から受領した金銭について、民法649条の前払費用として当該弁護士に帰属することを理由の一つとして、当該金銭を預け入れるために弁護士の個人名義で開設した普通預金口座に係る預金債権も当該弁護士に帰属すると判示している。また、最判平成14年1月17日民集56巻1号20頁（第1講）も、公共工事の請負業者が保証事業会社の保証のもとに地方公共団体から支払を受けた前払金について、地方公共団体と請負業者との間における信託契約の成立を認めたが、その前提として、当該前払金が入金された請負業者名義の普通預金口座の預金者を請負業者とし、前記判決と軌を一にする判断を下している[16]。したがって、両判決は、預託類型においても、受任者を預金者と認定している。

エ 両類型と預金者の認定についての判例理論

このように、判例は、代理受領類型に該当する場合も預託類型に該当する場合も、委任および金銭の所有権に関する民法法理を適用して、金銭を保管する受任者に金銭の所有権が帰属するものとし、これを主要な理由づけの一つとして、当該金銭が預入れされた口座の預金者は受任者であると認定している。

そして、こうした判例理論は、預金者の認定に関して預金の出捐者を基準とする客観説と矛盾せず、預金の帰属に関する従前の判例理論と一貫しているとも評されている[17]。

(2) 普通預金口座における預金者の認定

このように、本判決を含む普通預金に関する一連の判例が客観説と矛盾しないとする評価がある一方で、本判決において、「本件預金の原資」の拠出者を基準として預金者を認定しているが、控訴審判決を引用する部分以外

---

16 尾島・前掲注3・66頁〜67頁。
17 尾島・前掲注3・68頁。

で、「出捐」という用語が使われていないことから、本判決は、客観説に立つものではなく、本判決が口座開設者および口座開設についての代理権授与の不存在も理由としてあげていることを根拠に、契約法理における当事者確定ルール一般に従って、預金者を認定したものとする評価もある[18]。

たしかに、預入した金銭の所有権の帰属者を出捐者とするならば、本判決の事例のように、普通預金口座を開設した口座名義人が預入行為をする場合は、当該口座名義人が、いったん金銭を占有して、その占有を金融機関に移転することから、金銭の占有者＝所有者の理論からすると、常に、当該口座名義人が出捐者となる。そうであれば、出捐者がだれかは重要ではなく、口座の名義や預入行為の際の表示が重要であるとも思われる。

しかし、本判決の事例と異なり、口座名義人以外の者が預入行為をする場合、預入れする金銭の所有権は当該口座名義人以外の者に帰属する。その者がその所有に属する金銭を預入れするときに、なお、預金債権が口座名義人に帰属するのか、それとも預入金の原資を拠出した者に帰属するのかについては、本判決は何も論じていない。したがって、本判決をもって、普通預金口座については客観説を採用しないことを明らかにしたものとみるのは早計であるように思われる。

もっとも、昭和63年における無記名式定期預金の新規受入れの廃止、預金保険法上の平成14年における定期性預金および平成17年における決済性預金のペイオフ解禁に伴う預金の名寄せの実施、ならびに平成15年における金融機関等による顧客等の本人確認等に関する法律（現在では犯罪による収益の移転防止に関する法律）の施行による金融機関の預金取引における顧客の本人確認の義務づけ等の環境の変化をふまえると、これらが公法上の要請であるとはいえ、金融機関は、預金の帰属者について無関心ではいられず、むしろそれを積極的に確認することが要請され、かかる状況が、私法上の預金の帰属者に関する意思解釈にまったく影響を与えていないとはいえない。

また、普通預金口座については、既述のように、つど預入れされても既存の預金債権に一本化されることから、個々の預入れの出捐者ごとに預金債権

---

18 角紀代恵「損害保険代理店が保険料保管のために開設した専用口座の預金債権の帰属」判タ1128号85頁。

を成立させることができない。したがって、本判決のような、専用口座であれば格別、そうでない限り、客観説を徹底すると、理論上、預金者の特定が困難となる場合が生じうる。

　本判決も、本件預金の原資の拠出者だけでなく、口座開設者および口座開設の代理権の不存在をあげて総合的に考慮していることから、判例法理の変化の兆しがうかがわれると評価されている[19]。

　この点、従前、定期性預金について、判例が採用していたとされている客観説と、普通預金口座における判例理論を止揚する見解として、総合考慮説が提唱されている。これは、従前の最高裁判例も、預金原資の出捐関係だけでなく、預金口座開設者、出捐者の預金口座開設者に対する委任内容、預金口座名義、預金通帳および届出印の保管状況等の諸事情を総合的に勘案して、だれが自己の預金とする意思を有していたかという観点から預金者を判断していたのであって、預金の種類にかかわらず、こうした諸事情を総合考慮して預金者の認定をすべきであり、かかる観点からは、従前の判例と本判決は一貫しているとするものである。この見解によれば、従来の最高裁判例と本判決とは、預金の出捐関係について重点の置き方に差異があるのは、定期預金と普通預金の違いによるものとされている。すなわち、利殖目的で利用される定期預金においては、預金原資を出捐した者が自己の預金とする意思を有していることが多いという経験則が働き、預金原資の出捐関係が重視されやすいが、振込みや入出金のために利用されることが多い普通預金においては、契約締結時に預け入れられる金員は、便宜的なものである場合が多いため、預金口座開設時の預金原資の出捐関係よりも、だれが預金口座を利用、管理しているかが重要な意味を有するのであり、口座名義や預金通帳や届出印の保管関係が重視されやすいとするのである[20]。従前の判例に従って行われてきた実務を重視しつつ、金融取引をめぐる環境変化を取り込むこともでき、普通預金の特殊性をも考慮することが可能であって、かつ、契約理

19　塩崎勤「損害保険代理店が保険契約者から収受した保険料のみを入金する目的で開設した普通預金口座の預金債権が損害保険代理店に帰属するとされた事例」判タ1154号71頁。

20　福井章代「預金債権の帰属について－最二小判平15．2．21民集57巻2号95頁及び最一小判平15．6．12民集57巻6号563頁を踏まえて－」判タ1213号40頁。

論とも整合的な見解として、総合考慮説は示唆に富むものであると思われる[21]。

5　実務対応

(1)　預金の経済的利益の帰属主体を保護するための信託構成

本判決や上記のような総合考慮説をふまえると、受任者が委任者のために金銭を普通預金口座において保管している場合、受任者が預金債権の法的帰属主体となり、その経済的利益の帰属主体である委任者をいかに保護すべきかが問題となる可能性が高いこととなる。

そこで、預金債権について経済的利益を有する委任者を保護するために、黙示的な信託契約が成立するとして、受任者の倒産から当該預金債権を隔離させることができないかを検討する必要が生じる。

この点、前掲最判平成14年1月17日は、公共工事の請負業者が保証事業会社の保証のもとに地方公共団体から支払を受けた前払金について、当該前払金が入金された請負業者名義の普通預金口座の預金者を請負業者としながらも、地方公共団体と請負業者との間において、黙示的な信託契約の成立を認めている。また、前掲最判平成15年6月12日の補足意見も、債務整理事務の委任を受けた弁護士が委任事務処理のために委任者から受領した金銭を預け入れた弁護士名義の普通預金口座について当該弁護士に帰属することを前提としつつ、委託者兼受益者を委任者として当該弁護士を受託者とする黙示的

21　総合考慮説を採用したと思われる裁判例として、さいたま地判平成19年11月16日判時2007号79頁があげられる。同判決は、預金者の認定にあたっては、定期預金・普通預金の別を問わず、契約行為者（口座開設者）、契約行為者の法的地位（預貯金の出捐者と契約行為者との関係）、契約の相手方である金融機関に表示された名義および名義人に関する情報、通帳や届出印の保管状況、入金および払戻しを行った者等を総合的に考慮するべきとして、檀信徒会に普通預金および定期預金の帰属を認める旨判示した。また、さいたま地判平成19年5月30日判例地方自治301号37頁も、被保佐人に対する損害賠償の仮払金の振込みがなされた保佐人名義の普通預金口座の帰属につき、「普通預金の預金者の確定にあたっては、預金口座の開設者が誰か、原資の出捐者は誰か、預金口座の名義は誰か、口座を管理しているのは誰かなどの事情を総合的に考慮して決すべきもの」として総合考慮説に立ったうえで、預金者は保佐人であると認定し、保佐人に対する滞納処分として同口座の預金債権を差し押さえ、かつ配当をした処分は適法であると判示した。

な信託契約が成立する余地を認めている。この二つの判決はいずれも、預託類型に係るものであるが、預託類型の場合は、委任者が受任者に対して金銭を交付する際に両者間において信託契約の成立が認められる余地がある。

　もっとも、第1講で述べたように、黙示的な信託契約の成立が認められる要件としては、①委任者から受任者への金銭の所有権の移転のほか、②当該金銭を一定の目的に従って管理処分させる合意が必要であって、この②の要件を充足するために、委任者が金銭の使用使途を定めるだけでなく、受任者が当該金銭について一定の分別管理をすることの合意も必要であると解される。

　この点、預託類型の場合は、委任者が受任者に対して金銭を預け、委任者が受任者に金銭の所有権を移転させることから、後は、両者の合意において、受任者が当該金銭を受任者の固有財産と分別管理して保管する意思が認められれば、委任者を委託者兼受益者とし、受任者を受託者とする信託契約が成立する可能性があるものと思われる。

　これに対して、代理受領類型の場合は、委任者から受任者への金銭の所有権の移転が認められない。したがって、かかる類型においては、委任者を委託者兼受益者として受任者を受託者とする信託契約が成立すると解するのは困難ではないかと思われる[22]。もっとも、受任者が預金につき委任者を受益者とする自己信託を設定することが考えられる（現行信託法2条2項3号、3条3項）[23]。ただ、自己信託の効力発生要件として、自己信託の意思表示を公正証書、公証人の公証を受けた書面または受益者に対する確定日付ある証書による通知等が必要であるほか（同法4条3項）、金融機関の預金規定上の

---

[22] 金融法委員会「サービサー・リスクの回避策としての自己信託活用の可能性」金法1843号24頁。渡辺博巳「専用普通預金口座の預金者と預金者破綻時の預金の帰属」金法1690号67頁。この点、岸本雄次郎『信託制度と預り資産の倒産隔離』（日本評論社、2007）218頁は、本判決のような事案においては、代理人たる保険代理店→保険会社→受託者たる代理店と観念的な占有移転（簡易の引渡し）があったと評価して、委任者（保険会社）から受任者（保険代理店）へ金銭所有権の移転を肯定して、保険会社を委託者兼受益者として保険代理店を受託者とする信託が成立するとするが、やや技巧的な感があり、当事者の認識と合致しているかとの疑問がありうる。

[23] 田爪浩信「自己信託を利用した保険料保管専用口座の実務－コミングリングリスクの回避を目的とした自己信託の活用－」保険学雑誌603号49頁。

譲渡禁止特約によりこれが制限されないかも検討する必要がある[24]。

では、債務者を委託者として、受任者を受託者とし、委任者を受益者とする他益信託が成立しないか。たしかに、この場合、債務者から受任者への金銭所有権の移転は認められるが、債務者と受任者の間に、債務者の受任者に対する一定の目的に従って当該金銭を管理処分させる意思を認めるのは擬制にすぎないであろう。債務者は保険料等の代理受領権限を有する受任者に弁済すれば弁済は完了するので、その後、弁済金が委任者に実際に引き渡されるかについてはまったく関心がないはずだからである[25]。

(2) **受任者を委託者として第三者を受託者とし委任者を受益者とする信託**

このように、受任者が委任者のための金銭を普通預金口座において保管している場合、受任者を受託者とする信託契約の成立に一定の限界があるとするのなら、当該預金における経済的利益の帰属主体である委任者を保護するために、金銭の保管者である受任者を委託者として信託会社や信託銀行を受託者とし、委任者を受益者とする信託を設定することが考えられる（以下「本他益信託スキーム」という）[26]。本他益信託スキームによれば、預託類型だけでなく代理受領類型の場合も、信託契約をさせて、受任者の倒産から当該預金を隔離させ、委任者の利益を保全することが可能となる。

---

[24] 髙橋淳「譲渡禁止特約付債権の自己信託による流動化」金法1879号14頁以下は、譲渡禁止特約付きの債権について自己信託を設定することおよび普通預金口座等の将来発生・変更する債権についても自己信託をすることを許容する考えを示している。しかし、著者も認めるように、銀行の預金規定の譲渡禁止特約においては、預金に第三者の権利を設定することも否定されており、預金についての受益権の設定もこれに該当しないか慎重に検討する必要があるものと思われる（藤池智則「顧客資産の保全方法としての信託の一般的活用」金融財政事情2840号26頁）。譲渡禁止特約の趣旨の一つである債務者の相殺可能性の利益の確保という観点から（奥田昌道『債権総論〔増補版〕』（悠々社、1992）429頁）、少なくとも、預金債権について自己信託を設定するならば、金融機関が設定者に対する債権を当該預金をもってする相殺が、当該債権が設定者の固有財産や他の信託の信託財産をもっぱら引当にするものであっても、認められる旨の信託条項を置くことが必要ではないかと思われる（道垣内弘人「譲渡禁止特約付債権の自己信託」トラスト60『新信託法の理論分析』（2010）33頁以下）。

[25] 天野佳洋「預金者の認定と信託法理（中）」銀行法務21・623号51頁も、保険契約者は単に保険料の取立てに応じただけであるという実態に照らして、本構成は無理があるとする。

[26] 顧客から預かった金銭等の顧客資産の保全方法として信託を活用するスキーム一般については、藤池・前掲注24参照。

この場合、受託者が信託会社である場合は、信託業法7条に基づき、同法2条3項に定める管理型信託業としての登録が必要となるものと思われる。しかし、本他益信託スキームにおいて、受任者である当該信託の委託者は、信託契約の当事者である以上、受益権が委任者に帰属しても、信託契約代理業の登録は不要である（同法2条8項、67条）。

では、当該信託の委託者について、金融商品取引法（以下「金商法」という）上の第二種金融商品取引業の登録は必要であろうか。

有価証券の募集・私募（金商法2条8項7号）、すなわち、発行者自らによる有価証券の販売勧誘（いわゆる自己募集）を業として行うことは、第二種金融商品取引業とされる（同法28条2項1号）。しかし、信託受益権も「有価証券」に該当するが（同法2条2項1号）、第二種金融商品取引業の対象となる自己募集の目的となる「有価証券」は、投資信託の受益証券等の一定のものに限定されており（同法2条8項7号）、一般の信託受益権に関する募集・私募（自己募集）は、金融商品取引業に該当しない。そこで、本他益信託スキームの受益権の発行が自己募集に該当するか、すなわち、発行者自らが信託受益権の販売勧誘を行っているかどうかが問題となる。

この点、信託受益権の勧誘行為が信託受益権の募集・私募に該当するかどうかは、新たに発行される有価証券の取得の申込みの勧誘に該当するか否かにかかわることから（金商法2条3項参照）、信託受益権の発行者・発行時概念によって決まる。まず、発行者については、金商法2条5項および金融商品取引法第二条に規定する定義に関する内閣府令（以下「定義府令」という）14条3項1号イでは、信託受益権に関して、委託者または委託者から指図の権限の委託を受けた者のみの指図により信託財産の管理または処分が行われる場合は、当該権利に係る信託の委託者が発行者となると定められている。したがって、本他益信託スキームにおいて、委託者のみが、信託財産の管理・処分について指図権を有している限り、委託者が発行者になると考えられる。また、受益権の発行時期については、定義府令14条4項1号ロによれば、信託行為の効力が生じるときにおける受益者が委託者でない場合は、「当該権利に係る信託の効力が生ずる時」に信託受益権が発行されたこととなるものとされている。したがって、本他益信託スキームにおいては、受益

権に係る信託の効力が発生する時点は、受託者が信託財産である金銭を受け入れた時点であるから、その時点で、委託者より信託受益権が新規に発行されたことになると考えられる。それゆえ、受益者は、新たに発行される信託受益権の取得の申込みの勧誘を受けたにとどまることから、委託者が、信託受益権の募集・私募（自己募集）を行っていることとなる。よって、委託者については、第二種金融商品取引業に該当せず、その登録を取得する必要はないものと考えられる。

　よって、金銭保管者（受任者）である当該信託の委託者は、信託業法および金商法上の特段の登録を行わなくとも、本他益信託スキームを採用することにより、委任者のために保管する金銭に係る預金債権を委任者のために保全することが可能となるものと思われる。

(3)　預金口座に係る経済的利益の帰属者を保護するためのその他の構成
ア　定期預金の開設

　上記の信託構成のほかに、受任者が委任者のための金銭を預金口座で預金として保管する場合に委任者の経済的利益を保護する手段としては、まず、当該金銭を定期預金として保管することが考えられる。従前の判例理論やそれを分析した総合考慮説によると、定期性預金については、預金の原資の出捐関係が重視され、委任者の預金と認められる可能性が高いと思われるからである。

　この点、東京高判平成11年8月31日高等裁判所民事判例集52巻36頁は、マンションの管理業者が、マンションの区分所有者らから管理費等の管理の委託を受け、自己の名前で銀行に定期預金をした場合において、上記管理費等は区分所有者から預かったものでマンションの保存、管理、修繕等の費用に充てられるべきものであること、管理業者は上記定期預金を自己の預金、資産とは考えず、区分所有者ないし管理組合の預金として取り扱っていたこと、区分所有者は、管理費等が管理業者名義の普通預金に振り込まれた後定期預金に振り替えられていることを知っていたことなど判示の事実関係のもとにおいては、上記定期預金の預金者は、マンションの区分所有者の団体である管理組合であると認めるのが相当であるとする。

　ただ、上記判決以降、既述のように、金融機関において預金者本人の特定

が重視されるようになったという環境変化があり、こうした状況のもとで、定期預金とはいえ、出捐関係のみで、どこまで委任者の預金と認定されるかが必ずしも明確ではない[27]。また、代理受領類型の場合には、本判決が、金銭の占有者＝所有者の理論に従って、明確に、当該預金の原資の拠出者を受任者としているにもかかわらず、委任者を出捐者とすることが可能なのかとの疑問がありうる。また、定期預金による管理は、マンションの修繕費のように長期的に保管して運用すべき資金については適しているが、保険料のように、日常的かつ継続的に、入出金される性質の資金については適さないものと思われる。

イ　預金口座について質権の設定

次に、受任者がその名義の普通預金口座において委任者のための金銭を保管する場合に、委任者の経済的利益を保護するために、受任者が委任者に対して当該普通預金について質権を設定することが考えられる。

しかし、普通預金口座においては、日々、その預金残高が変化しうるものであるところ、そのような流動性を有する預金について質権を設定することが、物権の特定性の観点から、認められないのではないかといった理論上の問題がある[28]。また、通常、預金規定上、預金の質権設定を含めた預金の処

---

[27] 前掲東京高判の事例についても、区分所有者が修繕積立金等をまず管理業者名義の普通預金口座に振り込んでいることから、管理業者に預金の所有権が移転しており、それを原資とする定期預金については区分所有者に帰するとするよりは、管理業者を受託者とする信託関係が発生したと評価することも可能であったとする評釈もある（神谷高保「修繕積立金等を管理業者が預けた定期預金の帰属と信託」ジュリ1203号136頁）。また、東京高判平成12年12月14日判時1755号65頁は、マンション管理会社が、区分所有者から修繕積立金等を管理会社名義の普通預金口座で受け入れて、これを定期預金に振り替えて保管していた事案において、客観説の立場から、普通預金の預金者も定期預金の預金者も区分所有者であると認定して、区分所有者の振込みにより普通預金の預金者は管理会社となり、定期預金の預金者も管理会社とした第1審判決を覆している。この問題は、各預金の出捐者をどのように認定するかという問題に帰するが、本判決のように、金銭の占有者＝所有者というドグマを徹底すると、これらの事案においても、管理会社名義の普通預金口座に振り込まれた段階で、預金は管理会社に帰属することとなりそうである。したがって、本判決の後は、管理会社の普通預金口座を経由して設定される定期預金については、管理会社に帰属すると認められる可能性があるものと思われる。

[28] 普通預金の特定性を含めた普通預金の担保適格性については、道垣内弘人「普通預金の担保化」道垣内弘人・中田裕康編『金融取引と民法法理』（有斐閣、2000）43頁以下参照。

分については、金融機関の承諾が必要とされており、機動的に金融機関の承諾を得て預金に質権を設定するのは困難ではないかという実務上の問題はある。

ウ　委任者名義の預金口座の開設

そこで、端的に、委任者を保護する構成としては、委任者が自らその名義で預金口座を開設し、または、委任者の名義で口座を開設する代理権を受任者に与えて、受任者をして委任者名義の預金口座を開設させ、当該預金口座において、受任者に対して、金銭を保管させるということも考えられる[29]。

（藤池智則・関口諒）

---

[29] マンションの修繕積立金等については、次のような措置により、委任者（管理組合）名義の保管口座において分別管理されるべきものとされている。すなわち、マンションの管理の適正化の推進に関する法律は、マンション管理業者の登録制度等、マンションの管理の適正化を推進する措置を講じているが、管理業者が管理組合から委託を受けて行う修繕積立金等の出納事務における横領事件等により区分所有者に被害が発生することを防止するために、平成22年5月1日施行の同法施行規則の改正により、①収納口座と保管口座を分離して、修繕積立金等を徴収後1カ月以内に管理組合名義の保管口座に移し換えること、②管理業者が徴収する1カ月分以上の修繕積立金等について保証契約を締結すること、③保管口座に係る印鑑・キャッシュカードを管理業者が保管・管理しないことを、管理業者に義務づけた（同法施行規則87条）。なお、国土交通省「マンションの管理の適正化の推進に関する法律施行規則の一部を改正する省令案に関するパブリックコメントの募集結果について」（平成21年5月1日）の項番(1)-8では、財産の分別管理の方法として、管理組合および管理会社の不正リスク排除のために、管理組合の判断により、第三者への信託方式が活用可能である旨述べられている。信託活用方式については、財団法人マンション管理センター「マンション管理の新たな枠組みづくりに関する調査検討報告書」（平成20年3月）44頁以下参照。他方、損害保険会社の保険料の保全のためには、実務上、①保険代理店の専用口座で受領した保険料について翌営業日中に損害保険会社に送金させるデイリー精算が実施され、また、②口座振替、クレジットカード払い等による支払方式のキャッシュレス化が進められている（東京海上日動火災保険編著『損害保険の法務と実務』（金融財政事情研究会、2010）441頁～442頁）。

■ Column *1*

信託関連訴訟の類型

　信託法関連の判例・判決を読んでいると、「いったい何が起きているのか」「何が法的論点なのか」一見してわかりづらいものが多いように思われる。それはなぜだろうか。

　理由の一つは、そもそも信託の仕組みや効果は単純ではない、ということだと思われる。四宮博士は、「信託は英米法で育成された制度であり、大陸法系に属するわが私法のなかでは、水の上に浮かぶ油のように異質的な存在である」と指摘した[1]が、法制度論を持ち出すまでもなく、信託は、委任や請負、雇用等の民法が用意している他の制度と比較しても、その成立要件、法的効果等が複雑である。これらを理解するには、少なくとも民法の特別法である信託法を学ぶ必要がある。

　二つ目の理由としては、関係当事者が多く事案が複雑化しがちである、ということであろう。信託であれば、少なくとも「委託者」「受託者」および「受益者」が関係者として存在する。さらに、これらの債権者、相続人、事務の受任者等が登場する。これらの者が、経済活動等を通じて、対内的（信託関係者間）、または、対外的（対第三者）に固有の利害関係をもつ。関係者が多いほど利害対立の機会も増え、事案も複雑化する。

　このように複雑な信託の訴訟事案を少しでも理解しやすくするために、以下のとおり訴訟を類型的に整理することをお勧めしたい。信託に関連する訴訟はおおまかに以下の三つに分類できると考える。

> ①　信託の内部関係に関するもの
> ②　信託の外部関係に関するもの
> ③　信託法の規定、または、信託法理の援用・類推適用に係るもの

　上記分類①は、委託者対受託者、または、受益者対受託者というように信託内部の関係者が訴訟の当事者となるケースである。たとえば、受益者が受託者に対して受託者の義務違反に係る損害賠償を請求する訴訟が考えられる。

　一方、分類②は、委託者の債権者対委託者または受託者、受託者対信託建物の

1　四宮3頁旧版はしがき。

賃借人というように信託の関係者と信託外の第三者との間の利害関係が問題となるケースである。受託者が信託建物に係る賃借人に対して賃料を請求する訴訟を提起する場合が典型例であろう。

また、分類③は、預金名義人が倒産した場合に当該預金が信託財産として名義人の倒産から隔離されたり（現行信託法23条）、債権回収訴訟において債務者たる被告から訴訟信託の抗弁（同法10条）がなされる等、当事者間に信託契約の締結行為があったかどうかにかかわらず、あるいは、当事者が当初信託設定の意図を明示的に示していたかとは無関係に、信託法理または信託法の規定が援用されるケースである。分類①および②が訴訟の当事者の属性に着目したものであるのに対し、分類③は訴訟の請求原因や抗弁の内容に着目したものであり、①および②とはやや異質な分類である。

分類の仕方は、上記に限らないし、上記の各カテゴリーは必ずしも相互に排他的なものではない（重複することもある。たとえば、①と②、②と③の組合せ[2]等）。あくまで、理解の一助として便宜的に分類したものである。

ただし、事案を読み進めながら、どの類型に当たるか予測できるようになれば、訴訟の当事者が何者であって、どのような主張を展開するか、おおよその見当がつくようになる。たとえば、訴訟の原告は個人の受益者、被告は受託者たる信託銀行、訴訟の目的は損害賠償請求であるとわかれば、どうやら分類①に当たりそうである、と予想できる。とすれば、受益者は、信託法の規定を使って、受託者の善管注意義務違反（同法29条）または忠実義務違反（同法30条）を主張する可能性が高いと予測できる。また、原告が受託者であって、信託建物の賃借人を被告として未払賃料の請求訴訟を提起していれば、分類②に該当すると予想でき、信託法そのもの論点よりも民法上の債務不履行責任（民法415条）や不法行

---

[2] たとえば、上記分類①および②の組合せ例としては、信託不動産の設置または保存に瑕疵があり、当該瑕疵により損害を被った当該不動産の利用者が占有者兼所有者たる受託者に対して工作物責任（民法717条1項）に基づき損害賠償請求訴訟を提起したケース（分類②）において、受託者が受益者に対して補償を求めて訴訟告知したところ、受益者が当該瑕疵は受託者の管理疎漏に起因するものであり、損害賠償責任は受託者個人が負うべき（信託財産または受益者の負担ではない）との確認を求めて当該訴訟に独立当事者参加すること（分類①）等が考えられる。また、分類②および③の組合せ例としては、上記のとおり金銭債権の信託を受けた受託者が当該債権に係る履行を求めて当該債権の債務者に対して債務不履行責任を問うため損害賠償訴訟を提起したケース（分類②）において、当該債務者が請求の棄却を求めて、訴訟信託（現行信託法10条）を主張すること（分類③）が考えられる。後述の信託建物の受託者から賃借人に対する未払賃料支払請求訴訟を提起したケース（分類②）において、賃借人が訴訟信託の成立を主張すること（分類③）も同様である。

為責任（同法709条）が争点となるかもしれないと予測できるだろう。さらに、この時、賃借人は、信託自体が訴訟を目的としたものであるとして訴訟信託の抗弁を提出するかもしれない（分類③のケース）。

　本書では、いくつかの報告のなかで上記三つの分類について言及している。適宜参照願いたい。

（秋山朋治）

第3講

遺言信託における受託者の裁量権

大阪高判昭和48年7月12日金判525号47頁

判決要旨

遺言信託において、贈与すべき財産の額が確定しうべきものであり、受贈者が特定している以上、受贈者相互間の配分率の決定を受託者に委ねたからといって、信託の目的の確定性を欠くものとはいえない。

事案の概要

訴外A（遺言者）は、40年以上前から日本に居住していた無国籍の白系ロシア人であったところ、昭和38年6月20日に日本に帰化し、本籍地をB市内に定め生活していたが、昭和41年2月11日、同市内のC病院で死亡した。その後、Aの署名が存するが押印のない英文で書かれた昭和40年3月28日付けの自筆証書遺言（以下「本件遺言書」という。次頁に第1審判決別紙の邦訳の一部を引用する）が発見され、同遺言書は、昭和41年2月16日、B家庭裁判所で検認を受けた。本件遺言書は、訴外Aの知人X_1およびX_2（原告、被控訴人。以下あわせて「Xら」という）をAの遺言執行者および遺産の受託者に選任し、かつ、遺産の一部をAが存命中に世話になった者に遺贈し、その余の大半の遺産を慈善事業施設に贈呈することを目的として、Xらに信託しつつ、その具体的な配分はXらの裁量に委ねるという内容のものであった。

しかしながら、ソビエト連邦（当時）の訴外Aの共同相続人と称するY等（被告・控訴人。以下「Yら」と総称する）は、本件遺言書の真正を争い、本件遺言書は無効であると主張した。そこで、Xらは、本件遺言書が真正なものであることおよびXらが訴外Aの遺言執行者および遺産の信託受託者の地位にあることの確認を求めて提訴した。

第1審判決（神戸地判昭和47年9月4日判時679号9頁）は、「受遺者の選定

および遺贈額の割当てをすべて遺言執行者に一任することは遺言の内容が明らかでなく遺言を代理させることと同様の結果を招来するから、許されないものといわなければならない。しかし前記のように**本件遺言書では受遺者はすでに確定され、受遺者中慈善事業の諸施設に対する遺贈額の割当てのみが遺言執行者へ任されているに過ぎないから、右遺贈金額が被告ら主張のように多額であったとしても、本件遺言書の効力を左右するものではない**」旨判示し、受贈者相互間の配分率の決定を受託者に委ねた本件遺言書の効力を認めた。

これに対し、Yらが控訴[1]。

遺 言 書（抄）

（生年月日略）ロシアに於て出生し、現在日本国（住所略）に居住する私、Aは、ここに私の従前の遺言並びに遺贈を取消し、本証書が私の最終の遺言書であることを宣言します。

(一)　私は、X_1氏並びにX_2氏（以後「私の受託者」と呼称します）を遺言執行者並びに此の遺言の受託者に指定し、且つ両氏が遺言執行者又は受託者として、その職責上の拘束につき、如何なる担保も供する義務のないように要請します。

（中略）

(四)　私は、その種類、所在を問わず、あらゆる種類の全財産（宝石銀製品、家具その他の特定物を含む）を、今日までに、又は別途処分方法を定めた従来の遺言補促書によることなく、私の受託者に対し、受託の趣旨に従って封印し、回収し、現金に換価するため信託財産として贈ります。

（中略）

(六)　第五項に列挙した私の正当な債務、葬式費用等を弁済した後、私は次のとおり遺贈します。

　(a)　私の雇人Eに金30万円
　(b)　（地名略）の墓地看守人に金10万円

---

[1]　なお、本件控訴審判決を不服として、Yらは上告しているが、その上告理由は遺言書の有効性に関する法律の解釈適用の誤りの点に限られており、上告審の判決（最判昭和49年12月24日民集28巻10号2152頁）もその点についてのみ判示している。そこで、受贈者相互間の配分率の決定を受託者に委ねた点については、上告審判決は先例としての意義を有しないものと考えられるため、ここでは控訴審判決を取り扱うこととする。

(c)　F協会に金10万円
　　　(d)　G教会の聖母被昇天の牧師H師に金20万円
　(七)　私の財産の残りは、日本の以下に記載する諸施設に慈善事業として贈ります。
　　　(a)　C病院
　　　(b)　結核病院
　　　(c)　癩病院
　　　(d)　盲人の為の病院並びに収容施設
　　　(e)　孤児院
　　　(f)　老人ホーム
　　　(g)　精神病院
　　　(h)　神戸及び大阪の国際委員会
　　　(i)　精神薄弱児童のための施設
　上記残余財産の上記列挙施設に対する配分方法は、私の受託者の裁量に委ねます。(以下略)

本判決

　控訴棄却。
「本件遺言の第7項は、C病院外8個の社会施設を指定して、それらに残余財産のすべてを贈与すること、および右贈与財産の配分方法を受託者の裁量に委ねることを定めているが、右残余財産の額は、第5項および第6項所定の出捐を終了すれば自ら確定するものであり、このようにして、贈与すべき財産の額が確定しうべきものであり、また受贈者が特定している以上、受贈者相互間の配分率の決定を受託者に委ねたからといって、信託の目的の確定を欠くものとはいえない。したがって、本件遺言執行者の指定および信託行為は有効である」

検　討

1　問題の所在

　本件の遺言信託において、複数の者のなかからの受益者の指定および指定した受益者に対する信託財産の具体的な配分を受託者の裁量に委ねている

が、このような信託は有効か。

なお、本判決では、押印なき自筆証書遺言の有効性も問題となったが、本講では、信託法上の問題に絞って解説する。

2　学説等の状況

(1)　裁量信託および受益者指定権付信託と受益者の確定性・目的の確定性

受益者およびその受益すべき利益があらかじめ信託証書によって確定されている信託は、確定信託（fixed trust）といわれる[2]。

これに対して、いわゆる裁量信託（discretionary trust）とは、受益者に対してする給付の内容・額を受託者の裁量に委ねる信託をいい、英米において承認されている形態であり[3]、その有効性は、わが国の信託法上も認められている[4]。

さらに進んで、現行信託法89条では、明文上、信託行為において、受益者の指定権を受託者その他の者の裁量に委ねる信託（以下「受益者指定権付信託」という）も認められている。旧信託法上も、「信託行為ニ依リ受益者トシテ指定セラレタル者ハ当然信託ノ利益ヲ享受ス但シ信託行為ニ別段ノ定アルトキハ其ノ定ニ従フ」（同法7条）とし、この信託行為の別段の定めとして受益者変更権を定めることも可能と解されていたことから[5]、受益者指定権も許容されていたと解する余地があったと思われるが[6]、受益者指定権・変更権に関する法律関係を明確化するために、現行信託法89条が規定された[7]。

このような裁量信託や受益者指定権付信託の一般的有効性は肯定されると

---

[2]　新井523頁〜524頁。
[3]　能見242頁。なお、信託法上の裁量信託および受益者指定権付信託について、英国法の裁量信託（discretionary trust）および指名権（power of appointment）付信託と比較して検討するものとして、藤池智則「新信託法と裁量信託・受益者指定権付き信託－英国法の裁量信託・指名権付き信託と比較して－」金法1810号108頁がある。
[4]　四宮209頁、能見242頁、新井524頁。とりわけ、新井525頁は、「このような裁量信託こそがこれからの信託の在り方であると確信して」いるとする。
[5]　四宮319頁〜320頁、320頁（注1）。
[6]　寺本253頁。
[7]　寺本254頁、新井224頁。

しても、受益者の指定およびその受益すべき利益の範囲について与えられた受託者の裁量があまりに広範で漠然としているものである場合は、信託行為の有効要件である受益者確定性の原則や目的確定性の原則に反し、無効となる可能性があるものと思われる。すなわち、受益者確定性の原則とは、信託行為で受益者を指定するか、確定しうる程度の指示を与えることが必要であるとする原則である。そして、四宮博士は、信託行為時に、受益者が特定されている必要はないが、「委託者の指定した受益者の範囲が漠然としている場合（例、友人・縁者）や、特定せる受益者の指示はなく、しかも信託目的が不特定か一般的ないし恣意的なため受益者を決定することができない場合（例、受託者がよいと考える施設に与えよ）は、信託行為は無効である」とする[8]。また、信託目的が不特定なものであれば、信託目的は「一定」のものであることを要するとする目的の確定性の原則にも反する（旧信託法1条および現行信託法2条1項参照）。同博士によると、信託目的の確定性の観点からは、「委託者は、受託者がその趣旨に従って信託義務を遂行しうる程度に行動の指針を示す必要がある」ものとされ、ただ、公益信託の場合は、「抽象的に目的を指示するだけで足りよう」とされている[9]。

このような受益者の確定性および目的の確定性との関係で、受益者指定権付信託および裁量信託において、受託者にどこまで広範に裁量を与える信託が認められるのかについては問題として残されている。

(2) 遺言信託と受託者の裁量

わが国の民法上、明文の定めを欠くものの、本人の最終意思を確保するという趣旨から、遺言代理は禁止されていると解されている[10]。そのため、受益者指定権付信託や裁量信託のように、遺言信託において受益者の指定および信託財産の配分について受託者の裁量に委ねられている場合には遺言者本人の意思と離れるおそれがあるため、遺言代理の禁止との関係で、その有効性が問題となる。

---

8 四宮127頁。
9 四宮141頁、能見20頁。
10 中川善之助・加藤永一編『新版注釈民法（28）』〔加藤永一執筆部分〕（有斐閣、1988）3頁は、遺言は、遺言者の意思を信頼しこれを尊重して、遺言者にできるだけの「わがまま」を許すものとして、代理に親しまない一身専属的な意思表示とされているとする。

ア　受遺者の選定を遺言執行者に委託する遺言の有効性

　遺言代理の禁止に関しては、従前、受遺者の選定を遺言執行者に委託する遺言の有効性が議論されており、大判昭和14年10月13日民集18巻17号1137頁（以下「昭和14年判決」という）は、被選定者が私人である場合において、大要、次のように判示している。すなわち、遺言も法律行為であるから、有効に成立するためには、内容が確定しているかまたは確定しうるものであることを要するところ、受遺者の選定およびこれに対する遺贈額の配分について、遺言書には遺言執行者が相当と認める方法というだけであるから、受託の範囲が甚だしく広範にすぎ、受託者の行為は遺言者の意思にかい離するおそれがあり、遺贈の内容を確定すべき術がないとして、遺言を無効とした。この判決について、受遺者の選定等を遺言執行者に委託する遺言の効力を一般的に否定したものととらえる向きもあるが[11]、本判決の判示内容に照らせば、遺言執行者の受託の範囲が広範ではなく、遺言者の意思に沿うかたちで受遺者を選定するための基準が遺言において認められる場合にまで、遺言の効力を否定するものではないものととらえることも可能であるとも思われる。

　この点に関して、被選定者が公益的団体である事案において、最判平成5年1月19日民集47巻1号1頁（以下「平成5年判決」という）は、「本件遺言は、本件遺言執行者指定の遺言と併せれば、遺言者自らが具体的な受遺者を指定せず、その選定を遺言執行者に委託する内容を含むことになるが、遺言者にとって、このような遺言をする必要性のあることは否定できないところ、<u>本件においては、遺産の利用目的が公益目的に限定されている上、被選定者の範囲も前記の団体等に限定され、そのいずれが受遺者として選定されても遺言者の意思と離れることはなく、したがって、選定者における選定権濫用の危険も認められないのであるから、本件遺言は、その効力を否定するいわれはないものというべきである</u>」とし、被選定者（受遺者候補者）の範囲が国、地方公共団体、公益法人等一定の範囲に限定されている場合において、受遺者の選定を遺言執行者に委託する遺言の有効性を肯定した。

---

[11] 西謙二「受遺者の選定を遺言執行者に委託する旨の遺言が有効とされた事例」「判解」民事篇平成5年度（上）15頁。

ただ、同判決の最高裁調査官解説は、同判決は事例判例にとどまり、公益目的の遺贈ではなく被選定者が私人や営利団体である場合のこの種の遺言の有効性については、本判決の射程は及ばないとしている[12]。

　学説としては、受遺者の決定を遺言執行者等に委託する遺言は、遺言代理を許容することと異ならないとして、無効とする見解もある[13]。しかし、来栖博士は、被選定者の範囲が遺言で明確に限定されているか、選定のよるべき明確な基準が示されている場合に、受遺者の選定を第三者に委任する遺言を有効とすべきはもちろん、そうでない場合にも、被相続人が遺産処分の大綱を定め、そのうえで受遺者の選定などを第三者に委任している場合には、その遺言を有効としてよいとする[14]。新井教授も、選定権者が遺言執行者である前提のもとで、選定権を付与した遺言の内容が選定権の濫用防止機能が働く程度までに限定されている場合は、遺言の有効性を肯定し、来栖博士とやや表現は異なるものの、同主旨の解釈を示している[15]。

イ　遺言信託による受益者指定権付信託および裁量信託の有効性

　平成5年判決は、直接的には、受遺者の選定についての遺言執行者の裁量を認めるものであり、受益者選定についての受託者の裁量を認めるものではないが、新井教授は、「遺言執行者に受遺者選定権が認められるのであれば、当然信託受託者には受益者選定権が認められるはずであり、信託法は受託者に大幅な裁量権があることを前提として、それを規制する種々のメカニズムを備えているのである。今後信託のこのような機能こそが活用されるべきであろう」として、受益者指定権付信託の積極的活用を提唱している[16]。受遺者の選定についての遺言執行者の裁量が遺言代理の禁止の趣旨に反せず

12　西・前掲注11・15頁〜16頁。
13　中川・加藤・前掲注10〔阿部浩二執筆部分〕172頁。
14　来栖三郎「遺言の解釈〈その2〉（二・完）」民商80巻2号164頁。
15　新井誠「受遺者の選定を遺言執行者に委託する旨の遺言が有効とされた事例」民商109巻3号499頁〜500頁。山崎勉「受遺者の選定を遺言執行者に委託する旨の遺言が有効とされた事例」判タ852号167頁も同趣旨の見解と思われる。もっとも、新井教授は、平成5年判決について、一般論は妥当としつつも、「遺言執行者に付与された選定権濫用防止の見地からは、本件遺言書の記載文言はあまりにも無限定で漠然とし過ぎており、従って、本件遺言書の有効性には疑問を抱かざるを得ない」としている（同88頁〜90頁）。
16　新井誠編著『高齢社会と信託』（有斐閣、1995）286頁。

認められるならば、少なくとも、同様の範囲で、遺言による受益者指定権付信託も肯定されるべきではなかろうか。また、遺言による受益者指定権付信託が肯定され、受託者が受益者を指定することができるならば、受益者に対する信託財産の配分の範囲を指定することもより可能なはずであり、遺言による裁量信託も肯定されうるものと思われる。

ウ　遺言による受益者指定権付信託と裁量信託の限界

このように、遺言による受益者指定権付信託や裁量信託の有効性が肯定されうるとしても、受益者確定の原則や目的確定の原則のみならず、昭和14年判決や平成5年判決からすると、その有効性が無限定に認められるものではないと思われる。もっとも、これらの判決を参照して、受遺者の選定や遺産処分を遺言執行者に委託する範囲と同様の範囲で、受益者の指定および信託財産の配分を受託者の裁量に委ねることが可能なのか、それとも、信託においては、さらに広範に受託者の裁量に委ねることができるのかについては、十分な議論がなされていないようである。

エ　受託者の裁量の範囲・限界

遺言による受益者指定権付信託や裁量信託の有効性が肯定されたとしても、受託者の裁量権の逸脱・濫用が認められた場合、受託者の公平義務、善管注意義務、忠実義務の問題は残る。すなわち、「裁量権が与えられた範囲内では、受託者の各種の義務が働かないか制限を受けることになる。たとえば、裁量信託においては、受益者ABCのうちのAにだけ多くの給付をしても公平義務違反の責任を問われることがない」[17]とされるが[18]、このことは、逆に、裁量権の逸脱・濫用が認められた場合には、受託者の公平義務違反、善管注意義務違反、忠実義務違反が問われかねないことを示唆するものであるといえる[19]。

(3)　後継ぎ遺贈型の受益者連続信託

エステートプランニング（資産承継計画）等に関連して、裁量信託や受益

17　能見242頁。
18　四宮209頁～210頁も、裁量的信託において、受託者の裁量に委ねられている範囲内であれば、その義務違反は生じないとしている。
19　四宮211頁（注9）。

者指定権付信託とともに、後継ぎ遺贈型の受益者連続信託が検討されることがある。

ここに後継ぎ遺贈とは、第一次受遺者の受ける遺贈利益を、ある条件の成就または期限の到来によって第二次受遺者に移転させる遺贈をいう[20]。

そして、受益者連続信託とは、たとえば、遺言者が遺言により信託を設定し、配偶者の生涯または再婚までの間その信託収益を与え、配偶者の死亡または再婚時に残余財産を特定の子どもに帰属させるなど、受益者を連続して指定し遺産を承継させ有効に活用させる信託をいい[21]、後継ぎ遺贈と同様の機能を果たしうる。

後継ぎ遺贈については民法上無効とする見解が有力であり[22]、民法上後継ぎ遺贈が無効であれば受益者連続信託も信託法上無効であるとする見解もあるが[23]、一方で、受益者連続信託については信託法上有効とする見解も有力であった[24]。

ただ、あまりに長期に連続して受益者を指定することは、物資の流通や財産の効用を害し国民経済上の利益に反するといった理由で、公序良俗に反するのではないかとの指摘もあった[25]。

もっとも、受益者連続信託については、「個人企業経営、農業経営における有能な後継者の確保や、生存配偶者の生活保障等の必要から、共同均分相続とは異なる財産承継を可能にする手段としてのニーズが考えられ、当該ニーズに対しては、専門家（＝受託者）の長期安定的な活用という観点で、信託の機能に合致する」との期待もあった[26]。

そこで、現行信託法91条は、後継ぎ遺贈型の受益者連続信託の有効性を前提に、信託が設定された時から30年を経過した時点に現存する受益者が、当該信託の定めにより受益権を取得した場合、当該受益者が死亡するまで（ま

20　中川善之助・泉久雄『相続法〔第4版〕』（有斐閣、2000）569頁。
21　星田寛「受益者連続信託の検討」道垣内弘人・大村敦志・滝沢昌彦編『信託取引と民法法理』（有斐閣、2003）250頁。
22　中川ほか・前掲注20・569頁、577〜578頁（注17）。
23　米倉明「信託による後継ぎ遺贈の可能性」ジュリ1162号95頁。
24　四宮129頁〜130頁、能見186頁〜189頁。
25　寺本261頁（注6）、四宮152頁以下、能見25頁。
26　新井227頁。

たは当該受益権が消滅するまで）の間、当該信託がその効力を有することを新たに規定した。受益者連続信託と裁量信託や受益者指定権付信託との組合せも考えられ、かかる組合せにより、委託者のニーズによりいっそう柔軟に応えることができるようになるものと考えられる。

3　本判決の意義とその射程

(1) 意　義

本件遺言書7項において信託財産の配分が受託者に委ねられていることから、本件信託は遺言による裁量信託であると認められるところ、贈与すべき財産の額が確定しうべきものであり、受贈者が特定している場合において、受贈者相互間の配分率の決定を受託者に委ねることは、信託の目的の確定性を欠くものとはいえないとして、遺言による裁量信託の有効性を肯定し、かかる信託の有効性が認められる受託者の裁量の幅について一つの指針を示した点に本判決の意義がある。

また、本件遺言書7項に列挙されている施設のうち、(b)結核病院、(c)癩病院、(d)盲人の為の病院並びに収容施設、(e)孤児院、(f)老人ホーム、(g)精神病院、(h)神戸及び大阪の国際委員会、(i)精神薄弱児童のための施設については各々複数の施設等があると考えられるところ具体的な受贈者（受益者）が特定されておらず、受託者がそのなかから受益者を指定することが前提とされているので、受益者指定権付信託でもあるともいえる。したがって、本件遺言書7項で定める程度の受益者候補者の定め方で、受贈者（受益者）の特定性を肯定する本判決は、遺言による受益者指定権付信託の有効性を肯定するうえでの受益者の特定性について一定の解釈指針を示唆するものとしても参考になる。

(2) 射　程

本判決は、旧法信託において、目的・受益者の確定性との関係で、遺言による受益者指定権付信託および裁量信託の有効性を認めたものであって、新旧の信託法上、目的・受益者の確定の原則は異ならないことから、本判決は、新法信託においても、参照しうるものであるといえる。

しかしながら、本判決は、事例判例であって、目的・受益者の確定性との

関係で、どの程度受託者に裁量を委ねる信託が有効かについての一般的判断基準を示すものではない。

また、本判決は、遺言による受益者指定権付信託や裁量信託と遺言代理禁止との関係にも触れていないことから、このような信託が、遺言代理禁止の関係で、どの程度認められるのか、について明確な基準を示していない。

ただ、本件の事案においては、受益者指定権付信託および裁量信託が、目的・受益者の確定性の観点から、有効性が肯定された事例として、今後、こうした信託の目的の確定性・受益者の特定性の判定基準を確立するための一つの有力な参考資料とはなりうるし、実務対応上の参考ともなりうる。

4 本判決に対する評価

(1) 目的・受益者の確定性

受益者指定権付信託や裁量信託は、信託法の母国であるイギリスなどにおいて、委託者が信託設定時に顧慮できなかったその後の事情を受託者等が考慮して、委託者の意思に適合するかたちで、受益者を指定し、交付する信託財産の範囲を決めることが可能なものとして、広範に認められているが[27]、わが国においては、実際の利用例はいまだ多くない。しかし、受益者連続信託とあわせて、事業承継やエステートプランニング等についての今後の活用が期待される。本判決は、このような受益者指定権付信託や裁量信託の活用を基礎づけるものと評価することが可能である。

こうした裁量信託においては、目的の確定性の観点から、前記2(1)のように、①受託者がその趣旨に従って信託義務を遂行しうる程度に行動の指針が示されていることが必要であると考えられ、また、受益者指定権付信託においては、受益者の確定性の原則の観点から、②受益者を確定しうる程度の指示が信託行為により示されていることも必要と考えられる。

この点、本件信託は、既述のように、裁量信託であるとともに受益者指定権付信託でもあるところ、まず、目的の確定性との関係について検討する

---

[27] デビット・ヘイトン・新井誠監訳『信託の基本原理』(勁草書房、1996) 51頁。ドノバン・M・W・ウォーターズ・新井誠編訳『信託の昨日・今日・明日』(日本評論社、2000) 128頁〜155頁。

と、本件遺言書7項において、(i)受託者に配分が委ねられた残余財産の金額は確定されうるものであること、(ii)確定された残余財産がすべて同項に列挙された施設に配分されるべきこと、および(iii)残余財産が「慈善事業として」贈られるべきことが規定されている。これらのことからすると、慈善目的でそこに掲げられている施設に確定された残余財産を配分するという目的を読み取ることができ、受託者が残余財産の配分にあたって信託義務を遂行しうる程度に行動の指針が示されて信託目的が特定されているといえるものと思われる。

次に、受益者の確定性との関係について検討すると、残余財産の受贈者として本件遺言書7項にあげられた施設のうち(b)〜(i)の施設は受益者を特定するにはやや広範ではある。たとえば、(d)の盲人の為の病院並びに収容施設は、全国において多数存在する。ただ、残余財産の配分が慈善事業としてのものであることが明確化されていることにかんがみると、上記各施設に対する贈与はいずれも慈善事業の目的にかない、これを具体化するものであることから、当該各施設をあげることにより委託者の意思に沿う受益者を確定しうる程度の指示が本件遺言書において規定されているといえるのではないかと思われる。

したがって、目的・受益者の確定性を肯定した本判決の結論は妥当と考える。

(2) 遺言代理の禁止との関係

ア 旧法信託における本判決の評価

しかし、本判決は、遺言代理の禁止との関係で、遺言による受益者指定権付信託や裁量信託がどこまで認められるのかについてはなんら言及していない。

平成5年判決の最高裁調査官解説は、受遺者の選定を遺言執行者に委託した遺言の有効性を次の2点から基礎づけている。すなわち、①遺言の目的が遺産を公益目的に役立てることであり、どの団体にどういう割合で配分するかについてはさしたる関心事でないところ、遺言に規定された被選定者の範囲はやや広範にわたるが、公益目的を有する団体という意味で質的に限定されており、このなかから受遺者が選定される限り、その選定の結果は遺言者

の意思から離れる余地はなく、遺言執行者による選定権の濫用のおそれがないこと、および、②受遺者を選定すべき者として遺言執行者が指定されており、遺言執行者は遺言の執行について善管注意義務を負うとともに（民法1012条2項）、家庭裁判所の管理監督下に置かれているため（同法1019条）、受遺者の選定について事実上の抑止が働くことである[28]。

　これらの二つの観点から、本件の遺言信託の有効性について検討するとどうか。

　まず、第一に、信託の目的は、既述のように慈善目的のために残余財産を役立てるというものであって、本件遺言書において、遺産が配分される施設が広範に掲げられていることからすると、どの団体にどのような割合で残余財産が配分されるかについてまでは関心はないものと思われ、また、そこで掲げられた施設に対する残余財産の分配はいずれも上記の信託目的にかない、遺言者の意思とかい離するおそれはなく、受託者の裁量権の濫用のおそれはないと考えられる。

　また、第二に、旧信託法上、善管注意義務をはじめとした受託者の各種義務が厳格に規定されているとともに（同法20条、22条、26条、28条等）、裁判所が受託者に対して監督・関与することが規定されており（同法41条、58条等）、受託者の裁量権の濫用は事実上抑止されうる。

　これらを考慮すると、本件の遺言による受益者指定権付信託・裁量信託は、遺言代理の禁止の趣旨に反しないものと解することが可能だと思われる。

イ　新法信託と遺言代理の禁止

　ただ、本件のような信託が、新法信託として設定された場合はどうか。現行信託法においては、受託者の義務が大幅に任意法規化され、旧信託法41条の裁判所の一般的監督権も廃止された[29]。しかし、少なくとも、受託者が信託を業として引き受ける場合は、受託者の義務の任意法規化は限定的であるし（信託業法28条2項等、兼営法2条1項）、また、金融庁による厳格な監督を受けることから（信託業法33条、36条以下、兼営法7条以下）、信託銀行や信

---

[28] 西・前掲注11・14頁～15頁。
[29] 新井522頁。

託会社が与えられた裁量権を濫用的に行使することは事実上抑止されるものと思われる。

　したがって、新法信託においても、少なくとも、信託銀行や信託会社が信託を引き受ける場合は、上記の結論は維持されうるものと思われる。

ウ　公益目的ではない、私人を受益者として選定する信託

　受遺者の選定を遺言執行者に委託する遺言の有効性に関する平成5年判決は、既述のように、遺言における遺贈の目的が公益目的であって、受遺者を公的団体のなかから選定する場合についての事例判断であって、当然に、私人を受遺者として選定する場合には及ばない。他方、同様の遺言の有効性に関する昭和14年判決は、被選定者が私人である事例に関するものであるが、受遺者の選定およびこれに対する遺贈額の配分について、遺言書に遺言執行者が相当と認める方法としか規定していなかったものであることから、既述のように、私人を受遺者として選定することを遺言執行者に委託する遺言の有効性を一般的に否定したものではないものと思われる。

　そこで、来栖博士や新井教授が提唱されるように、選定権を付与した遺言の内容が、選定権の濫用防止機能が働く程度まで限定されているかという観点から、遺言執行者が選定にあたってよるべき大綱を定めている場合は、遺言執行者に受贈者の選定権を付与する遺言の効力を肯定してよいのではなかろうか。

　そして、遺言による受益者指定権付信託・裁量信託においても、信託行為において定められた信託目的、受益者の範囲、受益者の選定基準、遺産処分等の規定から、受益者指定権や裁量権の行使にあたって、濫用防止機能が働く程度に受託者がよるべき大綱が定められている場合は、その信託は遺言代理の禁止の趣旨には反しないというべきではないかと思われる[30]。

---

[30] 信託法上規定されている受託者の義務・責任は、民法上規定されている遺言執行者のそれ（民法1011条、1012条、1016条2項、1017条、1019条、1020条）に比して詳細であり（現行信託法29条～47条）、とりわけ、既述のように、受託者が信託会社や信託銀行の場合は、信託法上の任意法規が一部強行法規化されているとともに、金融庁による広範な監督に服する。したがって、少なくとも、信託会社や信託銀行である受託者に付与される受益者の指定および信託財産の配分に関する裁量の有効性は、遺言執行者に付与される受遺者選定・遺産の配分に関する裁量の有効性よりも、より広く認められる可能性があるのではないかと思われる。

(3) 受託者の裁量の逸脱・濫用

　本判決においては、受益者指定権付信託・裁量信託の有効性が肯定されているが、受託者の裁量権の限界については明らかにされていない。既述のように、信託としての有効性が認められるために、受託者がよるべき大綱・基準が定められている必要があるので、そうした大綱・基準に違反し、または信託契約違反・忠実義務違反・善管注意義務違反等が認められれば、裁量権の逸脱・濫用が認められるであろうが、その具体的判断基準は今後の課題であろう。

5　実務対応

(1)　裁量信託・受益者指定権付信託の活用
ア　裁量信託・受益者指定権付信託とエステートプランニング

　裁量信託や受益者指定権付信託は、既述のように、信託の設定時に、委託者が具体的な受益者や信託財産の具体的配分を特定できない場合に、委託者の意思を尊重しつつ、その後の事情も考慮して、受託者が、その時々において適正な受益者を特定し、または信託財産を適切に配分して柔軟に対応することを可能とするものである。したがって、エステートプランニングにおいて、これらの信託を活用することにより、遺贈や死因贈与等の従来の方法では実現できなかったような委託者のニーズへのきめ細かな対応が可能となる。そして、信託を設定する際には、本件信託のような遺言信託のほか、遺言代用信託（現行信託法90条）を利用することが可能である。遺言代用信託とは、受託者に財産を信託し、委託者自らを生存期間の受益者とし、その子・配偶者等を委託者の死亡後の受益者とすることにより、死亡後の財産の分配を実現する信託をいう。遺言代用信託は、信託契約締結時より効力が発生する点で、既述の遺言信託と異なる（遺言信託は委託者の死亡時に効力が発生する）。

　この遺言代用信託に裁量信託・受益者指定権付信託を組み合わせることで、たとえば、受益者・受益者候補者が複数いる場合において、死亡前後の事情（介護の状況等の委託者への献身度）に応じた付加金の分配をすること等ができ、より被相続人の意図や人間関係に沿った財産分配が可能となる。

もっとも、本制度を利用した場合においても、民法上の遺留分制度の制約を免れることはできないと考えられているため、留意する必要がある[31]。

イ　後継ぎ遺贈型受益者連続信託との併用

さらに、裁量信託・受益者指定権付信託は、後継ぎ遺贈型受益者連続信託と併用することにより、被相続人の意思を相続後にも及ぼして、信託設定後の時間的経過の各段階を考慮して、受益者の特定および信託財産の配分が柔軟かつ適正に行われるよう相続財産の承継スキームを構築することが可能となる。たとえば、事業承継スキームを策定するにあたり、経営者（委託者）が自社株式を対象に遺言代用信託を設定し、信託契約において、自らが死亡した場合の後継者Aを第一受益者と定めつつ、Aが死亡した場合に次の後継者Bを第二受益者と定めるのが後継ぎ遺贈型受益者連続信託である。

これをさらに柔軟に定めるために、裁量信託と受益者指定権付信託を組み合わせて、当該信託における第一受益者をAとしつつ、第二受益者はB、C、Dのうち受託者が指定した者として、受託者が第二受益者を複数指定した場合は、第二受益権の割合を受託者がその裁量で配分すると定める信託を設定することも可能となる[32]。

これにより、経営者自身が他界するまでに判断しえなかった受益権の承継

---

[31] 遺留分減殺請求権の対象となることおよび遺留分の計算方法については、藤池・前掲注3・117頁〜119頁、第一東京弁護士会総合法律研究所遺言信託実務研究部会編著『遺言信託の実務』（清文社、2010）167頁〜170頁参照。

[32] ただ、裁量信託および受益者連続信託における受益者と受益者指定権付信託における受益者候補者は、理論上、信託法上の地位が大きく異なると考えられる。すなわち、裁量信託および受益者連続信託においては、同一信託において複数の受益者が存在する。ただ、前者の場合は複数の受益者が同時に信託からの利益を享受しうるもの（共同受益者）であるのに対して、後者の場合は複数の受益者が異時的に信託からの利益を享受しうるもの（連続受益者）である点で相違するにすぎない。それゆえ、いずれの場合も、受益者が複数存在する以上、受益者間の利害対立を調整するための受託者の公平義務が問題となり（現行信託法33条）、受託者は、各受益者を信託契約・信託目的等に従って公平・適正に取り扱う必要があり、各受益者は受益者としての権利や監督権限を行使することができる。これに対して、受益者指定権付信託において、受益者として指定される前の受益者候補者は受益者ではない。したがって、受益者候補者として認められる法律上の利益は、せいぜい、受益者としての適格に関する判断に際して、違法または不当な取扱いを受けない、という範囲にとどまらざるをえず、受益者としての権利や監督権限を行使できないと考えられる（星野豊『信託法』（信山社、2011）84頁〜88頁）。裁量信託および受益者指定権付信託における受託者の権限・義務および受益者・受益者候補者の権利・権限の比較検討については、藤池・前掲注3・114頁以下参照。

時点での子・孫の当該会社に対する貢献や業績を加味することにより、最も意にかなった人選・配分ができ、その事業を承継させることが可能となる。これは、信頼できる受託者を選任することのできる経営者にとっては、死後も自らの意思を会社経営に反映させうることを意味するものであり、遺言の手法では満たしえなかったニーズに応えるものであろう。

ウ　裁量信託と任意後見制度

任意後見制度は、自己の判断能力が十分な時点で任意後見契約を締結しておくことによって、判断能力喪失後の生活においても、本人の意思や希望に基づいた生活を送れることを保障しようとする制度である[33]。この任意後見制度と裁量信託を組み合わせることにより、身上監護と財産管理を有機的に関連づけ、委託者本人が判断能力を有していたときの判断に近い、委託者本人の意向に沿った状況を実現できるものと思われる[34]。たとえば、高齢の夫婦の場合、資産を有するほう（たとえば夫）が信託契約（裁量信託）を締結し、さらに夫婦それぞれ任意後見契約を締結する。これにより、財産管理面を受託者に、身上監護面を任意後見人に委ねる。夫の判断能力が正常なうちは、夫を受益者とし、判断能力が低下・喪失した場合には、夫婦双方を受益者としておく。このような建付けにより、夫の判断能力が失われた場合に、任意後見人により身上監護上必要な指図が受託者に対して行われることとなり、受託者は、その指図に従い元本や収益を交付することとなる[35]。

(2)　活用上の留意事項

ア　目的・受益者の確定性および遺言代理の禁止

上記のように受益者指定権付信託や裁量信託は、さまざまな場面で活用が

33　新井87頁。

34　このスキームを新井教授は「任意後見結合型裁量信託」と称し、「信託受託者と任意後見人のそれぞれを得意とする職務に専念させることによって、両者の職務分担を図りながら、結果として裁量信託の機能をわが国にも出現させようとするものである。このようなスキームによって、信託は受益者の身上監護をも十分に配慮しうる財産管理制度として再生できるのではなかろうか」と指摘する（新井529頁）。

35　成年後見および未成年後見の各制度においては、家庭裁判所が関与する「後見制度支援信託」を利用することもできる（http://www.courts.go.jp/vcms_lf/210034.pdf参照）。家庭裁判所が関与するため安心で安定的な制度といえるが、他方、保佐・補助や任意後見では利用できず、また、常に家庭裁判所への報告、同裁判所からの指示を必要とする点において柔軟性を欠く面もある。

可能であるが、受託者の裁量の範囲が広範である場合、信託契約自体が目的・受益者の確定性を欠き無効と判断されるおそれがあるため、信託契約において委託の趣旨を明確にする必要があるとともに、受託者の裁量権行使のための具体的な指針を明らかにするべきである。

　さらに、これらの信託が遺言により設定された場合は、既述のように、信託行為において定められた信託目的、受益者の範囲、受益者の選定基準、遺産処分等の規定から、受託者に受益者指定権や裁量権の行使にあたって、濫用防止機能が働く程度までに受託者がよるべき大綱を定めておくべきである[36]。特に、指定される受益者が私人の場合は、昭和14年判決にかんがみると、信託行為自体が無効となることを可及的に防止するために、より大綱を明確化しておくことが望ましいものと思われる。

　このように、受託者が裁量権の行使にあたってよるべき基準を明確化することは、委託者側にとって、受託者の裁量権の逸脱・濫用防止に役立つのみならず、受託者側にとっても、免責の基準となり予測可能性が生まれることから、むしろ裁量の範囲内においては柔軟に対処することが可能となるため有意義である。

イ　裁量の幅の広い受託者の監視

　裁量信託としての有効性が否定されないとしても、受託者が比較的広い裁量を有するスキームを用いる場合には、受託者の裁量権の逸脱・濫用により、公平義務、善管注意義務、忠実義務に違反する事態が一般的に生じやすい。

　そこで、受託者を複数とすることにより判断を慎重ならしめること（共同受託者。現行信託法80条１項参照）のほか、受益者が現に存しない場合には信託管理人（同法123条以下）、現に存するが受託者の監督能力が不十分な場合には信託監督人（同法131条以下）、そして、受益者が変動しまたは多数で

---

[36]　遺言代理の禁止の趣旨から、受託者の裁量権の行使にあたって、本文に記載したような受託者がよるべき大綱が定められていれば、事実上、目的・受益者の確定性が問題となることは基本的にないのではないかと思われる。なお、受託者の裁量権行使の指針の示し方の一例として、藤池・前掲注３・116頁は、イギリスにおける法的重要性を有する意向表明書（legally significant letters）またはガイドライン等をあげており、実務上の参考となろう。

あるために権利行使が困難であることを理由に監督機能を十分に果たせない可能性がある場合には受益者代理人（同法138条以下）あるいはこれらの併用を通じて、受託者に対する監視・監督を行うことにより、受益者の利益保護を図るとともに、受託者の裁量権行使の適切性を担保するべきである。

(3) 業法との関係

信託の引受けを「営業」[37]として行う場合には、一定の例外を除いて、「信託業」（信託業法2条1項）に該当するため、同法の規制を受け、内閣総理大臣の免許を受ける必要がある（同法3条）。

それでは、弁護士・弁護士法人（以下「弁護士等」という）が遺言執行者の地位を有し、かつ、信託の受託者ともなりうるか。この場合、信託の引受けを「営業」として行っているものと認められうるところ、信託業法2条1項カッコ書、同法施行令1条の2第1号の規定により、「弁護士業務に必要な費用に充てる目的で債務者から金銭の預託を受ける行為その他の委任契約における受任者がその行う委任事務に必要な費用に充てる目的で委任者から金銭の預託を受ける行為」については信託業の適用除外とされている。しかし、この適用除外が認められるのは、「費用」に充てるための「金銭の預託」の場合だけであって、信託目的が限定されているうえ、金銭以外を信託財産とすることができず、弁護士業務として、遺言信託を受託することは困難であると思われる[38]。

したがって、弁護士等が遺言執行者となるとともに信託の受託者となることはできないものと思われる。

ただ、信託会社や信託銀行が遺言信託の設定を受けて受託者となった際に、受益者の利益の保護の観点から、弁護士等が受益者代理人となって、受

---

[37] 「営業」とは、営利の目的で受託行為を反復・継続して行うことをいい、「「反復継続」（営業）して信託の引受けをしたといえるか否かは、行為の回数のみならず、行為者の主観も併せて考慮すべきところである」（小出卓哉『逐条解説　信託業法』（清文社、2008）17頁）とされている。したがって、反復・継続して行う意思があれば1回の引受けでも「営業」としての引受けと解される可能性がある一方、反復・継続して行う意思がなければ、複数回信託の引受けを行ったとしても、「営業」として信託の引受けをしたとは解されない。

託者の業務執行の適正性を監視することは可能であると考えられる[39]。

(藤池智則・冨松宏之)

---

[38] なお、髙岡信男「弁護士預り金口座取扱いの実務」金法1686号52頁は、「弁護士が反復して預り金について信託契約を締結することについて信託業法違反との指摘がある。しかし、基本契約関係である委任契約に付随する信託であり、業法が予定する信託には当らないと考える」としている。しかし、信託業法上、委任契約に付随する信託として同法の適用が除外される信託が金銭信託に限定されているときに、その範囲を超えて信託を業とすることを同法の適用除外とすることは、解釈論としてやや無理があるように思われる。また、民事信託研究会『民事信託の活用と弁護士業務のかかわり』(トラスト60、2009) 33頁〜35頁は、投資・運用を伴わない単なる「財産の預り・移転」の営業は、信託業法にいう「信託業」ではないとの道垣内教授の所説(道垣内弘人「「預かること」と信託 −「信託業法の適用されない信託」の検討 −」ジュリ1164号81頁以下)に依拠し、かつ、委託者と受託者の関係の個人的信任関係は信託業法上の「営業」という概念が一般的に両立しにくいとして、「信託財産の投資・運用を伴わない管理・保全または処分に留まる場合並びに委託者との従前来の個人的な信任関係に基づき受託されていることが明らかな場合」については、信託業法の適用外とする。しかし、この見解では、信託業法上登録を要するものとされる管理型信託業と、信託業に該当しないとされる信託財産の投資・運用を伴わない信託に係る業務との区別があいまいであり、また、本来、信託は、委託者・受託者間の信任関係を基礎するところ、信託一般と「従前来の個人的な信任関係に基づき受託されている」信託の区別もあいまいであるように思われる。

[39] 民事信託研究会・前掲注38・55頁〜57頁。

第4講

信託財産に対する受益者の処分権と名義信託

大判昭和13年9月21日民集17巻20号1854頁

判決要旨

　信託財産に対する信託利益の全部の受益者に当該信託財産の処分権を付与する信託行為は有効である。

事案の概要

　訴外Aは、宅地121坪・畑1畝（≒1アール）29歩（＝29坪）・地上建物（以下「本件不動産」という）を所有していた。

　大正5年4月20日、相続人（当時の民法の家督相続においては原則長男単独全部相続のため、この長男一人が相続人となる）が放蕩息子であったため、AはA家伝来の家産保護の目的で、多年親交のあったX（原告、被控訴人、上告人）に本件不動産を信託譲渡した（売買を原因とする所有権移転登記がされている）。その際、Aは以前から次男Bに本件不動産を与えるつもりであったので、本件不動産をBに実質上保有させることにし、Aを売主とし売渡しの月日および買受人の氏名を記載しない売渡し証書をXに作成させ、BまたはBの選定するA家の子孫の所有とするためにその処置をBに一任するため当該売渡し証書を白紙委任状とともにBに交付させ、さらに、Xに、当該趣旨を承諾した旨を記載した念書をBに対して交付させた。

　大正5年12月末、Bは、その妹Y（被告、控訴人、被上告人）が独り生家にいて両親A夫婦に奉仕孝養していたので、その処分権に基づき本件不動産をYに贈与したが、所有権移転登記を行わなかった。その後、Yが所有者として、本件不動産を使用収益し、かつ公租公課を支払ってきた。

　昭和7年3月30日にAが死亡し、同年5月頃にはBが病臥重篤となったため、Bは前記書類を用いて所有権移転登記を行おうとしたが、それに先立つ

大正8年5月2日、Xは禁治産宣告を受け、Xの妻であり相続人の妹であった訴外Cが後見人となっていた。

そこで、Yは、Cに対して、所有権移転登記手続に必要な書類に捺印してほしい旨協力を求め、Cは、Xの親族会の同意を得ずにYの求めに応じ、Yの持参した委任状その他の書類にXの印章を捺印しYに交付した。昭和7年5月20日、本件不動産についてXからYに対する所有権移転登記がなされた。

その後、Xが、CにはYに所有権を移転する意思はなかったので、Yに対する本件土地所有権移転は意思の欠缺により無効である等として、本件不動産について、XのYに対してなした所有権移転登記は無効であるとして、その抹消登記手続を求めたのが本件である。

第1審X勝訴、原審Y勝訴。Xは上告し、原審は、XA間に本件不動産の信託的譲渡があったとしつつ、信託財産に対する実質上の処分権をBが有し、当該処分に基づいてBが本件不動産をYに贈与したとするが、Xの有する所有権がBの有する処分権によりYに移転するという法理は到底理解できず、原判決は理由不備であるなどと主張した。

本判決

上告棄却。

「然れども原審は所論摘録の如く判示して本件不動産の委任者たる訴外亡Aは訴外Bをして実質上該不動産を保有せしめ同人に於て之を随時自己又は其の選定するA家の子孫の有たらしむべく其の処置方を同人に一任したるものにして<u>本件不動産信託の受託者はXなるも該信託財産に対する実質上の処分権は右B之を有し同人は其の処分権に基き信託財産たる本件不動産をYに贈与したる旨判定するを以て之に依れば本件信託行為により右Bは信託不動産に対する信託利益全部の受益者となり而も信託財産の処分権を与へられたるものと解すべきは当然にして斯くの如き信託行為の有効なるは論を俟たず</u>。従て本件贈与は右処分権の適法なる行使に外ならざるを以て之により受贈者たるYが贈与不動産の所有権を取得すべきは又当然なりとす。原審は右信託関係に付法律的に説明を加へず従て右処分権が信託行為より発生し適法

【関係図】

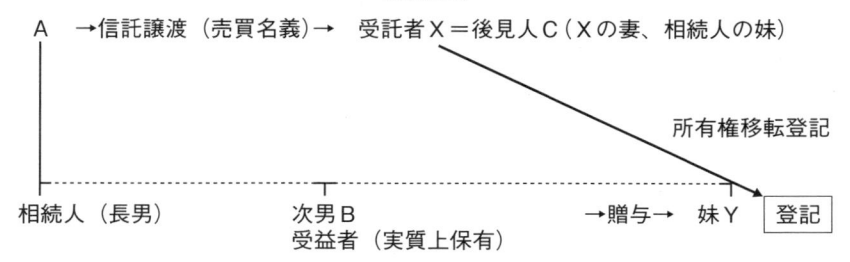

A　→信託譲渡（売買名義）→　受託者X＝後見人C（Xの妻、相続人の妹）

所有権移転登記

相続人（長男）　　次男B　　　　　→贈与→　妹Y　登記
　　　　　　　　　受益者（実質上保有）

に本件不動産を処分し得べき内容を有する権利なる所以を明かにせずと雖裁判所は斯る法律的説明を竭すべき責務を有せざるが故に此の点に付原審に所論の如き理由不備の違法あるものと謂ふを得ず」

検　討

1　問題の所在

　信託法上の信託において、信託財産に対する信託利益の全部を享受する受益者が、その財産の処分権を有することが認められるか[1]。
　換言すると、どこまで受託者の管理処分権が制限されると、信託法上の信託でなくなるのかという問題ともいえる。

2　学説等の状況

(1)　受動信託の意義

　受動信託（受働信託）とは、受託者に財産権の名義が移されるものの、受託者が積極的に行為すべき権利義務を有しない信託である。対義語は能動信

---

[1] 本件事実関係の解釈については、受益者Bに信託財産そのものの処分権があるというよりも、Bが譲渡したのは受益権で、ただ、受益権の譲受人が信託を解除し、Xに対して信託財産の帰属権利者として引渡しを求めることが、特にA・X間の信託行為で定められているため、Bに与えられた書類（XがAの依頼によってBに交付した、Bが自ら指名する者に所有権移転登記をなすことを承諾する旨の念書）もかかる解除権や引渡し請求権を与える趣旨であると解することが自然とする考えもあるが（末延三次「本件判例評釈」法学協会雑誌57巻3号180頁参照）、一般的には名義信託の問題ととらえられているため、以下では名義信託の議論を中心とする。

第4講　信託財産に対する受益者の処分権と名義信託　63

託（能働信託）である。

この受動信託をさらに受託者の処分権の有無により区分して、受託者は受益者が信託財産について各種の行為をなすことを認容する義務を負うにとどまるもの（名義信託）と、受託者は受益者等の指図に従うもののあくまで自ら管理・処分をすることになっている信託（狭義の受動信託）を分けて議論することが主流となっている[2]。

○能動信託
○受動信託
├ 名義信託
└ 狭義の受動信託

(2) 受動信託が信託法上の信託として有効か

従来からの多数説は、狭義の受動信託の有効性は肯定しつつも、名義信託の信託としての有効性を否定する[3]。信託法上、「受託者」が、信託財産に属する財産の管理または処分およびその他の信託の目的の達成のために必要な行為をすべき権限を有し義務を負うこととなっているためである（旧信託法1条、4条、現行信託法2条5項）。狭義の受動信託の場合は受託者がともかく管理処分権を有しているから「信託」と認められるとしても、名義信託の場合は受託者に財産の管理処分権限がないので「信託」と名づけようとも、そもそも「信託」ではないということである。

ただ、上記の考えに立っても、実質的権限を伴わない形式的資格の授与と同じような法律関係が実質的権利者と名義者との間に生じていると考える余地があるなどとして一定の法的効力を認めようとする説がある[4]。

---

2 四宮9頁、新井127頁。
3 四宮9頁、新井127頁以下。
4 四宮9頁。なお、同説は実質的権限を伴わない形式的資格について、資格授与説の説明において（ドイツでは）「信託者から受託者への権利の移転を否定し、受託者は単に権利行使の資格（中略）を与えられるにすぎないとすることは、古くから隠れたる取立委任裏書に関する学説・判例によって採用せられている」とする（四宮和夫『信託の研究』（有斐閣、1965）114頁）。しかし、わが国では取立委任裏書については、信託譲渡説が通説であると思われる。また、手形法では、裏書に資格授与的効力が認められることから（同法16条1項）、資格授与的効力により、手形所持人が手形上の権利者として推定されることになるが、不動産等において、資格が授与されるということは何を意味することになるのか、理解がむずかしいところである。

これに対して、受託者が名義人となっていることで、常に受託者が一定の「管理」をしているといえるから、名義信託も有効とする説がある[5]。この説は、近時、名義信託ないしベア・トラストが金融の世界で重要性を増しているため、あらためて名義信託を検討すると、そもそも名義信託がなぜ有効な信託とならないのかは必ずしも明らかではないし、また名義信託を否定しても必ずしも満足のいく解決にはならないとする。

　また、現行信託法の検討の際、法制審議会信託法部会においても、「信託行為において受託者の権限が明示されている場合には、仮に、これと併せて受託者自身は管理処分等の行為を行わない旨の定めがあっても、受託者は、当該信託における信託財産の権利者となるとともに、善管注意義務に基づき、実際に管理処分等を行う者に対する選任監督等の責任を負い、さらに、信託財産に損失が生じたときは損失てん補責任等を負うことになるのであって、このような信託の設定を無効と構成する必要はないものと考えられる。したがって、例えば、不動産の流動化のための信託において典型的に見られるように、信託行為では受託者がいわゆるハコとしての権限、すなわち、信託財産を他者に賃貸する権限しか有しないこととされている場合であっても、このような信託の設定を無効とすべき理由はないことになる」として、名義信託的な信託を有効とする方向の議論がなされている[6]。

　名義信託を有効とする説（以下「有効説」という）と従来からの多数説である名義信託無効説（以下「無効説」という）が最も対立するのは、有効説によると、委託者の債権者からかかっていけない財産が容易につくられてしまわないかという問題のとらえ方と思われる。

　無効説は、信託は受託者への財産権の移転を前提として受託者がそれを管

---

[5] 能見40頁～43頁。金融法委員会「信託法に関する中間論点整理」(2001) 4頁も、「受働信託を理由として信託を無効と考えるべきではないと思われる（ただし、管理・処分を受託者が全く行わない場合は、信託行為でその旨明記すべきであろう）。また、「信託法は、脱法的・虚偽表示的な行為を信託を使って行う典型的形態として受働信託を一律無効としている」という受働信託無効論によったとしても、例えば、事業上の合理的必要性（租税回避等の脱法的・虚偽表示的目的がないことが前提）に基づき、資産流動化等のビークルとして信託を用いる場合や特定金銭信託等の場合については、かかる受働信託無効論が予定した場合に該当せず、信託が無効となることはないと考えられる」としている。

理・処分する仕組みであるとして、受託者に管理処分権がなければ、受託者への財産権の移転自体が否定されるとして、そのうえで、信託法上の保護を付与すべき信託財産の独立性も生じていないのにもかかわらず、独立した財産として保護されてしまう点を問題にする（資産流動化を目的とする信託において期待されている倒産隔離機能さえも、名義信託スキームにおいては認められるべきではないとする）[7]。

一方、有効説は、この問題は信託を有効とするか無効とするかとは別であって、委託者からの財産分離を主張できるのはどのような場合かとして議論すべきとする。たとえば、自益信託型の名義信託も信託としては有効だが、委託者の債権者は委託者の解除権を行使して信託財産にかかっていけるとすればよいとするのである[8]。

3 本判決の意義とその射程

(1) 意　義

本判決は、「委託者が信託財産に対する処分権を受益者に付与した場合にも、受託者への信託財産の権利移転を絶対的なものと見ることなく、これをもって一定の目的（信託目的）を達成するための手段とみて、信託法上の信託として有効なものである」と評釈されるが[9]、より端的には、受益者に信託財産の処分権が与えられて、受託者に処分権がない名義信託の有効性を肯定したものと評価されうると思われる[10]。

6　補足説明第1の4。寺本34頁～35頁も同旨。福田政之・池袋真実・大矢一郎・月岡崇『詳解　新信託法』（清文社、2007）81頁～82頁も、「新信託法の下では、受託者の自己執行義務（受託者自身が信託事務を行う義務を負い、第三者に委託すべきでないこと）が大幅に緩和されており、受託者自身が信託財産の管理処分等の行為を行うことはもはや信託の本質的な要素であるとはいえない」としたうえで、「受託者の活動の実態と受託者の信託行為に基づく権限との乖離が極端であって、実際に信託が設定されたとみることができないほど形骸化しているような場合は別であるが、信託行為に受託者の権限に関する明確な規定があり、かつ受託者の第三者に対する信託事務の委託に関する規律に従っている限り、受託者自身が信託財産の管理処分等の行為を積極的に行わない信託も有効に設定できると考える」とする。このように現行信託法のもとにおいては有効説寄りの議論が多いといえる。

7　新井128頁～129頁。
8　能見44頁。
9　信託法判例研究290頁。

(2) 射　程

　本件事案は、当時の民法上の家産に関するものであるが、家産保護を目的とする場合に本判決の射程が限られるものではないだろう。

　本判決は、信託利益の全部を享受する受益者に、広く信託財産の処分権を与え、受託者の名義となっている信託財産を、かかる受益者の単独の意思表示によって直接第三者に移転することができる権能をも享受させる信託行為を有効とする。したがって、まず、このように信託財産の処分権を有する受益者が存在する信託の場合に妥当しうる。

　さらに、事案を受託者側からみると、受託者は、信託財産上の名義を有するがなんら積極的に信託財産を管理処分すべき権利義務を有せず、単に受益者が信託財産について各種の行為をなすことを認容する義務を負うにすぎない場合といえる。このような名義信託の場合にも広く妥当しうるのではないか。

　そして、現行信託法における「この法律において「受託者」とは、信託行為の定めに従い、信託財産に属する財産の管理又は処分及びその他の信託の目的の達成のために必要な行為をすべき義務を負う者をいう」（現行信託法2条5項）との条文と、旧信託法における「本法ニ於テ信託ト称スルハ財産権ノ移転其ノ他ノ処分ヲ為シ他人ヲシテ一定ノ目的ニ従ヒ財産ノ管理又ハ処分ヲナサシムルヲ謂フ」（旧信託法1条）との条文、および「受託者ハ信託行為ノ定ムル所ニ従ヒ信託財産ノ管理又ハ処分ヲ為スコトヲ要ス」（旧信託法4条）との条文を比較すると、信託・受託者の意義に特段大きな変更はないことから、本判決は、現行信託法においても妥当しうるものといえよう。

　もっとも、本判決は、大審院時代の古い判例であること、受益者に処分権を認める名義信託の有効性を肯定することに関して学説の批判も強いところであることから、現在でも全面的に妥当するのかについては議論がありうる。

10　四宮博士は本判決を、名義信託を肯定したものと位置づけている（四宮9頁、11頁～12頁）。

4　本判決の評価

(1)　本判決に対する法理論面からの評価

信託とは「一定ノ目的ニ従ヒ財産ノ管理又ハ処分ヲ為サシムル」ものである（旧信託法1条）と規定されているのは、受託者に少なくとも財産の管理処分権限が必要であるとする趣旨であり、そうでないものは実態を伴わない名義上の信託は無効であるとする無効説の考え方からすると、本件のように受託者に処分権がない信託は信託法上の信託とはいえないはずで、信託の一般理論からは疑問のある判決ということになりうる[11]。

これに対して、有効説の考え方からすると、名義人となっていることで一定の「管理」をしているといえることから、本件信託も有効な信託とされることになるのではないか。

(2)　実務面からの評価

名義信託的な受動信託は、近時においては流動化のための信託等における委託者の倒産隔離機能を営むものとして活用されている。

本判決は、受託者が信託財産上の名義を有するがなんら積極的に信託財産を処分すべき権利義務を有しない信託も信託として有効とするものだから、上記のような流動化のための信託の有効性を幅広く認めることになる。この見解を押し進めれば、投資顧問業者が有価証券売買の指図を行うのみならず、売買注文自体も指図権者が行うような形態でも、信託としての有効性になんらの疑義もないということになろう。

ただ、本判決は、名義信託的な信託を有効と判示しているだけで、有効となる要件（たとえば、名義人となっていれば足りるとか、どの程度の管理権が必要か、分別管理されていればよいか等）を明確に示すことまではしていない。

5　本判決をふまえた実務対応

(1)　本判決の射程範囲内の事項に関する実務対応（契約、予防法務、訴訟）

信託スキームの設計時（とりわけ自益信託の場合が問題となる）に、どこま

---

[11] 四宮9頁も、無効説の立場から、本判決は不当と主張している。ただ、同10頁は、Bの処分行為は、いずれにしても、有効であるとしている。

で受託者の管理処分権が制限されると信託ではなくなるのか、が問題となる。

本判決に従えば、受益者に処分権がある一方、受託者にこれが認められない場合でも信託の有効性は肯定されうる。

しかし、本判決によっても、信託が有効となる具体的なメルクマールを導くことはむずかしく、信託財産上の名義さえ移転していれば信託としての有効性が肯定されるのかどうかは明らかでない。

また、実務上、有効説を前提として行動することは、判例といっても大審院時代の古いものであること、学説上は信託法理そのものからの反対説が多いことにかんがみると、合理的ではなかろう。

この点、無効説に立っても、受託者の管理処分権の定め方いかんにより、信託としての有効性に疑義が生じるおそれは相当程度低くなるはずであることから、信託法理に従ったベーシックな信託設計を心がけるということになろう。

ただし、少なくとも名義が移転しているかどうかはチェック項目の一つとなろう。さらに、受託者になんらかの意味で管理・処分権限を付与する形式にしておくことも必要であろう。

受益者に実質的な処分権限を付与するような信託スキームにおいても、信託契約上は、信託財産を処分する権限を有する者は、あくまでも受託者であって、受益者は処分の意思決定をして、受託者に指図する権限を有するものとするにとどめておく必要があるように思われる。このような制度設計であれば、名義信託の無効説の立場からも、狭義の受動信託として有効と認められる可能性が高くなるからである（証券投資信託においては、受託者が積極的な機能を果たすことは予定されていないが、受託機関である信託銀行名義による売買等がなされるよう設計されている[12]）。

また、信託財産の占有・管理が第三者に委ねられるとしても、当該第三者との管理契約は受託者が締結する必要がある。信託行為において受託者自身は管理処分等の行為を行わない旨を定めていても、受託者が善管注意義務に

12　信託の法務と実務471頁参照。

基づき、実際に管理を行う者に対する選任監督等の責任を負い、これらの義務・責任に反した行動により信託財産に損失が生じたときは損失てん補責任等を負うことになるのならば、当該信託財産を管理する権限を有しているといえよう。このことは、当該第三者が自益信託の委託者兼受益者だとしても、受託者が受益者と管理契約を締結しているならば、やはり信託財産を管理・支配しているといいうる。このような場合は名義信託に該当せず、信託として有効であると考えてよいのではないか。

(2) その他関連事項

資産流動化を目的とする信託においては、とりわけ倒産隔離機能が期待される。これに対しては、「財産権の信託的譲渡もなければ、受託者にも一切の権利・義務が伴わないスキームにおいて、いかにして倒産隔離機能が作出されるのであろうか」[13]という批判があるところである。

そこで、信託性に疑いがもたれないスキーム構築が重要になってくる。上記(1)で述べたような慎重な信託スキームの設計（なんらかの管理・処分権限を受託者に付与する形式）を心がけるとともに、①租税回避等の脱法的・虚偽表示的目的がなく、事業上の合理的必要性があること、②受託者が、信託財産の管理占有を常に他者に委ねる場合であっても、当該他者との契約に基づき、信託財産に対して一定のコントロールを及ぼしうる権限があること、③管理処分が他者の判断に委ねられ、その指図に基づき管理処分すべきこととなっていたとしても、信託の目的・契約条項にかんがみて明らかに不合理な場合は、受託者の善管注意義務の履行として、指図権者と協議し、場合によっては拒絶するという権限と義務が信託契約上読み取れること等に留意することになろう。

（岡田孝介）

---

13 新井128頁。

第5講

議決権信託の効力

大阪高決昭和58年10月27日判時1106号139頁

決定要旨

① 会社の関与のもとに創設された従業員持株制度のもとにおける規約において、株式信託契約を締結しない従業員は株式を取得できないとし、株式信託契約において、その契約の解除は認められないとしているなど、判示のような事実関係のあるときは、当該株式信託契約は会社に対する関係でも無効である。
② 株主権のうち配当請求権、残余財産分配請求権を除く部分だけを対象とする信託契約は無効である。

事案の概要

株式会社Y（被申請人、抗告人）において、会社更生手続中労使の協議により従業員持株制度が採用されたことに伴い、昭和53年に、従業員の持株を共済会[1]の理事に信託する株式信託制度が設けられた。当該株式信託制度においては、株式信託契約をしない従業員は株式を取得できない仕組みとなっていた。

株式信託契約では、株主の議決権は受託者である共済会理事が行使する一方、配当請求権と残余財産分配請求権は委託者に帰属することとされ、信託期間は委託者が株主の地位を喪失する時までとされていた。

そのようななか、Yに使途不明金が存在し、その責任追及中にYの取締役

---

[1] ここでいう共済会とは、いわゆる企業内の一般的な福利厚生団体であろう。なお、信託銀行の業務としては、公務員の共済組合や教職員互助団体等の社内預金に当たる貯金経理についての貯金経理信託、互助団体の私的年金に当たる互助年金についての互助年金信託がある。

らが証拠隠滅的行為をした、ほかにも会計処理上の疑問点が多々あるにもかかわらず、株主名簿の閲覧、謄写の要求が拒絶されたとして、Yの従業員株主であるXら（申請人、相手方）が検査役の選任を申請したのが本件である。

原決定（京都地決昭和58年8月27日判例集未登載）では、検査役選任申請が認められたため、Yが抗告し、そのなかで株式を信託したXらの当事者適格が争われた。

Xらは、検査役選任の申請理由として、Yの発行済株式総数は2万5,000株であるところ、Xらはその10分の1[2]以上に当たる5,200株（26人×200株）を現に有する株主であること、Yに使途不明金が存在し、その責任追及中にYの取締役らが証拠隠滅的行為を行ったこと、Yに504万2,438円の使途不明金が存在し、その責任追及中にYの取締役らがダンボール箱3杯分の会計書類の一部を破棄し証拠隠滅的行為をしたことを主張した。

これに対し、Yは、Xらは持株各200株のすべてを共済会理事に信託しているから、配当請求権、残余財産分配請求権を除くすべての株主権を行使する権限を有さず、検査役選任請求権も受託者である共済会理事のみが行使しうるものとして、本件申請は不適法であり却下されるべきであるなどと主張した。

本決定

抗告棄却。

「当裁判所もXらの本件検査役選任申請はこれを認容すべきものと判断する。

（中略）

一件記録によれば、Yは、発行済み株式総数2万5000株（一株の金額500円）、資本金1250万円の、一般乗用旅客自動車運送事業を営む株式会社であつて、昭和38年9月13日に設立されたのであるが、同50年1月に不渡処分を受けて事実上倒産し、更生手続開始決定を経て同52年12月26日に更生計画が

---

[2] 平成11年改正まで、検査役選任の要件として「発行済株式ノ総数ノ十分ノ一以上ニ当ル株式ヲ有スル」（旧商法294条、会社法358条1項参照）ことが必要で、現在の要件である3％と比較すると要件が厳しかった。

【関係図】

Y（被申請人・抗告人）：観光タクシー業を営む株式会社

↑ 検査役選任申請

Xら（申請人・相手方）：Yの従業員株主（26名）

認可され、更生計画は遂行されて、同58年2月22日に更生手続終結の決定がされたものであること、Xら26名はいずれもYの従業員であつて、各自200株の株式を有し、その合計は5200株でYの発行済み株式総数の10分の1以上であるが、右株式をいずれも共済会の理事に信託しているところ、共済会は、Yの会社更生手続中労使の協議により従業員の持株制度が採用されたことに伴い、株式信託制度の創設とともに昭和53年に設けられたものであり、共済会の規約によると、Yに勤務しかつ会で選出された理事との間で株式信託契約を締結することにより株式を取得した正会員と、株式信託仮契約を締結し株式取得準備金を積立てている準会員とで構成され、株主権の行使につき株式取得の主旨に適合するよう運営することを目的とするが、株式信託契約をしない従業員は株式を取得できず、株式信託契約を拒否したときは会員資格を失うこととされていること、株式信託契約書によると株主の議決権は受託者である共済会理事が行使するが、配当請求権と残余財産分配請求権は委託者に帰属し、信託期間は委託者が株主の地位を喪失する時までとされていること、信託契約と同時に作成されている信託契約書覚書によると、委託者が共済会を除名されたとき、株式信託契約を拒否したときには、委託者は受託者にその株式を譲渡することとなつていること、がそれぞれ認められる。

　右事実関係からすると、<u>Yの従業員は、従業員持株制度によつて株式を取得することができるものの、株式信託契約を締結しない者は株式を取得できないから、株式を取得するためには株式信託契約を強制され、株主として契約を締結するかどうかを選択する自由はなく、又、信託期間は株主たる地位を喪失する時までというのであるから、契約の解除も認められていない。し</u>たがつて、Yの株主は、信託契約の受託者による議決権の行使はあつても、

自己が株主として議決権の行使をする道はないこととなる。そして、株式信託制度がY関与のもとに創設されたことは記録上明らかであり、右信託契約は、株主の議決権を含む共益権の自由な行使を阻止するためのものというほかなく、委託者の利益保護に著しく欠け、会社法の精神に照らして無効と解すべきである。又、株式配当請求権、残余財産分配請求権は委託者に帰属するとされ、信託の対象から除外されているが、共益権のみの信託は許されないものと解されるから、その点からも右信託契約は無効というべきである。

してみると、Xらは商法294条に基づく検査役選任請求権を有する少数株主権者であるということができる」

検　討

1　問題の所在

① 議決権信託は有効か。
② どのような場合に議決権信託契約の効力が否定されるか。

2　学説等の状況

議決権信託とは、議決権行使の目的をもってする株式の信託的譲渡とされる[3]。株式自体の信託であり、議決権だけの信託ではない。議決権拘束契約ではその契約違反に対し有効に対処することがむずかしいことにかんがみ、議決権を統一的に行使するため株主が株式を一人の受託者に対し信託するものである[4]。

(1) 議決権信託は原則として有効であるとする点で各説は一致する[5]。

他方、議決権のみの信託は認められないとされる。議決権は「財産権」（旧信託法1条）でないし、それに、株式によって表章される権利は一体をなすものであるからである[6]。敷衍すると、信託財産とすることができる財産

---

[3] 四宮133頁。
[4] 江頭憲治郎『株式会社法〔第4版〕』（有斐閣、2011）319頁。
[5] 四宮133頁、新井340頁。
[6] 四宮136頁。

権の条件として、①金銭への換算可能性、②積極財産性、③移転ないし処分の可能性、④現存・特定性の四つがあげられるところ[7]、議決権は、①の金銭への換算可能性がないということになろうし、また、株主権から切り離して移転できず、③の移転等可能性もないことから、信託財産の対象となる財産権たりえないのである[8]。

(2) 議決権信託が例外的に無効となる場合の考え方については説が分かれる[9]。

多数説は、信託契約の意図により、会社法310条2項（議決権の代理行使）の脱法となる場合、会社法の精神または公序良俗に反する場合に無効となる、とする。考慮要素として、当事者の主観面を重視して信託契約の有効性を判断しようとするものといえる。

これに対して、有力説は、受託者に対し議決権行使の方針が指示できるか、信託期間が長期にわたるものでないか、解約の自由が確保されているか、といった点を総合的にみて、株主の利益保護が図られているのであれば、有効と認めてよい、とする。主観面を考慮要素とすると判断はむずかしいため、議決権信託の設定動機は問題とならない（そもそも会社法310条2項を議決権信託に及ぼす理由もない。その他会社法の精神・公序良俗違反も想定しがたい）とし、客観的な考慮要素を重視して判断しようとするものといえる。

その他、信託の設定目的を考慮しつつ、考慮要素としてはさらに委託者・受託者の関係、議決権行使の基準の明確性、信託期間等を含めて判断すべきとする江頭教授の見解もある[10]。

---

7 新井340頁。
8 信託の法務と実務48頁。
9 以下、学説の整理については鈴木隆元「従業員持株制度と株式信託契約の有効性」『会社法判例百選〔第2版〕』74頁（有斐閣、2011）を参考にした。
10 江頭・前掲注4・319頁（注3）。佐藤勤「現代の議決権信託とその実質的効果であるエンプティ・ボーティング規制」前田重行先生古稀記念『企業法・金融法の新潮流』（商事法務、2013）59頁は、「議決権信託が有効か否かは、議決権行使の基準が受益者の利益に適っているかによって、判断されることになる」としつつ、江頭教授の見解を引用しているが、佐藤教授の見解は受益者の利益を重視する点で有力説に近い考えといえよう。

(3) 本決定の関連裁判例として、本決定と同じ当事者間で株主総会決議の有効性に関連して株式信託の有効性が争われた事案である大阪高決昭和60年4月16日判タ561号159頁があるが、議決権信託の有効性に関して本決定と同様の判断がなされている。

3 本決定の意義とその射程

(1) 意　義

本決定は、決定要旨①のとおり、従業員持株制度に基づく共済会理事が株主権を行使し、各個の従業員は株主権を行使できないものとする株式信託契約の効力を否定したものである。

本決定中、「従業員は、従業員持株制度によって株式を取得することができるものの、株式信託契約を締結しない者は株式を取得できないから、株式を取得するためには株式信託契約を強制され、株主として契約を締結するかどうかを選択する自由はなく、又、信託期間は株主たる地位を喪失する時までというのであるから、契約の解除も認められていない。したがって、Yの株主は、信託契約の受託者による議決権の行使はあっても、自己が株主として議決権の行使をする道はない」とする部分は、客観的な要素をあげており、上記の有力説の考え方に近い。

一方、本決定中、「株式信託制度がY関与のもとに創設されたことは記録上明らかであり、右信託契約は、株主の議決権を含む共益権の自由な行使を阻止するためのものというほかなく、委託者の利益保護に著しく欠け、会社法の精神に照らして無効」とする部分は、目的そのものには触れていないものの、会社関与の事実や委託者の利益保護の著しい欠如等の認定事実からすると、会社法の精神または公序良俗に反する場合に無効とする上記の多数説の考え方に近いように思われる。

また、本決定は、決定要旨②のとおり、株式のうち共益権のみの信託は許されないとしたものである。議決権のみの信託は許されないという通説に基づいたものと考えられる。

(2) 射　程

決定要旨②の内容については、議決権のみを信託したものと認められれ

ば、およそどのような事例にも当てはまるといえる。

　決定要旨①の内容に関して、本決定は「株式信託制度がＹ関与のもとに創設されたことは記録上明らかであり」とするが、従業員持株制度は通常、会社が関与して制度が創設されるものである。そうすると、従業員持株制度における株式信託契約については、一般的に本決定の主旨が妥当するであろう。すなわち、従業員持株制度で本件のような株式の取得や株式信託契約の解除についての制限があると株式信託契約が会社に対しても無効とされることが出てくることになる（役員持株制度、取引先持株制度等についても同様に考えられる）。

　しかし、会社法の精神に反するとか、株主の利益保護が図られない状況は、必ずしも従業員持株制度に関連する場合しか発生しないものではない。会社が関与して創設される従業員持株制度は、会社と株主の関係が、ただそれだけの関係にとどまらずより密接な関係となっているので、とりわけ上記のような状況が生まれやすいというにすぎない[11]。

　そうすると、会社法の精神に反する、ないし株主の利益保護が図られない事情があれば、従業員持株制度に関するかどうかを問わず、議決権信託一般に決定要旨①の考え方は妥当すると考えることができよう（「持合解消信託」[12]のような、近時注目を集める信託においても妥当すると考えられる）。

　なお、本件は旧法信託に関する裁判例であるが、新法信託においても異なるところはないと考えられる[13]。

　また、旧商法に関する裁判例でもあるが、会社法のもとにおいても当然妥当すると考えられよう。

---

[11] それ以上に会社が議決権行使をコントロールしている状況まであると、会社法上はかかる株式は実態として自己株式に該当するものとして議決権行使そのもの（さらに配当請求権）の制限がされるおそれが生じる。また、会計上も自己株式とされよう。これらの問題点が明示的に意識されるのが後述の日本版ESOPである。

[12] 日本銀行金融研究所が設置した「コーポレート・ガバナンスに関する法律問題研究会」の「株主利益の観点からの法規整の枠組みの今日的意義」金融研究31巻1号33頁では、「持合解消信託」のように、議決権行使の指図権を留保しつつ株式を信託することは、原則として認められるとする見解が多い、として四宮133頁を参照している。つまり持合解消信託が一種の議決権信託であることを前提としている。

4　本決定の評価

(1)　本決定に対する法理論からの評価

決定要旨①は議決権信託が無効となる場合について、多数説にのっとったものか、有力説にのっとったものかはっきりしない。

また、そもそも信託の有効性と発行会社に対する対抗の問題を混在させてしまっている問題点があるように思われる。すなわち、当事者間で信託契約が無効であるからといって、会社に対する関係でも当然に無効になるかは別問題である。受託者たる共済会理事が株主名簿に記載されているとすると、信託契約が無効だからといって直ちにXらが権利行使できるということにはならないはずである[14]。

また、決定要旨①の内容と決定要旨②の内容が並列されている点について、その関係が不明である。決定要旨①の内容のみで結論を導くことができた以上、決定要旨②にも踏み込む必要があったのだろうか。

そして、決定要旨②については、本件信託は議決権を受託者が行使し、配当請求権等は委託者が行使するとしているだけであるから、本件信託契約が共益権のみの信託に当たるとまではいえないのではないかという批判がある[15]。

(2)　実務面からの評価

実務の観点からすると、決定要旨①が会社法の議論で、決定要旨②が信託法の議論と整理できるものと思われる。いずれの理由によるにせよ、もしく

---

[13] 新井342頁は、現行信託法下における、信託財産とすることができる財産権の条件に関して検証し、金銭への換算可能性に関して、「信託法改正要項試案補足説明」が「金銭的価値に見積もり得るものすべてが含まれ、特許権等の知的財産権はもちろんのこと、特許を受ける権利、外国の財産権等も含まれる。ただし、委託者の生命、身体、名誉等の人格権が含まれないのは、これまでと同様である」としていることから（補足説明第1の1）、旧法における考え方と差異はないといえよう、としている。

また、新井344頁は、移転ないし処分の可能性について、現行信託法3条の「財産の譲渡、担保権の設定その他の財産の処分」という文言からして、旧法下での「信託財産は移転もしくはその他の処分を通じて、委託者の財産権から分離可能なものでなければならない」ことと差異はない、とする。

[14] 鈴木・前掲注9・75頁。
[15] 出口正義「従業員持株制度の下での株式信託契約の効力」ジュリ857号120頁ほか。

は両者の理由をあわせて、(また理由が決定要旨①について多数説によろうが有力説によろうが) 議決権信託が無効となる事例とみることができるものと思われる。

5 実務対応

(1) 本決定の射程範囲内の事項に関する実務対応 (契約、予防法務、訴訟)

①共益権のみの信託は許されない、②株主としての議決権行使の道を完全になくすような信託を委託者の意思によらずに強制することは許されない、という本決定の趣旨からすると、実務対応としては、いわゆる議決権信託に該当すると思われるスキームについては、許容されない信託に該当しないか幅広に検討する必要があるということであろう。具体的には、共益権のみの信託となっていないか、議決権の自由な行使を阻害するものとなっていないか、などを検討することになるだろう。

持合解消信託には、株式会社が他の会社の株式を保有するメリット((ⅰ)他社との資本提携、(ⅱ)取引関係の維持・強化、(ⅲ)安定株主づくり等) を維持しつつ、株式保有のデメリットである財務上の負担 (株価変動リスク、会社資産の固定化) を軽減するねらいがあるとされる。かかる議決権と経済的所有権を分離する需要は持合解消信託以外においても一定程度想定されるため、今後新商品・サービス開発がなされるにあたっては上記のような検討が重要になってくると思われる。

新しい信託としては、持合解消信託のほか、中小企業の事業承継に関し、遺言代用信託の活用が提言されている[16]。

(2) その他関連事項

ア 日本版ESOP (Employee Stock Ownership Plan) [17]

信託を用いて[18]、自社の株式を従業員に取得させたり、従業員持株会の補

---

[16] 「信託を活用した中小企業の事業承継円滑化に関する研究会における中間整理」(中小企業庁、2008) では、「非公開会社においては、議決権について株主ごとの異なる取扱い (いわゆる属人的定め) を定めることが認められており (会社法第109条第2項)、剰余金配当請求権等の経済的権利と議決権を分離することも許容されているため、複数の受益者のうちの特定の者に議決権行使の指図権を集中させても、会社法上の問題は生じない」と整理している (8頁)。

完をしたりすることによって、従業員の勤労意欲を高める目的のスキームである。

　金庫株の活用が可能というメリットがあることから、従業員へのインセンティブプランとして導入社数が増えている。会計処理に関しては実務上のばらつきがみられたものの、近時、企業会計基準委員会が実務対応報告を公表している[19]。

　自己株式であれば議決権はない（会社法308条2項）。しかし、自己株式でもそれを外部（信託）に出すこと（処分行為）によって会社の支配が断ち切られれば、その信託が独自に議決権を行使できることとなる。

　ESOPのための信託が発行会社から独立していることが、そもそもこのスキームが認められることの根幹であること、そして、その独立性を担保するためには議決権行使に発行会社の意向が及ばないことが重要となることから、議決権行使の方法が問題となる。

　もちろん、発行会社に対して議決権を委ねることは許されない。そこで発行会社から独立した信託管理人が裁量で議決権行使を行うことが考えられるが、ESOPが認められるための要件（ESOPのための株式の取得が、金融商品取引業としての有価証券の引受けに該当しないための要件）として、「当該行為により取得した株券に係る議決権が」「対象従業員の指図に基づき行使されるものであること」（金融商品取引法第二条に規定する定義に関する内閣府令16条1項7号の2）とされていることから、実際は従業員が不統一行使をする方式が一般的となっている[20]。

17　ESOPには退職給付型と従業員持株会発展型がある。
　　ESOPの源流であるアメリカでは、確定拠出型の退職給付制度の一種としての位置づけである。そうすると必ずしも従業員持株会制度に限る必要性はないことになるが、経済産業省の「新たな自社株式保有スキーム検討会」が2008年11月17日に公表した「新たな自社株式保有スキームに関する報告書」は、従来の従業員持株制度との比較から議論を始めていること、わが国において導入支援を行っている信託銀行、証券会社では提供サービスとして従業員持株会発展型のほうが多いことから、議論は従業員持株会発展型を前提としていることが多い。
18　信託に限られず一般社団法人を用いるスキームも存在する。
19　企業会計基準委員会「従業員等に信託を通じて自社の株式を交付する取引に関する実務上の取扱い」（実務対応報告第30号、2013）
　　https://www.asb.or.jp/asb/asb_j/documents/docs/shintaku-pi/shintaku‒pi_1.pdf

〈スキーム図〉

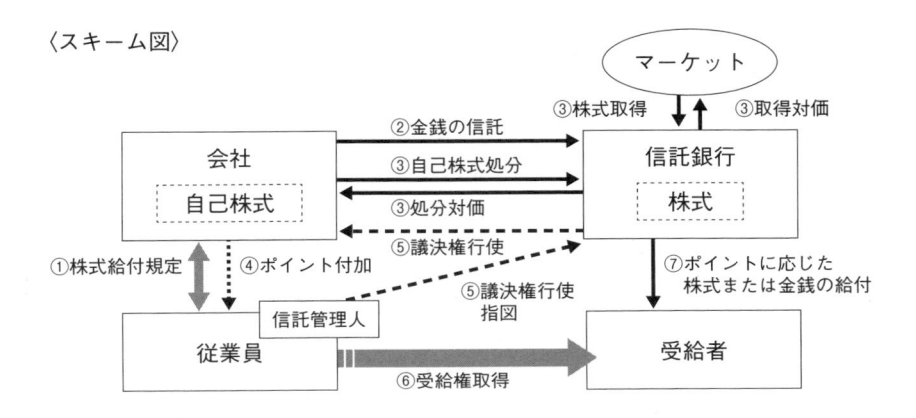

```
                              マーケット
                         ③株式取得    ③取得対価
       ②金銭の信託          ↓         ↑
  会社  ──────────→  信託銀行
  自己株式  ③自己株式処分 ←──
         ←──────────
           ③処分対価        株式
  ↑↓                          ↓
①株式給付規定  ④ポイント付加    ⑤議決権行使    ⑦ポイントに応じた
           信託管理人                          株式または金銭の給付
                        ⑤議決権行使
                            指図
  従業員  ──────────→  受給者
           ⑥受給権取得
```

イ　役員等株式給付信託（Board Benefit Trust）

　従業員ではなく役員を対象とした株式給付信託である。外国人機関投資家（議決権行使助言会社による助言に従う場合を多く含む）の考え方に影響を受け、わが国において役員退職慰労金制度廃止の動きが広がり、業績連動型報酬を模索する動きがあるなか、このいわば役員向けのESOPも注目されるところである。

　ただ、役員のための信託が会社から独立しているというためには、議決権行使について、従業員向けであるESOP以上に創意工夫が必要になると思われる。つまり制度対象者が発行会社の意思決定に直接携わる役員等であることから、制度対象者の意思を議決権に反映させた場合、会社が議決権行使をしたものとみなされ、信託の独立性が損なわれるおそれが高いのである。

　そこで、対象の役員等は議決権行使の意見集約対象外としつつ、信託管理人の指図に基づき、従業員向けESOPと同様の割合で行使（従業員と一体となって経営にあたっている以上、同じ行使結果となる理屈である）することも考

20　前掲注17「新たな自社株式保有スキームに関する報告書」は、ビークルが保有する導入企業株式に係る議決権行使の方法として、たとえば、①従業員持株会を利用するスキームについては、従業員持株会における議決権行使状況（賛成・反対の比率）をふまえて、受託者・中間法人が議決権行使を行う方法、②従業員持株会を利用しないスキームについては、導入企業から独立した受託者・中間法人が、あらかじめ、新スキームに基づいて将来株式を受領する従業員の利益に沿うよう策定したガイドラインや個別議案に対する従業員の意識調査に従った議決権行使を行う方法が考えられる、としている（17頁）。

えられないではない。

　しかし、実務上、役員分の議決権行使は一律不行使の扱いとなっている。

ウ　新しい問題点

　議決権信託は株式の経済的利益と議決権とが分離される取引であるから、使いようによってはエンプティボーティングの問題が生じうる[21]。すなわち、株価下落リスクを負わない状態で議決権を行使することができるため、企業価値を損なう議決権行使がなされるおそれがあるのである。

　新しい信託スキームにおいて、エンプティボーティングの問題を惹起しないかも新たに注意すべき事項となってこよう。

　　　　　　　　　　　　　　　　　　　　　　　　　　　（岡田孝介）

---

[21] 議決権信託を、議決権と経済的所有権が分離される場合の問題ととらえ、エンプティボーティングの一つとして議決権信託をとらえる説がある（佐藤・前掲注10）。

第6講

旧信託法11条にいう訴訟行為の意義[1]

最判昭和36年3月14日民集15巻3号444頁

判決要旨

旧信託法11条にいう訴訟行為には、訴訟の提起、遂行のみならず、広く破産申立て、強制執行をも含むと解すべきである。

事案の概要

1 X（原告（反訴被告）、被控訴人、被上告人）は事業会社であり、Y（被告（反訴原告）、控訴人、上告人）は個人の貸金業者である。

 昭和25年10月6～7日頃、訴外N（個人）は、Yの仲介により、X会社に対して2本の貸付を行った。一つは、元金45万円、弁済期同年11月30日、もう一つは、元金55万円、弁済期同年12月1日である。

2 昭和25年12月8日、上記両貸付は、N（Yが代理）とX会社との間の準消費貸借契約により一本の貸付に統合され、返済期限までの利息も元金として組み入れられた。約定では、①貸付元金100万円とこれに対する同日以降昭和26年3月30日まで年1割の割合による前払利息金25万円との合計額125万円が新たな元金とされ、②弁済条件は、昭和25年12月25日および同26年1月20日に各32万5,000円、同年2月20日および3月30日に各30万円、計4回の割賦弁済とされ、③期限後の損害金は100円につき1日50銭とされ、④割賦金の弁済を1回でも怠ったときは直ちに残額につき期限の利益を失い、全額を弁済することとされた。

3 さらに、上記準消費貸借契約につき、X会社の債務不履行があった場合、X会社が強制執行を受くべきことを認諾する旨の記載ある本件公正証

---

[1] 本判決は、Column1「信託関連訴訟の類型」で提示した信託訴訟類型のうちの③「信託法の規定、または、信託法理の援用・類推適用に係るもの」に該当する。

書が作成された。
4 昭和25年12月25日、最初の弁済期日において、X会社はNに対し2万円しか弁済しなかったため、NはW弁護士に債権の取立てを委任した。しかし、X会社の資産状況は悪化しており、W弁護士は債権を取り立てることができなかった。
5 昭和27年3月5日、NとYとの間に上記債権をYに譲渡する旨の契約が締結され、NよりX会社に対し債権譲渡の通知がなされた。N・Y間の債権譲渡契約の内容は以下のとおりである。
    ① 本件債権回収のため、Nはその債権をYに譲渡する。
    ② YはX会社に対し、訴訟の提起、破産、ならびに強制執行の申立て等あらゆる可能な手段を尽くし、最短期間を期して譲渡債権を取り立てるべく全力を傾注する義務を負う。
    ③ 取立てにあたっては、費用（訴訟手続執行手続の費用、弁護士報酬その他いっさいの費用を含む）、労力はもちろん、課税金までもYにおいて負担し、Nに対しなんらの負担をかけないこと。
    ④ Yが債権の回収に成功した場合は、取立額のうちより元本123万円を限度として優先的にNに支払う。
    ⑤ 前項の金額を支払って、なお余剰があるときは、取立てのため費用および労力を投入したYにおいてこれを取得する。
6 Yは、X会社に対し、債権譲渡後より支払を請求し、昭和27年7月（債権譲渡から4カ月後）には、本件債権に基づきX会社の財産に強制執行を申し立て、同年10月にはX会社の破産を申し立てた。また、同年12月にはX会社所属の電話加入権4本につき競売を申し立て、65万828円を取得、昭和28年7月にもX会社所有の動産につき差押えを申し立てた。
7 これに対し、X会社は、請求異議訴訟（本訴）を提起、Yは反訴として貸金返還請求訴訟を提起した。なお、Yの反訴に係る請求は、1,250万5,262円およびこれに対する遅延損害金相当額となっており、当初元本の10倍にも至っていた。
8 第1審および原審ともに、X会社による訴訟信託の禁止の主張を容れ、X会社の請求を認容し、Yの反訴請求を棄却した。Y上告。

【関係図】

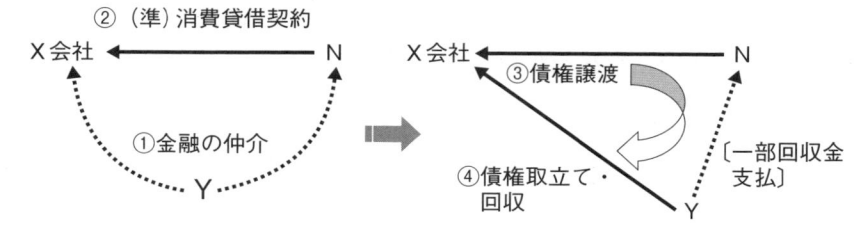

① X会社 ← (準)消費貸借契約 ← N
   ↖ ①金融の仲介 ↗
      Y

⇒

X会社 ← ③債権譲渡 ← N
④債権取立て・回収 ↘ ↑〔一部回収金支払〕
              Y

本判決 （信託法の条文は旧信託法）

上告棄却。

「論旨は要するに、本件債権譲渡契約には、債権取立のため主としてYをして訴訟行為をなさしめることを目的とする信託行為と認むべき趣意を持つものと解すべき余地がないのであつて、原審も亦同一の見地に立ち、Yが訴外NのX会社に対する金融を仲介した責任上、債権取立を引受けたものと一旦認定しながら、終局的には却つて、本件債権譲渡契約を以つて債権取立のため主として訴訟行為をなさしめることを目的とした信託行為であると認定し、信託法11条に違反する無効の行為であると判断したのは、理由齟齬、理由不備の違法となる旨主張するに帰する。

しかしながら原審は、原判決挙示の証拠により原判示の諸事実を認定し、その事実関係よりして、本件債権譲渡契約を以つて訴外Nが債権取立のため主としてYをして訴訟行為をなさしめることを目的としてなした信託行為であると認定して居るのであつて、仮に所論の如く、本件債権につき公正証書が作成せられて居り、訴訟の提起が必然的に要求せられないものであるとしても、そのことが右認定を妨げるものではなく、また本件債権譲渡契約成立直後、X会社に対し破産申立或は強制執行がなかつたにしても、その当時既にX会社の資産状態が窮迫し到底任意の弁済を期待し得なかつたことが原判示の如くであるに徴すれば、原審の右事実認定は、これを是認し得られる。したがつて原審が、本件債権譲渡契約を信託法11条に違反し、無効のものであると判断したのは正当である。

（中略）

論旨は、原審が信託法11条を解釈適用するにつき、訴訟でない破産申立或は強制執行をも訴訟行為と誤つた違法及び経験則違反があると主張する。

しかしながら、同条にいう訴訟行為には、訴訟の提起、遂行のみならず、広く破産申立、強制執行をも含むものと解するのが相当であり、これと同趣旨に出た原判決は正当である。原審の判断に所論の違法はない」

検討

1 問題の所在

いわゆる「訴訟信託」として禁じられる「訴訟行為」（旧信託法11条）とは、どのようなものか。

2 学説等の状況

(1) 訴訟信託の意義

信託は、訴訟行為をさせることを主たる目的としてすることができない（旧信託法11条、現行信託法10条）。このような信託を訴訟信託という。かかる規定は、英米における母法ではみられないものであり、大正初期の特殊事情を背景にもつ政策規定であるといわれる[2]。しかしながら、平成18年に制定された現行信託法においても、旧信託法に引き続き同様の規定が置かれた。

(2) 訴訟信託禁止の立法目的

旧信託法における立法目的は、①弁護士代理の原則（民事訴訟法54条1項）の回避の防止、②三百代言の跳梁の防止、③濫訴健訟の弊の防止、④他人間の法的紛争に介入し、司法機関（広義）を利用しつつ不当な利益を追求することの防止などとされていた。

もっとも、①弁護士代理の原則の回避の防止については、受託者（と類推される場合を含む）が弁護士に訴訟を委嘱しても訴訟信託に当たるとする判例[3]や、さらに、弁護士が信託を受託した場合であっても訴訟信託に当たる

---

2 四宮142頁。
3 大判昭和4年10月28日法律評論19巻諸法149頁等。

とする判例[4]もある。このような考え方からすると、①は、説得力に欠けるといわざるをえない。とすると、①は、訴訟信託禁止の理由とはなりえないように思われる。

また、②については、三百代言が跋扈していた旧信託法制定当時の社会情勢を背景としてはじめて強い説得力をもつとの指摘も多い[5]。

③濫訴健訟の弊の防止については、国民の裁判を受ける権利（憲法32条）の観点から、古くより疑問が呈されている[6]。

これらの状況をふまえ、四宮博士は、旧信託法11条は「他人の権利について訴訟行為をなすことが許されない場合に、それを「信託」の形式を用いて回避することを、禁止する趣旨と解するほかない」とし、そのような場合として、具体的には、(i)非弁護士が、弁護士代理の原則に反して、他人のために訴訟行為をなす場合、(ii)非弁護士が、弁護士法72条に反して、法律事務を業として取り扱う場合、(iii)他人間の法的紛争に介入し、司法機関（広義）を利用しつつ不当な利益を追求するとみられる場合、の三つの類型を提示している[7]。

現行信託法においても、基本的には、この趣旨が踏襲されていると考えられる[8]。もっとも、現行信託法の制定過程においては、訴訟信託禁止の例外を条文上明記するかは議論のあったところであるが[9]、結論としては、現行信託法はそのような例外規定を設けず、旧信託法の規定をほぼ承継するかたちとなった。

---

4 大判昭和4年10月28日法律評論19巻諸法149頁、大判昭和5年9月17日法律新聞3184号10頁。
5 四宮142頁、新井180頁。
6 もっとも、裁判例のなかにはこの立場をとっているものもある（東京地判大正14年11月6日法律評論14巻諸法427頁等）。倒産会社の債権者が債権者委員会の委員長会社に対して行った全債権の譲渡（原告は競売手続への参加・配当要求が譲渡の主たる目的であったと主張する）について、旧信託法11条への抵触が問題となった事案において、東京地判昭和49年12月25日判タ322号198頁は、「任意的訴訟信託もわが実定法上全面的に禁止されているものと解する必要がないのであつて、訴訟信託といえども、弁護士代理の原則の精神に牴触せず、また濫訴の弊害を招来するおそれがなく、かつこれを認めるに合理的必要がある場合には、これが許容さるべきものと解すべきである」と述べ、上記理由①および③を訴訟信託禁止の根拠としてあげている。
7 四宮144頁。
8 補足説明第2、寺本54頁。

なお、現行信託法の制定、セキュリティ・トラストの導入等を受けて、訴訟信託禁止の意義および理由、訴訟法上の位置づけをあらためて確認しようとする研究がみられる[10]。議論の詳細は、これらの論稿に譲る。

3　本判決の意義およびその射程

(1) 一般的規範としての訴訟信託禁止

信託法に関連する裁判例のなかで、最も多く登場するのが「訴訟信託」であるとされる[11]。債権の回収・取立てのために債権が譲渡されたような場合に、「訴訟信託」が債務者の履行拒絶の抗弁事由として主張されることが多いためと思われる。本件も例外ではない。裁判で「訴訟信託」に該当するか否かが争われる場面は、譲渡において譲渡人と譲受人との間で信託設定の意図が存するか否か、また、「信託」との文言が契約上明記されているか否かを問わない。その意味では、Column 1「信託関連訴訟の類型」で紹介した信託訴訟の類型のなかでは、典型的な「③　信託法の規定、または、信託法理の援用・類推適用に係るもの」のパターンといえる。訴訟信託禁止の趣旨は、信託の枠組みを超えて一般的規範として用いられていると考えられる[12]。

(2) 意義と射程

本判決は「訴訟行為には、訴訟の提起、遂行のみならず、広く破産申立、

9　すなわち、法制審議会信託法部会事務局案は、訴訟信託禁止の規定を脱法信託の具体的例示ととらえ、訴訟法上も任意的訴訟担当が一定の場合に許容されること等を根拠として、訴訟信託禁止の例外として「ただし、そのような信託行為をすることについて正当な理由がある場合は、この限りでないものとする」との規定を設けることは許容されるとした。これに対し、日本弁護士連合会を中心とする反対意見は、脱法信託の禁止規定と訴訟信託の禁止規定はそれぞれ態様を異にする脱法的行為を禁止するものであり、また、訴訟信託は実体法上の効力の問題であるのに対し任意的訴訟担当は訴訟手続上の効力の問題であって訴訟上の効果も異なる等を主張し、「ただし書き」を設けることに反対した。日本弁護士連合会「現行信託法第11条（訴訟信託の禁止）の改正についての意見書」(2005) 参照。

10　岡伸浩「訴訟信託禁止の制度趣旨再考(1)〜(4)」慶應法学21号29頁、22号111頁、23号67頁、25号93頁、小野傑「訴訟手続における受託者・信託財産・受益者の関係－訴訟信託と任意的訴訟担当の関係に関する立法過程の議論を参考として－」東京大学法科大学院ローレビュー　4巻146頁。

11　信託法判例研究115頁。

強制執行をも含むものと解するのが相当」とし、裁判所として「訴訟行為」の意義を広くとらえることを明確にした[13, 14]。また、四宮博士は、従来の判例に現れた事案は、他人の権利について訴訟行為をなすことが許されない場合として提示される三つの類型（前記2(2)参照）のうち、(i)または(ii)の類型に属するものが大部分であったところ、本判決は、(iii)の類型に属する事例を提供したものとしても意義があると評されている[15]。訴訟信託禁止の立法目的、果たしている機能を勘案すれば、「訴訟行為」の範囲は幅広くとらえたうえで、「主たる目的」要件の解釈・適用により実質的な判断を加えることが実効的だと思われる。その点、本判決の判断は合理性を有しており、訴訟信託禁止規定の一般的規範化の方向性とも整合的である。

　本判決が示した見解は、その後の裁判例でも引用され、現行信託法も当該見解を前提に旧信託法の規定を承継した。したがって、本判決は現行信託法施行後も引き続き判例としての規範性を有していると評価できるものと思わ

12　訴訟信託禁止は、任意的訴訟担当の可否という民事訴訟法上の論点で語られることが多い。たとえば、建設事業共同体（民法上の組合）の1社が同共同体を代表して損害賠償請求訴訟を提起した事案において、最判昭和45年11月11日民集24巻12号1854頁は「民法上の組合において、組合規約に基づいて、業務執行組合員に自己の名で組合財産を管理し、組合財産に関する訴訟を追行する権限が授与されている場合には、単に訴訟追行権のみが授与されたものではなく、実体上の管理権、対外的業務執行権とともに訴訟追行権が授与されているのであるから、業務執行組合員に対する組合員のこのような任意的訴訟信託は、弁護士代理の原則を回避し、または（旧）信託法11条の制限を潜脱するものとはいえず、特段の事情のないかぎり、合理的必要を欠くものとはいえないのであつて、（旧）民訴法47条による選定手続によらなくても、これを許容して妨げないと解すべきである」（カッコ内は筆者）とした。同判例を引用した裁判例は多い（東京高判平成24年3月19日金法1958号96頁等）。また、訴訟信託自体が論点となったものとしては、前掲注6の東京地判昭和49年12月25日がある。

13　いわゆる隠れた取立委任のための手形の裏書が訴訟信託に当たるかが問題となったケースとして、最判昭和44年3月27日民集23巻3号601頁がある。同判例は以下のとおり述べて、かかる裏書が旧信託法11条に反し無効であると判断した。
　「（旧）信託法11条は訴訟行為をなさしめることを主たる目的として財産権の移転その他の処分をなすことを禁じ、これに違反する行為を無効とするのであるから、本件のように隠れた取立委任のための手形の裏書が訴訟行為をなさしめることを主たる目的としてなされた場合においては、たんに手形外における取立委任の合意がその効力を生じないのにとどまらず、手形上の権利の移転行為である裏書自体もまたその効力を生じえないものと解するのが相当である」（カッコ内は筆者）

14　一方で、更生裁判所に対する債権の届出行為は、旧信託法11条にいう訴訟行為に当たらないとする判例もある（最判昭和42年5月23日民集21巻4号928頁）。

15　四宮和夫『信託の研究』（有斐閣、1965）255頁。

れる。

4　本判決の評価

　上記のとおり、本判決が「訴訟行為」の意義を広くとらえたこと自体は、訴訟信託禁止の立法目的、期待される機能からすると合理的であると思われる。訴訟信託の抗弁は、裁判上、債務者救済の強力な手段となりうる。近年は、専業信託銀行以外の受託者による信託の活用事例も増加してきており[16]、そのような状況をふまえると、訴訟信託禁止規定が果たす機能を再評価する意義も認められる。

　しかしながら、このように広くとらえることの弊害もないわけではない。現代の信託は、セキュリティ・トラストをはじめ、債権流動化のための信託や不動産管理処分信託等、ニーズも形態も信託財産の対象も大きく変容してきている。この動きにあわせて、信託事務として受託者に求められる行為も多様化、複雑化および広範化が進んでいる。信託事務として、受託者が第三者に対し訴訟を提起したり、強制執行手続を行わざるをえないケースも考えられる。「訴訟行為」に該当するか否かは、比較的客観的でわかりやすい要件であるが、「主たる目的」という要件は、一見してあいまいかつ主観的な要件であって、いったん債権者たる受託者と債務者との間で紛争が発生すれば、裁判上、当事者はこのあいまいな「主たる目的」要件について主張・立証を強いられることになる。したがって、信託の受託者は、第三者に対する強制執行または担保権の実行等が予想されるような案件については、訴訟信託に該当するか否かを慎重に判定し、該当する可能性がある場合は、明確な基準が定立できない以上、受託を躊躇するか、または、受託を差し控える判断もありえよう。このような受託者の萎縮効果は信託の利用可能性を狭める

---

[16]　必ずしも専業信託銀行の受託を前提としない信託の例としては、パーソナル・トラスト、著作権信託、中小企業の事業承継信託、まちづくり信託等があげられる。これらの活用例を紹介するものとしては、加藤浩ほか『相続・遺言・財産管理のためのオーダーメイド信託のすすめ－パーソナルトラスト活用法－』（金融財政事情研究会、2005）、新井誠編著『改正信託法対応版　信託ビジネスのニュートレンド』（経済産業調査会、2008）、今川嘉文ほか編著『誰でも使える民事信託〔第2版〕』（日本加除出版、2012）等がある。

おそれがあるが、これは「訴訟行為」を広く解した結果ともいえる。

このような弊害を考慮して、「訴訟行為」の範囲を文字どおり「訴訟の提起および維持」に限定し、強制執行や担保権の実行は含まれないと解すべきである、との指摘もある[17]。たしかに、訴訟信託の規定で禁止しなくとも、民法上の公序良俗違反（民法90条）、民事訴訟法上の信義則違反（民事訴訟法2条）、または弁護士法違反等の規制により、上記に掲げた立法目的はほぼ達成できるように思われる。

以上より、本判決の評価を小括するならば、旧信託法立法当時の立法目的や期待される機能からすると、本判決の示した「訴訟行為」の解釈は有意義なものであり、現代でも妥当すると思われるが、上記の立法目的や機能は、他の法制度によっても実現可能であるように思われる。一方において、「訴訟行為」を広く解することの弊害、とりわけ受託者における萎縮効果をかんがみると、本判決のような解釈を見直すべき時期に来ているといえるのではないか[18]。

なお、訴訟信託禁止に違反する行為の効果については、Column 2「訴訟信託と判定された信託の帰趨」を参照されたい。

5 実務対応

(1) 「主たる目的」の判定

いまのところ、本判決で示された「訴訟行為」の解釈を変更するような判例は出ていない。したがって、受託者の実務としては本判決の解釈を前提として「訴訟信託」への該当性を検討せざるをえない。前述のとおり、訴訟信託の成立要件のうち、「主たる目的」の判断が最も重要な問題となる。

現行信託法の立案担当者によると、「訴訟行為をさせることを主たる目的

---

[17] 井上聡編『新しい信託30講』（弘文堂、2007）9頁。なお、同書は「そうしないと、信託制度の新しい利用の芽を摘んでしまうことになりかねない」と指摘する。

[18] 新井教授は、訴訟信託に関する学説および判決例の状況を紹介し、「要するに、以上のような旧信託法11条の制度趣旨を踏まえると、信託受託者が信託財産の管理・処分の必要上から訴訟行為をすることは全く差し支えないと解することができる」とする（新井182頁）。もっとも、後記「5　実務対応」に記載のとおり、実務的には信託行為以前の段階においても対象となる信託が訴訟信託に該当するおそれがないかを検証しておくことが重要であろう。

とする信託であるか否かは、信託行為の時を基準として、当該信託がされた経緯、信託行為の条項、受託者の職業、委託者と受託者との関係、対価の有無、受託者が訴訟を提起するまでの時間的な隔たり等、諸般の事情を総合的に考慮して判断されることになる[19]」。かかる解釈は実務的観点からしても違和感はなく、妥当であろう。これらの考慮要素その他についていくつか付言したい。

ア 信託行為時における紛争の蓋然性

上記考慮要素に係る判断の基準時点は、あくまで「信託行為の時」である。すなわち、信託行為の時に、すでに紛争に発展する要素が存在していること、言い換えれば、紛争が顕在化する相応の蓋然性が認められることが訴訟信託に該当する場合の前提条件になるものと考えられる。上記のとおり、現行信託法の立案担当者は「受託者が訴訟を提起するまでの時間的な隔たり」を考慮要素の一つとしてあげているが、これは、信託行為時における紛争の蓋然性が「受託者が訴訟を提起するまでの時間的な隔たり」として現れるといえることによるものと思われる[20]。

「訴訟行為」を目的として信託したのでなければ、通常の場合、当事者は経済的コストや手間のかかる「訴訟行為」をいきなり選択するのではなく、まずは交渉等による任意での紛争解決を志向するであろう[21]。とすれば、こ

---

19 寺本54頁。
20 もっとも、「信託行為の時」を基準として訴訟行為をさせることを主たる目的とする信託であるか否かを判断するのであれば、あくまで、本文で述べた「信託行為時における紛争の蓋然性」がより直截的な考慮要素であって、「受託者が訴訟を提起するまでの時間的な隔たり」は、それを判断するための間接的な考慮要素として位置づけられるであろう。なぜなら、信託行為時には委託者も受託者も紛争を予見していなかったにもかかわらず、信託行為後に突然訴訟行為に発展しうる紛争が勃発し、結果的に信託設定から短期間で受託者が訴訟を提起することとなる場合も考えられるが、このような場合は、受託者が訴訟を提起するまでの時間的な隔たりがたまたま小さかったとしても、信託行為の時を基準に判断すれば、紛争の蓋然性が低かった以上、当事者としては受託者に訴訟行為をさせることを主たる目的とするものではなかっただろうとの推認が働くことになるからである。
21 本判決のように「訴訟行為」を破産手続開始申立てや強制執行等を広く含むものと解したとしても、これらの手続には裁判所が関与するものであり、当事者間の交渉等による紛争解決よりも経済的コストはかかると思われる。もっとも、前掲注13の最判昭和44年3月27日にある手形の裏書自体は裁判所の関与は不要であり、必ずしも経済的コストや手間がかかるとはいえない。

のような紛争の要素が存在し、かつ、当事者が信託設定当初より「訴訟行為」を志向しているような場合には、「信託行為の時」から「受託者が訴訟を提起するまでの時間的隔たり」は小さくなるであろう。逆に「信託行為の時」からの時間的隔たりが大きければ、「信託行為の時」には紛争の要素がなく（小さく）、信託設定時点では当事者が「訴訟行為」を志向していなかったと合理的に考えられるから、訴訟信託に該当しない可能性が高くなる。

　以上より、信託行為の時にすでに委託者と第三者との間で信託予定財産に関連し紛争が顕在化している、または、紛争が顕在化する蓋然性が高いと合理的に予想できる場合は、他の考慮要素により訴訟信託に該当しないことが客観的に明らかであれば格別、そうでなければ訴訟信託に該当しないかを慎重に判断する必要がある。

イ　「信託行為の条項」

　「信託行為の条項」（信託契約規定と言い換えられるであろう）は多岐に及ぶが、特に①「信託の目的」と訴訟行為との関係、および、②信託期間、信託の終了要件は、訴訟行為との関係においては留意すべき事項と思われる。

（ア）「信託の目的」と訴訟行為との関係

　一般に、信託行為においては、「信託の目的」（以下「信託目的」という）が定められる。信託目的はその信託の基本的性格を規定する[22]。信託目的は抽象的に定められることが多い。たとえば、「不動産の管理および処分することを目的として」「信託対象債権を受益者のために管理および処分することを目的として」等と記載される。受託者の「管理」（または保存）行為のなかには、信託財産を保全するために信託不動産の賃借人に対する賃料支払請求訴訟を提起したり、または、信託財産たる貸付債権の回収訴訟等の訴訟行為も含まれるであろう。特に、信託財産が貸付債権等の金銭債権の場合、受託者は回収行為とは無縁ではいられない。

　しかし、訴訟信託に該当するか否かの判断において、信託目的の記載ぶりが問題とされることは一般的にはあまりないであろう。なぜなら、信託目的に単刀直入に「訴訟行為」などと書いてあれば、「訴訟信託」と判断される

---

[22]　能見21頁。

可能性が高いと思われるが、実際上は、信託目的にそのような記載をすることはないものと思われる。また、一般的にもよくみられる、上記の、「不動産の管理および処分することを目的として」「信託対象債権を受益者のために管理および処分することを目的として」といった信託目的において、「管理」のなかには訴訟行為も含まれるが、実務上、信託契約において、信託目的のなかに「管理」を含むことはいくらでもあるのであって、そのことから直ちに当該信託が「訴訟行為」をさせることを「主たる目的」とするものであるとは当然には解されていないように思えるからである。そうすると、結局、受託者の行為態様から導かれる実質的な信託目的が訴訟行為とどのような関係にあるかを検討することが重要であると思われる[23]。

　関連していえば、信託目的以外の規定でも、受託者の「信託事務の内容」として、たとえば「担保権の管理、実行または処分」「訴訟の提起、遂行および管理」等が規定されることが考えられる。しかし、かかる規定の記載のみをもって「訴訟信託」であると判断することは早計であろう。上記のとおり現代の信託では受託者に多岐に及ぶ信託事務が課されており、受託者が信託事務の一環として訴訟行為を行うことも考えられるからである。ここでも、規定そのものよりも実際の信託事務の内容と訴訟信託との関係を観察することが、より重要だと思われる。

　（イ）　信託期間、信託の終了要件

　時間的要素が重要な要素であることは、上記ア（信託行為時における紛争の蓋然性）で記載したとおりであるが、信託契約規定のなかで時間的要素を最も端的に表しているのが「信託期間」であり、「信託の終了要件」であろう。そもそも信託の終了事由や信託期間に関する定めがない場合、または、受託者の訴訟行為の終了が信託の終了事由とされている、あるいは、委託者兼受益者の申出によりいつでも解除できる等の定めがある場合は、信託行為と訴訟行為との密接な関連性が推認される可能性もあり、留意が必要である。

---

[23] 本稿で取り上げた裁判例も財産の譲渡契約等関連する契約の規定自体より、受託者（財産の譲受人等）の行為の実質をとらえて、訴訟行為に該当するか否かを判断する傾向が強いと思われる。

ウ 「対価の有無」

　受託者が訴訟を遂行するにあたり、支弁した費用や受託者が立て替えた費用の利息相当額を信託財産または受益者から受領するとしても、実際の費用に比して著しく高額であり公序良俗に反する場合等、特別な事情がない限り「対価」には当たらないと考えるべきであろう。それらは、信託財産が当然に負担すべき費用であるからである。訴訟に関連する手続を信託事務として遂行するにあたり事務負担に応じた相応の信託報酬を受託者が受領する場合であっても、合理的な範囲内である限り[24]、報酬を受領したことをもって直ちに「訴訟信託」に該当するとはいえないと解すべきである。

エ　その他

　上記考慮要素にはあがっていないが、「信託財産のうち訴訟に関係している部分の信託財産全体に占める物理的または金額的割合」（以下「訴訟関連割合」という）も重要と思われる。たとえば、賃貸用居住区画100室を有する不動産を信託した場合において、受託者がそのうちの1室の賃借人に対する建物明渡請求訴訟または賃料支払請求訴訟を提起したからといって、それが訴訟信託に該当するとはいえないであろう。また、債権流動化のための金銭債権信託において数千人の債務者がいる状況で受託者がスペシャル・サービサーに委嘱して一人の債務者に強制執行手続を実施した場合も同様である。一方で、賃借人が一人しかいない、あるいは、メイン・テナントが賃貸部分のほとんどを占有しているような不動産信託でこれらの賃借人を相手に訴訟を提起する場合、または、債務者が一人で債権も1件しかないような金銭債権信託において受託者が当該債務者を相手に訴訟を提起する場合は、訴訟関連割合は100％近くになり圧倒的に高まるから、賃借人や債務者が複数存在する場合と比較すると、より「訴訟行為をさせることを主たる目的」とする信託と判断されやすい方向に作用するであろう。

　以下では「訴訟信託」が問題となりうる信託スキームについていくつかコメントしたい。

24　信託報酬の水準が「合理的な範囲内」かどうかは、当該事務報酬自体の金額の多寡はもちろん、事務の内容、当該信託全体で受託者が得る報酬の水準、当該事務報酬が当該信託報酬全体に占める割合等から個別具体的に判断すべきと考える。

(2) セキュリティ・トラスト（担保権の信託）

　現行信託法の立法作業を行った法務省法制審議会の信託法部会では、訴訟信託禁止の規定が、セキュリティ・トラストの利用上の障害となりかねないとの指摘がなされたが、これに対しては、訴訟行為をさせることを主たる目的とする信託であっても、正当な理由があるものについては、「主たる目的」の解釈や、脱法行為性または公序良俗に違反する程度等にかんがみた個別判断により、訴訟信託禁止規定の適用を排除することができるから、不都合はないとの意見が大勢を占めた、とのことである[25]。

　かかる見解自体は実務的観点およびセキュリティ・トラストの実態に照らしても妥当なものであろう。セキュリティ・トラストは受益者が有する被担保債権に債務不履行が生じた場合にはじめて受託者が担保権の実行に踏み切るものであり、当初より担保権の実行を当然に予定したものとはいえない。であれば、セキュリティ・トラストは「訴訟行為をさせることを主たる目的とする」信託ではない、との解釈も十分に合理的である。債権者たる受益者はもちろん、債務者および担保権設定者も、このようなセキュリティ・トラストの内容を理解したうえで信託の設定に合意している。特に、債務者および担保権設定者の承諾は、「他人の権利について訴訟行為をなすこと」（前記2(2)参照）についての正当性の根拠を与えるから、訴訟信託の該当性判断に係る重要な要素となる。

　なお、現行信託法では、55条において「担保権が信託財産である信託において、信託行為において受益者が当該担保権によって担保される債権に係る債権者とされている場合には、担保権者である受託者は、信託事務として、当該担保権の実行の申立てをし、売却代金の配当又は弁済金の交付を受けることができる」と規定し、上記の疑義は払拭されている[26]。

---

[25] 寺本55頁。
[26] 旧信託法のもとではセキュリティ・トラストは利用されてこなかった。旧信託業法では4条で信託の受託可能財産が制限列挙されており、そのなかに「担保権」がなかったからである。また、改正信託業法の施行により受託財産の制限は原則としてなくなり、理論上セキュリティ・トラストの利用は可能になったかに思えたが、上記のとおり訴訟信託禁止の規定の存在によりセキュリティ・トラスト自体の有効性については引き続き疑義が呈された。平成19年9月30日施行の現行信託法により55条が制定され、ようやく当該疑義は払拭されたことになる。

(3) 不動産信託

　受託者としては、信託設定時に賃借人との紛争（懸念）発生状況や転貸借承諾の取得状況を極力把握するように努めるべきである。すでに委託者や物件管理者との間で訴訟が発生している場合、長期にわたり賃料を納付せず、延滞が発生している賃借人がいる場合、転貸借承諾を不合理に拒絶している賃借人がいる場合等においては、それらの状況を委託者等にヒアリングする等して十分に内容を確認する必要がある。

　紛争が生じている（紛争懸念がある）賃借人の賃借面積の賃貸部分全体に占める割合、賃料水準の建物全体の賃料に占める割合が高い場合は、上記(1)エのとおり慎重な検討を要する。この場合、紛争に至った経緯、双方当事者の主張内容、当事者の帰責性等について確認し、訴訟に発展する可能性の高さ等について見極める必要があろう。

(4) 金銭債権信託

　信託される債権の内容に着目すべきと思われる。すなわち、債権の種類、債務者の多寡、債務者の信用状況、延滞の発生状況等を確認すべきである。実務的には、債権が債務者の抗弁事由等により対抗されることはないか、債権者として債務者から不当利得返還請求や損害賠償請求を受ける懸念はないか、上記(1)エのとおり債務者の分散が十分に図られているか、債権集合における延滞発生状況のトレンド等を広く把握し、訴訟信託に該当するとみなされる可能性の大きさや受託に伴うリスクについて判断することになろう。

　また、延滞が発生している貸付債権等、問題債権の処分方法にも留意する必要がある。受託者が「訴訟行為」をすることなく劣後受益者（オリジネーターたる委託者であることが多い）に対して問題債権を現状有姿にて交付する場合に比べ、引き続き受託者が保有したまま自ら回収事務を行い、または、いわゆるスペシャル・サービサーに対して回収業務を委任し、担保権の実行等「訴訟行為」をすることが予定されている場合は、「訴訟信託」に該当するとみなされるおそれはないか、より慎重な判断が必要と思われる。

（秋山朋治）

■ Column 2

訴訟信託と判定された信託の帰趨

　第6講でみたとおり、訴訟信託禁止規定の趣旨・目的は「他人の権利について訴訟行為をなすことが許されない場合に、それを「信託」の形式を用いて回避することを、禁止する趣旨」とされる[1]。訴訟信託を禁止する現行信託法10条（旧信託法11条）は強行規定であり、これに抵触する信託行為は無効とされる[2]。

　ここで、「訴訟信託」が「無効」であることの意味についてあらためて考えてみたい。一般に法律効果としての「無効」とは、「客観的にみて契約が法的効力を与えるにふさわしくない場合である。外見上契約が存在していても、無効な契約の効果は当初から全く生ぜず、特定人の主張を待ってその効力が失われるわけではない。無効は誰からでも、また誰に対しても主張しうる」とされる[3]。とすると、訴訟信託に該当した場合、信託法は特にその効果を規定していないから、原則どおり遡及的無効と解することになろう。信託は当初から存在しなかったこととなり、信託行為の当事者は、信託行為前の状態に原状を回復する義務を負う。

　では、訴訟信託禁止違反を主張できる人的な範囲はどう考えるべきか。訴訟信託禁止が公益保護を目的とする強行規定である以上、やはり「無効は誰からでも、また誰に対しても主張できる」と解するほかないように思われる（絶対的無効）。信託の実務に携わる立場からすれば、いささか極端とも思えるが、実際には訴訟が発生した場合に紛争当事者が抗弁として訴訟信託の主張を行うのであろうから、主張、適用される場合は限られており、訴訟信託の効果を絶対的無効と解しても実務的な影響は限定的であるものと思われる[4]。

　次に、訴訟信託と認定された場合、信託行為はどの範囲で無効となるか。実務的には、信託財産が集合債権であったり、テナントが多数入居する不動産である

1 　第6講「旧信託法11条にいう訴訟行為の意義」87頁。
2 　寺本54頁。
3 　内田貴『民法Ⅰ　総則・物権総論〔第4版〕』（東京大学出版会、2008）289頁。
4 　もっとも絶対的無効という強力な効果を伴うからこそ、訴訟信託は信託の利用者に与える萎縮効果も大きく、安易に訴訟信託と認定するような解釈または運用は行うべきではないとも考えられる。「訴訟信託」の該当性判断（要件の認定）は厳格に行い（安易に訴訟信託と認定せず）、そのかわり該当した場合の効果は「無効」として厳しくする、というのが信託の利用促進と公序良俗の維持との調和の観点から有用であると思える。

場合は問題となりうる。つまり、信託財産の「一部」について法的紛争が生じ、訴訟信託の主張が認められた場合、信託はどの範囲で無効になると考えるかである[5]。この点、次のように考えることはできないだろうか。信託が「可分」であることを前提として[6]、訴訟信託に該当する部分は無効である。一方、当該部分を除いた残余の部分について訴訟信託に該当する事情は認められず、かつ、当該残余部分のみであっても、信託目的に反することなく信託が継続可能であれば、当該残余部分については引き続き信託は有効に存続する、と。訴訟信託に該当する部分を無効として原状回復すれば、公益に反する状態は解消されるし[7]、債務者救済の観点からも問題はないと思われる。また、信託目的に反することがない以上、信託全体を無効とする必然性はなく、残余部分について信託の存続を認めるほうが信託行為の当事者の合理的意思にも合致すると考えられる[8]。

以上の考え方については、批判または異なる見解もありうるところと思われる。本コラムでは、「強行規定違反だから無効である」というのは安直であり、公益保護の観点のほか、信託関係者その他第三者の利益考量等、実務的な視点も加えたうえで訴訟信託の効果を検討すべきではないかと提案させていただき、結論については引き続き検討していきたいと思う。

(秋山朋治)

---

5 もっとも、問題となった財産が全体に占める物理的または金額的割合（訴訟関連割合）が訴訟信託判定の考慮要素となり、これが小さければ訴訟信託に該当しない方向で評価すべきことは第6講で検討したとおりである。

6 「可分」性の判断については、まずは「信託の目的」の観点から検討すべきである。訴訟信託に該当した部分を除いた残余部分だけでは当初の信託目的が達成できない場合、信託を存続させる意味はなく、信託の終了事由に該当する（現行信託法163条1号）。次に法的、物理的に分別可能かという観点から検討すべきであろう。法的、物理的に分別不可能であれば、訴訟関連部分の原状回復も、また、残余部分の分別管理もできないからである（同法34条）。

7 訴訟信託禁止規定に対する違反があった以上、当然に訴訟関連部分を含めた信託全体を無効とすべきとの考えもありうる。しかし、それは妥当な考え方とは思われない。信託の一部を無効とすれば、債務者の救済に問題はなく、信託全体を無効とする必然性はない。公益的観点からは、訴訟信託に該当するような悪質な信託の存続を残余部分のみとはいえ許すべきではないとの発想もありうるが、少なくとも信託法自体には訴訟信託禁止違反に係る罰則等は設けられておらず、同法は訴訟信託一般について罰則を課すまでの強い違法性を認めていないということであろう。悪質性または違法性の強い訴訟信託に係る当事者への制裁については、弁護士法ほかその他行政法規、刑罰法規に委ねるべきと考える。寺本55頁。

8 　批判を覚悟してあえてコメントするならば、残余部分で信託の存続を認める上記の考え方は、信託の分割に関する規定を設けている新信託法とも整合的であるように思える（現行信託法155条以下）。もちろん、訴訟信託においては、信託分割の要件である委託者、受託者および受益者の合意等はないし、訴訟関連部分は遡及的に無効となり信託として存続しえない。また、信託の分割については当事者による裁判所への申立権が認められていない。しかし、信託分割は信託が可分であることを当然の前提としており、上記考え方と前提を同じくする。訴訟信託には当事者の合意にかわる裁判所の判断があり、また、上記の考え方は訴訟信託部分を除いた残余部分の有効性を認める前提として信託目的に反しないことも条件としているから、信託行為の当事者の合理的意思に合致することが、ある程度担保されている。その意味では、現行信託法は、訴訟信託に係る一部無効および残余部分の有効性を認める上記考え方と親和的であると考えることもできるのではないだろうか。

第7講

信託登記と旧信託法3条1項の法意

最判昭和25年11月16日民集4巻11号567頁

判決要旨

旧信託法3条は、信託の趣旨をもって財産権を譲渡した場合においても信託の登記または登録をしなければ、その譲渡の信託であることをもって第三者に対抗することができない旨を定めたにとどまり、譲渡の登記があるにもかかわらず、その譲渡までも対抗できない趣旨を定めたものではない。

事案の概要

X（原告、控訴人、上告人）は、大正11年、訴外A・Y_1（被告、被控訴人、被上告人）夫婦と養子縁組をし、その後両名と同居した。

XはAの家督相続人であったが、素行が収まらず、A・Y_1夫婦と昭和8年頃から著しく円満を欠くようになった。その後、Aは、遂に親族の来集を求めてXとの協議離縁を相談したがまとまらず、そのためXも養家を出てしまった。A・Y_1夫婦は、やむなくXに対し離縁の訴えを提起したが、翌昭和9年2月に敗訴の判決を受けた。

当時すでに63、4歳に達し、将来の短くなっていたAは、そのままでは自己の財産は近い将来すべてXが当然相続する運命にあるので、妻Y_1や自家の前途を心配し、法律上はともかく、事実上ほかに適当な養子を迎えて、後事を託そうと図り、自己所有の五つの不動産について以下の取引を行った。

まず、自己所有の第一の不動産を妻Y_1に贈与することを約し、かつ第四の不動産を訴外Bに相談して同人に信託的に譲渡することにした。いずれも昭和9年3月5日付売買契約書により同月7日売買を原因として所有権移転の登記をし、翌8日、妻Y_1との間に協議上の離婚届をなし、さらに昭和9年3月頃訴外Cを自己の事実上の養子として迎え、法律上は同年6月1日に

Y_1の養子として入籍させた。A・Y_1・Cの3名は、事実上の夫婦、養親子としてA・Y_1夫婦の従来の居宅に同棲してきたが、その後、第二、第三の不動産もY_1に贈与することを約し、第二の不動産は昭和9年12月19日付売買を原因とし即日、第三の不動産は昭和10年10月1日付売買を原因として同日いずれもY_1名義に所有権移転の登記をした。また、先に訴外Bに信託した第四の不動産および昭和11年12月27日訴外Dから買い受けた第五の不動産はこれをCに贈与することを約し、第四の不動産は受託者Bの承諾を得て昭和11年4月17日付売買を原因として同日同人から直接Cに、また第五の不動産は売主Dの承諾を得て昭和12年3月3日付売買を原因として同人から直接Cに、それぞれ所有権移転の登記をした。

　昭和14年3月になってAは死亡し、Cもやがて応召せねばならなくなり、そうすると、後は老人の養母Y_1と自己の養子ばかりになるので、Cは将来を案じた結果、Y_2（被告、被控訴人、被上告人。養母Y_1の兄の養子）に対し第四、第五の不動産を管理する目的をもって信託的に譲渡し、昭和14年5月15日付売買を原因として同日いずれも所有権移転の登記をした。

　Xは、Aの本件不動産に対する処分行為は仮装の取引であると主張し、①Y_1に対しては第一、第二、第三の不動産、Y_2に対しては第四、第五の不動産がXの所有であることの確認を、②Y_1が、第一、第二、第三の不動産につき、Y_2が、第四、第五の不動産につき、それぞれXに対して所有権移転の登記手続をすることを求めた。

　第1審は請求棄却、第2審も控訴棄却となったため、Xは、(i)原判決が、第四の不動産について、AがBに「信託的に譲渡」したと判示した点について、信託的譲渡があったとしても、旧信託法3条に基づく信託の登記がないから、これをXに対抗できないこと、(ii)原判決が、第四および第五の不動産について、CからY_2への信託譲渡を是認している点について、旧信託法3条の信託の登記がなければ、信託譲渡の事実を第三者に対抗できず、譲渡の登記は仮装と同じであって、これをもって第三者に対抗できないこと等を主張して、これらを理由に上告した。

【関係図】

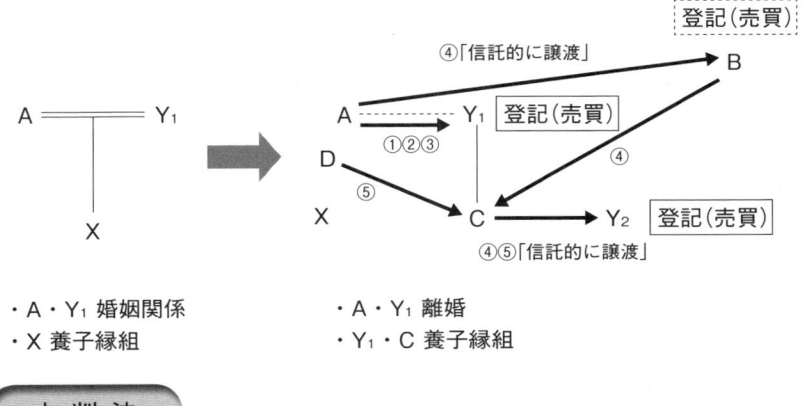

- A・Y₁ 婚姻関係
- X 養子縁組
- A・Y₁ 離婚
- Y₁・C 養子縁組

本判決

上告棄却。

1 上記(i)について

「原判決の認めた信託的譲渡は単に信託の趣旨を以てする真実の譲渡を意味するに止まり信託法による信託をいうものでないことは、判文上明らかであるから、これにつき信託法3条による信託登記の問題は生ずる余地がなく、従つて、その登記の有無を前提とする論旨も採ることができない」

2 上記(ii)について

「信託法3条は、信託の趣旨を以て財産権を譲渡した場合においても、信託の登記又は登録をしなければ、その譲渡の信託なることを以て第三者に対抗することができない旨を定めたに止まり、譲渡の登記があるにかかわらずその譲渡までも対抗できない趣旨を規定したものでないから、所謂信託的譲渡につき信託の登記のない事実は、これを以て所有権の移転をXに対抗し得ない事由とすることはできない」

検討

1 問題の所在

信託の趣旨をもってする不動産所有権の譲渡について、信託の公示がな

く、所有権移転登記がある場合、その譲渡を第三者に対抗できるかが問題とされた。

2 学説等

(1) 信託の公示の趣旨

委託者が不動産所有権を受託者に移転して信託を設定する場合、その所有権の移転は「不動産に関する物権の得喪」に該当することから、これを第三者に対抗するためには所有権移転登記が必要である（民法177条）[1]。

しかし、この登記だけでは、受託者に移転した財産が受託者の固有財産に属するのか信託財産に属するのかが、第三者にとって明確ではない。これが信託財産に該当すると、信託の法律効果として受託者の固有財産からの独立性が認められる。具体的には、信託法上、①信託財産の相続財産からの排除（現行信託法74条、旧信託法15条）[2]、②受託者が破産手続開始決定を受けた場合でも、信託財産は受託者の破産財団に属さないこと（現行信託法25条、旧信託法明文規定なし）[3]、③信託財産に対する強制執行等の制限（現行信託法23条、旧信託法16条）、④信託財産の相殺の制限（現行信託法22条、旧信託法17条）[4]、⑤信託財産の混同の特例（現行信託法20条、旧信託法18条）[5]等が規定され、その効果を保障している。また、受託者がその権限外で信託財産を第三者に処分等したときは、受益者は当該処分等を一定の場合に取り消しうるものとされている（現行信託法27条、旧信託法31条）[6]。このように、一定の財産が信託財産に属することとなれば、その効力を第三者にも主張できるという意味で物権的効力を有するに至ることから、ある財産が所有権者の固有財産か信託財産かが第三者にとって不明確であると、取引の安全を害する。そのため、上記の所有権移転の公示だけでなく、信託財産に属することの公示も

---

1 信託登記実務研究会編著『信託登記の実務』（日本加除出版、2009）8頁。
2 佐藤哲治編著『Q＆A信託法　信託法・信託法関係政省令の解説』（ぎょうせい、2007）196頁。
3 佐藤・前掲注2・123頁。
4 佐藤・前掲注2・117頁。
5 佐藤・前掲注2・110頁。
6 佐藤・前掲注2・133頁〜135頁。

必要となる。この後者が信託の公示である[7]。

このように、所有権移転の公示と信託の公示は、概念上区分しうるが、不動産登記法上は、信託の登記の申請またはその抹消の申請は、当該信託に係る権利の保存、設定、移転また変更の登記の申請、あるいはこれらの登記の抹消の申請と同時にすることを要するとされている（同法98条1項、104条1項）。

このことから、四宮博士は、信託の公示が、所有権移転の公示と区別された信託財産であることの公示であるとすることは、信託を財産権の移転その他の処分とその債権的制限との結合としてとらえる立場（いわゆる債権的構成）の反映にすぎないとし、不動産登記法等が、両者を同一の書面で申請することを要求していることは、両者が実は単一の「信託的処分」の概念的分析にすぎず、実質上合一されるべきものであることを、示唆するものというべきである、としている[8]。

(2) 信託の公示の意義

旧信託法3条および現行信託法14条においては、登記または登録すべき財産が信託財産に属することを第三者に対抗するために信託の公示が必要とされている。ここでいう第三者に対する信託の対抗の問題が生じる場面は大きく二つある[9]。

第一は、受益者が、第三者に対して、受託者の倒産から隔離される信託財産の独立性を主張すべき場面である（現行信託法23条、25条、旧信託法16条）。

---

[7] 能見26頁～29頁、新井339頁～340頁。

[8] 四宮163頁。田中實・山田昭（雨宮孝子補訂）『改訂信託法』（学陽書房、1998）66頁も、公示手続の合一性は、単なる実務上の便宜だけでなく、やはり本質的に信託設定の行為が一個の行為であることの具体的な現れと解することができる、とする。

[9] 四宮170頁、能見27頁。なお、信託の公示の意義については、分別管理義務との関係で説明する論者もいる。すなわち、信託関係の成立したときに、その財産権は受託者の財産に帰属することにはなるが、受託者が信託財産を取得するのは信託の目的に従ってこれを管理し、またはこれを処分するがためであり、そのためには、信託財産は受託者の固有財産と明確に区別する必要があり、そこに信託の公示の意義があるというのである（三淵忠彦『信託法通釈』（大岡山書店、1926）40頁～42頁）。しかし、分別管理をしていても、受託者が信託財産を処分した相手方が、当該財産を信託財産であると認識したり、受託者の権限を知ったりすることにはつながらず、信託の公示と分別管理と結びつける合理性はないとの見方もある（能見31頁）。

すなわち、受託者個人の債権者が信託財産を受託者の財産であるとして、これに強制執行をしてきた場合や、受託者が破産した場合などに、その財産が信託財産であることを主張する場面である。

第二は、受益者が受託者による信託の本旨に反する信託財産の処分行為を取り消し、第三者からその回復を図る場面である。すなわち、旧信託法上は、登記または登録すべき財産については、登記または登録をしないと受益者は取消権を行使できない半面、登記または登録さえすれば、相手方の善意・悪意を問題にすることなく、「信託ノ本旨」に反する行為を取り消すことができるとされていた（同法31条）。

ただ、「信託ノ本旨」に反するか否かは基準が不明確であること、および、受託者の行為が「信託ノ本旨」に反するかどうかは登記または登録事項からは必ずしも明らかでなく、受託者と取引をする相手方の主観的態様を問うことなく、常に取消可能とすると、取引の安全を害するおそれが大きいことから[10]、現行信託法27条1項においては、受託者が信託財産のためにした行為がその権限に属しない場合において、①当該行為の相手方が、当該行為の当時、当該行為が信託財産のためにされたものであることを知っていたこと、および②当該行為の相手方が、当該行為の当時、当該行為が受託者の権限に属しないことを知っていたことまたは知らなかったことにつき重大な過失があったことの二つの要件が充足された場合に、受益者は、当該行為を取り消すことができるものと規定されることとなった。

しかし、現行信託法上も、信託の登記または登録をすることのできる財産に関する権利を設定しまたは移転する行為の取消しについては、当該信託財産が登記または登録されていたときは、当該行為の相手方において、当該行為が信託財産のためにされたものであることを知らなかったと主張することはできないものとされている（同法27条2項）。また、それ以外の行為の取消権（同条1項）についても、信託の登記または登録をすることのできる財産について受益者がこの取消権を行使するためには、信託財産を第三者に主張するための信託の公示が必要であり（同法14条）、遅くとも、取消権の行使

---

10 寺本105頁〜106頁。

時には、信託の公示を具備していることが必要であると解されている[11]。それゆえ、現行信託法上も、この第二の場面における信託財産の公示の意義は維持されているといえる。

　このような信託の公示に係る規定は強行規定とされていることから、信託の公示なくしても信託を第三者に対抗しうる旨を信託行為に定めてもそれは無効であるが、委託者・受託者間で信託の公示を省略する旨を約すること自体は無効とはいえないと解される[12]。

　また、信託の公示は、あくまでも信託の対抗要件であって、信託の成立要件ではない。したがって、信託の公示を欠く場合、信託関係人が第三者に対して信託を主張することは許されないが、第三者から信託関係人に信託を主張することは許される[13]。

(3) 信託の登記または登録が第三者対抗要件となる財産の範囲

　現行信託法も旧信託法3条の法意を維持し、信託財産に属する財産の対抗要件について、「登記又は登録をしなければ権利の得喪及び変更を第三者に対抗することができない財産については、信託の登記又は登録をしなければ、当該財産が信託財産に属することを第三者に対抗することができない」ことを規定している（現行信託法14条）。

　ここにいう「登記又は登録をしなければ権利の得喪及び変更を第三者に対抗することができない財産」とは、具体的には不動産所有権、抵当権、地上権、特許権、著作権など、当該財産一般について公示制度が整備され、権利の得喪・変更についての対抗要件とされているものである[14]。なお、動産や

---

[11] 寺本107頁（注3）。
[12] 四宮163頁。登記経済上のコスト節約および登記の手間の観点から、たとえば、直ちに売却する予定の不動産の信託、除去予定の建物の信託について登記をしないことがありうるが、当事者の意思で登記不要（対抗要件を具備しない）という選択をしたのであれば、当事者が信託を第三者に対抗できないというリスクを負担することになる（横山亘『信託に関する登記〔第2版〕』（テイハン、2013）203頁）。なお、実務では信託契約上、信託の登記を留保する旨を規定することもあるが、あわせて受益者保護のために受託者が必要と認めるときは、すみやかに登記または登録を行う旨を規定するのが一般的と考えられる。
[13] 四宮170頁、信託の法務と実務67頁。
[14] 村松秀樹・富澤賢一郎・鈴木秀明・三木原聡『概説　新信託法』（金融財政事情研究会、2008）33頁。

金銭債権についても「動産及び債権の譲渡の対抗要件に関する民法の特例等に関する法律」による登記制度があるが、これは民法上の対抗要件制度（動産については引渡し、債権については一定の通知・承諾）のかわりに、登記をすることも可能にするものにすぎない。したがって、動産・金銭債権自体が「登記又は登録をしなければ権利の得喪及び変更を第三者に対抗することができない財産」ではないことには変化はなく、登記可能な動産・金銭債権についても、それらが信託財産であることを第三者に対抗するために信託の公示は要求されないものとされている[15]。

3　本判決の意義とその射程

(1)　本判決の意義

本判決は、不動産所有権の移転と信託の公示との関係が問題とされた初めての注目すべき判例である[16]。

本判決の意義は、本判決の後段部分（上記(ii)の上告理由に係る判示事項）からすると、所有権移転の公示と信託の公示とを区別した点にあるといえる。すなわち、旧信託法3条は、信託の趣旨をもって財産権を譲渡した場合においても、「信託の登記又は登録をしなければ、その譲渡の信託なることを以て第三者に対抗することができない」旨を定めたにとどまり、信託の登記がなくても、一般原則（民法177条）により、所有権の移転の登記さえあれば、その譲渡の効力はこれを第三者に対抗できることを明らかにした点に本判決の意義があるといえる[17]。

他方、本判決前段部分（上記(i)の上告理由に係る判示事項）によると、原判決の認めたAのBに対する「信託的譲渡」は単に信託の趣旨をもってする真実の譲渡を意味するにとどまり、信託法による信託ではないとしている。そして、これを前提に、旧信託法3条による信託登記の問題は生じる余地がないとする。ここにいう「信託的譲渡」は、信託法上の「信託」ではないとされていることから、所有権は譲受人に完全に移転され、譲渡人は、譲受人に

15　佐藤・前掲注2・100頁注。
16　信託法判例研究74頁。
17　信託法判例研究74頁。

対して「信託の趣旨」に基づく債権的拘束を課するにとどまるものであって、信託の場合と異なり、譲渡財産について物権的拘束を課すものではないと整理することが可能であろう[18]。このように「信託的譲渡」が「信託」ではないのなら、本来、信託として公示されるべき対象ではないはずである。それゆえ、本判決は、旧信託法3条による信託登記の問題は生じる余地がないとしたものと思われる。

したがって、本判決によれば、①一定の所有権の譲渡が、「信託的譲渡」、すなわち、真実の譲渡であって、信託の趣旨をもって譲受人に対して債権的拘束力を及ぼすにとどまるものである場合は、そもそも「信託」でない以上、信託の登記が問題となる余地はない。他方、②それが信託の趣旨をもって対象不動産に物権的拘束力をも及ぼす「信託」と認められる場合には、信託の登記がなければ、対象不動産が信託財産であることを第三者に対抗できないが、所有権移転登記があれば、所有権の譲渡については第三者に対抗できることになる。

(2) 本判決の評価

既述の四宮博士の所見のように、所有権の移転の公示と信託の公示を実質的に一体としてとらえる考えも、説得的であるようにも思われるが、所有権移転の公示と信託の公示を合一に考えることの法的効果が明確ではない。むしろ、所有権移転の公示と信託の公示が一体であることを強調すると、信託の実態があるのにもかかわらず、所有権移転登記しか行われていない場合、実態と公示が異なるとして、所有権の譲渡すらも第三者に対抗できないことになりかねないのではないかとの疑義が生じうる[19]。

---

[18] 四宮和夫『信託の研究』（有斐閣、1965）3頁以下で、四宮博士は、信託と区別された法概念として、「信託行為」をあげている。信託行為とは、一般に、信託を設定する当事者の行為を指す（四宮83頁。なお、現行信託法では信託行為は2条2項において明確に定義されている）が、同書でいう「信託行為」とは、「所有権の譲渡と信託目的によるその債権的制限との結合として構成」されるものであって、「相手方にその行為の経済上の目的に超過した権利を与えかつ経済上の目的の範囲内においてのみその権利を行使せしめようとする法律行為をいう」ものであり、信託財産の独立性等の「信託法が信託に賦与した種々の法的効果は信託行為に対してはすべて拒否せられる」（同3頁～5頁）。この「信託行為」が本判決でいう「信託的譲渡」と同じかまたは近い概念であるように思われる。

不動産登記法上、所有権移転の登記と信託の登記が手続上一体として取り扱われていたとしても、実体法上の所有権移転の効果と信託の効果は分解して把握することが可能である。また、上記のように、信託の公示はないが、信託による受託者への所有権の移転が認められる場合は、その時点での所有者は、信託の公示がなくとも、受託者であって、そのことは不動産登記簿上明らかであることから、所有権の移転を第三者に対抗できるとしても、当該第三者の取引の安全を害しない。また、旧信託法を引き継いだとされる現行信託法14条も、信託の公示を「信託財産に属することを第三者に対抗する」ための対抗要件としており、その文言上、所有権移転の公示と区別しているように読める[20]。本判決の後段部分（上記(ii)の上告理由に係る判示事項）は、信託が認められる場合であっても、信託の公示がなく、所有権移転の公示のみがあるときに、両者の公示を区別して分析的に検討して、所有権の移転の範囲で、これを第三者に対抗することも認めたものと評価することが可能であろう[21]。上記のような解釈は、既述のように、現行信託法14条が、基本的に、旧信託法3条1項の趣旨を踏襲していることから[22]、現行信託法のもとでも同様に妥当しうるものと考える。

　これに対して、本判決の前段部分（上記(i)の上告理由に係る判示事項）については、既述のように、AのBに対する譲渡は信託的譲渡であって、信託ではないことから、信託の公示は本来なしえないはずであり、所有権の移転の公示が認められる以上、その所有権の移転を対抗できるのは当然であるといえる。

---

[19] もっとも、四宮博士自身は、信託の公示を欠いて信託を対抗できない場合であっても「受託者は自己に名義上帰属する財産権を完全権者として行使することができる」としており（四宮170頁、171頁（注2））、所有権移転の効力についての対抗を認めている。
[20] 佐藤・前掲注2・102頁。
[21] このような場合、所有権の移転は第三者に対抗できるが、受益者は、信託が設定された財産が信託財産であることを第三者に対して対抗できないこととなり、それゆえ、信託財産に関する物権的拘束が認められないこととなる。そうすると、結果的に、譲渡人が、第三者との関係では、「信託的譲渡」における譲渡人と同様の地位を有するにとどまることになるものと思われる。したがって、当該譲渡人は、受託者に対して債権的権利を主張することができたとしても、信託財産の独立性等を主張して、第三者に対して信託の物権的効力を主張することができないこととなる。
[22] 新井372頁。

4　実務対応

(1)　本判決と実務上の帰結

　本判決をふまえると、所有権の譲渡の譲受人において所有権移転の公示が認められれば、その原因取引が売買であっても、信託的譲渡であっても、信託であっても、公示としては有効と考えらえることとなる。したがって、この場合、当該譲渡人が所有権を第三者に二重譲渡したとしても、所有権の移転の公示のある当該譲受人は、二重譲受人に対して所有権の取得を対抗することができることとなる。

　しかし、既述のように、不動産登記法上、所有権移転の登記と信託の登記は同時に申請しなければならないとされているので、所有権の譲渡人と譲受人との間で、明示的に信託契約が締結される場合は、通常、所有権移転の登記と信託の登記が同時になされることになるはずである。

　もっとも、信託契約は、明示的な契約だけでなく、黙示的な契約によっても成立しうる。当事者が「信託契約」であることを明確に認識しなくとも、当事者の意思解釈に基づく信託契約の実態が認められれば、信託が成立しうる（第1講参照）。このような場合は、当事者は、明確に信託を意識していないため、所有権移転の登記のみを申請し、信託の登記の申請をしないことが起こりうると考えられる。このとき、信託という実態と所有権の移転のみの公示に不一致が認められることもありうるが、その場合でも、所有権の移転の部分についてはその公示の有効性が認められることになる。

　ただ、この場合、譲受人への所有権の移転を第三者に対抗することができても、当該不動産が信託財産に属することを第三者に対抗できない。したがって、譲渡人が、実態上は、自益信託における受益者であったとしても、受託者である譲受人が破産した場合に当該不動産が信託財産に属することを主張できず、また、受託者である譲受人が、信託契約に反して権限外の行為により当該不動産を第三者に譲渡しても、当該第三者に対して取消権を行使することもできない。それゆえ、当該譲渡人は、信託の受益者であっても、事実上、受託者に対してのみ信託契約に基づく債権的拘束力を主張できるにとどまり、その結果、いわゆる「信託的譲渡」の譲渡人の地位に類似する地

位に甘んじざるをえないこととなるものと思われる。

　そのため、当然のことではあるが、信託契約と同視される実態を有しうる契約を締結する場合は、信託契約の成否を検討し、それが成立しうる場合で、かつ、それが信託の公示が必要とされる財産に関するものである場合は、明示的に信託契約を成立させたうえで、登記または登録できる財産については、確実に、信託の登記を具備しておく必要がある。

(2)　**信託の公示が必要な財産**

　そこで、まず、信託の公示が必要な財産を確認する必要があるが、現行信託法では、具体的には次のものがあげられる[23]。

・不動産（不動産登記法97条〜104条の2）[24]
・船舶（船舶登記令35条、不動産登記法97条〜104条の2）
・建設機械（建設機械登記令16条、不動産登記法97条〜104条の2）
・鉱業権（鉱業登録令66条〜81条）
・漁業権（漁業登録令49条〜62条）
・特許権（特許登録令56条〜69条）
・実用新案権（実用新案登録令7条、特許登録令56条〜69条）
・意匠権（意匠登録令7条、特許登録令56条〜69条）
・商標権（商標登録令10条、特許登録令56条〜69条）
・回路配置利用権（回路配置利用権等の登録に関する政令53条〜65条の2）
・著作権（著作権法施行令35条〜45条）
・振替国債（社債、株式等の振替に関する法律91条3項5号、97条）
・振替株式（社債、株式等の振替に関する法律129条3項5号、130条2項1号ニ、139条）
・登録国債（国債規則40条ノ2第1項）
・振替社債（社債、株式等の振替に関する法律68条3項5号、69条1項6号、72

---

[23]　横山・前掲注12・206頁〜209頁。
[24]　地上権は一般に信託の公示が第三者対抗要件となるものであるが、建物所有目的の地上権は特に、借地人の保護のため、登記または登録によらず、対抗力を取得することから（借地借家法10条）、信託の公示なくして、地上権が信託財産に属することを対抗することができると解さざるをえない。もっとも、地上権の登記を具備する場合には、信託の登記をしなければ対抗できないものとされている（村松ほか・前掲注14・33頁）。

条）
- 振替受益権（社債、株式等の振替に関する法律127条の4第3項5号、127条の5第2項1号ハ、127条の15）
- 振替投資信託受益権（社債、株式等の振替に関する法律121条、68条3項5号）
- 担保付社債（会社法695条の2第2項・3項、690条1項）
- 出版権（著作権法施行令35条〜45条）

等

(3) 不動産についての信託登記

次に、本判決でも問題となった財産である不動産に関する信託登記の扱いについて触れておくこととする。

ア　信託の登記事項

信託の登記事項は、不動産登記法59条各号に掲げるもののほか、次のものを登記することとされている（同法97条1項）。実務的には、信託目録に記載されたものを信託の登記と呼んでいる。

　一　委託者、受託者及び受益者の氏名又は名称及び住所
　二　受益者の指定に関する条件又は受益者を定める方法の定めがあるときは、その定め
　三　信託管理人があるときは、その氏名又は名称及び住所
　四　受益者代理人があるときは、その氏名又は名称及び住所
　五　信託法185条3項に規定する受益証券発行信託であるときは、その旨
　六　信託法258条1項に規定する受益者の定めのない信託であるときは、その旨
　七　公益信託ニ関スル法律1条に規定する公益信託であるときは、その旨
　八　信託の目的
　九　信託財産の管理方法
　十　信託の終了の事由
　十一　その他の信託の条項

イ　信託の登記の申請方法

　権利の移転、設定、変更等の登記は、登記権利者と登記義務者の共同で申請するのが原則である（不動産登記法60条）。たとえば、売買による所有権移転登記の場合には、買主が登記権利者、売主が登記義務者となって共同申請をすることになる。移転の原因が信託の場合もこの扱いとおおむね同様であり、信託の登記申請は当該信託に係る権利の保存、設定、移転または変更の登記の申請と同時にしなければならないとされている（同法98条1項）。

　具体的には、委託者が所有している土地を受託者へ信託した場合には、委託者が登記義務者、受託者が登記権利者となって「信託」を原因とする所有権移転登記と同時に申請することになる（不動産登記令5条2項）。

（須田力哉）

II

受託者の地位

第8講

信託の本旨に反する委託者の意思表示と受託者の義務

大判昭和9年5月29日法律新聞3706号14頁

判決要旨

① 信託契約の委託者、受益者および帰属権利者が同一である場合において、その者が信託の本旨に反する意思を表明した場合であっても、いやしくも信託契約が存続する限り、受託者は、信託の本旨に従い善良なる管理者の注意をもって信託事務を処理することを要する。

② 和議開始前に和議申立債務者たる委託者から不動産所有権の移転を受けた受託者が、当該不動産を信託の目的に従い売却して和議債権者たる社債償還請求権者に償還をなすことは、和議開始決定によっても少しもこれを妨げられない。

事案の概要

X株式会社（原告、控訴人、上告人）は、和議申立て後、和議開始前に、Y信託会社（被告、被控訴人、被上告人）に対して、不動産（以下「本件不動産」という）を信託譲渡した。その信託の目的は、受託者Yにおいて本件不動産を処分し、その金員をもって、Xの債務である9分利付社債元利の償還に充当することであった。Xについての和議開始後、Yは本件不動産を売却したが、これに対してXが、当該処分を不当として登記抹消を請求した。第1審、原審ともにY勝訴。X上告。

Xは上告理由のなかでいくつかの主張を行っているが、本講に関連する主張は、主として以下の2点である。

① 信託の本質は委任であるところ、受益権も帰属権もすべて委託者に存する信託契約において、委託者の意思に反する事務処理は許されない。仮に

【関係図】

②不動産の信託譲渡（受益者Ｘ）　　　　　④不動産を売却

　　┌─────────┐　　　　　　┌─────────┐
　　│ Ｘ株式会社 │ ───────▶ │ Ｙ信託会社 │ ‐ ‐▶
　　└─────────┘　　　　　　└─────────┘

①和議申立て
③和議開始

信託の本質が委任でないとしても、信託は委託者または受益者の利益のためにするものであるところ、本件信託が委託者のためになすものであることはその信託約款および信託登記の記載によって明らかである。委託者のための信託である以上、委託者の意思に反して信託財産を処分することはできない。

②　社債もＸの債務であり、和議事件における一般和議債務であるから、和議手続中これを弁済することができないことは弁済を公平にする和議法における当然の建前であって、社債は和議手続の完結まで弁済できず、また弁済の必要のないものである。そのような債務を弁済するために信託財産を処分することは不法不都合である。本件の処分行為は刑法上の背任罪を構成する行為であって、有効である道理はない。

本 判 決

上告棄却。
1　①について
「然れども信託契約の委託者受益者及帰属権利者が同一なる場合に於て其の者が信託の本旨に反する意思を表明したりとするも苟も信託契約が存続する限り受託者は信託の本旨に従ひ善良なる管理者の注意を以て信託事務を管理することを要するを以て原審が所論の主張に対し信託契約の委託者受益者及帰属権利者がＸなりとするもＸに於て信託契約を解除し能はざる限りＹがＸの意思に反するに拘らず社債償還の目的に従ひ信託財産の処分を為し得べきは勿論なる旨判示したるは正当にして本件信託財産の処分が委託者の為利益なるや否を証拠によりて判断するの要なし」

2 ②について

「然れども和議法に依る和議の開始は債権者（筆者注：原文ママ）が其の財産を管理及処分する権利に影響を及さず況んや和議開始前和議申立債務者たるXより不動産所有権の移転を受けたる受託者が該不動産を信託の目的に従ひ売却して和議債権者たる社債償還請求権者に償還を為すことは和議開始決定に依り毫も之を妨ぐることなく其の刑法上の背任罪を構成せざること言を俟たざる所なり」

検　討

1　問題の所在

本件では、和議を申し立てた債務者である株式会社が、その処分代金を自らの発行した社債の元利金の償還に充当する目的で不動産を信託譲渡した後、当該株式会社について和議が開始したという事案において、受託者たる信託会社の当該不動産の処分権限の有無という観点から、①信託設定時に定めた信託の本旨に反する内容の指示を委託者が行った場合に受託者がこれに従わなければならないか、②受託者が信託の目的に従って当該不動産を処分し、和議債権者たる社債権者に償還をなすことが、和議開始によって妨げられるか、が問題となった。

そこで、以下では、まず、信託の本旨と信託の目的の変更の可否について検討し、次に、委託者につき和議、さらにそれとの対比で民事再生手続が開始した場合の信託契約の効力について検討する。

2　信託の本旨と信託の目的の変更の可否

(1)　信託の本旨とは何か

ア　旧信託法

旧信託法20条は、「受託者ハ信託ノ本旨ニ従ヒ善良ナル管理者ノ注意ヲ以テ信託事務ヲ処理スルコトヲ要ス」と定め、受託者が「信託ノ本旨」に従って信託事務を処理すべき善管注意義務を規定していた。そこで、「信託ノ本旨」とは何か、また、それを変更することができるかという点が問題とな

る。

　この点、「信託ノ本旨」については、「「信託ノ目的」を、信託のあるべき姿に照らして理想化したもの、換言すれば、委託者の意図すべきだった目的、といえよう」[1]、あるいは、「20条および27条においては、何が不履行となるかを判断する際の基準となるのが「信託の本旨」である。（中略）義務履行の判断をする高次の指導原理としての「信託の本旨」は、同じく受託者の行動の指針を与える「信託の目的」と機能的に重複するところがあるが、「信託の本旨」が信義則と同様の機能を有すると考えると、信託目的がより具体的な内容によって義務違反の有無を判断する基準を提供するのに対して、「信託の本旨」はそれ自体として具体的な内容を伴うものではなく、いわば判断の仕方についての指導原理といえるであろう」[2]などと説明されていた。

イ　現行信託法

　現行信託法では、29条1項において、「受託者は、信託の本旨に従い、信託事務を処理しなければならない」と規定され、また、同条2項本文において、「受託者は、信託事務を処理するに当たっては、善良な管理者の注意をもって、これをしなければならない」と規定されている。これらの規定は、旧信託法20条の内容を引き継いだものであり、現行信託法29条1項にいう「信託の本旨」は、「信託行為の定めの背後にある委託者の意図」と説明されている[3]。したがって、「信託の本旨」の意義は、旧信託法におけるものと基本的に変わるところはないものと思われる。

(2)　信託の目的の変更

　上記のとおり、受託者が信託事務を処理するにあたっては、信託の本旨に従ってこれを行わなければならないところ（旧信託法20条、現行信託法29条1項）、仮に委託者の指示が当初の信託設定時に定められた信託の本旨に反するものであったとしても、委託者に信託の目的を変更する権限が認められるのであれば、当該指示は信託の目的を変更するものとして、受託者は、変更

1　四宮247頁。なお、同254頁は、信託の本旨を「委託者の意図すべきだった信託目的」であるとする。
2　能見68頁以下。
3　補足説明第17。

後の信託の目的およびそこから導かれる信託の本旨に従って信託事務を処理しなければならないこととなり、したがって、信託財産に関する受託者の権限にも変更が生じうる。そこで、委託者が信託設定時に定めた信託の目的を、委託者が事後的に変更することができるかが問題となる。

ア　旧信託法

旧信託法上、関係当事者間の合意によって信託の目的を変更することができるかについて明文の規定はなく、ただ、旧信託法23条1項が、「信託行為ノ当時予見スルコトヲ得サリシ特別ノ事情ニ因リ信託財産ノ管理方法カ受益者ノ利益ニ適セサルニ至リタルトキハ委託者、其ノ相続人、受益者又ハ受託者ハ其ノ変更ヲ裁判所ニ請求スルコトヲ得」として、裁判所の命令に基づく信託の管理方法の変更を定めているのみであった。もっとも、同項に基づいて変更することができるのは「信託財産ノ管理方法」に限られており、信託の目的を変更することはできなかった[4]。

学説上は、旧信託法23条1項によるほか、委託者、受託者および受益者の合意があれば信託の目的を変更することも可能であるが[5]、受託者の同意なしに変更することはできないとする見解が一般的であった[6]。もっとも、信託行為においてその者の指図に従うべき旨の定めがある場合には当該指図に従う義務があるとする見解や[7]、旧信託法23条によらない信託内容の変更方法として「信託行為に信託の内容変更に関する方法を規定しておくこと」をあげる見解も存在していた[8]。

---

[4] 能見243頁。
[5] 能見246頁は、①公益信託の場合、②資産流動化目的で設定された信託のように、その信託が設定されることで法人と同じような客観化された「制度」が設立される場合には、三者の合意があっても原則として変更できないとしていた。
[6] 四宮213頁以下は、信託条項の変更を信託の解除プラス新しい信託の設定と同じに考えればよいとし、新しい条項の信託を受託者が引き受けるか否かは受託者の自由に属するから、受託者の同意も必要となるとする。能見245頁以下は、民事信託では、受託者は信託から利益を得るわけではないから、受託者には固有の利益がなく、その承諾は必要ではなく、受託者には辞任の自由があれば十分であるとしつつも、旧信託法において受託者の辞任が制限されていることからすると（旧信託法46条参照）、受託者の同意なしに信託の変更を認めることはむずかしいとする。
[7] 四宮214頁。
[8] 能見245頁。

イ　現行信託法

　現行信託法においては、関係当事者の合意による信託の変更について、明文の規定が置かれた（現行信託法149条）。信託の変更として可能な範囲について旧信託法23条1項のような限定はなく、また、現行信託法103条1項1号では信託の目的の変更も信託の変更の一内容として規定されていることから、現行信託法149条の要件を満たす限り、関係当事者の合意によって信託の目的を変更することも可能であると解される。

　現行信託法149条1項では、信託の変更は、委託者、受託者および受益者の合意があれば認められることが明示された。また、「受託者の利益を害しないことが明らかであるとき」には、委託者および受益者、または受益者が単独で受託者に対する意思表示を行うことにより、信託の変更をすることができる（同条3項）。さらに、これらの規定にかかわらず、信託行為に別段の定めがあるときは、その定めるところによることとされている（同条4項）。

　なお、裁判所の命令による信託の変更に関しては現行信託法150条が規定しているが、同条に基づいて変更できる範囲は「信託事務の処理の方法に係る信託行為の定め」とされており（同条1項）、信託の目的の変更は、旧信託法23条1項と同様、認められていない。

(3)　本判決の位置づけ

　以上の点に関して本判決をみてみると、本判決は、旧信託法のもとにおいて、委託者、受益者および帰属権利者が同一である場合において、その者が信託の本旨に反する意思を表明した場合であっても、信託契約が存続する限り、受託者は当初定められた信託の本旨に従い善良なる管理者の注意をもって信託事務を処理すれば足りる（したがって、本件の受託者は本件不動産の処分権限を失っていない）、としたものである。

　前記のとおり、現行信託法では、信託行為に別段の定めがない限り、受託者の利益を害しないことが明らかであるときは、委託者および受益者、または受益者が単独で受託者に対して意思表示を行うことにより、信託の目的を変更することも可能であることが明記された（同法149条3項）。したがって、現行信託法のもとで、本件のように、委託者兼受益者が受託者に対して当初の信託の目的に反する指示をした場合には、信託行為に別段の定めがある場

合を除き、当該指示が149条3項に基づく信託の変更に該当するかどうか、すなわち受託者の利益を害しないことが明らかな信託の変更に該当するかどうかという判断が行われることとなるものと思われる。一般論としては、信託報酬に変更がなく、受託者における新たな事務負担・費用負担も生じないようなものであれば、信託の目的の変更に該当しつつ、受託者の利益を害しないことが明らかといえる場合もありえよう。他方、同項の要件を満たさないということになれば、受託者は、信託の本旨に反する委託者の指示に従う必要はなく、当初定められた信託の本旨に従い、善良なる管理者の注意をもって信託事務を処理すれば足りることとなるものと思われる。

この点、本判決は、委託者兼受益者から受託者に対し当初の信託の本旨に反する指示がなされた場合において、受託者がかかる指示に従わなければならない場合があるか、あるとしてどのようなときにかかる指示に従う必要があるのかという点についてなんら具体的に示すものではない。

3 委託者につき和議・民事再生手続が開始した場合の信託契約の効力

本件では、受託者による信託財産の売却の前に委託者につき和議が開始していたことから、和議開始により受託者の処分権限が失われていたかどうかも争点となった。

(1) 旧信託法および和議法

本件は、旧信託法、および民事再生法の施行に伴い平成12年4月1日に廃止された和議法のもとで生じた事案である。そこで、旧信託法および和議法の規定をみると、まず、旧信託法上、委託者が倒産した場合の信託契約の効力に関する規定は存在しなかった。次に、和議法は、32条1項本文において「和議ノ開始ハ債務者カ其ノ財産ヲ管理及処分スル権利ニ影響ヲ及ホサス」とし、ただ、①和議開始申立て後、和議開始までの債務者の通常の範囲に属しない行為（31条）、和議開始後における、②管財人の同意を得ずになされた債務者の通常の範囲に属しない行為（32条1項但書）、および③通常の行為であっても管財人があらかじめ異議を述べた行為（32条2項）について、和議債権者による否認の対象となりうることとしていた（33条）。したがって、

債権者に対する債務の弁済も、原則として禁止されておらず、ただ、一定の場合に否認権の対象となりうるにすぎなかった。また、破産法（平成16年法律第75号附則2条による廃止前の破産法59条、同法に基づく現行破産法53条）と異なり、和議法においては、双方未履行の双務契約における解除権の規定も存在しなかった。

そして、学説上、反対の見解も存在していたが[9]、一般的には、信託契約そのものが和議債権者からの否認権の対象となることはありうるとしても、受託者の権限が委託者に対する和議開始自体によって直ちに影響を受けるものではないと解されていたものと思われる[10]。

(2) 民事再生法および現行信託法

民事再生手続においても再生債務者は原則として財産管理処分権を有するが（民事再生法38条1項）、和議法において債権者に対する債務の弁済が原則として禁止されていなかったのに対し、民事再生法85条1項は、再生債権についての再生手続によらない個別弁済を禁止しており、これに違反してなされた弁済は絶対的無効と解されている[11]。そうすると、仮に本件と同様、委託者が発行した社債の償還原資とするために自らを受益者として処分目的で不動産を信託譲渡し、その後委託者につき民事再生手続が開始したという場合には、委託者が再生手続によらずに社債を償還することができない以上、信託行為の定め方によっては、信託目的の達成不能として信託の終了原因となり（旧信託法56条、現行信託法163条1号）、したがって、受託者は信託財産たる不動産を処分する権限を失うのではないかという点が問題となりうる。

また、和議法と異なり、民事再生法においては、双方未履行の双務契約に

---

9 加藤正治「民事訴訟法判例批評（199）」法学協会雑誌57巻3号527頁は、信託財産といえども債務者の財産たることは明白であって、和議開始後における信託財産の処分については和議法32条1項但書および2項以下の規定に従わなければならない、したがって本件不動産の処分が債務者の通常の範囲に属せざる行為であるならば管財人の同意が必要である、また、通常の行為であっても管財人の異議があれば債務者はこれを行うことができないのであるから債務者のためにする信託財産の処分を行う場合には受託者といえどもあらかじめ管財人の意見を聞かなければならないとする。

10 石原辰次郎『破産法和議法実務総攬〔全訂版〕』（酒井書店、1981）763頁、四宮216頁および（注1）、信託法判例研究200頁。

11 園尾隆司・小林秀之編『条解民事再生法〔第3版〕』（弘文堂、2013）425頁〔杉本和士〕。

ついて再生債務者等に解除権が認められ（同法49条1項）、かつ現行信託法のもとでは信託の終了事由として当該解除規定に基づき信託契約が解除された場合が明記されたことから（現行信託法163条8号）、現在、これらの法律のもとで同様の事案が生じれば、かかる解除権に基づく解除の可否も問題となりうるものと思われる。

(3) 本判決の位置づけ

本判決は、旧信託法のもとにおいて、自益信託の委託者につき和議が開始した場合であっても、債務者の財産管理処分権に影響はなく、ましてや和議開始前に委託者から不動産の信託譲渡を受けた受託者が、信託の目的に従って当該不動産を売却し、和議債権者たる社債権者に償還をすることは妨げられない（したがって、本件の受託者は本件不動産の処分権限を失っていない）、としたものである。この点、前記のとおり、和議法において債権者への弁済が原則として禁止されていなかったのに対し（同法31条ないし33条参照）、民事再生法においては再生手続によらない再生債権の弁済が禁止されており（同法85条1項）、民事再生法のもとで同様の事案が生じた場合には、信託行為の定め方によっては、信託目的達成不能による信託の終了が問題となりうる。また、和議法と異なり、民事再生法においては再生債務者等による双方未履行双務契約の解除権が認められていることから（同法49条1項）、当該規定に基づく解除の可否も問題となりうる。これらの点にかんがみると、和議法のもとでの本判決の上記判旨は、民事再生法のもとでは先例性を有しないものと思われる。

4　実務対応

(1) 信託事務処理に関する指示

受託者の立場からみると、委託者、受益者その他第三者から信託事務の処理に関する指示があった場合、それに従う義務があるかどうかは、原則として信託行為における定めによって決まるため、受託者がこれらの者から信託事務の処理に関する指示を受けた場合に、当該指示に従うべき義務があるかどうかを判断するためには、まずは信託行為の内容をよく確認する必要がある。仮に、当該指示が信託行為の定めに基づくものでない場合でも、委託者

または受益者からの指示であって、それが現行信託法149条の要件を満たすものであれば、信託の変更に該当し、当該変更の内容に従って事務処理を行う必要があることから、一般論としては、受託者は、当該指示が同条の要件を満たすものであるかどうかも検討する必要があるといえる。もっとも、「受託者の利益を害しないことが明らかであるとき」（同条3項1号・2号）との要件に該当するか否かの判断を常に明確に判断できるとは限らず、また、受託者としては、仮に「受託者の利益を害しないことが明らかである」としても、自らの遂行すべき事務処理の内容が自らの意思によらずに変更されることが好ましくない場合も考えられることから、少なくとも信託銀行や信託会社のような業として信託の引受けを行う受託者としては、信託契約のなかで、受託者の承諾なく信託契約の内容を変更できないよう定めておくのが通常の対応であると思われる（現行信託法149条4項参照）。かかる定めが存在する場合には、委託者等からの信託事務処理に関する指示があったときでも、信託契約に基づいて当該者に当該指示を行う権限が認められているかを判断することで足りる。

他方、たとえば委託者等からの信託事務処理に関する指示があり、信託行為の定め上かかる指示に従う義務はないとしても、受託者としてこれに応じることが妥当であると考えた場合に、当該指示に従って事務を処理することは可能であるか。この場合には、①当該指示に従うことが信託の変更となる場合に当該信託の変更が現行信託法149条の要件を満たすかどうかという点と、②当該指示に従って信託事務を処理することが受託者としての善管注意義務等の義務に違反するものとならないかという点を検討する必要があると思われる。

委託者の立場からみると、信託設定後に信託に関して指図を行い、あるいは信託の変更を行うことが想定されるのであれば、信託行為のなかで、当該指図や信託の変更を可能とするための条項を適切に設けておく必要があるといえる。

(2) **委託者の倒産と双方未履行双務契約の解除権**

委託者について倒産手続が開始した場合、破産手続、民事再生手続、会社更生手続のいずれの場合であっても、双方未履行の双務契約については、破

産管財人等に解除権が認められる（破産法53条1項、民事再生法49条1項、会社更生法61条1項）。そして、これらの規定に基づいて信託契約の解除がなされると、信託は終了し（現行信託法163条8号）[12]、清算の対象となる（同法175条以下）。

　この点、現行信託法制定以前からの論点として、委託者の破産管財人が破産法53条1項に基づいて信託契約を解除できるかという論点がある。信託の機能の一つとして倒産隔離機能が認められるところ、信託が当該規定に基づいて解除されてしまうと受託者は破産管財人に対して信託財産を返還しなければならず、倒産隔離の目的を達成できないこととなるため、特に倒産隔離性が重視される信託においては、かかる規定に基づく解除権の行使はリスクとなるためである。

　現行信託法制定時には、信託契約につきこの解除権の行使を制限する規定を設けるべきとの意見も出された。しかしながら、信託契約についてのみ委託者の破産管財人の解除権を全面的に排除することは理論的に困難であること、通常の信託契約においては、委託者および受託者の債務が双方未履行の状態となることはまれであること、仮に両者の債務が未履行状態にあり、破産法53条1項の適用がありうるとしても、これにより契約を解除することによって相手方に著しく不公平な状況が生じるような場合には、解除権の行使ができないものと考えられる（最判平成12年2月29日民集54巻2号553頁参照）点にかんがみれば通常破産管財人等が解除権を行使することはできず、特段不合理な事態を生じることはないものと解されること等の理由により、結局は、かかる制限の規定は設けられず、委託者の破産時に破産法53条1項の適用があることを示す規定のみが置かれることとなった[13]。そこで、実務上は、委託者が倒産した場合に受託者が委託者に対する報酬請求権を放棄する旨の規定を置くなど、債務が双方未履行の状況にならないような工夫がなされている[14]。

---

[12] 倒産法の原則によれば、破産管財人等によって双方未履行契約の解除がなされたときは、契約関係は遡及的に消滅すると解されているが、本号に基づく終了の場合には、将来に向かって信託終了の効果が発生することとなる。寺本365頁（注12）。
[13] 補足説明第13の3、寺本361頁以下。
[14] 補足説明第13の3注27参照。

(3) デット・アサンプション

最後に、本件に関連して、現在、社債発行会社が（会計上の金融負債としての）社債の消滅を認識するための手法として利用されている、デット・アサンプションについて触れることとしたい。

デット・アサンプションとは、一般に、企業の負担している特定の債務の履行に必要な資金を第三者に支払うことによって、その債務の履行を第三者に引き受けてもらう取引形態をいうものとされる[15]。金融商品会計に関する実務指針上、金融負債の消滅は、①債務者が金融負債の契約上の義務を履行した時、②契約上の義務が消滅した時、または③債務者が当該負債に係る第一次債務者の地位から法的に免除された時に認識されるのが原則であるが[16]、デット・アサンプションについては、例外的に、経過措置として、社債に限り、一定の要件を満たす場合に、法的には債務が存在している状態での金融負債の消滅の認識が認められている[17]。

上記実務指針によれば、デット・アサンプションに係る原債務の消滅の認識要件として、「取消不能で、かつ社債の元利金の支払に充てることを目的とした他益信託等を設定し、当該元利金が保全される高い信用格付けの金融資産（例えば、償還日がおおむね同一の国債又は優良格付けの公社債）を拠出すること」「社債の発行体又はデット・アサンプションの受託機関に倒産の事実が発生しても、当該発行体の当該社債権者以外の債権者等が、信託した金融資産に対していかなる権利も有しないこと」が要求されている。

すなわち、デット・アサンプションは、社債の発行体を委託者、委託者と債務履行引受契約を締結した銀行等の債務履行引受者を受益者とする信託を設定して、社債償還のための償還原資を事前に信託し、社債発行会社や受託者の倒産リスクを遮断して、確実に社債権者に対する償還が行われるように

---

[15] 古市峰子「負債のオフバランス化の条件について－デット・アサンプションを中心に－」金融研究17巻6号125頁。
[16] 会計制度委員会報告第14号「金融商品会計に関する実務指針」43。
[17] 前掲注16・実務指針46。なお、古市・前掲注15・126頁によれば、デット・アサンプションを利用する目的は、「負債のオフバランス化により会計上、繰上償還を図り、財務的に余力のあるうちに今後の利益の圧迫要因となる高金利債務を軽減することや、財務構造を健全化し新規の資金調達のコストを抑えること等にある」とされる。

措置する(その結果として社債の発行者に対する履行請求が行われる可能性を事実上なくす)ことによって、法的には債務が消滅していないものの、会計上は負債が消滅したものとして取り扱う仕組みである。

　信託実務においては、上記要件を満たすため、委託者が事情のいかんを問わず信託契約を解約することができない旨の規定や、委託者が受益者を変更することができない旨の規定、信託契約が終了した場合であっても信託財産を債務履行引受者または社債権者に交付する旨の規定などが置かれ、また、信託設定後に委託者の未履行債務が残らないよう、信託報酬を当初一括して支払うなどの工夫がなされている。

(亀甲智彦)

第9講

公有地信託における受託者の管理失当の有無

大阪高判平成22年5月14日金法1935号59頁

判決要旨

公有地信託をめぐり、信託勘定で不足した資金を固有勘定で立て替えたとして、受託者である信託銀行2行が、委託者兼受益者である地方公共団体に対し、旧信託法36条2項に基づき費用補償請求権を行使した事案において、受託者の信託法上の忠実義務違反、善管注意義務違反は認められず、委託者兼受益者が、受託者に対し、旧信託法27条に基づき、損失のてん補を請求することができ、同法38条に基づき、受託者が、当該損失のてん補を先履行しなければ、費用補償請求権を行使することができないとの委託者兼受益者の主張は理由がない。

事案の概要

本判決は、第16講の最高裁判決の控訴審判決である。本講では、控訴審判決で問題となった受託者の利益相反行為、善管注意義務等を中心に解説する。したがって、以下では、これらの論点に関連する限度で事案の概要を記載している。適宜、第16講の「事案の概要」も参照されたい。

1　X_1信託銀行およびX_2信託銀行（なお、X_1は商号変更・合併等を経てX_1となるに至っている。以下両行あわせて「Xら」という）（原告、控訴人）は、Y地方公共団体（被告、被控訴人）の議会の議決を経たうえで、Yを委託者兼受益者とし、Xらを共同受託者とし、信託期間を契約締結の日から28年間として、Yがその所有する土地（以下「本件信託土地」という）をXらに信託譲渡し、Xらにおいて、本件信託土地上にゴルフ場を中核とするスポーツ・レクリエーション施設（以下「本件信託施設」という）を建設し、その管理運営を業（以下「本件信託事業」という）とすることを目的とする

土地信託契約（以下「本件信託契約」という。本件信託契約に係る契約書を「本件契約書」という）を締結した。

2　本件信託契約においては、Ｘらの収支予測をもとに、Ｘらが受託した他の信託財産から建設資金等を借り入れたうえで本件信託施設を建設し、これを管理運用して得られる収益から借入金を返済し、その完済後は剰余金を信託配当としてＹに支払うものとされていたが、借入金の額は、工事代金額の増加に伴い、当初のＸらの収支予測に基づいた額である73億円から94億円に増額した。

3　Ｘらは、本件信託契約に基づき、建設資金等を借り入れたうえで、本件信託土地上に本件信託施設を建設した。その際、Ｘらは、Ｆ・Ｉの設計共同企業体等と随意契約を締結したが、Ｘらは、Ｙに対し、施設の設計監理委託契約について、Ｆ・Ｉの設計共同企業体と随意契約で委託契約を締結したい旨書面で協議を申し入れ、Ｙも、内容を検討した結果妥当なものと判断してこれを承認する旨書面で回答したほか、他の随意契約についてもＹの承認を得て締結した。

4　本件信託施設の完成後、施設の運用について、Ｘらは、Ｙに対し、運営主体をＨリゾートとすること、および賃料は売上利益の95％とすることについて、Ｙに協議を申し入れたところ、Ｙは、運営主体および主たる賃貸条件を妥当と認めて承認する旨の回答をした。また、その際、Ｘらは、賃貸条件を売上利益の一定率とする方式は、一定額とする方式に比較して、事業が順調にいかなかった場合には不利となるが、逆に順調にいった場合には有利となるという特徴につきＹに説明した。

5　Ｈリゾートは、Ｆグループの企業との間で、随意契約の方法により、ゴルフコースの管理をはじめ、各種物品の購入等を行った。コース管理料については、平成５～11年度については平成12年度と比較して高額の管理料が支払われていた。また、Ｈリゾートは、平成５～18年度の間、一人当り1,000万円前後の役員報酬を支払い、二人の退職者に対しては、在任期間がいずれも10年前後であるのに対し、約1,764万円、約1,080万円の退職金を支給した。これらに関して、Ｘらは、平成20年２～７月の間、数回にわたり、書面により、Ｙに対し、Ｈリゾートの役員退職慰労金を賃料から

【関係図】

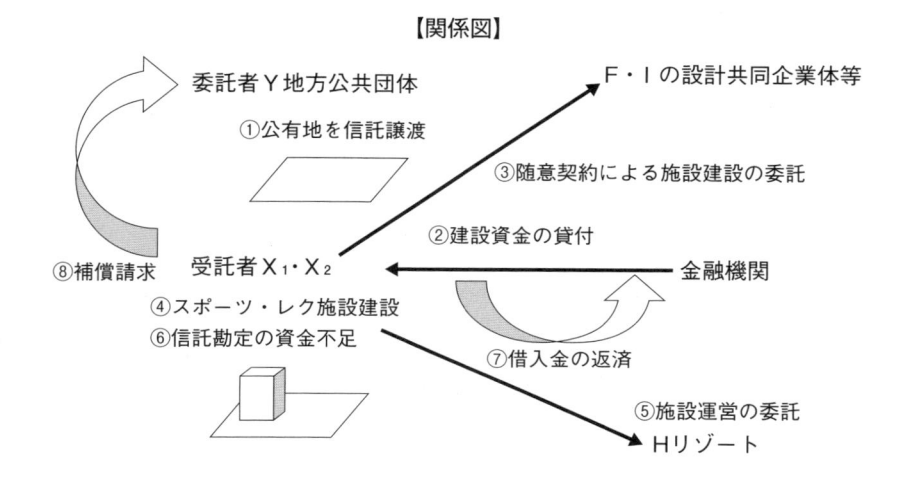

```
                委託者Y地方公共団体            F・Iの設計共同企業体等
                    ①公有地を信託譲渡
                                      ③随意契約による施設建設の委託
                                 ②建設資金の貸付
  ⑧補償請求    受託者X₁・X₂  ←────────────  金融機関
                ④スポーツ・レク施設建設
                ⑥信託勘定の資金不足      ⑦借入金の返済

                                      ⑤施設運営の委託
                                      Hリゾート
```

控除するのは不当であること、Hリゾートの業務部長に高額の給与を支払うのは不当であること、コース管理料が高額にすぎること等を主張し、是正を申し入れている。

6　借入金の利率について、当初、本件信託契約においては、資金の調達に要する利率につき、竣工時以降の長期借入金は借入時の長期プライムレートマイナス1.0％（変動）および長期プライムレートマイナス0.9％（固定）を組み合わせるものとする、固定金利および変動金利による借入れの割合は、50％を基本としてXらとYで協議のうえ決定するものとする旨の規定が設けられていた。しかし、Xらは、Yに対し、長期プライムレートが高いという当時の金利情勢からみると、固定金利を導入することはかえって信託収支上不利益と判断されるので、長期借入金を当分の間すべて変動金利とするよう書面により協議を申し入れ、Yも、これを承認した。その後、Xらは、Yに対し、長期プライムレートが低下して最低水準に近く、固定借入れの時期としては適当であるが、現在の長期プライムレートを基準にして本件信託契約で定めた固定金利を適用することは、現在の信託銀行の経営環境や今後の金融動向から判断して金融リスクがきわめて大きいことなどから、金融機関から固定借入れを調達し、固定借入れレートは当時の長期プライムレート（5.5％）とすることを提案し、Yも基本的にこ

れを了承した。

7 このような経緯のもと、本件信託事業の事業収支は悪化し、Ｘらは、既存の金融機関からの借入れを継続することができず、他の金融機関からも融資を受けることができなかったため、平成18年３月31日および同年４月３日、本件信託事業の遂行のために借り入れていた借入金を金融機関に返済し、Ｙに対して、旧信託法36条２項本文の費用補償請求権に基づき、上記返済金相当額および遅延損害金の支払を求めて提訴した。

8 これに対するＹの主張は多岐にわたるが、本件の主題との関係では、Ｙは、Ｘらに本件信託事業についての善管注意義務違反・忠実義務違反があり、Ｘらの管理失当によって信託財産に損失が生じたのであるから、Ｙは、Ｘらに対し、旧信託法27条に基づき、損失のてん補を請求することができると主張したうえで、同法38条に基づき、Ｘらは、当該損失のてん補を先履行しなければ、費用補償請求権を行使することができないと主張して、Ｘらの請求を拒んだ。

9 本件信託事業についてＸらに善管注意義務違反・忠実義務違反があった旨のＹの主張の内容は、以下のとおりである。
① Ｘらは、本件事業において、信託報酬以外の利益を得てはならず、また、本件事業を遂行するにあたって必要とされる資金の貸し手となってＹと利益相反する関係に立ってはならなかったのに、上記資金の貸し手となることによって、信託報酬をはるかに上回る利益（利息）を得ようとした。
② Ｘらは、本件事業計画につき、収入が過大に見積もられ、実現不可能なものであり、工事代金額も大幅に増大し、当初の計画では本件事業が運営できなくなったのに、さらに実現可能性のない不合理な計画を立案し、Ｙにこれを実行可能であると信じさせ、Ｙによる計画の変更、中止の判断を誤らせた。
③ Ｘらが、Ｈリゾートとの間で固定賃料の賃貸借契約を締結せず、売上利益の95％を賃料とするという賃貸条件としたために同社にまったくリスクが発生せず、このため同社において、収支改善の努力をまったく行わなかったばかりか、随意契約に基づいてＦグループの企業に高額な

コース管理料、外注費を支払い、また、業績を無視した高額の役員報酬、退職金を支払い続けたことによって、著しい賃料収入の低下を招き、借入金の返済ができなくなって事業が破綻した。
④　Xらは、建設段階においてFグループ等と随意契約を繰り返した結果、本件事業に必要な費用を増大させ、これを破綻させた。
⑤　XらがYに対し、長期プライムレートマイナス0.9％または1.0％の利率による貸付を約束していたのに、この利率では大きな損失を被ると判断し、また、信託継続中に本件事業の破綻を見越して資金を引き揚げ、本件事業の損失を拡大させた。
⑥　Xらは現在でもHリゾートの利益を優先し、同社からの賃料収入を増加させる努力を怠っている。

10　原審である神戸地判平成21年2月26日金法1935号71頁は、旧信託法36条2項の費用補償請求権の排除合意が認められるとして、Xらの請求を棄却した（したがって、同判決は、本講の主題である受託者の善管注意義務違反については判断していない）。

これに対して、Xらが控訴した。

本判決

原判決取消し、Xらの請求認容。

1　①の主張について

「Xらは、他の信託財産（信託勘定）から上記資金を貸し付けたことが認められるところ、他の信託財産からの貸付は、固有財産からの貸付と異なり、信託法22条（受託者の忠実義務）の禁止するところではなく、本件信託契約（中略）21条1項には、Xらがなしうる借入には、Xらを受託者とする他の信託財産からの借入を含むものとする旨規定され、Yもこれを承諾していたと認められること、他の信託財産について上記資金の貸付により不利益を被ったことを認めるに足りる証拠はないことからすれば、Xらが他の信託財産から上記資金を貸し付けたことが利益相反行為として許されないとすることはできない（民法108条ただし書参照）」

2 ②の主張について

「本件事業計画においては、(中略)収支予測がなされており、ゴルフ部門については、全国及びY県のゴルフ場の利用者数推移、平均伸び率、利用料金、立地条件等を検討の上、信託期間の収支予測をし、他の部門についてもほぼ同様の要素を検討の上、収支予測をしていることが認められるところ、その収支予測が当時の経済状況や利用料金の伸び率等から見て不合理であったとまでいうことはできない。なお、本件事業計画については、Y自身の承諾を得ているものである。

また、工事代金額の増加については、Xらは、(中略)Yに対し、借入限度額を73億円から94億円に変更するなどの協議を申し入れ、Yも(中略)承認しているところ、その協議の過程において、XらがことさらYの判断を誤らせるような不合理な事業計画の立案、説明をしたことを認めるに足りる証拠はない」

3 ③の主張について

「ア 賃貸条件については、(中略)Xらは、(中略)Yに対し、運営主体をHリゾートとすること、及び賃料は売上利益の95パーセントとすることについて、Yに協議を申し入れたこと、Yは、(中略)運営主体及び主たる賃貸条件を妥当と認めて承認する旨の回答をしたこと、賃貸条件を売上利益の一定率とする方式は、一定額とする方式に比較して、事業が順調に行かなかった場合には不利となるが、逆に順調に行った場合には有利となるという特徴があり、Xらは、その点につきYに説明したことが認められ、また、賃料を売上利益の95パーセントとした場合、当時の経済状況等に照らし、賃料収入が低下することを容易に予測できたと認めるに足りる証拠はない。そうとすれば、Xらが、Hリゾートとの間で賃料額を売上利益の95パーセントとする賃貸条件で信託施設に関する賃貸借契約を締結したことにつき、Xらの善管注意義務違反、忠実義務違反があったとは認められないというべきである。

イ (中略)コース管理料については、(中略)平成5年度から平成11年度については平成12年度以降と比較して高額の管理料を支払っていたことが認められるが、コース管理料の額は管理の質とも関連を有していると

考えられるから、高額のコース管理料が直ちに不当であるということはできない。（中略）
　　ウ　役員報酬、退職金については、（中略）社会通念上高額であるとの批判があり得ることは理解できる。しかし、（中略）Ｈリゾートの人件費（役員報酬、退職金を含む）が売上高に占める割合については、他のゴルフ場よりも低い水準で推移していることが認められるし、従業員給与、賞与、雑給等の金額についても、一般的なゴルフ会社として過大な数値であるとは認められないとの公認会計士の報告書（中略）があることをも併せ考えると、役員報酬、退職金が高額である点が直ちにＸらの善管注意義務違反、忠実義務違反を構成するものではないというべきである」
４　④の主張について
　上記事案の概要３の事実を認定したうえで、「上記随意契約及びその内容が、Ｘらの信託法上ないし本件信託契約上の義務に違反した違法なものであることを認めるに足りる証拠はなく、Ｙの主張は失当である」と判示した。
５　⑤の主張について
　上記事案の概要６記載の事実を認定したうえで、「以上の認定事実によれば、Ｘらが本件信託契約で決められた金利での貸付をするとの約定に違反して資金を引き揚げたということはできないし、上記事実経過の中で、Ｘらがことさらに、Ｙの判断を誤らせるような説明をしたと認めるに足りる証拠もない」と判示した。
６　⑥の主張について
　「Ｘらは、Ｙの申入れに基づき、Ｈリゾートに対し役員退職慰労金引当金を賃料計算の費用項目から除外し、コース管理料の予算額を上記の額に抑えるよう申し入れており、その対応に格別の問題があるとは認められない。また、業務部長の給与については、上記認定のとおり、Ｘらは、賃貸借契約上の経費として認めざるを得ないと考えている旨Ｙに回答しているものであるが、Ｘらは Ｈリゾートの個々の従業員の人事管理について管理監督する立場にあるとは認められないし、Ｘらが挙げる上記の理由が必ずしも不当であるとはいえない。

そうすると、Yが主張するように、Xらが現在でもHリゾートの利益を優先し、賃料収入を増加させる努力を怠っているとは認め難い」

7　①ないし⑥の主張に係る結論

「以上によれば、Xらに信託法上の忠実義務違反、善管注意義務違反は認められず、Yの主張は理由がない」

本判決に対し、Yが上告受理申立てをしたが、最判平成23年11月17日民集238号115頁（第16講参照）は上告を棄却した。

検　討

1　問題の所在

本件信託契約のような公有地信託の多くは、現行信託法施行日前に効力が生じているものであるから、整備法2条に基づき、旧信託法36条2項が適用される。そこで、旧法信託である公有地信託の受託者は、委託者兼受益者に対し、同条項に基づく費用補償請求権を行使した。

これに対し、委託者兼受益者は、受託者に信託事業について、利益相反行為、説明義務違反あるいは善管注意義務違反・忠実義務違反があったとして、受託者の管理失当によって信託財産に損失が生じたのであるから、受託者に対し、旧信託法27条に基づき、損失のてん補を請求することができると主張したうえで、同法38条に基づき、受託者は、当該損失のてん補を先履行しなければ、費用補償請求権を行使することができないと主張して、受託者の請求を拒んだ[1]。

本判決においては、費用補償請求権の存否が問題となったが、これは第16

---

[1] 旧信託法38条は、「第36条又ハ前条ニ規定スル受託者ノ権利ハ受託者カ第27条又ハ第29条ノ規定ニ依ル損失ノ填補及信託財産復旧ノ義務ヲ履行シタル後ニ非サレハ之ヲ行フコトヲ得ス」と規定していた。現行信託法においては、信託財産からの費用の償還については旧信託法38条と同旨の規定があるものの（48条4項）、受益者に対する費用補償請求権の行使は、そもそも、費用補償請求権が受託者と受益者との合意に基づき発生するものとされているため（同条5項）、旧信託法38条と同旨の規定が存在しない。したがって、受益者に対する費用補償請求権が受託者と受益者の合意によって認められている場合であっても、受益者は、当然には、旧信託法38条に定めるような先履行の抗弁を主張できないのではないかと思われる。

講で取り上げられている。そこで、本講では、受託者の管理失当の意義や、受託者としての善管注意義務（旧信託法20条[2]）、受託者の利益相反行為等について焦点を当てて検討する。

2　学説等の状況

(1)　旧信託法27条の管理失当（義務違反）の意義

旧信託法27条は、「受託者カ管理ノ失当ニ因リテ信託財産ニ損失ヲ生セシメタルトキ又ハ信託ノ本旨ニ反シテ信託財産ヲ処分シタルトキハ委託者、其ノ相続人、受益者及他ノ受託者ハ其ノ受益者ニ対シ損失ノ塡補又ハ信託財産ノ復旧ヲ請求スルコトヲ得」と定めており、①受託者の管理失当により信託財産に損失が生じた場合、または②信託の本旨に反して信託財産を処分した場合に、受託者に損失てん補責任等がある旨を定める。そこで、同条の定める管理失当の意義を検討する必要があるが、学説では、①と②を区別せず、受託者としての義務に違反する場合[3]に広く同条の責任を認める見解が有力である[4]。この見解からすれば、受託者の管理失当とは、受託者の義務違反を広く含むということになりそうである。

その一方で、旧信託法27条は、その文言どおり、信託違反行為の二つの類型化、すなわち、管理行為に関する義務違反行為である管理の失当と、処分行為に関する義務違反行為である信託の本旨[5]に反する処分との二つの類型化を試みた規定である旨の見解もあり[6]、この見解からすれば、いずれの違反行為に該当するかを検討する必要があるものと思われる。

現行信託法は、旧信託法の要件に限定することなく、およそ受託者が信託

---

[2]　旧信託法20条の規定は、以下のとおり。
　「第20条　受託者ハ信託ノ本旨ニ従ヒ善良ナル管理者ノ注意ヲ以テ信託事務ヲ処理スルコトヲ要ス」

[3]　したがって、受託者に過失が認められることが前提となる。

[4]　四宮281頁、能見138頁。なお、四宮281頁は、受託者の義務違反には、忠実義務違反を含むとしているが、本件では、後に詳述するとおり、忠実義務違反が表立って問題となることはないように思われる。

[5]　信託の本旨の意義については、「委託者の意図すべきだった目的」（四宮247頁）との見解や、「何が不履行となるかを判断する際の基準」（能見68頁以下）との見解があるが、要は信託の目的に照らして判断するということではないかと思われる。

[6]　新井317頁。

財産に関してその任務に違反する行為をした場合には、受託者に損失てん補責任等がある旨の規定を設けた（現行信託法40条）。

(2) 善管注意義務の意義

上記(1)において管理失当の意義についていずれの見解に立ったとしても、受託者に善管注意義務違反があった場合に、管理失当ないし受託者の義務違反が認められることは明らかである。そこで、善管注意義務の意義を検討する必要があるが、伝統的な通説によれば、「「善良ナル管理者ノ注意」はその職業やクラスの人として普通に要求される注意であり、受託者が職業人（例、信託銀行）である場合には、職業的に分化した（したがって平均人よりも高度の）注意能力を前提とするものと解すべきである」と解されており[7]、受託者の善管注意義務違反については、当該受託者の職業に応じて注意義務の程度を判断するものと考えられる[8]。したがって、受託者が善管注意義務違反を問われるのは、上記注意義務に違反した場合ということになり、事業性のある信託や投資を目的とする信託においては、単に結果的に損失が生じたというだけで義務違反の有無を判断すべきではなく、事業者ないし投資家として適切な行動をとっていたか否かによって判断されるものと解される[9]。特に、受託者に信託財産を何に投資するかについての裁量的な権限がある場合には、裁量権の行使が不適切である場合に善管注意義務違反を理由とする損害賠償責任が生じるものと解される[10]。

(3) 信託財産間取引と利益相反行為

旧信託法上は、22条において、受託者の自己取引が原則として禁止されていたが[11]、信託財産間取引については、これを禁止する明文の規定がなかった。この点、伝統的な通説は、信託財産間取引を同条の規定外の忠実義務の問題としたうえで、「受託者が同時にいくつかの信託財産の受託者を兼ねる

---

7 四宮247頁。
8 ここにいう「職業的に分化した」とは、当該受託者が属する社会的・経済的地位や職業等を考慮したうえで、その類型に属する者に対して一般的・客観的に要求される注意能力を基準として判断することを意味するものと解され（新井252頁）、たとえば、信託銀行が受託した土地信託においては、信託銀行一般を基準とした注意義務が求められることを意味するものと解される。
9 能見70頁。
10 能見71頁。

場合に、甲の信託財産またはそれに対する権利を乙の信託財産のために取得することは、信託法の禁ずるところではないが、双方代理禁止（民108条）の趣旨に反し、（中略）原則的には義務違反となるけれども、違反の効果は損害賠償責任にとどめるべきであろう」と解していた[12]。もっとも、近時の有力説は、信託財産間取引を忠実義務の問題としながらも、信託財産間取引では受託者が利益を享受するわけではないので、その取引について公正さが確保されているならば、自己取引ほど厳格に規制する必要はないのではないかと解している[13]。

　これに対して、平成16年に施行された改正信託業法上は、一定の要件を満たさない限り、信託財産間取引も原則禁止とされた（同法29条2項2号[14]）。そして、その後、平成19年に施行された現行信託法上も、新たに明文の規定が設けられ、一定の除外事項に該当する場合を除き、信託財産間取引も原則禁止とされた（同法31条1項2号）。

3　本判決の意義とその射程

(1)　他の信託財産からの借入れ

　まず、本判決は、受託者が、当該受託者が受託している他の信託財産から借入れを行った場合について、受託者の固有財産からの借入れの場合と異なり、旧信託法22条に違反しない旨を判示したうえで、①本件信託契約に他の信託財産からの借入れの規定があり、委託者兼受益者であるＹがこうした借入れを承諾していたこと等から、利益相反行為として許されないとすることはできない旨を判示した。上記判示事項にかんがみれば、他の旧法信託における信託財産からの借入れであっても、信託契約等において受益者がこれを承諾していれば、許容されるものと思われる。

11　旧信託法22条の規定は、以下のとおり。
　　「第22条　受託者ハ何人ノ名義ヲ以テスルヲ問ハス信託財産ヲ固有財産ト為シ又ハ之ニ付権利ヲ取得スルコトヲ得ス但シ已ムコトヲ得サル事由アル場合ニ於テ裁判所ノ許可ヲ受ケ信託財産ヲ固有財産ト為スハ此ノ限ニ在ラス」
12　四宮235頁以下。ただし、受益者の承認がある場合は例外を認めるとする。
13　能見82頁。
14　信託銀行の場合は、兼営法2条1項の準用する信託業法29条2項2号となる（以下同様）。

新法信託では、現行信託法31条1項2号により信託財産間取引が原則として禁止されるため、同条2項各号の定める取引禁止の除外事由との関係を検討する必要があるが、信託行為で当該行為をすることを許容する定めがあるときまたは受託者が当該行為について重要な事実を開示して受益者の承認を得たときは、除外事由に該当する（同項1号および2号）[15]。

(2) 善管注意義務違反・忠実義務違反

　次に、受託者であるXが、②実現性のない事業計画を立案したこと、③Hリゾートとの間の賃貸条件として固定賃料ではなく、変動賃料を設定したこと、また、随意契約に基づきFグループの企業にコース管理料等を支払い続けたこと、④建設段階においてFグループらと随意契約を繰り返したこと、⑤本件信託契約に定めのある貸付金利と異なる金利で貸付を行ったこと、および、⑥Hリゾートの人事管理等に是正を申し入れたが、是正されなかったことに関して、委託者兼受益者であるYが、忠実義務違反・善管注意義務違反が認められると主張したのに対して、本判決は、いずれの点についても、忠実義務違反・善管注意義務違反を否定している。

　ただ、本来、善管注意義務違反を認定するためには、(i)具体的な義務内容を特定したうえで、(ii)当該義務に違反することを認定する必要があるところ[16]、本判決では、受託者の義務内容が必ずしも具体的に明確に特定されないまま、義務違反が否定されており、義務違反の前提となっている義務内容が必ずしも明確ではない。したがって、本判決において提示された規範として明確に一般化できるものはなく、その意味で事例判決であるといえる。

　しかし、本判決における特徴的な点は、自益信託である公有地信託において、受託者の具体的行為について、委託者兼受益者から承認を得ており、当

15　ただし、既述のとおり、信託業法29条2項2号も、信託財産間取引を原則として禁止しており、①信託行為において信託財産間取引を行う旨および当該取引の概要について定めがあり、または当該取引に関する重要な事実を開示してあらかじめ書面もしくは電磁的方法による受益者の承認を得た場合であり、かつ②受益者の保護に支障を生じることがない場合として信託業法施行規則41条3項各号に定める場合（信託銀行の場合は、兼営法施行規則23条3項各号に定める場合）を取引禁止の除外事由としており、信託法よりも除外事由の要件を厳格にしている。

16　伊藤滋夫総括編集『民事要件事実講座3　民法Ⅰ　債権総論・契約』（青林書院、2005）64頁～65頁。

該承認を得るにあたり、受託者が委託者兼受益者に対して行った説明に、その判断を誤らせるような不合理な説明がなかったことを、善管注意義務違反を否定する一つの有力な根拠としていることである。すなわち、本判決は、Yの②の主張については、事業計画をYが承認していること、および工事代金額の増額・借入限度額の変更をYが承認し、Xとの協議の過程においてYに不合理な説明をしていないことを、Yの③の主張については、Yが運営主体および賃貸条件を承認していたこと、ならびに、変動賃料制と固定賃料制の特徴をあげて、賃貸条件の合理性について説明したことを、Yの④の主張については、F・Iの設計共同企業体との随意契約についても、他の随意契約についてもYが承認していることを、Yの⑤の主張についても、変動金利による借入れおよび固定金利による借入れについてYの承認があったことをあげて、Xの善管注意義務違反がないことの有力な根拠としている[17]。こうした判断方法は、旧信託法に基づく善管注意義務と現行信託法における善管注意義務が同様のものとして解釈されうることから、新法信託における受託者の善管注意義務違反の判断においても参考になるものと思われる。

4　本判決に対する評価

(1)　信託財産間取引と利益相反取引

本判決は、「利益相反行為として許されないとすることはできない（民法108条ただし書参照）」とし、民法108条ただし書を参照していることから、同

---

[17] この点、大阪地判平成25年5月30日判例集未登載は、本件同様、公有地信託における受託者の義務違反が問われた事案において、当初事業計画と比較して総事業費が増加したことに関して、受託者につき説明義務違反・善管注意義務違反があったとの委託者兼受益者の主張に対し、受託者が委託者兼受益者に対して建築費が増加した理由等について説明や報告を行い、これらに関して委託者兼受益者から異議が述べられなかったことを考慮して、説明義務違反や善管注意義務違反がなかったことを認定している。また、大阪地判平成25年3月7日判時2190号66頁（第17講参照）では、本件同様の公有地信託において追加費用を伴う追加工事を行う旨の事業計画の変更を行った点について受託者の善管注意義務違反が問われたが、受託者が、協議願を提出し、委託者兼受益者の承諾を得ており、かつ、受託者が説明すべき内容を説明しなかったり、委託者兼受益者から説明を求められたことに答えなかったりした事実を認めるに足りる証拠はない旨を指摘したうえで、受託者の善管注意義務違反を否定する判示をしている。これらの裁判例においても、受託者による説明の適切性と委託者兼受益者の承認を受託者の善管注意義務違反を否定するための有力な資料としているという構造が見受けられる。

じく同条を引用する四宮説を意識しているようにも読める。そして、既述のとおり、四宮説においても、受益者の承認がある場合には、双方代理禁止の例外が認められるところ[18]、本判決は、委託者兼受益者であるＹが他の信託財産からの借入れを承諾していたことを前提とした判示であり、四宮説に従っても許容される場合に当たる。したがって、本判決が四宮説を採用したかは判示事項から定かではないが、少なくとも、四宮説と矛盾するものではないと思われる。

(2) 受託者の善管注意義務

ア 善管注意義務違反の有無の基準時点

本判決は、受託者の善管注意義務違反の有無を判断するにあたって、当事者の主張が不十分であったためか、既述のとおり、①受託者の義務内容を特定して、②義務違反の有無を判断するという判断枠組みを明示的にとっていない[19]。しかし、受託者の具体的行為について、委託者兼受益者から承認を得ており、当該承認を得るにあたり、受託者が委託者兼受益者に対して行った説明に、その判断を誤らせるような不合理な説明がなかったことを、受託者の善管注意義務違反を否定する一つの有力な根拠としている。

もとより、善管注意義務違反の有無は、行為時点の具体的状況をふまえ

---

18 四宮236頁。
19 この点、大阪地判平成23年12月9日判時2141号50頁は、本件同様、公有地信託における受託者の義務違反が問われた事案において、(i)安全性・安定性に配慮した事業計画を提案する義務の違反につき、「本件提案計画が一般の信託銀行等に求められる水準による合理的な根拠及び将来予測に基づくものではなかったとは認められず、原告に（中略）提案義務の違反は認められない」と判示し、①受託者の義務内容を特定して、②義務違反の有無を判断したほか、(ii)事業計画の内容等を正確に説明する義務の違反、(iii)事業を遂行するための準備行為をすみやかに行う義務の違反、(iv)事業の遂行状況を正確かつ具体的に報告・説明する義務および事業計画の修正・変更あるいは中止を提案する義務の違反、および(v)事業計画どおりの収入を確保するとともに経費を削減するために努力する義務の違反の争点についても、同様に、受託者の負う義務の内容を特定したうえで、当該義務についての受託者の義務違反がないことを詳細に認定し、全体を通して一貫して①および②の判断枠組みを明示的に採用しており、参考となる。なお、大阪地判平成26年3月27日判例集未登載も、本件同様、公有地信託における受託者の義務違反が問われた事案において、事業計画が想定する事業予想を実現できるような内容の事業計画等を作成する義務および事業計画が想定する事業予想を実現すべく信託事業を遂行する義務のいずれも認められないと判示した（大阪市HP掲載の平成26年4月9日戦略会議資料参照）。

て、行為時点の受託者としての判断の合理性をもとに判断されるものであって、いかに信託財産または受益者に損害が生じたとしても、結果責任が問われてはならない。

したがって、公有地信託のような土地信託の場合、事業計画の立案・執行について受託者の裁量判断に委ねられていることから、行為時点の具体的状況をふまえて行われる受託者の行為時点での裁量的判断の合理性が問われる。この点、本判決も、たとえば、Ｙの事案の概要９②の主張（本件事業計画が実現不可能なものであったとの主張）につき、前提となる事業計画の収支予測の合理性について、当時の経済状況や利用料金の伸び率等を基準に判断し、Ｙの事案の概要９⑥の主張（ＸらがＨリゾートの利益を優先したとの主張）につき、ＸらがＹの申入れに基づき、Ｈリゾートに管理料の予算額を減額するよう申し入れ、その対応に各別の問題があるとは認められないのであれば、Ｈリゾートの利益を優先しているとはいえない旨を判示して、受託者の結果責任ではなく、行為責任を問うている。

イ 受託者の善管注意義務と委託者兼受益者の承認

次に、受託者自らが裁量的判断を行うべきである以上、委託者兼受益者が承認したからといって、受託者の責任が免責されるわけではない。このことは、信託契約上、受託者の裁量的判断に基づいた行為が、委託者兼受益者の承認を要する場合であっても異ならない。すなわち、信託契約上、委託者兼受益者の承認が必要とされる受託者の一定の行為については、委託者兼受益者の承認がなければ、それ自体、債務不履行となるが、委託者兼受益者の承認があったからといって、当該承認の対象となった受託者の行為について、受託者の善管注意義務や債務不履行責任が否定されるわけではないのである。

ただ、信託契約上、信託事務について受託者に一定の裁量が認められながらも、受託者の一定の行為について委託者兼受益者の承認が必要とされているのは、通常、受託者が、委託の趣旨や受益者の利益の観点から、受託者の裁量権の濫用を防止してその適切な権限行使を委託者兼受益者が監視するためであろう。とりわけ、本件のような公有地信託においては、委託者兼受益者である地方公共団体が、受託者による公有地の管理・処分を監視すること

が強く求められている[20]。したがって、そうした状況において、信託契約上、委託者兼受益者の承認が必要な受託者の行為について、委託者兼受益者の承認があったということは、当該行為の当時の具体的状況下において、委託者兼受益者も、受託者の裁量権の行使が、委託の趣旨および受益者の利益の観点から、適切であると判断したことを意味し、このことが、受託者の裁量的判断の合理性を基礎づける一資料となることを意味するものと思われる。本判決が、受託者の裁量的判断の合理性を基礎づける資料として、委託者兼受益者の承認をあげているのも、かかる趣旨のものと思われる。

もっとも、受託者は、日常的に信託事務を遂行し、信託事務に関するさまざまな情報を得て、裁量的判断を行っている。したがって、日常的に信託事務に密接に関与していない委託者兼受益者が、信託契約上その承認が必要とされているからといって、受託者よりなんらの前提事実の説明もなく承認を迫られても、委託者兼受益者の承認は、合理的な判断に基づくものとは当然にはいえない。そのため、受託者の裁量的判断の合理性を基礎づける一資料となりうる委託者兼受益者の承認は、その重要な前提事実の説明を受けたうえでなされる実質的なものであることを要するものと思われる。本判決も、委託者兼受益者が受託者の行為を承認したことだけでなく、承認を得るまでの協議等の過程において、承認の判断に必要な前提事実についてその判断を誤らせるような説明を行っていないことをあげて、これを受託者の善管注意義務の履行の根拠としているのは、このためであると考えられる。

ただ、委託者兼受益者の承認が、受託者の裁量的判断の合理性を基礎づける程度は、受託者による委託者兼受益者に対する承認の判断に必要な前提事実の説明内容のほか、委託者兼受益者の信託事務に関与する度合い、委託者兼受益者の判断の適格性等にもよるものと思われる。

この点、本判決で問題となった公有地信託の事業は、委託者による関与の度合いが高く、実質的に委託者と受託者の共同事業と位置づけられてお

---

20 公有地信託の導入に際しての自治事務次官通知においても、信託の受益者に対する普通地方公共団体の関与に関する事項として、普通地方公共団体の長の調査権等および監査委員の監査権が留意事項として掲げられている（昭和61年5月30日自治行第61号「地方自治法の一部を改正する法律等の施行について」）。

り[21]、公有地信託においては信託事業の収益性のみならず公益性も判断材料となり、そうした事項については地方公共団体に判断の適格性が認められる。そのような事情を前提とすると、本判決が、委託者兼受益者の承認を受託者の裁量的判断の合理性を基礎づける有力な根拠として取り上げたことは首肯しうるところである。

ウ　善管注意義務違反と説明義務違反の交差

　信託契約上、委託者兼受益者の承認が必要とされる場合に、承認するか否かを判断するために必要な前提事実を受託者が適切に説明しなかったという事実があると、当該承認は、受託者の裁量的判断の合理性を基礎づける資料とはならなくなり、他に受託者の判断の合理性を基礎づける資料がないならば、受託者に善管注意義務違反が認められる可能性があるが、当該事実は、同時に、受託者の説明義務違反を構成する可能性もあるものと思われる。本判決に即していえば、Yの事案の概要9③の主張のうち賃貸条件に係る点について、本判決は、売上利益による変動賃料制は、固定賃料制と比較して、事業が順調ではない場合は不利になるが、順調な場合は有利となるという特徴があり、Xらは、その点につきYに説明した旨を判示して、その説明を受けて行ったYの承認をXらの裁量的判断の合理性を基礎づける一つの根拠としているが、仮に、変動賃料制が不利に働く相当の蓋然性が実際上認められるのに、このような説明がないままに、Yの承認を得て変動賃料制を導入した場合、このYの承認は、Xらの裁量的判断の合理性を基礎づけないだけでなく、委託者が変動賃料制の特徴を十分に理解していない場合は、変動賃料制のリスクを説明していなかったとして説明義務違反が問われる余地もありうるものと思われる。

　さらに進んで、説明に虚偽が含まれているような場合は、説明義務違反を構成しうるとともに、当該承認が錯誤無効となり、承認が必要であるにもかかわらず、受託者が承認を得ないで、信託事務を遂行したことと同視され、それ自体、善管注意義務違反ないしは債務不履行を構成する可能性もあるものと思われる。

21　日本住宅総合センター「－土地有効利用促進方策に関する調査研究報告　その1－土地信託契約の研究」(1989) 136頁。

エ　委託者兼受益者の承認の任意の取得

　本判決の事案と異なり、仮に、信託契約において、受託者の一定の行為について受益者の承認を得る旨の規定が存在しない場合、受託者が委託者兼受益者の承認を得なかったとしても、債務不履行となるわけではないが、このような場合に、委託者兼受益者の承認を得た場合はどうか。委託者兼受益者の承認が受託者の裁量的判断の合理性を基礎づける一資料となることの根拠が、当該行為の当時の具体的状況下において、委託者兼受益者も、受託者の裁量権の行使が、委託の趣旨および受益者の利益の観点から、適切であると判断した点にあることにかんがみれば、委託者兼受益者から承認を任意で取得した場合であっても、当該承認が前提事実の説明を受けたうえで適切になされたといえるのであれば、同様の理由から受託者の裁量的判断の合理性を基礎づける一資料たりうるものと解される。

　ただ、この場合、委託者兼受益者の承認が、受託者の裁量的判断の合理性を基礎づける程度は、上記イで述べたのと同様、受託者による委託者兼受益者に対する承認の判断に必要な前提事実の説明内容のほか、委託者兼受益者の信託事務に関与する度合い、委託者兼受益者の判断の適格性等を考慮して判断されるものと思われるが、信託契約上、委託者兼受益者が承認することが予定されていない以上、これらの要素を充足しているか否かは、厳格に判断されるべきものであるように思われる[22]。

---

[22]　前掲大阪地判平成25年5月30日は、委託者兼受益者との協議不要事項である賃料の改定につき、受託者が、委託者兼受益者に対して十分な説明をすることなく、また、委託者兼受益者の同意も得ずに、当初事業計画に定められていた増額率よりも低い率での賃料増額改定を行ったことにつき善管注意義務違反がある旨を委託者兼受益者が主張したのに対し、賃貸条件の改定は協議不要事項とされていたのであり、委託者兼受益者が受託者に対して協議願の提出を求めたことはなく、事後的に報告を求めたことにすぎないことをあわせ考えれば、当該賃料増額改定は、協議願を提出して委託者兼受益者の承認を得るべき事項ではなかったと解することができ、受託者が協議願を提出しなかったことに問題があるということはできないと判断した。もっとも、当該事案においては、受託者が委託者兼受益者に対して賃料増額改定に関して説明および報告を行ったことも認定されており、協議不要事項について委託者兼受益者の承認を得なかった場合でも、委託者兼受益者に対して一定の報告・説明をして、その理解を得ながら受託者が信託事務を履行していたという事実も、善管注意義務違反の有無の判断資料となりうることを示唆しているように思われる。

オ　他益信託における受益者の承認の意義

　他益信託における受益者の承認も、それが信託契約において必要と規定されている受託者の行為については、受託者の裁量的判断のチェック機能を受益者に委ねたものと理解されることから、この場合は、自益信託の場合において委託者兼受益者の承認が必要とされている場合と同様に考えてよいのではなかろうか。

　これに対して、他益信託において、受益者の承認を要するものと規定されていない受託者の行為については、受益者の承認は、当該行為が受益者の利益に合致する蓋然性を示すものともいいうる場合もあろうが、自益信託の委託者兼受益者の承認と異なり、委託の趣旨に合致する蓋然性まで示すものとは当然にはいえない。また、他益信託の場合は、受益者は、自らが受益者であることを認識していない場合もありえ、また、受益者が未成年者である等の事情により判断能力がない場合もありうる。ただ、受益者に判断能力と判断の適格性がある場合に、受託者が当該受益者に対して承認の判断に必要な前提事実を説明したといえるのであれば、受託者が善管注意義務を果たしたことの一つの根拠となる余地があるものと思われる。

5　実務対応

(1)　自益信託の場合

　善管注意義務違反の判断基準との関係では、委託者兼受益者の承認が得られれば、受託者の善管注意義務違反が問われるおそれは縮小するものと考えられる。もっとも、既述のとおり、当該承認の意味合いは、当該信託における受託者の裁量の広狭にかかわらず、信託契約上、委託者兼受益者との協議および委託者兼受益者の承認が必要的か任意的かによって異なると解されるため、場合分けして考える必要がある。

ア　必要的協議事項の場合

　この場合、受託者が委託者兼受益者と協議をし、委託者兼受益者の承認を得ないと、受託者の債務不履行となる可能性がある。また、委託者兼受益者の承認が得られたとしても、土地信託のような受託者の裁量が広範に認められる類型の信託においては、受託者の専門的判断が求められるため、単にそ

の承諾が得られれば受託者としての義務が免除されるというわけではない。受託者は、受益者の利益を図るために、専門家として自ら合理的に判断することが求められるのが基本である。したがって、委託者兼受益者の承認は、受託者の判断の合理性を補強するための手続として位置づけられるものと考えられる。そして、判断の合理性を補強しうる承認を得るためには、本判決と同様、委託者兼受益者の信託事務に一定程度関与し、委託者兼受益者の判断の適格性が認められるとともに、受託者による委託者兼受益者に対する承認の判断に必要な前提事実の説明が適切に行われる必要がある。

　他方、委託者兼受益者が受託者に対して指図を行う類型の信託においては、委託者兼受益者の信託事務に関与する度合いがさらに大きく、また、委託者兼受益者の判断の適格性が認められる傾向になるため、委託者兼受益者の承諾を得れば、受託者の裁量が広範に認められる類型の信託の場合と比較して、免責される余地が広がるものと思われるが、当該承諾に基づく受託者の判断が著しく不合理であると認められる場合には、承諾を得たからといって必ずしも免責されるわけではないものと思われる。

イ　任意的協議事項の場合

　委託者兼受益者の承認を任意で得られ、当該承認が前提事実の説明を受けたうえで適切になされたといえるのであれば、同様の理由から受託者の裁量的判断の合理性を基礎づける一資料たりうるものと解される。

　しかし、本来、委託者兼受益者が承認することは予定されていないのであるから、委託者兼受益者の判断の適格性や判断能力を勘案して、前提事実の説明を十分に行うべきものと思われる。

　また、受託者責任の免責を得るために、信託契約において委託者兼受益者の承認を要すると規定されていない事項についても、受託者が、逐一、委託者兼受益者の承認を得ようとすると、信託事務の円滑が損なわれ、信託事務全体としての受託者責任が問われうる。したがって、信託契約において委託者兼受益者の承認を得る必要がない場合は、受託者自らが合理的に判断して、その権限を行使し、義務を履行すべきことを原則としつつ、ただ、信託契約上明らかでない事項や信託契約上の重要事項でありながら受託者が判断に迷う事項、信託契約の根幹にかかわる事項等については、委託者兼受益者

と協議するなかで、委託の趣旨や受益者として求める利益を明確化しながら、その承認を得て、受託者として一定の行為を行うということは実務上十分に考えられる。

(2) 他益信託の場合

既述のとおり、他益信託の場合も、受託者が受益者の承認を得る旨の規定の有無で場合分けをする必要があり、当該規定がある場合は、委託者が受益者に受託者の裁量的判断のチェック機能を委ねたものと理解することができ、自益信託の場合と同様に考えることができる。

他方、当該規定がない場合は、実務上は、受託者の裁量的判断に委ねたものと理解すべきもののように思われ、受託者としては、自ら適切に裁量を行使する必要がある。とりわけ、家族信託の場合に、受益者が十分な判断能力があるとはいえない場合もありうるが、そのような場合には、受益者の承認をもって、受託者の判断の合理性の補強資料とは考えられず、むしろ、受託者の責務の放棄として、かえって善管注意義務違反を基礎づける一つの根拠となりうることに留意を要する。

受益者が多数の場合は、信託契約の定めにもよるが、受益者全員の承認が得られた場合は、上記の受益者が承認した場合の処理と同様になるはずである。

また、旧法信託では、受益者が不特定または未存在の場合は、信託管理人を設置することが可能であるが（旧信託法8条）、受益者の利益擁護という信託管理人の目的にかんがみれば、この場合は、信託管理人の承認を得ることになろうかと思われる。

他方、新法信託のもとでは、旧法信託の信託管理人制度にかわり、信託管理人、信託監督人および受益者代理人の三つの制度が導入されたが、これらが設置されている場合は、信託管理人、信託監督人または受益者代理人の承認を取得することが、受託者の判断の合理性を基礎づける補強資料になろうかと思われる。

（藤池智則・松本亮一）

第 10 講

信託型不動産小口化商品における受託者の説明義務・公平義務

東京地判平成14年7月26日判タ1212号145頁

判決要旨

① 信託銀行から事業用建物の共有持分権の購入資金を借り入れ、不動産会社を代理した信託銀行からこれを購入したうえで信託銀行に約11年間信託し、他の投資家が信託した共有持分権とともに一括して管理・処分するという仕組みの不動産小口化商品について、原告らがいずれも高学歴の知識人であり、高額の所得および資産を有していたこと等の事情をふまえれば、同商品は不動産投資であることが明らかであるから、元本保証がないことや地価が下落に向かう可能性のあることについて、信託銀行は説明義務を負わない。

② 相続発生時には売主である不動産会社において共有持分権を買い取るという制度があるなどと説明しながら、共有持分権が購入価格を下回ったときには買取制度が適用されないことを説明せず、相続発生時に不動産会社に買取りに応じさせなかった場合は、信託銀行は、説明義務違反に基づく損害賠償責任を負う。

③ 同一内容の信託契約を締結した本件の各委託者兼受益者について、受託者である信託銀行は、本件共有持分権の中途売却を認め、買主を紹介するようになって以降は、中途売却を求める委託者兼受益者に可能な限り売却の機会を与え、平等に取り扱う義務を負う。

事案の概要

1　被告Y信託銀行は、昭和63年頃〜平成元年頃にかけて、個人では高額すぎて一棟単位では投資対象とすることのできない都心の事業用建物につい

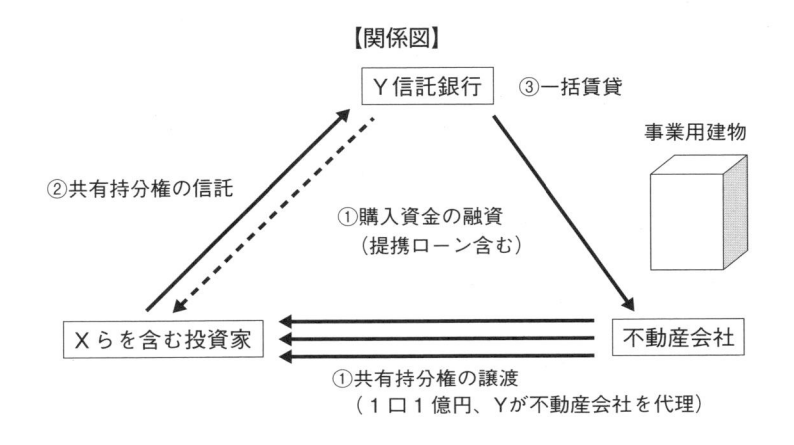

【関係図】

```
                    Y信託銀行  ──③一括賃貸──→
                   ↗    ↑                      事業用建物
        ②共有持分権の信託  ┆
              ↗    ①購入資金の融資
             ↗       （提携ローン含む）
            ↙                              
    Xらを含む投資家  ←──────────────  不動産会社
                    ①共有持分権の譲渡
                （1口1億円、Yが不動産会社を代理）
```

て、個人でも投資できるようにするために、都心の事業用建物などの不動産を共有持分権化し、不動産会社を代理して販売し、同不動産の共有持分権について信託を受け、これをYにおいて、一体的に管理および処分するという仕組みの不動産小口化商品Sを販売していた（このうち、事業用建物T_1に係る商品はLという名称であった）。

2　Sの仕組みはおおむね以下のとおりであった。

① 不動産会社が所有する都心の事業用建物などの不動産を共有持分権化し、Yが、買受人に対し、当該不動産会社を代理して、持分権一口当り原則1億円で販売する。その際、買受人は、Yから、購入代金の全部または一部の融資を受けることができる。

② 買受人は、買受人を委託者兼受益者、Yを受託者として、当該共有持分権について、それぞれ信託契約を締結する。当該信託契約の内容は、同一の事業用建物であればいずれの買受人についても同一であり、主要な内容はおおむね以下のとおりである。

・信託の目的……不動産にかかわる共有持分権の一体的管理および管理終了に伴う一体的処分。

・信託の期間……約11年であり、同一の事業用建物の共有持分権に係る信託契約については、信託の期間の末日は同一日に設定されている。

・収益の交付……受託者は、計算の結果生じた収益を各計算期間の翌営

業期日以降に委託者兼受益者に対し金銭をもって支払う。
　・受益権の譲渡禁止……委託者兼受益者は、やむをえない事情による場合を除き受益権を譲渡または質入れすることはできず、譲渡する場合にはＹの承諾を必要とする。
　・信託不動産の管理・処分……受託者は、信託目的に従って、もともとの所有者である不動産会社に対して、受託者が相当と認める条件で信託不動産を一体として賃貸する。賃借人は、これを第三者に転貸できるものとする。
　・解除……本契約は、信託目的の達成または信託事務の遂行が不可能または著しく困難と認めた場合に受託者が解除できる場合を除き、解除することができない。
　・信託の終了……受託者は、信託期間満了時に受託者が定める価格および方法により信託不動産を一体として売却し、信託終了時に残存する信託の元本を、金銭をもって委託者兼受益者に交付する。ただし、委託者兼受益者のために不利益であると受託者が認めたときは、信託財産を現状のまま委託者兼受益者に引き渡すことができる。

3　原告X_1、亡Ａ、原告X_3ないしX_6は、昭和63年〜平成元年にかけて、それぞれＳに係る契約を締結し（以下、Ｓに係る信託契約を「**本件各信託契約**」という）、その際、Ｙから、Ｓの購入代金の全部または一部を借り受けた。その後、平成9年にＡが死亡し、原告X_2がＡとＹとの間の契約に基づく権利義務を承継した。

4　Ｙは、本件各信託契約に係る信託期間の満了日（平成12年3月15日ないし同年5月16日）に、本件各信託契約に係る事業用建物を一体として売却し、売却代金を持分で按分して各委託者兼受益者に対して信託元本として交付したが、持分権の購入価格が約1億円であったのに対し、交付額は最も多いものでも持分権当り1,402万5,000円にとどまった。

5　ところが、事業用建物T_1（第1期）については、X_1ないしX_4を含め合計20名の顧客がＹとの間で本件各信託契約を締結していたところ、そのうち9名が、訴外Ｐらに対し、信託期間中に、同持分権を売却して、Ｙとの間の本件各信託契約を解約し、新たに、訴外ＰらがＹとの間で、同持分権

について、本件各信託契約を締結した。X_5が持分権を購入した事業用建物T_1（第2期）についても顧客16名中12名について、X_6が持分権を購入した事業用建物T_2についても顧客34名中22名について、同様の行為が行われていた。

6 　そこで、X_1ないしX_6（以下「Xら」という）は、Yに対し、①Sに元本保証がないこと等につき説明すべき義務があったにもかかわらずこれを怠ったことについての説明義務違反による債務不履行または不法行為、②信託契約違反（本講では、受益権の中途売却における平等義務違反のみを取り上げる）による債務不履行または不法行為に基づき、さらに、X_2については、③買取約定についての債務不履行に基づき、不動産共有持分権の購入価格と信託契約終了時の売却価格の差額等を損害賠償として請求した。

本 判 決

X_2、X_3の請求につき一部認容。その他は請求を棄却。

1　説明義務違反の主張について

「Yは、都心の事業用建物について、所有権を分割化して共有持分権としたSという名称の不動産小口化商品を開発し、Yの提携ローンを使用してSを購入することを勧誘した者として、Xら顧客に対し、信義則上Sの内容及びXら顧客が締結する売買契約及び信託契約等の内容について正しく説明する義務を負っているというべきであるが、Yが説明すべき具体的内容については、S商品の特性を考慮すべきはもちろんのこと、Sを購入した顧客であるXらがどのような学歴及び地位を有し、また、資産及び経済的取引の経験を有していたかというXらの状況をも考慮する必要がある」

この点、「Yにおいて、Sには元本保証がなく、危険性のある商品であることを説明する義務があったか否かを検討するに、不動産への投資が、不動産市況の変動によって売却利益を得ることができたり、損失を被ったりすることは当然であって、不動産への投資に元本保証がないことは一般人であれば理解できる事柄であるというべきである」し、Xらがいずれも高学歴で、医師または建築士という知識人であり、高額の所得および資産を有していたこと等の事情をふまえれば、「Xらにおいて、このことを十分理解していた

と認められるから、Yにおいて、Sに元本保証がないことまで殊更説明する義務はないといわなければならない」

　また、契約締結当時、地価上昇率が鈍化し、地価が下落に向かう可能性があったことについての説明義務がYにあったかという点については、「Sの本質は不動産投資にあるから、不動産市況の見通しについては、顧客においても重大な関心事であり、本来不動産を購入する者の責任において判断すべき事柄であって、Yにおいて、契約を締結した当時、地価上昇率が鈍化し、地価が下落に向かう可能性があることについて説明する義務があったとは認められない。また、（中略）昭和63年及び平成元年当時は、Yを含め我が国の国民の大多数が、不動産の地価はさらに上昇する見通しを有しており、地価上昇率が鈍化したとしても、それは不動産を購入する好機と考えられていたのであって、Yにおいて、地価が上昇することを述べたとしても、それは無理からぬことであったし、Yの見通しを述べたにすぎないものであり、Yがそれを保証したという事実がないことは前記認定のとおりであるから、Yにこの点において、説明義務違反があったとは認められない」。したがって、Sのパンフレットなどの一般的な検討において、Yに説明義務違反があったとは認められない。

　しかしながら、亡Aについては、「Yは、亡Aに対し、本来買取り制度は、Yにおいて買取り義務を発生させるものではないのに、相続が発生した場合」、Lにかかる売主である不動産会社に対して「1億円で買い取らせることを断定的に説明し、本件共有持分権が購入価格を下回ったときには買取り制度が適用されないのにそれを正しく説明しなかったことにおいて、Yの説明義務違反が認められる」。そして、「相続が発生した場合の相続税の負担を不安に思っていた亡Aは、Yの上記の説明が動機になってLを購入し」、亡Aの娘が「亡Aが死亡した後、Yに対し、購入価格1億円で信託不動産を買い取ることを求めたが、Yはそのような約束は存在しないとして買取りに応じなかったのであるから、Yは、説明義務違反に基づき、X_2が被った損害を賠償する責任がある」

2　平等義務違反の主張について

「複数の委託者兼受益者を前提とする本件信託契約において、委託者兼受

益者の受益権の処分を制限し、Ｙにおいて信託不動産を一体的に管理及び処分することにしたのは、複数の委託者兼受益者全体の利益を保護するという観点から合理性が認められるが、一方、各委託者兼受益者との間の本件各信託契約は同一の内容であり、本件各信託契約において、委託者兼受益者の受益権の処分を制限した受託者としては、委託者兼受益者相互を平等に取り扱う義務を負うと解するのが相当であ」る。

「委託者兼受益者が、Ｙに対し、受益権の譲渡又は信託契約の解約を求めてきた場合に、委託者兼受益者によって、特定の委託者兼受益者についてのみ、受益権の譲渡を認め、他の委託者兼受益者については、受益権の譲渡を認めないという恣意的な対応を取ったり、同一時期に受益権の譲渡を求めてきた顧客について、特定の委託者兼受益者については、受益権の譲渡先の紹介を行うが、他の委託者兼受益者については、受益権の譲渡先の紹介を行わないという恣意的な対応を取ることは、平等義務に反すると解される。また、前記のとおり、Ｓは、相続や破産の発生などやむを得ない事情がある場合にだけ、Ｙから許可を受けて信託期間中に受益権を譲渡するできる（筆者注：原文ママ）商品であったから、Ｙにおいて、相続や破産の発生などのやむを得ない事情がある場合でなくても、委託者兼受益者が、不動産投資の適格を持つ投資家に対し、信託不動産の共有持分権を譲渡し、譲受人がＹとの間に、新たに本件信託契約を結ぶ場合には、Ｙと委託者兼受益者との間で本件信託契約を解除することを認めることとしたのであるから、この取扱いの変更について、委託者兼受益者に知らせることなく、委託者兼受益者に受益権の譲渡を行う機会を奪った場合には、平等義務に違反するというべきである。

もっとも、委託者兼受益者が、受益権の譲渡を求めてきた時期によっては、経済情勢の変動が原因となって、受益権の譲渡先を紹介できなかったり、また、紹介できたとしてもその買取り価格が異なるのはやむを得ないことであって、このように対応が異なった場合に平等義務に反しているということはできないし、また、受益権の譲渡先を紹介した後、委託者兼受益者と譲渡先の間で、買取り価格等の条件が折り合わず、結局受益権の譲渡にまで至らなかったりしても、平等義務に反しているということはできない。また、Ｙが、委託者兼受益者に対し、従前の取扱いを変更して受益権の譲渡が

可能になったことを通知する方法は、Yの裁量によるものと考えられるのであり、Yが取扱いの変更を文書で連絡しなかったことをもって違法とすることはできない」

本件の場合、「Yにおいて、委託者兼受益者に対し、従前の取扱いを変更して信託契約を解除して受益権を譲渡することが可能となったことを伝えて、受益権譲渡の機会を与えるとともに、委託者兼受益者にやむを得ない事情がなくても受益権の譲渡を承諾した平成8年以降は、委託者兼受益者において、本件共有持分権の中途売却を求めてきた場合には、経済情勢等から可能な限り、受益権の譲渡先を紹介し、条件がまとまれば、受益権の譲渡を承諾して、委託者兼受益者を平等に取り扱う義務を負っていたと解するのが相当である」

この点、X_3は、平成9年10月頃、本件共有持分権の中途売却を申し入れたが、Yから買い手の紹介はなかった。しかしながら、「Yにおいて、X_3以外の委託者兼受益者については、平成9年10月以降もPに対する受益権譲渡を認めている事例が多数存在するのに、平成9年10月に、X_3から本件共有持分権の中途売却の申出を受けながら、Y（筆者注：原文ママ）に対し、買主を紹介しなかったのは、（中略）平等義務に違反する行為であるといわなければならない」

「X_3は、Yに対し、平等義務違反による不法行為に基づき、4922万9999円の損害賠償請求権を有する（なお、X_3は、平等義務違反を理由とする債務不履行又は不法行為を選択的に主張して損害賠償を請求していると解されるから、弁護士費用の損害賠償請求が認められる不法行為請求を認めることとするが、その余の請求については、債務不履行を理由としても認められない。）」

検　討

1　問題の所在

本件では、信託銀行から事業用建物の共有持分権の購入資金を借り入れ、不動産会社を代理した信託銀行からこれを購入したうえで信託銀行に約11年間信託し、他の投資家が信託した共有持分権とともに当該不動産会社に一括

して賃貸し、管理・処分するという仕組みの不動産小口化商品において、①信託銀行が、委託者兼受益者に対し、元本保証がないことや地価が下落に向かうリスクについて説明義務を負うか、②信託銀行が相続発生時には売主である不動産会社において共有持分権を買い取るという制度があると説明しながら、共有持分権が購入価格を下回ったときには買取制度が適用されないことを説明しなかった場合に説明義務違反を生じるか、③信託銀行が、かかる不動産小口化商品を購入した投資家の一部についてのみ受益権の中途売却を認め、買主を紹介したことに関し、同内容の複数の信託契約に基づき信託された信託財産を合同で運用する場合において、複数存在する委託者兼受益者について異なる取扱いをしたときに受託者の義務違反となるか、が問題となった。

そこで、以下では、まず信託の引受け等における説明義務について検討し、その後、受益者の公平な取扱いに関する受託者の義務について検討する。

2 信託の引受け等と説明義務

(1) 業法上の説明義務

旧信託業法および旧兼営法において説明義務に関する規定が置かれていなかったのに対し、現行の信託業法および兼営法上は、信託業法25条（兼営法2条1項で信託兼営金融機関に準用）において、信託契約の内容についての説明義務を信託会社等に課している。このうち、特定信託契約[1]と呼ばれる一定の投資性のある信託については、上記規定に基づく説明義務のほか、信託業法24条の2により準用される金融商品取引法（以下「金商法」という）38条7号および信託業法施行規則30条の26第2号（信託兼営金融機関については兼営法2条の2により準用される金商法38条7号および兼営法施行規則31条の25第2号）に基づく説明義務も課されることとなる。また、信託業法24条1項

---

[1] 金利、通貨の価格、金融商品市場における相場その他の指標に係る変動により信託の元本について損失が生じるおそれがある信託契約として内閣府令で定めるものをいい（信託業法24条の2、兼営法2条の2）、具体的には、信託業法施行規則30条の2に規定されている。

1号・2号（兼営法2条1項で信託兼営金融機関に準用）において、委託者に対するいわゆる虚偽告知や断定的判断の提供が禁止されている。

　もっとも、これらの規定は業法上の説明義務を定めたものであって、これらの規定に違反したとしても、行政処分等の対象となりうるものではあるが、私法上の効果を直ちに生じさせるものではない。

(2) 私法上の説明義務

　そこで、私法上の説明義務に関する根拠規定をみると、旧信託法および現行信託法のいずれにおいても、説明義務に関する規定は置かれていない。また、平成13年4月1日に金融商品の販売等に関する法律（以下「金販法」という）が施行されるまでは、私法上、信託の引受け等に関して説明義務を定めた法律は存在せず、したがって、民法の一般規定である信義則や民法709条（および使用者責任に関する同法715条）に基づいて説明義務違反を問う必要があった。

　これに対し、金販法施行後は、一般の信託受益権[2]のうち、「金銭の信託以外の信託であって信託財産の運用方法が特定されていないものに係る信託契約（中略）の委託者との締結」は「金融商品の販売」とされ、同法が適用される（同法2条1項11号[3]、同施行令5条1号）[4]。そして、本件で問題となったような不動産小口化商品における信託契約は、不動産共有持分権を信託するものであって、金銭の信託以外の信託であり、また、不動産売却時の具体的な売却価格や売却先の決定について受託者に裁量があれば、「信託財産の運用方法が特定されていないもの」（金販法施行令5条1号参照）に該当するものと思われる。したがって、金販法上、受託者は、同法に基づき、地価の下落による元本割れのリスクについて説明義務を負うとともに（同法3条1項1号）、断定的判断の提供が禁じられ（同法4条）、これらの規定に違反し

---

[2] 投資信託・外国投資信託（金商法2条1項10号）、貸付信託（同項12号）、特定目的信託（同項13号）および受益権発行証券信託（同項14号）に係る信託受益権（同条2項によりみなし有価証券とされる場合も含む）以外の信託受益権および外国信託受益権を指す。

[3] 平成18年法律第66号による改正前は12号であった。

[4] 信託契約の締結および信託受益権を取得させる行為についての金販法の適用に関しては、松尾直彦監修・池田和世『逐条解説新金融商品販売法』（金融財政事情研究会、2008）58頁以下参照。

たときは、損害賠償責任を負うこととなる（同法5条）。

　なお、説明義務を直接定めるものではないが、金販法と同じく平成13年4月1日に施行された消費者契約法によれば、事業者たる受託者が消費者たる委託者と信託契約を締結する場合において、不実告知、断定的判断の提供または不利益事実の不告知をしたときは、当該消費者による意思表示の取消しの対象となりうる（同法4条1項・2項）。

(3) 本判決の位置づけ

　本判決は、①金販法施行前に販売された、信託銀行から事業用建物の共有持分権の購入資金を借り入れ、不動産会社を代理した信託銀行からこれを購入したうえで信託銀行に約11年間信託し、他の投資家が信託した共有持分権とともに当該不動産会社に一括して賃貸して管理・処分するという仕組みの不動産小口化商品について、Xらの学歴や職業、資産等や、当時の地価上昇に対する世間一般の認識等をふまえて、当該商品に元本保証がないことについての一般的な説明義務を否定した。また、②不動産投資の本質を有する当該不動産小口化商品において、不動産市況の見通しについては、本来不動産を購入する者の責任において判断すべき事柄であって、Yが、当時の地価上昇率が鈍化している状況をふまえて、地価が下落に向かう可能性について説明する義務はないとした。さらに、③当該不動産小口化商品が販売された昭和63年および平成元年当時は、Yを含めわが国の国民の大多数が、不動産の地価はさらに上昇するとの見通しを有していたことから、Yが顧客に対して、今後、地価が上昇するとの見通しを述べたことに関しても、それが地価の上昇を保証したものでない以上、説明義務違反はないとした。他方で、④Yが、顧客の一人に対し、その者に相続が発生した場合、売主である不動産会社に対して1億円で買い取らせることを断定的に説明し、本件共有持分権が購入価格を下回ったときには買取制度が適用されないのにそれを正しく説明しなかったことに関して、その者との関係では、Yの説明義務違反を認めた。

　仮に現在本件と同様の不動産小口化商品を販売する場合には、上記①の判示事項に関しては、金販法に基づき、顧客が「特定顧客」（同法3条7項1号、同法施行令10条）に該当するか、「重要事項について説明を要しない旨の

顧客の意思の表明」（同法3条7項2号）があった場合を除き、受託者は、顧客に対して、元本欠損のリスクを説明する義務を負うこととなる（同法3条1項1号）。

次に、上記②の判示事項に関しては、本判決は、商品の本質が不動産投資である場合に、「不動産市況の見通しについては、顧客においても重大な関心事であり、本来不動産を購入する者の責任において判断すべき事柄」であるとの判示について、上記①の判示事項と異なり、Xらの知識・経験といった個別事情に触れることなく一般論として判示している。したがって、かかる判示は現在でも意義を有するものと思われ、本判決をふまえれば、一般に、商品の本質が不動産投資である信託契約を締結する際に、受託者として元本欠損リスクを一般的に説明する義務があったとしても、その時点における不動産市況をふまえて、不動産価格が下落する（あるいは下落に向かう）具体的可能性まで説明する義務は認められないものと考えられる。

これに対し、上記③の判示事項に関しては、信託契約設定時期がバブル経済の最盛期であって、かつ、それまでの間、戦後右肩上がりで不動産価格が一貫して上昇してきたという事情をふまえての判断であると思われ、バブル経済崩壊後の地価の大幅下落と日本経済の長期低迷を経験した現在において、不動産価格が上昇するという見通しが一般的であるという状況はもはや考えにくい。したがって、現時点で、不動産価格の上昇の見通しを何の留保もなく提示した場合には、それが地価の上昇を保証する趣旨でなかったとしても、説明義務違反を問われる可能性は否定できないように思われる。また、これが断定的判断の提供（消費者契約法4条1項2号）に該当するとされれば、意思表示の取消しの対象ともなりうる。

上記④の判示事項に関しては、虚偽説明は金販法の規律の対象ではないが、これを行うことは当然に説明義務違反に基づく不法行為を構成し、損害賠償の対象になるとともに、消費者契約法上の不実告知（同法4条1項1号）にも該当し、意思表示の取消しの対象ともなりうると思われる。

なお、業法との関係では、同商品は不動産共有持分権の管理・処分を目的とする信託を利用するものであって、同商品に係る信託契約は信託業法施行規則30条の2第1項5号に該当し、特定信託契約には該当しない。したがっ

て、信託業法・兼営法で準用される金商法に基づく説明義務の対象とはならず、業法上は、信託業法25条または兼営法2条1項に基づく説明義務の対象となるのみである。

3 受益者の公平な取扱いに関する受託者の義務

(1) 旧信託法

旧信託法上、受益者の公平な取扱いに関する受託者の義務についての規定は存在せず、担保付社債信託法68条（整備法による改正前のもの）において、「受託会社ハ公平且誠実ニ信託事務ヲ処理スヘシ」とされているのみであった。しかし、学説上、同一信託で複数の受益者が存在する場合についての公平義務は、解釈上争いなく認められていた[5]。これに対し、本件のようないわゆる集団信託[6]において、複数存在する委託者兼受益者を公平に取り扱うべき義務について明示的に論じた文献は少ない[7]。

裁判例としては、本判決以外にも、本件と同様の不動産小口化商品に関して、①複数の同種の受益者があり、しかも信託契約の内容が同じである場合、受託者はそれらの受益者を公平に扱わなければならないという公平義務を負っていると解すべきであるとしたものがある（東京地判平成13年2月1日判タ1074号249頁[8]）。また、②信託法の解釈論として、忠実義務の一形態としての「一つの信託に関して複数の受益者が存在する場合に、受託者は、信託財産の投資、管理、配分につき、各受益者を公平に扱わなければならない」という公平義務が認められるとしたうえで、各委託者兼受益者は、各個別持分に従い、受託者との間でそれぞれ別個の契約を締結することとされているから、信託法上の公平義務違反が問題となる場合とはいえないとしつつ、

---

5 四宮249頁、能見89頁、新井誠『信託法〔第2版〕』（有斐閣、2005）172頁。
6 「大衆から信託目的を同じうする財産を集めて一つの集団（合同運用団）として運用し、かようにして得られたものを受託元本に応じて按分的に配分する信託形態」をいう。四宮49頁参照。
7 中野正俊「信託受託者の公平義務－所謂受益者平等の原則の観点に立脚して－」遠藤浩先生傘寿記念『現代民事法学の理論と課題』（第一法規、2002）649頁以下、森田果「受託者の公平義務（下）」NBL781号54頁、信託法判例研究249頁以下。
8 第15講参照。なお、同判決は、損害賠償請求ではなく、旧信託法40条2項に基づく書類の閲覧請求および説明請求が問題となった事案である。

「複数かつ同種の委託者兼受益者の存在を前提とする信託契約においては、ある委託者兼受益者との関係で信託契約とは異なる取扱いを行ったとしても、直ちに他の委託者兼受益者との関係でも同様の取扱いを行うべき義務は生じないものの、受託者が、複数かつ同種の信託契約について、同一の内容を定め、又は同一の取扱いを行っていた場合には、すべての委託者兼受益者との関係で、信義則上、統一した対応を取るべきものと解され、ある委託者兼受益者のみを特別有利に取り扱うことは、信義則上の義務に違反することがあり得る」としたものがある（東京地判平成16年8月27日判時1890号64頁。ただし、被告に義務違反は認められないとする）。

その一方で、③信託契約上、受託者は受益者に対して公平義務を負っていると解され、その具体的内容は、一つの信託に関して複数の受益者が存在する場合に、受託者は各受益者を公平に扱わなければならないものであるとされるが、本件信託契約は、各受益者が個別に信託契約を締結したのであって、一つの信託に関して複数の受益者がある場合ではなく、そもそも公平義務が問題となる場面には当たらないとしたものもある（大阪地判平成17年7月21日判時1912号75頁。ただし、仮に公平義務が問題となるとしても、本件では具体的事案として公平に反する取扱いはなかったとされている）。

本判決は、旧信託法下における上記のような状況において、いわゆる集団信託における受益者の公平な取扱いについて受託者の平等義務を認め、これに違反した受託者の不法行為に基づく損害賠償責任を認めたものとして意義がある（なお、判決の書きぶりからすると、債務不履行に基づく損害賠償請求権も認められるものと思われる）。

(2) 現行信託法33条と本判決の位置づけ

現行信託法では、33条において受託者の公平義務が明示的に規定されたものの、同条にいう公平義務とは、一つの信託に複数の受益者が存在する場合において、受託者が、信託事務の処理にあたってこれらの受益者を公平に扱わなければならないことを規定したものと整理されており[9]、集団信託を含め、複数の信託が存在する場合の異なる信託の受益者間の公平な取扱いに関

9 　寺本134頁。

する規定は置かれなかった[10]。そのため、本判決における不動産小口化商品のような、複数の信託が存在する場合における、異なる信託の受益者間の公平な取扱いに係る受託者の義務は、現行信託法33条が直接規定するところではなく、引き続き解釈上の問題として残されている。

　その意味で、本判決は、この点について受託者に平等義務を認め、義務に違反した受託者の損害賠償責任を認めたものとして、現在も意義を有するものといえる。

(3) 公平義務の法的性質と複数信託の受益者間の公平

　公平義務は、要綱試案段階では忠実義務の一環としてとらえられていた[11]。しかし、その後、忠実義務が問題となるのは受益者の利益と受託者の利益とが相反する場合であるとの整理に基づき、受益者の利益と受託者以外の第三者との利害が相反する場合は善管注意義務の問題として扱うとの考え方に改められた[12]。そのため、現行信託法33条の公平義務は、善管注意義務の一環として整理され[13]、受託者が違反した場合の効果も、善管注意義務違反の場合と同様に、損失補てん責任等（同法40条1項）とされている[14]。もっとも、現行信託法のもとでも、公平義務を忠実義務の一形態であるとする見解や[15]、公平義務を善管注意義務の問題と完全に言い切ることはできず、受託者が意識的に第三者の利益を図るケースでは受託者と第三者との間に利害関係を有していると考えるのが自然であるとすれば、間接的とはいえ、受託者と受益者の利害対立に準じて考えたほうがよいのではないかとの指摘もあり[16]、公平義務の法的性質をどのようにとらえるかは、なお議論の対象となりうるものと思われる。

10　なお、前記担保付社債信託法68条の規定は、信託法の改正に伴い削除された。
11　補足説明第19参照。
12　法制審議会信託法部会第26回議事録参照。
13　寺本135頁。
14　また、受託者が公平義務に違反する行為をし、またはこれをするおそれがある場合において、当該行為によって一部の受益者に著しい損害が生じるおそれがあるときは、当該受益者は、当該受託者に対し、当該行為の差止めを請求することができる（現行信託法44条2項）。
15　新井279頁。
16　能見善久ほか「信託法セミナー（第14回）受託者の義務(3)」ジュリ1433号113頁〔藤田発言〕。

前記のとおり、複数の信託の受益者間の公平な取扱いの義務については、現行信託法においても明文の規定が存在しない。それを根拠づける法律構成としては、本判決のように平等義務とする構成のほか、信義則（前記東京地判平成16年8月27日参照）、現行信託法33条の類推適用、個々の信託における善管注意義務あるいは忠実義務の問題としてとらえる、などが考えられるが、実質的には、公平義務を善管注意義務の一環としてとらえるのか、忠実義務の一環としてとらえるのかによって、受託者の裁量の範囲や、忠実義務に違反する行為があった場合の損失の推定規定（現行信託法40条3項）の適用の有無などの解釈に影響が生じうるものと思われる[17]。また、善管注意義務の一環としてとらえる場合でも、忠実義務の一環としてとらえる場合でも、複数の信託の受益者の公平な取扱いに関して同法44条2項が類推適用されるか否かという点が問題となりうるものと思われる。

4　実務対応

(1)　説明義務との関係では、信託の引受けの場合、あるいはすでに組成された信託受益権を第三者に取得させる場合において、対象となる信託に関し、金販法、信託業法・兼営法およびこれらで準用される金商法上、どのような項目についての説明が求められるかの確認が必要となる。そのうえで、「顧客の知識、経験、財産の状況及び当該金融商品の販売に係る契約を締結する目的に照らして、当該顧客に理解されるために必要な方法及び程度による」説明を行う必要がある（金販法2条2項参照）[18]。
　　不動産価格の下落による元本欠損リスクのある信託商品を販売する場

---

[17]　能見ほか・前掲注16・「信託法セミナー（第14回）受託者の義務(3)」112頁によれば、「善管注意義務と言うよりは忠実義務と言ったほうが、受託者の裁量は狭くなると思いますので、どちらで読むか、どちらでとらえるかというのは、多少は実質にも影響のあるのかもしれません」〔藤田発言〕とされる。なお、受益者の利益と受託者以外の第三者との利害が相反する場合は善管注意義務の問題として扱うとの信託法部会における整理（注12参照）に従えば、複数の信託の受益者間の公平な取扱いの義務についても善管注意義務の一環としてとらえるのが自然であると思われるが、四宮博士は、同一の信託の受益者間の公平は善管義務の問題としつつ（四宮248頁）、複数の異なる信託における受益者間の利益相反の問題は忠実義務の問題であるとしており（同235頁以下）、現行信託法のもとでも、現行信託法33条の公平義務の性質と複数信託の受益者間の公平に係る受託者の義務の性質とを別異に解する余地もありうる。

合、上記法令に照らして当該リスクの説明義務を負うときは、当然ながら、当該リスクについて適切に説明を行う必要がある。もっとも、本判決をふまえれば、そのような場合でも、その時々の不動産市況をふまえて、不動産価格が下落する（あるいは下落に向かう）具体的可能性を説明すべき義務まではないといえよう。

　なお、実際上、不動産価格が今後上昇するであろうとの見通しを顧客に対して示すこともありうるものと思われる。このような場合、かかる見通しを断定的なものとして示すことが断定的判断の提供として許容されないことはもちろんであるが、本判決をふまえれば、断定的なものとして示す場合でなくとも、何の留保もなくかかる見通しを提示したときは、事後的に説明義務違反を問われる可能性も否定できないことから、そのような見通しを顧客に示す場合には、当該見通しが一つのシナリオにすぎないものであること等の適切な留保を行うことが望ましい。

(2)　公平義務との関係では、現行信託法33条および集団信託に関する本判決を含めたいくつかの裁判例の存在をふまえると、受託者としては、法律構成はともかくとして、信託が一つであるか複数であるかを問わず、受託者には受益者を公平に取り扱う義務が存在し、これに違反した場合には損害賠償責任を問われる可能性があると考えて行動すべきである。

　受託者としては、商品設計の段階では、予防法務的な観点から、受益者間での利害対立が生じうる場面をできる限り洗い出し、それらの場面でどのように処理することが妥当かについて検討することが望ましい。その際、あらかじめ処理の基準を決めておくことができるものについては、内部的にあらかじめ基準を定めておき、それに従って行動すれば、当該基準が不合理なものでない限り、原則として、受託者としての義務

18　金融商品取引業者（証券会社）に関するものであるが、投資信託の購入時点で償還金額決定の基準となるファンドにおける資金横領という損失発生の具体的な原因がすでに存在していたという事案において、原告が、購入当時当該事実を認識していなかったとして錯誤無効、説明義務違反等の主張をしたのに対し、原告に本件商品の仕組みに関する事実誤認はなく、原告はその職務経歴や投資経験等から資産を運用するファンドによる横領のリスクが内在することを認識していたのであるから錯誤は成立せず、その他説明義務の違反等もないとした近時の裁判例として、大阪地判平成25年1月29日判時2189号93頁がある。

違反を構成することはないものと思われる。たとえば、集団信託において、一定期間は原則として解約できないものとしたうえで、例外的に、相続発生時のみ中途解約のために留保された資金の範囲内で解約を認めているものについては、かかる解約について、仮に留保金が不足するため中途解約ができなくなった場合には、先着順で扱うことをあらかじめ基準として設定しておき、それに基づいて行動すれば、現に中途解約できなかった受益者に対して受託者の義務違反は生じないといえるのではないかと思われる。

　受益者間の利害対立が生じうる場面が信託契約締結後に明らかになった場合には、受託者としてどのように対処すべきかの判断がむずかしい状況に立たされることもあると思われる。利害対立の具体的な顕在化の有無や、対立する利益の内容・程度などを勘案しながら適切な解決方法を模索するほかないが、受益者をできる限り公平に取り扱い、恣意的な処理を避けるという観点からは、当該事案のみならずその後に生じる同様の事案にも同様に適用できるような合理性のある基準を設定し、そのような基準に従って処理するよう努めることが重要であると思われる。

　受益者の立場からみると、受託者に受益者間での不公平な取扱いが認められる場合には、受託者に対する責任の追及や他の受益者に対する請求の可否が問題となる。前提として、受託者に対する報告請求（現行信託法36条）や帳簿等の閲覧等請求（同法38条1項）をすることも考えられるが、この点については第15講を参照されたい。

（亀甲智彦）

■ Column 3

不動産の信託と訴訟

　不動産をめぐる法的紛争は古今東西絶えることがないが、これまでみてきたとおり、信託関連の訴訟等においても不動産に関連するものは少なくない。不動産の信託で訴訟・調停等に至るケースとしては、①不動産の貸主である信託受託者と賃借人との間で訴訟等に至る場合、②不動産（信託受益権）の売買当事者間で訴訟等に至る場合、③不動産の修繕費用等の負担について関係当事者間で争いが生じる場合、④信託土地の所有者たる受託者と隣地の所有者との間で越境等について紛争が生じる場合等さまざまなケースが考えられる。信託法に関連する論点が存するものは、極力、判例解説の対象としたが、ここでは、信託には関連するものの、紙幅の関係で、判例解説の対象とできなかった判決をいくつか紹介したい。

1　不動産信託受益権の売買取引に係る売主の説明義務（東京地判平成24年11月26日判時2182号99頁）

　初めは、不動産信託受益権の売買取引に関して、売主（受益権の譲渡人）の代理人による買主（受益権の譲受人）に対する説明義務が問題となった事案である。

　当該事案では信託不動産のテナントから売主に対する賃料減額要請および賃借中の市有地の使用料に係る負担要請があったものであり、これらの事情につき説明義務が認められるかが争点となった。判決は、「本件売買契約は、本件信託受益権を対象とするものであるが、（中略）後に信託契約を終了させ、原告が本件不動産の所有権を取得することを最終的な目的とするものであることは明らかであるから、売主やこれに代わって契約交渉に当たった立場の者の負うべき義務や責任の内容は、本件不動産自体を対象とした売買契約におけるそれと選ぶところはない」とし、不動産現物であろうと不動産を信託財産とする信託受益権であろうと説明義務や責任の内容は変わらないとした。

　また、説明義務については、「賃料は据え置かれたままその支払が続いていたこと、本件市有地の使用料についても、入居した当初から本件各テナントが負担することが契約上定められており（中略）、賃貸人・所有者においてその負担に応じるべき根拠も見当たらないことからすれば、上記各事実が買主である原告に伝えられなかったとしても、そのことが信義誠実の原則に著しく違反するとまではいい難い」「原告の主張によれば、本件各テナントとの賃料に関する交渉経緯

や、これに関係する文書の存在・内容は買主として大きな関心を抱いていた事項ということになるから、（中略）リストに記載された文書の内容を（中略）被告側に直接問いただしてしかるべきところであり、原告側でこうした対応をとっていない点も考慮に入れれば、なおさら信義誠実の原則に違反する点があるとは認め難い」として売主に信義則違反はないと判断した。

　不動産信託受益権の売買は実務上頻繁に行われており、実態は不動産売買と大きく変わるところはないといえる[1]。信託行為に受益者の権利に係る特殊な制約でもあれば別であるが、そうでない限り、買主が不動産信託受益権の購入にあたって関心をもつ事項や留意すべき事項も、また、売主が説明すべき重要事項も不動産現物の場合と大きく変わることはないと考えられる。

2　不動産信託の受託者の指定不履行と不動産信託受益権売買契約に係る手付金の返還請求（東京地判平成21年9月1日判タ1324号176頁）

　次は、不動産売買取引にあたり、当該不動産を信託し、信託受益権化して売買しようとしたところ、買主が信託の受託者を指定しなかったため、売主が売買契約を解除し、買主に対して損害賠償を請求し、一方で、買主は反訴として売主に対して交付した手付金の返還を請求した事案である。

　争点は、買主が受益権売買契約に基づいて受託者を指定する義務を負うかという点であるが、判決は、「本件失効条項において、譲渡実行日に、定められた要件のいずれか一つでも充足されていない場合には、本件受益権売買契約が当然に失効することがあらかじめ規定されていたことからすれば、失効の蓋然性が高い場合には、被告が受託者を指定することは無意味であるから、このような場合にまで、上記指定義務を負わせたものと解釈するのは合理性を欠くものであり、被告の受託者を指定する義務は、このような場合は除く趣旨と解釈するのが相当である」として、被告は受託者を指定する義務を負わず、原告による解除を無効とし、被告による手付金返還請求を認めた。

　委託者から受託者への信託財産の移転はおろか、特定の受託者さえ決定していない状況であっても、信託受益権の売買契約が締結されるということは一見奇妙な感じがするかもしれない。しかし、契約自由の原則のもと、このような約定の効力を否定する理由はなく、条件付きの売買契約として有効と考えるべきであろう。

---

[1]　なお、信託受益権の売買を媒介する行為は、金融商品取引業として金融商品取引法の適用を受ける（同法2条8項2号）。

3 土地信託における賃借人から、受託者および受託者より賃貸人の地位を承継した受益者に対して損害賠償請求等がなされた事案（大阪地判平成20年3月18日判時2015号73頁）

最後に、土地信託事業に飲食店テナントとして出店した賃借人が、委託者から土地信託を受託し、事業を運営する受託銀行（共同受託者）Y_1およびY_2、ならびに本信託の委託者兼受益者である地方公共団体Y_3に対して、説明・告知義務違反、施設の運営責任その他不法行為責任に基づく損害賠償責任を追及した事案である。

論点は多岐にわたるが、施設の運営責任について判決は以下のとおり述べる。「このように、本件のような複合遊戯施設においては、賃借人（Y_1およびY_2）にとって遊戯施設全体の収益性が自らの営業活動に直結するにもかかわらず、こうした情報は賃貸人側に集中している点や、遊戯施設全体の収益性は賃貸人の事業内容や営業努力等により容易に、かつ大きく左右される点に特殊性がある。（中略）また、本件施設の敷地である本件土地が被告Y_3が信託した市有地であって、本件施設の事業目的が被告Y_3の交通事業の経営の安定に資することなどにあること（中略）からすれば、条理上、受託銀行らには、本件施設を経済的合理性に基づいて適正に運用することが期待される。（中略）したがって、事業内容に関する情報を把握している賃貸人が、事業計画が杜撰であり、事業成績が不振であるにもかかわらず、これらを秘して漫然と運営を継続したことにより、賃貸人の営業の影響を受ける賃借人が、賃貸人の営業状況を随時的確に把握することができない結果、退店の判断を含む経営判断を誤り、損害を受けたような場合には、賃貸人は賃借人に対し不法行為に基づく損害賠償責任を免れないというべきである」として、受託銀行の義務違反を認めた。

一方で、本判決は、委託者兼受益者の運営責任については、以下のとおり否定した。「以上のように、被告Y_3は、委託者として受託銀行らの本件外周警備業務委託契約の締結、内容等に関して十分に監視、監督することができていなかったといわざるを得ない面も存するが、委託者である被告Y_3は信託財産に関する調査等及び報告を求める権利（中略）を有するにとどまり、本件事業の具体的な内容に踏み込んだ監視、監督をする権限ないし能力を十分に有していたとまではいえないから、上記のような各事実をもって直ちに原告に対する不法行為と認めることはできないし、また、そのような被告Y_3の行為が、受託銀行ら背信的運営と併せて社会通念上1個の行為と認めることも困難である。（中略）したがって、被告Y_3は、いかなる場面においても、受託銀行らと主観的にも客観的にも関連共同性は認められず、共同不法行為責任を問うことはできないというべきで

ある」

　判決では、受託銀行について諸々の義務違反が認定された一方で、賃借人側の落ち度も認められ、7割の過失相殺がなされた。受託銀行の義務違反に係る事実認定については、景気後退等の外部要因はあまり考慮されているようにはみえず、事業運営者側にこれらの行為義務を要求すること自体、厳しすぎるのではないか、との感は否めない。反対に、信託関係者の対外的責任（受託者の賃借人に対する責任）については、上記のとおり過失相殺も認められ、妥当な負担感であるという見方もあるかもしれない。しかし、むしろ問題は、受託者には責任あり、一方で、受益者には対外的な責任なし、とされた損害賠償の負担を信託の内部でどのように割り振るか、ということである。対外的な責任と損失の内部的な負担の配分は別問題であるとはいえ、本判決の事実認定を前提とする限り、「受託者がその任務を怠った」（現行信託法40条1項）ため、あるいは、受託者の「管理ノ失当ニ因リテ」（旧信託法27条）損害が発生したということを否定するのはむずかしいように思える。とすると、本件の負担は、受託銀行に帰するのか。本件において最終的な損失の負担がどのようになされたのかは、筆者の知るところではない。しかし、第9講「公有地信託における受託者の管理失当の有無」にあるとおり、公有地土地信託においては、原則として受託者は委託者兼受益者の承諾を得ながら信託事務を遂行しており、かかる状況にもかかわらず、仮に受託者のみに損失の負担が帰するようなことになるならば、その結論には違和感を禁じえない。

（秋山朋治）

第11講

年金信託における受託者の助言義務等[1]

大阪地判平成25年3月29日判時2194号56頁

判決要旨

① 年金信託契約において、厚生年金保険法（以下「厚年法」という）等は、運用受託機関に対し、委託された範囲を超えて基金資産全体の分散投資についての助言義務を課しておらず、また、運用受託機関に課された善管注意義務にはかかる助言義務を含んでおらず、信義則上もかかる助言義務は認められないことから、その延長線上の受託拒絶義務も認められない。

② 年金信託契約において、単一の運用マネージャーが運用している私募不動産ファンドに基金の全資産の75％を出資したこと等につき、運用受託機関の注意義務違反はない。

③ 単独運用指定金銭信託の契約においては、運用受託機関は、顧客に対し、個々の具体的商品についての説明義務はなく、仮に契約時点で個々の投資商品が決まっている場合であっても同様である。

④ 運用受託機関は年金信託契約における運用対象としての私募不動産ファンドに関するレバレッジリスクについて、説明義務を負わない。

事案の概要

厚生年金基金X（原告）は、信託銀行Y（総幹事受託機関）（被告）ほか6社（A_1〜A_6）との間で、昭和46年4月7日に、年金信託契約（本判決では「第1契約」とされている）を締結した。

Yは、受託者として、Xが提示した運用方針に従って、平成14年8月頃までは、国内債券、外国債券、国内株式、外国株式のいわゆる伝統四資産へ投

---

[1] 本判決は、Column 1「信託関連訴訟の類型」のうちの、①「信託の内部関係に関するもの」に該当する。加えて年金特有の問題を含んだ訴訟といえる。

資してきた。

　Xは、平成14年8月29日に、年金運用コンサルタントとして年金運用研究所の代表取締役乙山を採用し、その後、A_1〜A_5との信託契約を解除した。そして、Xは、資産構成割合（政策アセット・ミックス）を変更し、伝統四資産以外のオルタナティブ資産（不動産ファンドを含む）の割合を増加させた。平成15年10月17日には、第1契約を変更し、不動産ファンドを出資対象に加えた。そのため、Yは、第1契約の受託者として、同日から、不動産ファンド出資を始めた。平成16年8月1日には、残るA_6との信託契約も解除され、Yの単独受託になった。

　さらに、Xは、Yとの間で、平成16年9月27日、単独運用指定金銭信託（指定単[2]）契約（本判決では「第2契約」とされている）を締結し、Yに対して、100％不動産ファンドで運用するとの運用方針を示した。そこで、Yは当初受託した25億円を不動産ファンドに出資した。その後も、Yは、信託財産の増額契約または増額指図に基づき追加信託を受け、上記運用方針に従い、さまざまな不動産ファンドに出資したが、平成18年2月3日付け、同年12月8日付けおよび平成19年3月20日付けの各増額契約または増額指図に基づいて追加信託を受けて、P私募不動産ファンドおよびQ私募不動産ファンドに出資した。

　しかし、PファンドおよびQファンドへの出資における損失額の合計が261億3,818万9,062円にも及んでしまった。なお、この二つのファンドに関して、Yは4億3,890万3,306円の信託報酬を受領している。

　そこで、Xは、Yに対して、①Yに、Xの基金資産全体の分散投資のために、受託を差し控えるべき注意義務違反があると主張し、②Yに、安定運用すべき年金資産を、5〜8年の運用期間に、投資対象不動産の価値が20％から30％程度下落し、出資元本全額が毀損されるリスクがあるハイリスク商品であり、人的・資本的倒産隔離がされておらず、かつ、単一の運用マネージャーが運用している私募不動産ファンドに、基金の全資産の75％を出資した注意義務違反があると主張し、③Yに、第2契約締結時および各増額契約

---

[2] 指定単においては、委託者が取り決めた運用指定の範囲内で、受託者が裁量をもってその信託財産を単独に運用管理する。判旨4(1)参照。

【関係図】

X　厚生年金基金　委託者兼受益者
（年金運用コンサルタント乙山年金運用研究所代表取締役乙山）

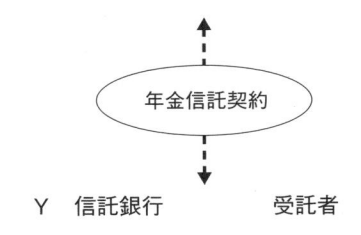

↑
↓
（年金信託契約）
↑
↓

Y　信託銀行　　　　　　受託者

締結時に、個別の私募不動産ファンドのレバレッジリスク（私募不動産ファンドが投資家からの出資金以外に外部からの借入金を不動産の購入資金に充てることで、利益率は高まるが、借入金の返済が出資金の償還よりも優先されるために損失がふくらむ危険性があること）を具体的に説明しなかった注意義務違反があると主張して、債務不履行または不法行為に基づき、最大約264億円の損害賠償を請求して、提訴した。

本判決

請求棄却。

「（略）

2　Yに、Xの基金資産全体の分散投資のために、平成18年2月3日付け、同年12月8日付け及び平成19年3月20日付けの各増額契約又は増額指図の受託を差し控えるべき注意義務違反があったか否か（債務不履行に基づく請求及び不法行為に基づく請求に関する争点）（争点(1)）について

(1)　助言義務について

ア(ア)　厚年法1条は、厚年法が労働者の老齢、障害又は死亡について保険給付を行い、労働者及びその遺族の生活の安定と福祉の向上に寄与することを目的とすると規定している。

(イ)　厚年法136条の3第5項は、年金給付等積立金（基金の資産）の「運用は、政令で定めるところにより、安全かつ効率的に行わなければならない。」と規定し、これを受け、厚生年金基金令39条の15第1項

は、「基金は、年金給付等積立金を、特定の運用方法に集中しない方法により運用するよう努めなければならない。」と規定し、基金の分散投資義務を定めている。

　㋑　厚年法136条の4第1項、厚年基金規則（厚生年金基金規則、以下同じ）42条1項は、基金に対し、基金資産の運用の目標、基金資産の構成に関する事項、運用受託機関の選任等に関する事項等を記載した基本指針（以下、「基本指針」というときはこれを指す。）を作成すること及び基本指針に沿って基金資産の運用をすべきことを義務付けている。また、厚年基金規則41条の6は、基金に対し、その運用する年金資産について、長期にわたり維持すべき資産の構成割合を適切な方法により定めること、上記資産構成割合の決定に関して、基金に使用され、その事務に従事する専門的知識及び経験を有する者を置くことにより、年金給付等積立金の運用を行うよう努めることを求めている。

　㋒　厚年法136条の3第1項1号から3号までは、基金の資産の運用につき、信託会社又は信託業務を営む金融機関への信託等によって委託運用することを原則としており、厚年法136条の4第3項、厚年基金規則42条4項は、基金に対し、委託運用に際して、運用受託機関に対して、基本方針に整合的な運用指針を作成して交付し、協議に基づいて、基本方針の趣旨に沿って運用すべきことを示すことを義務付けている。

　㋓　厚年法136条の5は、運用受託機関に対し、法令及び基金との間の委託契約を遵守し、基金のために忠実にその業務（基金資産の運用）を行わなければならないと定めている。

イ　厚生省年金局長通知「厚生年金基金の資産運用関係者の役割及び責任に関するガイドラインについて（通知）」（平成9年4月2日年発第2648号、本件は平成14年3月31日改正後で平成19年9月28日改正前のもの）による厚生年金基金の資産運用関係者の役割及び責任に関するガイドライン（以下「厚生省ガイドライン」という。）には、以下のように定められている（中略）。

　㋐　基金は、自家運用の場合を除き、信託銀行等と積立金の管理及び運

用に関する契約を締結することとされており、また、年金運用コンサルタント等と管理運用業務に係る助言に関する契約を締結することができるが、管理運用業務に関する意思決定については、基金自らの判断の下に行う（二）。

　基金の理事は、管理運用業務について、理事として社会通念上要求される程度の注意を払い、基金のために忠実にその職務を遂行しなければならず、特に、管理運用業務を執行する理事（理事長、管理運用業務を行う常務理事等［以下「理事長等」という。］）は、管理運用業務に精通している者が、通常用いるであろう程度の注意を払って業務を執行しなければならない（三(1)）。基本方針、運用ガイドラインや資産構成割合の策定、運用受託機関の選任、評価等に関して、必要な場合には、年金運用コンサルタント等の機関に分析・助言を求めることが考えられる（三(8)）。理事長等は、投資理論、資産運用に関する制度、投資対象の資産の内容等の理解及び資産運用環境の把握に努めなければならない（三(9)）。

(イ)　理事長等は、運用の基本方針を策定しなければならず、運用の基本方針は、基金の成熟度・積立水準、事業主の掛金負担能力・経営状況等、基金の個別状況に応じて基金自らの判断の下に策定されなければならない（三(4)）。

　理事長等は、運用の基本方針を踏まえ、文書による運用ガイドライン（運用指針）により、各運用受託機関に対し、資産構成に関する事項、運用手法（運用スタイル）に関する事項、運用業務に関する報告の内容及び方法に関する事項、運用業務に関し遵守すべき事項、その他運用業務に関し必要な事項を示さなければならない（三(5)③）。

(ウ)　基金の理事は、基金資産の運用にあっては、分散投資に努めなければならないが、分散投資を行わないことにつき合理的理由がある場合には、この限りではない（三(1)）。

ウ(ア)　以上ア、イのとおり、<u>厚年法、厚生年金基金令及び厚年基金規則は、労働者の老齢、障害又は死亡について保険給付を行い、労働者及びその遺族の生活の安定と福祉の向上に寄与するという厚年法１条所</u>

定の目的を達成するために、基金に対し、基金資産の分散投資義務を課し、そのために、基金が自ら基金資産の構成割合及び運用受託機関の選任に関する事項等を定めた基本方針を定めるとともに、運用指針を作成して運用受託機関に交付し、運用受託機関に基本方針の趣旨に沿って運用すべきことを示すことを義務付けており、運用受託機関は、基金によって示された運用指針を遵守し、委託された範囲内で基金との協議に基づいて運用することが義務付けられているのであり、運用受託機関に対し、委託された範囲を超えて基金資産全体の分散投資についての助言義務は課していない。このように、基金には基金資産の資産構成割合を含む基本方針の策定という重大な義務が課されているため、厚生省ガイドラインでは、管理運用業務について、基金の理事に、理事として社会通念上要求される程度の注意を払うことを義務付け、特に理事長等は「管理運用業務に精通している者」が通常用いるであろう程度の注意を払って業務を執行しなければならないとして、基金の理事（特に理事長等）に高い注意義務を課した上、理事長等が自らに基本方針策定のための能力が不足していると考える場合、年金運用コンサルタント等に助言を求めることが考えられるとしているのである。

　また、第2契約においてYによるXの基金資産全体に対する分散投資義務についての助言義務の定めはないのであるから、旧信託法20条、第1契約17条、第2契約20条所定の運用受託機関であるYに課せられた善管注意義務は、Yに委託された範囲内において履行すれば足りるのであり、委託された範囲を超えて基金資産全体の分散投資についての助言義務を含んでいない。

　民法上の委任においては、委任者の指示が不適切であった場合に、受託者はその指示に漫然と従うべきではないと一般的に解されているが、上記厚年法等の規定に照らすと、年金信託の場合にこれと同様に解すべき根拠はない。米国のエリサ法（従業員退職給付保障法。（中略））においては、「共同受託者の責任」が定められ、基金の策定した基本指針が誤っていた場合（基金が受託者責任に反する行為を行っている場

合)、運用受託機関は、基金に対して問題点を指摘し、場合によっては基金に問題点を修正させる働きかけをしなければならないとされているが、日本の厚年法等の規制は、これとは異なっている。

　また、金融庁において、いわゆるAIJ事件を契機に、①平成24年9月4日に、基金の運用受託機関となる信託銀行に対し、信託銀行が基金に分散投資義務違反が生ずるおそれを把握した場合、基金等への通知義務を課す方向で金融商品取引業等に関する内閣府令の改正を予定しており、同改正につき義務規定ではなく、努力規定とすべきであるとのパブリックコメントに対し、基金から各運用受託機関に総資産額等の通知をすることを前提に、一つの運用受託機関が当該基金から資産の相当部分を受託している場合、自らが運用している資産が分散投資義務に違反しているおそれがあるかどうかについて把握できるときは、基金に対して通知を行うことを義務付けることが合理的であることを理由に、行政処分の対象となる法的義務とする見解を表明しており、②兼営法施行規則23条2項を改正して、指定単の受託者から基金に対する基金資産の分散投資に関する通知義務を法定することを予定し、さらに監督指針において、通知義務の履行にもかかわらず、基金の分散投資義務違反のおそれが解消しない場合、受託者に「協議義務」及び「受託者の辞任」を前提とした監督指針の新設を予定しているが、これらの改正は、監督指針だけでなく内閣府令の改正をも含んでいること、一般社団法人信託協会が厚生労働省に設置された有識者会議においてAIJ事件を契機として発覚した問題状況に対する対処として、基金資産全体の分散投資に係る助言を行うことを目指すべき対応として提案していることからも、現行法下の規制を確認したものではなく、現行法下で上記助言義務が存在しないことを裏付けているものであることが明らかである。

　Xは、「新規オルタナティブ資産組み入れに際してのリスク特性についてのXとの十分な事前協議義務」を定めた運用指針は、バランス型運用である第1契約においてYに示したものであり、私募不動産ファンド特化型である第2契約についてはこれを示しておらず、上記

運用指針が第2契約には適用されないので、上記運用指針を根拠に上記助言義務を認めることはできない。

　　なお、YがXの基金資産全体の資産構成割合を知り得たとしても、上記結論は左右されない。
(イ)　前記1で認定した事実によれば、Xが、第1契約において、Yに対して、Xの基金資産全体の資産構成割合について相談をしたことはないし、助言をしたこともなく、それを了承する立場にもなかったのであるから、Yに、信義則上の助言義務を認めることもできない。
(ウ)　なお、仮に、例外的にYにXの基金資産全体の資産構成割合に関する助言義務が認められる場合があるとしても、厚生省ガイドライン上、分散投資を行わないことにつき合理的理由がある場合には、分散投資を行わなくても良いとされていることも考慮すれば、Xの基金資産全体の資産構成割合が当時の状況下で全く合理性を欠いた状況にあったということもできないので、そのような場合にも当たらないというべきである。
(2)　受託拒絶義務について

　　上記のとおり、助言義務が認められない以上、Xがその延長として主張する受託拒絶義務も認められない。

3　Yに、安定運用すべき年金資産を、5年から8年の運用期間に投資対象不動産の価値が20％から30％程度下落しただけで、出資元本全額が毀損されるリスクがあるハイリスク商品であり、人的・資本的倒産隔離がされておらず、かつ、単一の運用マネージャーが運用している私募不動産ファンドに、基金の全資産の75％を出資した注意義務違反があるか否か（債務不履行に基づく請求及び不法行為に基づく請求に関する争点）（争点(2)）について

(1)　年金信託を受託した運用受託機関は、自らの判断と責任において資産運用を行うのであるから、その投資判断については裁量が認められる。したがって、運用受託機関は、与えられた裁量の範囲を逸脱し、又はその裁量権を濫用して投資判断を行わない限り、注意義務違反が認められないと解すべきである。

(2) 運用マネージャーの分散義務について

　証拠によれば、私募不動産ファンドにおいては、リスク分散のための分散投資としては、運用マネージャーの分散よりも、投資対象である不動産物件の分散の方が重要であり、投資対象不動産の分散や運用スタイルの分散などの主要なリスク分散が実現されていれば、それに加えて運用マネージャーの分散が必要不可欠ではなく、実務的には単一のマネージャーに投資することが少なくないこと、年金資産のような長期資産の運用においては、リターンの変動の約9割が、資産構成割合によって決定されると言われており、私募不動産ファンド特化型の第2契約において、運用マネージャーの分散投資によって得られるリスク分散の効果はもともと限定的であり、適切な運用マネージャーを選定することが運用マネージャーの分散よりも重要であることが認められる。また、信託検査マニュアルには、資産種別や銘柄等の分散を要求している記載があるが、運用マネージャーの分散を要求していることを認めるべき記載はない。したがって、私募不動産ファンドに投資する際、同一の運用マネージャーの運営する不動産ファンドに投資をするのではなく、複数の運用マネージャーの運営する不動産ファンドに分散投資をしなければならない義務はないというべきである。同一の運用マネージャーであれば、類似の不動産が投資対象となる場合が多いという問題点があるとしても、それは投資対象不動産の分散の問題として検討すれば足りるというべきである。

　これに反するＸの主張は採用することができない。

（略）

4　第2契約締結時及び各増額契約締結時に、個別の私募不動産ファンドのリスク（レバレッジリスク）を具体的に説明しなかった注意義務違反の有無（不法行為に基づく請求に関する争点）（争点(3)）について

(1) 指定単の契約において契約締結時に具体的に投資対象が決定している場合の説明義務の対象について

　顧客が信託金の運用の範囲を指定して、運用を運用受託機関に委ね、運用受託機関が指定された範囲内で、自己の判断で運用することを内容

とする信託である指定単においては、個々の投資商品への投資は運用受託機関が自らの判断において行い、その判断について与えられた裁量の逸脱や裁量権の濫用があれば、運用受託機関がその責任を負う。このような指定単の仕組みからすれば、運用受託機関であるYは、顧客であるXに対し、個々の具体的商品についての説明義務を負うことはないと解すべきであり、仮に、契約時点で個々の投資商品が決まっている場合であっても、変わるところはないというべきである。

　これに反するXの主張は採用することができない。
(2)　私募不動産ファンド一般のリスク（レバレッジリスク）の説明義務について

　前記1で認定したとおり、Xは、第1契約において、自らの主導の下、運用対象として私募不動産ファンドを指定し、少なくとも第2契約締結前には、私募不動産ファンドには、資金として出資者からの出資金以外に他からの借入金が導入されること、借入金の返済が出資金の償還よりも優先されることを認識していたことに加え、レバレッジリスク自体の理解は、一般人にとっても困難ではなく、平成17年から平成19年にかけて、一般にも購読されている投資金融情報紙（日経金融新聞）や各種ビジネス誌（週刊東洋経済、エコノミスト、日経ビジネス）においても、私募不動産ファンドについて、レバレッジリスクが報じられていたこと、前記2で説示したとおり、基金は、個々の投資商品の一般的なリスク特性を理解して自ら基金資産全体の資産構成割合を策定しなければならず、必要な場合には、年金運用コンサルタント等の機関に助言を求めることが予定されており、現に、Xは、P証券会社で資産運用の経験がある乙山を年金運用コンサルタントとして採用していたことに照らせば、Yは、Xに対し、第2契約において上記レバレッジリスクの説明義務を負わないというべきである」

検　討

1　問題の所在

(1) Y信託銀行に、委託された範囲を超えてX厚生年金基金の基金資産全体の分散投資についての分散投資についての助言義務（以下単に「助言義務」という場合がある）が課されているか。助言義務の延長として受託拒絶義務が認められるか。

(2) Yに、Xの基金資産を、出資元本全額が毀損されるリスクがあるハイリスク商品であり、人的・資本的倒産隔離がされておらず、かつ、単一の運用マネージャーが運用している私募不動産ファンドに、基金の全資産の約75％を出資した点について分散投資義務違反等の注意義務違反があるか否か。

(3) Yに、単独運用指定金銭信託の契約において、Xに対し、単独個々の具体的商品について説明しなかった説明義務違反があるか否か。

(4) Yに、第2契約締結時および各増額契約締結時に、個別の私募不動産ファンドのリスク（レバレッジリスク）を具体的に説明しなかった説明義務違反があるか否か。

2　制度や学説等の説明

(1)　厚生年金基金制度と厚生年金基金信託

ア　厚生年金基金制度

厚生年金基金制度とは、民間企業、企業グループ、業界団体等を母体として設立される特別法人である厚生年金基金（以下「基金」という）が、国の老齢厚生年金の一部を国にかわって支給する（代行給付）とともに、企業の実情に応じて基金独自の上乗せ給付（プラスアルファ給付）を行うことにより、従業員により手厚い老後保障を行うことを目的とする制度である。従来、わが国の企業年金の中核をなしてきた。もっとも、平成15年9月からは、確定給付企業年金法の施行によって、代行給付部分を国に返し（代行返上）、確定給付企業年金へ移行することも認められるようになった[3]。

イ　厚生年金基金信託

　基金の年金給付等積立金の運用方法については、厚年法136条の3に定められている。そして信託銀行等への信託による運用も認められているところ（同条1項1号）、かかる信託が厚生年金基金信託である。厚生年金基金信託は、基金が委託者兼受益者となる自益信託であり、かつ、単独運用指定金銭信託または単独運用指定包括信託である。

ウ　年金資産運用の実務

　基金の運用は、安全かつ効率的に行われなければならない（厚年法136条の3第5項）。そのために、基金は、年金給付等積立金を、特定の運用方法に集中しない方法により運用すべき努力義務が課され（厚生年金基金令39の15第1項）、分散投資を行うべきものとされている。そして、どのような分散投資を行うかは、一義的に決まるものではないが、当該基金の資産構成全体のリスク・リターンの関係からみて合理的と考えられるものである必要がある[4]。

　そこで、基金は、こうした観点をふまえて、年金給付等積立金の運用に関して、運用の目的等を記載した基本方針を作成し、当該基本方針に沿って運用しなければならない（厚年法136条の4第1項）。具体的には、①運用の目標に関する事項、②長期にわたり維持すべき資産の構成割合に関する事項、③信託銀行等の運用受託機関の選任に関する事項、④運用受託機関の運用業務に関する報告の内容および方法に関する事項、⑤運用受託機関の評価に関する事項、⑥運用業務に関し遵守すべき事項等を規定する（厚生年金基金規則42条1項）。

　そして、基金としての望ましい資産構成の作成にあたっては、具体的には、①基金としてのリスク許容度の設定、②基金としての目標収益率の設定、③政策的資産構成割合（政策アセット・ミックス）の作成、④運用受託機関ごとの資産構成、リスク許容度の提示、⑤基金全体のポートフォリオのリ

---

[3]　厚生年金基金制度については、厚生労働省ホームページ（http://www.mhlw.go.jp/topics/bukyoku/nenkin/nenkin/kigyounenkin.html）、住友信託銀行年金信託部編『企業年金の法務と実務』（金融財政事情研究会、2004）386頁～405頁、信託の法務と実務389頁～405頁参照。

[4]　厚生年金基金連合会（現企業年金連合会）編『厚生年金基金　受託者責任ハンドブック（理事編〔改訂版〕）』（2000）20頁。

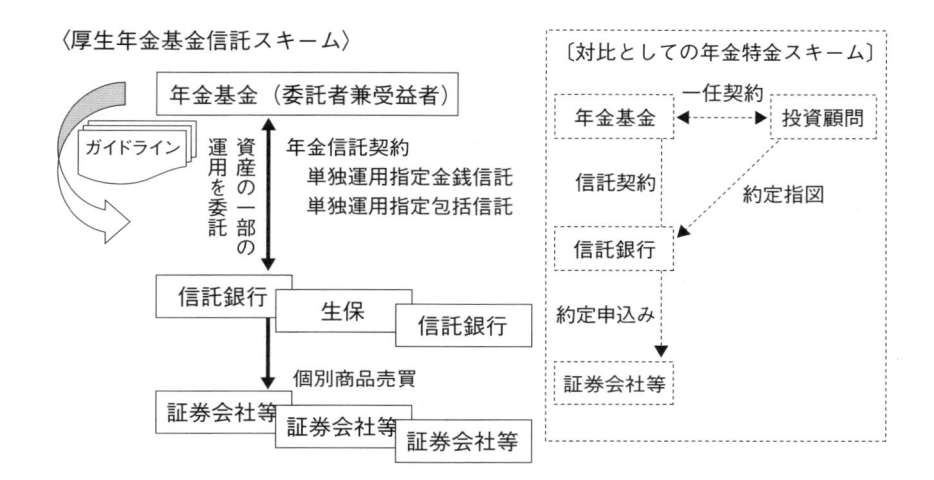

〈厚生年金基金信託スキーム〉

　　　　　　　年金基金（委託者兼受益者）

　ガイドライン　　　　　　年金信託契約
　　　　　　　　　　　　　単独運用指定金銭信託
　　　　　　　　　　　　　単独運用指定包括信託

　　　信託銀行　　生保
　　　　　　　　　　　信託銀行

　　　　　　　　　　個別商品売買
　　　証券会社等
　　　　　　　証券会社等
　　　　　　　　　　　証券会社等

〔対比としての年金特金スキーム〕

　　　　　　　　　一任契約
　　年金基金　←-------→　投資顧問
　　　　　　　　　　　　　　｜
　　信託契約　　　　　　約定指図
　　　　　　　　　　　　　　↓
　　信託銀行
　　　　　　約定申込み
　　　　　　　↓
　　証券会社等

スク管理というステップを踏むことが必要であるとされている[5]。

　さらに、基金は、当該運用に関する契約の相手方に対して、協議に基づきこの基本方針の趣旨に沿って運用すべきことを示さなければならないものとされている（厚年法136条の4第3項）。そのため、基本方針と整合的な運用方針を作成し、これを運用受託機関に交付する必要がある（厚年年金基金規則42条4項、厚生省年金局長通知「厚生年金基金の運用受託機関に対し提示すべき年金給付等積立金の運用指針について」（年発第383号、平成12年5月31日））。

　したがって、運用受託機関としての厚生年金基金信託の受託者は、基金より交付された運用方針に沿って信託財産を運用することが求められる。

(2) 厚生年金基金信託における受託者の義務

ア　助言義務

　運用受託機関である厚生年金基金信託の受託者が、受託した範囲を超えて基金の資産全体の分散投資について助言する義務があるか。

　基金は運用受託機関に対して、基本方針の趣旨に沿って運用すべく運用方針を示す必要がある。そして、厚年法136条の5第2号は、運用受託機関が、法令および信託契約を遵守して、基金のために忠実にその業務を遂行す

5　厚生年金基金連合会（現企業年金連合会）編・前掲注4・23頁〜24頁。

る義務を規定している。しかし、運用受託機関である信託銀行が、受託した信託財産を超えて基金全体の分散投資等について助言する義務までは規定されていない。

　したがって、運用受託機関が、かかる助言義務を負担するとするならば、それは、①助言義務が信託契約の内容として含まれている場合か、②信託契約の内容に含まれていなくても、基金全体の運用について相談に応じるなどして助言を引き受けた場合であるとされている[6]。また、助言義務まで認められないとしても、任意に助言して、その助言内容が不適切であれば、一般の義務違反が問題となりうる[7]。

イ　運用方針を遵守する義務

　運用受託機関は、既述のように、基金から運用方針を遵守するように求められ、厚生年金基金信託契約上、運用方針を遵守する義務を課せられる。

　この点、大阪高判平成17年3月30日判時1901号48頁（第12講参照）では、受託者が、厚生年金基金から提示されて運用指針に基づくアセット・ミックス遵守義務に違反したか否かが問われ、大阪地判平成18年7月12日判時1963号88頁では、厚生年金基金から年金資産の運用を任された投資顧問業者のアセット・ミックス遵守義務違反が問われた。

　資産の分散投資に関連する点で上記助言義務の問題と共通しているといえるが、上記助言義務の局面では、基金の資産全体についての分散投資義務が問われるのに対して、アセット・ミックス遵守義務の局面では、あくまでも運用受託機関が受託した資産についてのみの分散投資が問われる点で、両者は異なる[8]。

---

[6]　能見善久「「企業年金の受託者責任」についてのコメント」能見善久編『信託の実務と理論』（有斐閣、2009）10頁〜11頁。

[7]　能見・前掲注6・11頁。

[8]　なお、大阪地判平成18年1月19日判時1939号72頁は、互助年金事業でいわゆる「逆ざや」が生じて資産が減少した事例に関して、原則として、信託銀行は委託者に対して積極的に助言を行うまでの義務を負うとは認められないが、ただ、貸付信託予想配当率の下落が続く状況で委託者に損失が生じることを漫然と放置したり、政策判断を誤らせるような不適切な助言をしたような場合に限り、信義則上の義務違反が問われる余地があると判示している。しかし、ここで問題となっている助言義務は、受託者が受託した信託財産についての運用方針が不適切となった場合におけるものである点で、本判決で問題となった信託財産も含めた基金全体の資産についての助言義務とは、対象が異なる。

ウ　運用指針の枠内の運用と善管注意義務

　一般論として受託者は運用方針に抵触しないように運用すべきであるが、運用方針の範囲内であれば善管注意義務違反を問われないのか。運用方針の範囲に限定されるといっても受託者の裁量は広汎であるから、一定の投資判断について善管注意義務違反となる基準が問題となる。この点についてわが国では詳細な議論はなかったが、アメリカの第三次信託法リステイトメントでプルーデント・インベスター・ルールが採用され、この考え方が参考になる。これは、個々の投資ごとにその適否を判断するのではなく、個々の投資は信託財産全体としてのポートフォリオの一部として位置づけられ、全体として健全な投資であればよいという考え方を基礎としている[9]。このプルーデント・インベスター・ルールは、現行信託法制定時の議論においてこれを参考にした個別的規定を導入することが検討されたものの、結局は善管注意義務の運用に委ねられることとなった[10]。

　受託者としては、当該厚生年金基金信託において基金から示された運用指針に従って運用するほかなく、基本的には、基金の資産全体ではなく、受託した信託財産全体としてのリスク・リターンの関係から投資判断が合理的であれば足りるものと考えられる。

3　本判決の意義とその射程

(1)　意　　義

　本判決は、厚生年金基金が保有する資産を信託銀行に信託した場合に、受託者である信託銀行が、①委託者兼受益者である厚生年金基金に対し、基金の資産全体に関する分散投資についての助言義務、その延長としての受託拒絶義務、②単一の運用マネージャーが運用しているファンドに集中投資すること等に関する注意義務、③契約時点で投資対象が決定している場合の個々の商品の説明義務、私募不動産ファンドのリスク一般の説明義務等を負うか

9　能見73頁～75頁。
10　寺本114頁（注6）。なお、アメリカのエリサ法等で規定されている、思慮深い人の行為を基準として受託者責任を判断するプルーデント・マン・ルールについては、藤井純一「有価証券運用における信託受託者の責任－善管注意義務を中心として－」信託法研究14号61頁参照。

が問題となった事案である。本判決は、これらの義務をすべて否定した。

(2) 射　程

本判決の判断は、原則として、本判決が認定した具体的事実に関するものにとどまる。

しかし、本判決は厚年法に基づく厚生年金制度の仕組みそのものから説き起こして助言義務を否定しているため、単なる事例判決にとどまるものではなく、厚生年金基金が保有する年金資産の運用として信託銀行に信託した場合の助言義務について、一般的に妥当するものがあると思われる。

さらに、厚生年金基金が積立金の運用を委託する場合のなかには、信託銀行と運用方法を特定する信託契約を締結したうえで、投資顧問業者と投資一任契約を結ぶ形態がある（厚年法130条の２第１項・２項、136条の３第１項３号・第２項）。本判決は、この投資一任契約がない場合の判断であるが、投資一任契約がある場合は、投資顧問業者から指図を受ける立場にある受託者は、基金の資産について運用責任を負わないことから、受託者が助言義務を負わないとする本判決の趣旨は、よりいっそう妥当するのではないか。

4　本判決の評価

(1) 助言義務および受託拒絶義務

ア　厚年法または信託契約上の助言義務

本判決は、厚年法上も信託契約上も受託者に基金の資産全体についての助言義務は認められないとした。厚年法上、基金自らが資産全体の資産構成割合等に関する基本方針を定める必要がある一方で、運用受託機関は、受託した資産について、基金が示した運用指針を遵守すべき義務を負うにとどまる構造となっている。そうした厚年法における基金と運用受託機関の関係にかんがみれば、信託契約等に特段の定めがある場合は格別として、本判決の判断は妥当なものと考えられる。

また、分散投資といっても、資産を株、債券、不動産と分ける資産区分の分散もあれば、株式についてはグロース型（成長株）かバリュー型（割安株）か、不動産についてはインカムリターンを目指すかキャピタルリターンを目指すかといった観点からの運用スタイルの分散も考えられる。通常、運用受

託機関は、基金が実際にどのような内部の基準等を設定して資産を分散投資して運用しているのかわからないことからすれば、運用受託機関の助言義務を否定した本判決は、この点でも妥当であろう。

さらに、本判決は、運用受託機関が「基金資産全体の資産構成割合を知り得たとしても」助言義務を負担しないことは同様としている。これも、厚年法上における運用受託機関の役割にかんがみると、妥当な判断であったと思われる。

イ　エリサ法と助言義務

この点に関連して、本判決が、米エリサ法（Employee Retirement Income Security Act、従業員退職給付保障法）についても触れ、わが国の厚年法はこれと異なると明言している点は特に注目に値する。

たしかに、本件のような事案においては、エリサ法が、共同受託者の責任として、他の受託者に対して、基金の策定した基本指針が誤っていた場合等には問題点を修正させる働きかけをしなければならないとしていることが想起される[11]。しかし、エリサ法は"fiduciary"（受託者ないし受認者）を定義して、制度の管理に関して裁量性のある権限または支配力をもつ者としているのに対し、わが国においては、かかる包括的な裁量を有する者については定義されていない。むしろ、厚労省の「厚生年金基金の資産運用関係者の役割及び責任に関するガイドライン」（以下「厚労省ガイドライン」という）の名が如実に示すとおり、わが国において受託者の責任論は、信託法上の受託者のほか、基金や事業主等資産運用関係者の役割分担として議論されてきた経緯がある[12]。したがって、日米両国に同様の精神の法律があるとはいえるが、エリサ法を参考にして、直ちに、わが国においても信託受託者の義務が拡張されるとするのは行き過ぎであろう。したがって、エリサ法とわが国の

11　石垣修一『企業年金運営のためのエリサ法ガイド』（中央経済社、2008）123頁〜124頁は、エリサ法のもとでは、制度の管理運営全般については指名受認者が統括し、そのうち、資産の管理運営については信託受認者が、資産の管理運営のなかの投資の一部または全部については投資マネージャーが担当するが、各受認者の機能はオーバーラップして、受認者は他の受認者の行為についても一定の共同責任を負っていると説明している。エリサ法の制定過程についてはジェイムズ・A・ウーテン著・みずほ年金研究所監訳『エリサ法の政治史』（中央経済社、2009）参照。

法制度の相違を指摘する本判決は妥当と考える。

ウ　AIJ事件を契機とする法令改正と助言義務

　ただ、本判決は、当時金融庁においていわゆるAIJ事件を契機に、運用受託機関となる信託銀行に対し、信託銀行が基金において分散投資義務違反が生じるおそれを把握した場合、基金等への通知義務を課す方向で内閣府令の改正を予定していたこと等をあげ[13]、このことが逆に当時の法令上助言義務がないことを裏づけているとしている。

　この本判決の論旨からすると、上記の法令改正後は、助言義務が一定程度肯定される可能性があるようにも思われる。すなわち、平成25年4月1日施行の信託業法施行規則41条2項6号および兼営法施行規則23条2項6号に基づき、運用受託機関が基金において分散投資義務違反が発生するおそれを把握した場合に、基金に対してその旨を通知しないことが禁止行為として付加された。さらに、同時に改正された信託会社等に関する総合的な監督指針（以下「監督指針」という）3－5－2④イによると、上記通知を行ったにもかかわらず分散投資義務違反のおそれが解消されない場合において「例えば、運用指針の変更の検討を当該厚生年金基金に対して求める等、協議を行っているか。更に、当該協議を経てもなお分散投資義務に違反するおそれが解消しない場合においては、最終的に年金信託契約の受託者を辞任することを含めて検討を行う等、当該厚生年金基金が分散投資義務を履行すること

12　林健一朗「年金信託における受託者の義務」信託法研究38号3頁以下。同論文は、年金信託における役割分担論の観点から、受託者の「義務の拡張」には一定の制約がかかる旨指摘している。なお、石垣・前掲注11・165頁も、確定給付企業年金法のもとでの受託者責任についてではあるが、エリサ法の場合と異なり、エリサ法上であれば「受託者」に該当するような年金関係者が異なる法的基盤に立っており、一元的な法律がないことを指摘している。

13　金融庁は平成24年9月4日付け「AIJ投資顧問株式会社事案を踏まえた資産運用に係る規制・監督等の見直し（案）の公表及び同案に係る御意見の募集について」において、運用受託機関に対し、基金に分散投資義務違反が発生するおそれを把握した場合の基金への通知を義務づける方針案を打ち出し、また、金融庁の平成24年10月12日付け「AIJ投資顧問株式会社事案を踏まえた資産運用に係る規制・監督等の見直し（案）に係るコメントの概要及びそれに対する金融庁の考え方」において、運用受託機関において基金の分散投資義務違反を把握困難な場合があることから、努力義務とすべきとのコメントに対して、当該義務違反のおそれを把握できた場合は、通知を義務づけることが合理的であると回答している。

を確保するための必要な方策を講じることとしているか」が問われる。これらの法令や監督指針は、運用受託機関に対して、基金の分散投資義務違反の有無を積極的に調査する義務までは課していないが、基金における分散投資義務違反のおそれを把握すれば、一定の助言義務や、場合によっては受託拒絶義務まで課しているかのようにみえる。もっとも、上記通知義務が認められるとしてもそれは業法上の義務であって、当然に基金との関係での私法上の義務を構成するものとはいえない。

エ　信義則上の助言義務

上記に関して注目されるのが、本判決が、受託者が基金から「基金資産全体の資産構成割合について相談を受けたことも助言をしたこともそれを了承する立場にもなかった」として、信義則上の助言義務も否定した点である。

これに対して、運用受託機関が基金資産全体の構成割合を知ったうえで運用受託機関運用受託機関が具体的なアドバイスをしたり、一定の信託スキーム・信託商品について積極的に勧誘したりしたという状況まで認められる場合には、信義則上の助言義務等が生じる可能性もあるということになろう。そうすると上記法令改正後は、受託者が基金の分散投資義務違反のおそれを知って上記通知等を行う立場にあるときには、私法上も信義則等を根拠にして一定の助言義務が認められないかが問題となりうる。

オ　助言義務違反

本判決は、仮に助言義務が認められたとしても、助言義務違反が認められるのは、基金の資産構成割合がまったく合理性を欠いた状況にあったような場合に限定して解釈しているよう読める。この点は本判決の傍論であるが、上記の法令改正後においても、なお助言義務違反を認定する判断手法として参考になるものと思われる。

(2)　運用マネージャーの分散義務

まず、本判決は厚生年金基金信託の受託者には裁量が認められるとしたうえで、与えられた裁量を逸脱・濫用しない限り注意義務違反が認められないとする。

そのうえで、本判決は運用マネージャーの分散義務について、リスク分散のための分散投資としては運用マネージャーの分散よりも、投資対象の分散

のほうが重要であること、投資対象の分散や運用スタイルの分散などの主要なリスク分散が実現されていれば、それに加えて運用マネージャーの分散は必要不可欠ではないことを指摘する。そして、運用マネージャーが同一であることにより類似の投資対象となる場合が多いという問題点があるならば、それは投資対象の分散の問題として検討すれば足りるとして、運用マネージャーの分散義務を否定した。リスク分散のための分散投資という考え方に沿うものであって、妥当な判断であろう。

(3) 説明義務

ア 個々の商品の説明義務

まず、本判決は、本件信託が指定単であったため、受託者は契約締結時に具体的に投資対象の決まっている個々の具体的商品があっても、その説明義務を負うことはないとする。この点、実務上は指定単においても顧客説明の充実の観点から組入予定商品の説明を行っているような場合もある。しかしそうだとしても、個々の組入予定商品について一般的説明義務が当然に認められることにはならないであろう。基金がプロ投資家でない場合は金融商品販売法に基づく説明義務が課されることになろうが、それは信託契約についての説明義務であって、同法上、個々の投資商品についてまで説明する義務はない。

ただ、上記法令改正において、信託銀行等は厚生年金基金信託において基金から運用方針が示された場合、基金に対して当該運用方針に従って運用を行うことによる利益の見込みおよび損失の可能性について、当該厚生年金基金の知識、経験、財産の状況および年金信託契約を締結する目的に照らして適切に説明を行うための、十分な体制を整備しなければならないものとされた（信託業法施行規則40条10項、兼営法施行規則22条10項）。したがって、受託資産を運用方針に従って運用することに関する説明は業法上求められる。このことから当然に私法上の説明義務が生じるわけではないが、一定の場合には、信義則等を根拠に運用方針に係るリスクの説明義務が問われる余地がありうるものと思われる。

イ 私募不動産ファンドのレバレッジリスク

本判決は、私募不動産ファンドのレバレッジリスクについて、Xは自らの

主導で運用対象として私募不動産を指定していること、レバレッジリスク自体は一般人にも理解が容易であること、基金は年金運用コンサルタント等の機関に助言を求めることが予定されているところ、Ｘは年金運用コンサルタントを採用していたことから、Ｙには説明義務がないとした。実務上は、レバレッジリスクを含めた商品の特性やリスクについて説明することもあるが、これは一般的なリスクの説明として行っているものであって、よりよいサービスの提供の観点から行っているものであろう。現に、本判決の争いない事実に関する認定をみても、Ｙはポートフォリオのリスクや不動産ファンドのリスク等について資料を用いて説明している状況がうかがえる。しかし、レバレッジリスクに関していえば、そのリスクを認識することは容易である。とりわけ基金内部に年金運用コンサルタントがいてそのコンサルタントが主導した商品については、基金がそのリスクを十分に認識しているはずである。したがって、受託者にはその具体的リスクを説明する「義務」まではないであろうから、本判決がレバレッジリスクについて説明義務を否定したことは妥当な判断といえるのではなかろうか。

　半面、基金側にコンサルタントがおらず、一般人が容易に理解できないリスクについては、運用受託機関である信託銀行が積極的に特定の運用対象を勧誘していたといった特段の事情があれば、別異の判断につながる余地もあるように思われる。

　また、平成25年４月１日施行の厚労省ガイドライン三(4)では、オルタナティブ投資（株式や債券等の伝統的な資産以外の資産への投資またはデリバティブ等伝統的投資戦略以外の戦略を用いる投資）の留意点として、これを行う場合、基金は、基本方針に当該オルタナティブ投資に固有のリスクに関する事項を記載するとともに、運用受託機関に対して、オルタナティブ投資に係る運用受託機関が用いる運用戦略についてのリスクを確認するものとされている。この点に関して、信託協会が平成24年９月４日に公表した「年金資産消失問題を契機とした信託協会の自主的な取り組みについて」（以下「自主的取り組み」という）も、年金特定信託契約においても、受託者は、基金が運用受託機関（投資一任業者）からこうした説明を受けていることを契約締結前に確認するものとしている。

したがって、指定単である厚生年金基金信託の受託者も、上記法令改正や厚労省ガイドラインの改正後は、基金から示された運用指針に私募不動産ファンドが含まれている場合は、レバレッジリスクについても一定程度の説明は必要になるのではないかと思われる。ただ、これは業法上の義務であるから、当然に私法上の説明義務を構成するものではない。しかし、信義則等を根拠に説明義務が認められる場合はあるようにも思われる。

5　本判決をふまえた実務対応

(1)　厚生年金基金制度の見直し

公的年金制度の健全性及び信頼性の確保のための厚生年金保険法等の一部を改正する法律（公布日である平成25年6月26日から1年を超えない範囲で政令で定める日が施行日）に基づき、同法施行日以降は、厚生年金基金の新設が認められず、厚生年金基金について他の企業年金制度への移行が促進されるとともに、特例的な解散制度も導入される。したがって、厚生年金基金は徐々に減少していくことになるが、深刻な社会問題となったAIJ事件の教訓をふまえ、基金および運用受託機関等の関係者が適切に各々の役割を果たす必要がある。

(2)　分散投資義務違反のおそれを把握した場合の通知義務

ア　通知義務の有無

上記法令改正後において、運用受託機関は、基金に分散投資義務違反が発生するおそれを把握した場合に基金へ通知する必要がある。

当該法令改正の際に金融庁が公表した平成25年12月13日付けパブリックコメントの結果[14]（以下「本パブコメ」という）202、204によれば、分別管理義務違反の有無を積極的に調査する義務まではないとされているが、既知の情報も判断の基礎となりえ、基金から提供される総資産額等だけで判断することは適当ではないとされている。平成25年4月1日施行の厚労省ガイドラインの一部改正により、基金は、基本方針の写しと基金の総資産額を示す資料を運用受託機関に交付すべきものとされた（厚労省ガイドライン三(5)）。そうす

14　http://www.fsa.go.jp/news/24/syouken/20121213-2/01.pdf

ると運用受託機関としては、基金から交付を受けた基本方針の写しと総資産額を示す資料とともに、運用受託機関の運用方針や運用資産等の既知の情報もふまえて検討する必要がある。この点、自主的取り組みにおいても「一定の運用プロダクトについて、年金基金等の総資産に占める割合が適切な割合を超えると考えられる場合には、年金基金等に対して許容できるリスクの範囲内であるかどうか確認していただくよう要請」するとともに、「年金基金等から運用ガイドラインの提示を受けた際に、運用の基本方針と齟齬が生じていないかを確認する」ものとされている。

　ただ、分散投資の有無は、基金ごとの財政状況や負債特性、投資対象の性質等によっても左右されるものであるから、一律に判断することは困難である。そのため、「例えば、基金から運用の基本方針と運用指針の提示を受けた際に両者に齟齬があることが確認された場合のほか、運用の基本方針において資産の全額をハイリスク商品に投資することとしているなど一見明白に基本方針の内容に疑義がある場合など」（本パブコメ202、204）のように、基本方針または運用方針の内容に明らかに疑義がある場合に運用受託機関が基金に通知をすべきものと思われる。

　また、基金が分散投資を行わないことにつき合理的理由があり、かつ、当該合理的理由を運用の基本方針に定める等の措置を講じている場合には、分散投資義務違反にはならない旨示されているため（厚労省ガイドライン三(2)）、その場合は上記通知義務も否定される（本パブコメ228）。

　こうしてみると、運用受託機関は、基金から交付を受けた基本方針の写しと総資産額を示す資料をふまえて、運用受託機関の運用方針や運用資産等の既知の情報をもとに、①基本方針において分散投資が規定されておらず、かつ、分散投資しない合理的理由がないことが明らかである場合、②運用方針が基本方針と齟齬をきたしている場合、③基金の総資産額において占める受託資産の割合が大きく、受託資産全額がハイリスク商品であるといった場合など、分散投資の観点から基本方針または運用方針の内容に明らかな疑義がある場合に、上記通知義務が認められることになるものと思われる。

　もっとも、上記通知義務が明確に認められないとしても、基本方針または運用方針の内容に疑義がある場合は、基金に対して幅広に質問または注意喚

起をして、通知義務違反を問われないよう努めることが望ましいものと思われる。

　イ　通知後の対応

　運用受託機関が通知義務に基づき通知を行った場合、厚労省ガイドラインによれば、基金は運用状況を確認した結果、分散投資義務に違反していることまたは違反するおそれがあることが判明したときは、投資配分比率の調整等の必要な措置を講じ、運用受託機関に報告すべきものとされている。他方、分散投資義務に違反していないことが判明した場合も、その旨を運用受託機関に連絡すべきとされている（厚労省ガイドライン三(5)）。

　これに対して、後者の場合において、運用受託機関がなお分散投資義務に違反しているおそれがあると判断しているときは、監督指針によれば基金と真摯に協議し、場合によっては、辞任することも検討する必要がある[15]。

　なお、年金特定信託においては、受託者は上記通知義務の対象とならないものとされている（本パブコメ202、204）。そうすると基金の資産全体についての助言義務も否定されよう。

(3)　運用マネージャーの分散

　本判決によれば、運用受託機関において運用マネージャーの分散義務は負わない。ただ、運用マネージャーが同一であるとその運用の内容・方法の傾向により投資対象が同一ないし類似のものになる可能性が少なくなく、その場合は投資対象の分散が図れなくなる。したがって、運用受託機関が同一の運用マネージャーの数個のファンドに投資する場合は、それにより運用対象の分散が損なわれることがないか、注意を払っておく必要があるものと思われる。

(4)　説明義務

　指定単である年金信託契約において、個々の組入商品についてまで説明義務が一般的に認められるわけではない。しかし、信託契約締結時に、特定の

---

[15]　なお、本パブコメ225、226は、投資一任契約についてではあるが、「解約を含めて検討を行う」とは例示であり、解除を一律に求めるものではなく、一定期間中途解約できない場合や解除を行わない合理的理由がある場合にまで、解除を一律に求める趣旨ではないとしている。したがって、常に辞任することまで求められないであろうが、辞任の検討は必要となる。

銘柄の投資商品への投資が予定されている場合には[16]、予定された投資商品の投資もふまえて、運用方針に従って運用を行うことによる利益の見込みおよび損失の可能性について説明する必要がある。AIJ事件等後の状況も考慮すると、当該投資予定商品のリスクも含めて丁寧に説明することが望ましい[17]。

ただ、平成25年4月1日施行の信託業法施行規則41条2項7号および兼営法施行規則23条2項7号に基づき、基金からの特定の金融商品の取得についての個別指図に、受託者が応じることが禁じられることとなった。したがって、受託者としては、あくまでも顧客説明と認められる範囲にとどめ[18]、それを超えて実質的に金融商品の個別指図を促すような商品の勧誘と疑われないように留意する必要がある。

さらに、厚労省ガイドラインおよび自主的取り組みを勘案すると、運用受託機関はオルタナティブ投資のリスクについて基金に説明することを要すると考えられる。したがって、基金から示された運用指針に私募不動産ファンドが含まれている場合は、レバレッジリスクその他のリスクについて説明するとともに、説明したことの顧客の確認をとり、紛争の予防に役立てることも検討に値する。

(岡田孝介)

---

[16] なお、上記のAIJを契機とした法令改正のうち平成25年7月1日施行のものにおいて、信託契約の締結前交付書面の記載事項として、契約締結後に特定の銘柄のファンドに投資することが予定されている場合における、当該ファンドに関する一定の情報も追加された(信託業法施行規則30条の23第3項、兼営法施行規則31条の22第3項)。

[17] 平成25年6月12日に成立した「金融商品取引法等の一部を改正する法律」において、厚年法136条の3第4項に定める年金給付等積立金の管理および運用の体制を整備して、これを届け出た基金以外のものに関しては、特定投資家への移行申出について定めた金融商品取引法34条の3第1項が、当分の間、適用されないものとされ(金融商品取引法附則第3条の2)、厚生年金基金が特定投資家に移行することが制限されたことにも留意する必要がある。

[18] 本パブコメ246、251、257は、プレゼンテーション資料等において、顧客説明の充実の観点から、特定の銘柄の有価証券を記載する場合は、個別指図を促すような商品の勧誘に該当しないとしている。

第12講

年金信託契約における信託財産の運用方法

大阪高判平成17年3月30日判時1901号48頁

> 判決要旨

① 合同運用義務の存否につき、当事者間の明示、黙示の合意はなく、信託約款においても合同運用義務があるとはいえない。また、単独運用と合同運用のいずれの方法をとるかで信託財産の投資先(株式銘柄等)の選択や期待利回りを左右するものでないから、合同運用しなかったことと基金が主張する損害との間には因果関係がない。

② バランス型アセット・ミックスにおける国内株式の割合を超える事態が生じることを認識したうえで、当時の運用実績を超える運用利回りを達成するため、国内株式で運用することを了解していたものと認めるのが相当である。さらに、国内株式の割合がバランス型アセット・ミックスにおける国内株式の上限値を上回ったからといって、直ちにバランス型アセット・ミックスを遵守すべき義務を怠ったものと断じることはできない。

> 事案の概要

1　総合型厚生年金基金(以下、厚生年金基金を単に「基金」という場合がある)であるX(原告、被控訴人)は、信託銀行Y(その後、被告、控訴人に吸収合併されている)に継続的に年金掛金を信託してきたものであるが、平成9年10月1日、年金信託契約(当初は共同受託であったが、平成11年に個別受託に変更。以下「本件年金信託契約」という)を締結し、Yに対し年金給付原資約30億円を信託した。

2　本件年金信託契約5条1項において、「委託者は、受託者に対し、信託財産の運用に関する基本方針および運用ガイドラインを提示することができるものとし、提示があった場合には、受託者は、委託者との協議に基づ

き運用するものとします」と規定され、同条2項で「この信託財産は、次の財産に運用するものとします」と規定したうえで具体的な運用対象を定めている。

3　Xは、平成9年12月1日、Yとの間で、「年金信託契約に係る信託財産の運用割合に関する覚書」（以下「本件覚書」という）を締結した。本件覚書は、1条において「XがYに対して、運用ガイドラインをもって運用割合等を提示した場合、Yはその趣旨を尊重し、運用を行うものとします」、2条において、「XからYに対し運用ガイドラインの提示がない場合には、YはXの年度基本アセットミックスを基に、Yが適当と定める運用割合の上下限範囲内で運用を行うものとします」、3条において「上記運用割合は、信託財産の月末時価を基準とした割合とします」、4条において「尚、上記2条の場合に、Xは別途運用割合を記載した確認書をYに差し入れることができます。Xが同確認書の運用割合を変更する場合には、Yに対し、改めて書面にて通知するものとします」とそれぞれ規定されている。

4　Yは、平成9年12月1日〜平成11年11月12日の間、Xから受託した30億円のうち29億9,050万円を日経平均リンク債で運用した。

5　Yにおいては、平成11年当時、年金信託契約に基づき信託された財産を年金投資基金信託（株式口）で運用する場合に適用される約款として、年金投資基金信託（株式口）約款（以下「本件約款」という）が定められていた。本件約款3条は、「信託財産は、運用方法が同じである他の信託財産と合同して運用します」、本件約款8条1項は「この信託が契約されたときに、運用方法が同じである他の信託がまだ契約されていない場合は、1万円相当額を1口として、その整数倍の財産を信託財産の額として引き受けます」と規定している。

6　日経リンク債売却後の平成12年2月15日、Yは新たに年金投資基金信託（株式口）として年金投資基金信託受益権（株式口19）（以下「19ファンド」という）を立ち上げ、Xから受託した前記財産のうち5億円を19ファンドにおいて運用した。19ファンドは、ハイリターンを求める厚生年金基金向けにIT関連の株式銘柄に集中して運用する年金投資基金信託（株式口）で

あったが、本件年金信託契約が解除されるまでの間、X以外の厚生年金基金の信託財産が19ファンドで運用されることはなかった。Xは、平成12年7月31日、Yに対し、本件年金信託契約を同年9月14日をもって解除する旨の意思表示をした。Xは、Yから、本件年金信託契約の終了により19ファンドからの分配金として2億8,828万3,432円の支払を受けた。

7　Xは、Yに対し、合同運用義務違反あるいはアセット・ミックス遵守義務違反を理由に損害賠償を請求した。

8　これに対して、原判決神戸地判平成15年3月12日判時1818号149頁は、おおむね以下のように判示した。

(1)　合同運用をすることについてのX理事とY担当者の電話での受け答えが、日経リンク債を解消した後の資産全額について運用を決めるという局面でのものであること、Y担当者は厚生年金基金から信託されている資産のほとんどが他の基金からの信託金と合同されて多数の銘柄等に分散投資されて運用されていることを熟知していたと推認されること等を考慮すると、上記のやりとりにおいて、X理事が全資産の合同運用を求める趣旨で資産運用についてバランス型運用を求めるという提示を行い、Y担当者もこれを十分理解しつつ了承したとして、合意に基づく合同運用義務を認めた。そのうえで、損害額については、19ファンド以外に資産を投入した場合の最悪の結果を想定して損害を計算することには相当の合理性が認められるとして、合同運用義務違反に基づく損害の算定においては、19ファンドの騰落率とXの資産が運用されていた他のファンドのうち最も成績の悪かったファンドの騰落率25％の差に基づく計算方法を損害の算定方法とするのが相当であるとし、金8,670万円の損害を認めた。

(2)　XとYとの間には、本件年金信託契約5条1項から委託者には運用方針に関する提示権があり、X理事からY担当者に対し、アセット・ミックスの割合について提示されたこと、Y担当者から別途協議を求めた事情もないことから、YにはXから指示された割合に積極的に反する投資を行ってはならない義務が生じたものと認められるとした。もっとも、投資運用活動は、受託者における迅速柔軟な投資判断において行われ、

当事者の指示に完全に拘束されては成り立たない性質のものであることも明らかであるから、受託者においてある程度の裁量が認められることも信託契約の性質自体から明らかであるというべきであって、この場合の債務不履行責任は、受託者の合理的裁量の範囲を逸脱したことが明らかな場合にのみ問題とされるというべきであるとした。しかし、19ファンドへの投資は国内株式の指図割合を大幅に超える結果となるものであり、このことはYも容易に認識しえたものであるから、アセット・ミックスの割合に積極的に違反する投資であったことは明らかであって、裁量の範囲とは認められず、Yにアセット・ミックス遵守義務違反に基づく債務不履行責任が認められるとした。そして、アセット・ミックス遵守義務違反に基づく損害は、資産構成割合が委託者の指示に最も近づくようにして算定されるべきものであり、具体的には、指示された割合に積極的に反する結果をもたらした投資の一部または全部を、資産構成割合において不足する資産の不足分に投入していた場合と実際の投資とを比較して算定すべきものであるとしたうえで、不足分および超過分の算定については、指示されたアセット・ミックスの中心値を基準とすべきなどとして、結果的に、金1億83万4,708円の損害を認めた。

本判決

原判決取消し、請求棄却。

1 **合同運用義務違反について**
(1) 明示の合意による合同運用義務違反について

まず、信託財産を合同運用の方法で運用する旨の明示の合意が認められるか否かに関して、「①平成11年11月当時、Yは、Xに対して特化型、2資産準特化型、バランス型の3種類の基本アセットミックスを提案していたところ、これら3種類の提案は、信託財産の投資先を国内株式のみに限定するか、国内株式と外国債券に限定するか、それとも国内債券、国内株式、外国債券、外国株式及び短期資金等に分散するかという点において差異があるにすぎず、単独運用と合同運用のいずれの方法で運用するかについては全く言及していなかったこと、②Xは、3年間

毎年8％の運用利回りという目標の達成に強い関心を抱いていたところ、期待利回りは、上記3種類の基本アセットミックスのいずれを採用するかによって影響を受けるものの、単独運用と合同運用のいずれを選択するかによって左右されるわけではないこと」等を理由に、合同運用を行うという明示の合意の存在は認められないと判示した。

(2) 黙示の合意による合同運用義務違反について

次に、信託財産を合同運用の方法で運用する旨の黙示の合意が認められるか否かに関して、「①<u>年金信託契約に基づき信託された財産を単独運用と合同運用のいずれの方法で運用するかについては、法的規制はなく、年金信託契約上の定めや運用ガイドラインによる指示がない限り、受託者である信託会社の裁量に任されていること</u>、②本件年金信託契約においては、投資先として単独運用である株式、国債、貸付金等と合同運用である年金投資基金信託受益権（株式口）、年金投資基金信託受益権（貸付金口）等とが並列的に列挙されているだけで、単独運用の制限や合同運用を原則とする旨等を定めた規定は存在しないこと、③一般的には、信託額が少額である場合には、合同運用の割合が高くなる傾向にあるものの、信託額が少額であっても、単独運用が行われることもあること」、④現に、X自身、本件以外の資産を単独運用し、あるいは信託銀行に信託した財産の一部について、国内株式による単独運用を行ってきたこと等からすれば、「<u>年金信託契約では合同運用を行う旨の慣行が存在するとは到底認め難</u>」いとしたうえで、「YがXに対して提案したバランス型アセットミックスは、信託財産の投資先を国内債券、国内株式、外国債券、外国株式及び短期資金等に分散するというものであって、単独運用と合同運用のいずれの方法で運用するかに言及したものではなかった」ことから、「<u>Xがバランス型アセットミックスを選択したからといって、合同運用の方法で運用する旨の黙示の合意が成立したものということはできない</u>」と判示した。

(3) 本件約款に基づく合同運用義務について

さらに、本件約款3条に基づく合同運用義務の存否につき、「本件約款は、3条において「信託財産は、運用方法が同じである他の信託財産

と合同して運用します。」旨を規定しているものの、他方、新たに年金投資基金信託（株式口）を立ち上げた場合には、一つの厚生年金基金からの受託財産のみで当該年金投資基金信託（株式口）の運用が始まることもありうることから、8条1項において「この信託が契約されたときに、運用方法が同じである他の信託がまだ契約されていない場合は、1万円相当額を1口として、その整数倍の財産を信託財産の額として引き受けます。」と規定しているとしたうえで、「<u>本件約款は、特定の厚生年金基金からの受託財産のみが年金投資基金信託（株式口）において運用される事態が生ずることを予定していることは明らか</u>」であり、19ファンドの新設直後にIT関連の株式銘柄の株価の急落など、「19ファンドの下でX以外の厚生年金基金の信託財産の運用が行われなかったことには相応の理由があったというべきであり、Yが他の信託財産と合同運用する意思がないにもかかわらず、あえて19ファンドを新設したというような背信的な事情を見い出すこともできない」として、Yの合同運用義務違反を否定した。

2　**合同運用義務違反と損害との因果関係について**

合同運用義務違反と19ファンドの運用実績が他のファンドの運用実績を下回ったことによる損害との間の因果関係に関しては、「単独運用と合同運用のいずれの方法を採るかは、委託者ごとに信託財産の分別管理を行うかどうかの問題であって、信託財産の投資先（株式銘柄等）の選択や期待利回りを左右するものでない」こと、「19ファンドの運用実績が他のファンドの運用実績を下回った原因が、19ファンドにおいてIT関連の株式銘柄への集中投資が行われたことにあることは明らかであ」ること等を理由に、両者の間に因果関係はないと判示した。

3　**アセット・ミックス遵守義務違反について**

バランス型アセット・ミックス遵守義務違反の有無に関しては、「①平成12年2月9日に開催された第3四半期の報告会では、（中略）当時のXの信託財産の資産構成割合は、バランス型アセットミックスと比較すると、国内債券及び外国株式の割合が低く、短期資金等（貸付金等）の割合が高い状態であり、とりあえず貸付金等で運用されていた5億5,180万

9,358円の運用先が問題になっていたこと、②上記報告会の際、Xは、Yに対し、当時の運用実績（単年度利回り14％超）を超える運用利回りの達成を強く求めたこと、③これを受けて、YがIT関連の株式銘柄に集中投資する年金投資基金信託（株式口）を運用先に組み入れることを提案したのに対し、Xは異議を述べず、資産構成割合について質問や意見を述べることもなかったこと、④貸付金等で運用されていた5億5,180万9,358円のうち5億円が19ファンドに投資された結果、（中略）国内株式の割合が高まったが、Xは、資産構成割合を、問題にすることはなく、本件訴訟提起後1年以上経過した後に初めて、（中略）アセットミックス遵守義務違反を主張するに至ったこと等」から、「Xは、バランス型アセットミックスにおける国内株式の割合を超える事態が生ずることを認識した上で、当時の運用実績を超える運用利回りを達成するため、とりあえず貸付金等で運用されていた5億5,180万9,358円を国内株式で運用することを了解していたものと認めるのが相当である」と判示した。

　さらに、「①資産の種類によって時価の変動状況が異なる上、市場の急激な変動等が生ずることもあるため、信託財産の資産構成割合が指示された資産構成割合の許容範囲を超えることは珍しくないこと、②この場合の対処方法には、定期的な是正、許容範囲の上下限値までの是正、許容範囲の中心値への是正、相場の流れ次第等といった手法があるところ、これらの対処方法の選択は信託会社に一任されていることが多く、現に、XとYとの間でも、対処方法の取り決めは存在しなかったこと、③5億円が19ファンドに投入された平成12年2月時点の国内株式の割合は、バランス型アセットミックスにおける国内株式の上限値を6.5％上回ったものの、翌月以降、国内株式の割合は低下し続け、本件年金信託契約解除の意思表示がされた同年7月末には、バランス型アセットミックスにおける国内株式の上限値である52％を下回る50.8％となっていたこと等」から、「平成12年2月時点における国内株式の割合がバランス型アセットミックスにおける国内株式の上限値を上回ったからといって、直ちにYがバランス型アセットミックスを遵守すべき義務を怠ったものと断ずることはできない」として、Yのアセット・ミックス遵守義務違反を否定した。

検討

1 問題の所在

本件は、基金が信託銀行と締結した年金信託契約に基づき、信託銀行が受託した5億円が大幅な元本割れとなったことについて、他の受託財産と合同して運用すべき義務（合同運用義務）の存否および損害との因果関係、指示されたアセット・ミックス（資産構成割合）に反して国内株式に過度の投資を行ったことがアセット・ミックス遵守義務に違反するかが問題となった。

2 学説等の状況

(1) 善管注意義務

受託者が、資産運用を受託した場合、その運用に関し、どのような善管注意義務を負うかについては、具体的な基準が定まっている状況にはない[1]。受託者は、信託事務を処理するにあたって、善良な管理者の注意をもって行わなければならないとされるが（現行信託法29条2項）、善良な管理者の注意として求められる注意義務の程度とは、その職業やクラスの人として普通に要求される注意であり、受託者が職業人である場合には、職業的に分化した注意義務を前提にするとされる[2]。資産運用については、抽象的には、受託者に信託財産を何に投資するかについての裁量的な権限がある場合には、受託者による裁量権の行使が不適切であるときに、善管注意義務違反を理由とする損害賠償責任が生じるとされる[3]。また、証券投資信託であれば、特定の有価証券での運用・利殖について、取引通念上客観的に要求される十分な注意をすることが必要となるともいわれる[4]。

ただ、これらの規範は抽象的なものであり、これをいかに具体的に運用・適用すべきかが問題となる。この点、受託者の運用における責任について、

---

1 堀口司也「26 運用商事信託」金判1261号156頁。
2 四宮247頁。
3 能見71頁。
4 寺本112頁。

アメリカにおけるプルーデント・マン・ルール[5]やプルーデント・インベスター・ルールが参考になる[6]。

(2) 厚生年金保険法に基づく運用方法

厚生年金基金は、第11講で述べられているように、運用受託機関と契約を締結するにあたっては、各契約の特性をふまえ、運用受託機関の義務を明確にしておかなければならず、運用受託機関の義務を明確にする方法としては、契約等によるほか、運用受託機関に示す運用の基本方針や運用ガイドライン（運用指針）による方法もあるとされる[7]。したがって、基金の理事長等は、運用の基本方針をふまえ、運用ガイドライン等により、運用受託機関に対し、資産構成割合に関する事項、運用手法に関する事項、運用業務に関する報告の内容および方法に関する事項、その他運用業務に関し必要な事項を示さなければならない。それゆえ、運用受託機関は、信託契約において、基金より示された運用ガイドラインを遵守する義務が課されることになる。

(3) 合同運用義務

ア　合同運用の意義・効用

合同運用とは、信託財産たる金銭を分別せず、他の信託財産とあわせて運用することをいう[8]。合同運用により、複数の信託に属する少額の資産を結合して、より大きな資産の運用が可能となり、その結果、取引費用の逓減、広範な分散投資が可能となる[9]。

イ　合同運用の権限

合同運用が他の信託財産と分別しない運用方法であることから、受託者の分別管理義務との関係で、旧信託法上、これを許すための法的根拠につい

---

[5] プルーデント・マン・ルールについては、藤井純一「有価証券運用における信託受託者の責任－善管注意義務を中心として－」信託法研究14号61頁以下参照。

[6] プルーデント・インベスター・ルールについては、第11講参照。また、樋口範雄『フィデュシャリー［信認］の時代』198頁～201頁（有斐閣、1999）、新堂明子「アメリカ信託法におけるプルーデント・インベスター・ルールについて－受託者が信託財産を投資する際の責任規定－」北大法学論集、52巻5号372頁～426頁が詳しい。

[7] 厚生年金基金連合会（現企業年金連合会）編『厚生年金基金　受託者責任ハンドブック（理事編〔改訂版〕）』（2000）60頁。

[8] 信託の法務と実務98頁。

[9] 波床昌則「厚生年金基金が年金信託契約に基づき信託した年金給付財産の運用について受託者である信託銀行の債務不履行責任が否定された事例」判タ1215号68頁。

て、旧信託法28条但書に根拠を求める考え方と特約に根拠を求める考え方があった[10]。現行信託法では、34条但書において「分別して管理する方法について、信託行為に別段の定めがある場合には、その定めによるところとする」とされ、分別管理義務が任意規定であることが明確化されたことから、信託行為の定めがあれば、受託者が合同運用する権限があるといえる。さらに、現行信託法の改正要綱試案の策定にあたって、分別管理義務は、信託財産と他の信託財産または固有財産とを区別して「管理」すべき義務であって、信託財産と他の信託財産等を同一の契約に基づいて処分するなど、合同して「運用」することまで禁止するものではないことを前提に、合同運用が受託者の権限に含まれるか否かは、個別の信託ごとに当該行為が、信託目的の達成のために必要な行為といえるかにより（現行信託法2条1項）、合同運用の効用を考えると、信託行為に定めがなくとも、合同運用が一律に受託者の権限外の行為とはいえないと整理された[11]。もっとも、信託業法26条1項6号、同法施行規則23条2項2号および兼営法施行規則15条2項2号により、信託会社ないし信託銀行が契約締結時交付書面に記載すべき事項である「信託財産の管理又は処分の方法に関する事項」として「信託財産である金銭を固有財産又は他の信託財産である金銭と合同運用する場合は、その旨及び当該信託財産と固有財産又は他の信託財産との間の損益の分配に関する基準」を記載すべきこととされており、実務上、信託契約書が契約締結時交付書面を兼ねているため、信託会社ないし信託銀行が受託する金銭の信託において合同運用を行う場合には結局信託契約に合同運用の定めを置くことが必要となる。

ウ　合同運用義務

　受託者が合同運用権限を有するものとされても、当然に、合同運用義務を負担するわけではない。受託者が合同運用義務まで負担するものと認められるためには、信託契約書（信託約款）にかかる義務の定めがあるか、当事者

10　旧信託法28条但書は、金銭についての分別管理は計算上の管理で足りるとする規定であり、これを根拠に合同運用を可能とする見解と、分別管理義務を定めた28条は信託財産相互間の分別管理については任意規定であるとしたうえで、特約により合同運用が可能とする見解に分かれていた（四宮221頁〜222頁、能見102頁〜103頁参照）。
11　補足説明第21の4、寺本139頁〜140頁（注11）。

間の別途の合意が必要である。

(4) アセット・ミックス遵守義務

ア　アセット・ミックス遵守義務の意義

　基金が信託銀行を受託者として行う信託は、原則として、指定金銭信託である（厚年法130条の2第2項、136条の3第1項1号）。運用の種類・範囲は基金が示す運用ガイドラインにより抽象的に指定されているが、具体的な投資銘柄、金額、数量、期間等は指定されておらず、受託者の裁量に委ねられている[12]。基金は、既述のように、基本方針を策定したうえで、これと整合的な運用ガイドラインを策定し、これを受託者に提示し、受託者は、この運用ガイドラインを遵守する義務を負う[13]。基金の基本方針には、基金の投資政策の根幹をなす政策アセット・ミックスが策定されている。政策アセット・ミックスとは、年金資産の基本的な投資政策として長期的な基準線として維持すべき資産構成比率を意味し、基金の成熟度、財政状況、加入員、受給者の状況等から判断される適切と考えられるリスク許容度と目的収益率の設定を出発点として作成されるべきものとされている[14]。そして、この政策アセット・ミックスと整合的となるように、受託財産に係るアセット・ミックスが運用ガイドラインにおいて規定され、受託者は、運用ガイドラインに示されるアセット・ミックスを遵守する義務を負う。

イ　投資上の裁量権

　受託者がアセット・ミックス遵守義務に沿って投資を行っていたとしても、投資銘柄の急激な騰落により、運用資産の構成が一時的に急激に変化する場合もある。その場合に、運用方針で定められた資産構成にわずかでも違反すると、逐一、資産構成を運用ガイドラインに合致するように是正する必要があるのかが問題となる。しかし、そうした取扱いは、年金資産の長期的運用という視点からは疑問である。是正するにしても、金融商品の相場をみながら、適切な時期を見出して売買を行う必要があると思われる。ただ、具

---

[12] 林健一朗「年金信託における受託者の義務」信託法研究38号12頁。
[13] 厚生年金基金連合会受託者責任研究会「厚生年金基金　受託者責任ハンドブック（運用機関編）」（2000）40頁。
[14] 厚生年金基金連合会・前掲注7・24頁。住友信託銀行年金信託部編『企業年金の法務と実務』（金融財政事情研究会、2004）157頁～161頁。

体的にどのような対応がなされるべきかは、個別に検討することになろう。

3　本判決の意義とその射程

（1）　まず、本判決は、事例判決ではあるが、年金信託契約に基づき信託された財産の運用方法に関して、合同運用義務の有無の具体的認定方法を示した点、およびその違反があった場合、当該違反行為と損害との因果関係の考え方を整理した点に、本判決の意義がある。

ア　本判決では、合同運用義務の存在については、XY間の明示の合意の有無、黙示の合意の有無および約款上の義務の有無が争点となっており、運用方法についての当事者間の意思解釈が問題とされている。

この点、まず、明示的な合意の有無に関して、原判決は、主としてX理事とY担当者との電話での受け答えに基づいて、合同運用義務の合意を認定しているが、本判決は、YのXに対する運用方法に係る提案に合同運用が言及されていなかったこと、およびXの関心の中心が毎年8％の高い運用利回りであったこと等から、より客観的な状況に即して、合同運用義務を定める明示的合意の存在を否定している。

また、本判決は、法規制、本件年金信託契約の条項・運用方法、信託実務・慣行を検討して、合同運用を前提としているものはなく、基本的に、単独運用とするか合同運用とするかは受託者に委ねられているとして、合同運用義務を受託者に課する黙示的合意の存在も否定した。

本判決は、本件約款3条の文言に基づき合同運用義務が存在しうることを示唆するものと考えられるが、「本件約款は特定の厚生年金基金からの受託財産のみが年金投資基金信託（株式口）において運用される事態が生ずることを予定していることは明らかであるから、本件約款が、年金投資基金信託（株式口）では、常時、複数の厚生年金基金からの受託財産を運用していなければならないことまでを定める趣旨のものであるとは解し難い」と判示し、常に合同運用義務が認められるわけではないとしたうえで、新たに年金投資基金信託（株式口）を立ち上げた場合は、一つの基金からの受託財産のみで当該年金投資基金信託（株式口）の運用が始まることもありうることから、同約款8条1項が特定の厚生年金基金からの受託財産のみが年金投資基

金信託（株式口）において運用される事態が生じることを予定しているとして、本件年信託契約時に、運用方法が同じである他の信託がまだ契約されていない本件では、合同運用義務を否定した。

イ　Yの合同義務違反行為と損害の因果関係について、原判決では、19ファンド以外に資産を投入した場合の最悪の結果を想定して損害を計算することには相当の合理性が認められるとして、合同運用義務違反に基づく損害の算定においては、19ファンドの騰落率とXの資産が運用されていた他のファンドのうち最も成績の悪かったファンドの騰落率25％の差に基づく計算方法を損害の算定方法とするのが相当であるとしている。これに対し、本判決は、単独運用と合同運用のいずれの方法をとるかは期待利回りを左右するものでないなどと判示して、損害との因果関係を否定している。

(2)　次に、本判決は、委託者からアセット・ミックスについての指示を受けていた場合の受託者の裁量の具体的な認定方法を示しており、その点も、事例判決ではあるが、他の事例においても参考になる。

基金から示された運用ガイドラインで求められるアセット・ミックスは、通常資産の種類ごとに中心値および上限下限が記載されていることが多い。アセット・ミックス遵守義務の内容であるが、原判決は、「信託契約に基づく投資運用活動は、受託者における迅速柔軟な投資判断において行われ、当事者の指示に完全に拘束されては成り立たない性質のものであることも明らかであるから、受託者においてある程度の裁量が認められることも信託契約の性質自体から明らかである」と受託者に裁量があることを認めながらも、損害算定において、「本件のアセットミックスの提示においてはアセットミックスの上限及び下限が示されているが、これらは、上限値、下限値までの投資を無条件に許容するものとは解されないので、本件事実関係のもとでは、不足分及び超過分の算定については、指示されたアセットミックスの中心値を基準に計算すべきものである」としており、指示されたアセット・ミックスの中心値にできるだけ寄せることまで要求しているようにもみえる。これに対しては、上限値・下限値の設定自体が受託者の合理的裁量の幅を意味するものとみれば、それらとのかい離率を問題とすべきとの批判があ

る[15]。

　この点について、本判決は、資産の種類によって時価の変動状況が異なるうえ、市場の急激な変動等が生じることもあるため、信託財産の資産構成割合が指示された資産構成割合の許容範囲を超えることは珍しくないこと、この場合の対処方法には、定期的な是正、許容範囲の上下限値までの是正、許容範囲の中心値への是正、相場の流れ次第等といった手法があるところ、これらの対処方法の選択は信託会社に一任されていることが多いこと等から、国内株式の割合が運用ガイドラインに定められている上限値を上回ったとしても、直ちにアセット・ミックス遵守義務に違反しないとしており、運用ガイドラインに定められた一定の資産の上限下限値の範囲内であれば、基本的には、受託者の裁量の範囲内であって、アセット・ミックス遵守義務に違反しないことを前提としているものと思われる。そして、本判決によれば、運用ガイドライン所定の上限下限値を超えたとしても、それを超える程度、それを是正するまでの時間、是正方法については、一定程度、受託者の裁量に委ねられているものといえる。

　本件では、平成12年2月時点の国内株式の割合は、国内株式の上限値を6.5％上回ったものの、翌月以降、国内株式の割合は低下し続け、5カ月後である同年7月末の本件年金信託契約解除時には国内株式の上限値の範囲内に収まっており、本判決は、こうした事実も指摘して、アセット・ミックス遵守義務違反を否定している。

　もっとも、本判決は、Xが、高い配当利回りを求め、これに呼応して、YがIT銘柄に集中投資することを提案し、これに対して、Xが、異議を述べず、資産構成割合を問題にすることなく、19ファンドへの5億円の投資を了解していたことも指摘している。このように、本件は、基金側が運用ガイドラインに定められた上限値を超えることを容認していた事例であることから、上限値を6.5％程度上回り、これが5カ月ほど継続した事例について、当然にアセット・ミックス遵守義務が否定されるとは限らないものと思わ

15　池田秀雄「年金信託契約における受託銀行の債務不履行責任が認められた事例」銀行法務21・620号53頁、芳賀良「年金信託契約における受託運用機関の法的責任」金判1177号68頁。

れる[16]。

4 本判決の評価

(1) 合同運用義務の存否について

ア 本判決が、合同運用義務についての明示的・黙示的合意の事実認定において、受託者の運用方法に係る提案内容、年金信託契約の内容、信託実務の慣行等の客観的資料・事実を重視している点は今後の参考になる。

イ 本件約款の解釈については、単独運用はファンド立上げ時に例外的に認められ、立上げ後はすみやかに合同運用を実現すべき義務があると考えるべきとの見解がある一方で[17]、他の基金の参加を期待できないような危険を認識しながらファンドを立ち上げることは許されないとの見解もある[18]。

本判決は、基金の信託財産の合同運用が行われなかったことには相応の理由があったとしており、この点は、立上げ後はすみやかに合同運用を実現すべき義務はあるものの、その義務を履行できない相応の理由がある場合は、義務違反がないとするものと評価することもでき、前者の見解と同様の理解であるととらえることも可能であろう。他方、本判決は、Yが他の信託財産と合同運用する意思がないにもかかわらず、あえて19ファンドを新設したというような背信的な事情を見出すこともできないとし合同運用義務違反を否定しているが、このことは、かかる背信的事情が認められれば合同義務違反が肯定されうることを示唆しており、他の基金の参加を期待できないような危険を認識していることが上記の背信的事情に含まれるととらえるならば、

---

[16] この点、投資一任業者のアセット・ミックス遵守義務違反を認めた大阪地判平成18年7月12日判時1963号88頁も、「合理的裁量の範囲については、通常の場合はアセット・ミックスの上限あるいは下限値として設定されていることが多いと考えられるから、被告が本件アセット・ミックスの上限ないし下限値から特段の理由もなく乖離した値で本件受託資産の運用をすることはアセット・ミックス遵守義務に違反するものとして債務不履行となるものと解される」として、上限下限値の範囲では受託者の裁量を認めつつも、それを超えた運用については、裁量は制限され、特段の理由がない限り、債務不履行を構成する旨判示している。

[17] 井上健一「厚生年金基金信託契約における受託機関の債務不履行責任」ジュリ1347号76頁。

[18] 佐藤智晶「厚生年金基金信託受託機関が負う投資運用上の債務と注意義務」ジュリ1315号206頁。

後者の見解と同様または類似の理解に立って義務違反を肯定する可能性があるものとも思われる。

　この点に関連して、当初他の基金が合同運用に参加する予定であったとしても、相当期間経過しても他の基金がまったく参加しなかった場合には、運用方針を変更し、あるいはファンドを終了する等なんらかの措置を講じる必要があり、これを行わず当該ファンドで漫然と運用を続ける場合、合同運用義務に違反するとされる場合がありうるものと思われる。本件約款8条1項では、「この信託が契約されたときに、運用方法が同じである他の信託がまだ契約されていない場合は、1万円相当額を1口として、その整数倍の財産を信託財産の額として引き受けます」と規定されているが、ここで「まだ」との文言が使用されていることにかんがみると、将来合同運用となることが想定される必要があるように思われるからである。しかし、そうであったとしても、本件ではファンド立上げから本件年金信託契約の解除の意思表示まで半年にも満たないことから、この期間、結果的に合同運用にならなかったとしても、上記のような背信的事情もない以上、本件でYが19ファンドで運用してきたことを違法とすることはむずかしかったものと考える。

(2)　**合同運用義務違反行為と損害の因果関係**

　仮に、合同運用義務違反が認められた場合、当該義務違反と因果関係のある損害の範囲が問題となるが、この点、原判決は、19ファンドの騰落率とXの資産が運用されていた他のファンドのうち、最も成績の悪かったファンドの騰落率の差を損害としてとらえている。しかし、19ファンドの運用を問題にしている以上、19ファンドが実際に合同運用を行っていた場合に、どのような収支になっていたかが問題とされるべきものであるように思われる。よって、Xの主張する合同運用義務違反と、19ファンドの運用実績が他のファンドの運用実績を下回ったこととの間には、因果関係がないとする本判決の判断は正当なものであると考える[19]。

(3)　**アセット・ミックス遵守義務**

　アセット・ミックス遵守義務の内容は、当事者間の合意によって決まると思われるが、指定金銭信託の場合、受託者の運用のプロとしての投資判断が尊重されるべきと思われることから、その裁量を必要以上に拘束すべきでは

ない。したがって、本判決と同様、運用ガイドラインで定められている一定資産の割合の上限下限値の範囲内であれば、資産運用について受託者の裁量が認められるべきであって、受託者は、中央値を目指す義務まで負担しないというべきである。また、その上限下限値を超えている場合でも、そのようになった経緯、かい離率、上限下限値の範囲内への是正の方法、是正期間等を総合考慮して、これを違法とすることが適当でない場合も考えられると思われる。ただ、ある運用資産がアセット・ミックスの上限下限値を超えた場合、その対応について、受託者に一定の裁量が認められるとしても、その裁量は広汎なものとは考えられない。受託者は、経緯、かい離率、是正方法、是正期間等を勘案して、受託者としての裁量の範囲と認められるに足りる正当な理由を立証する必要があるものと思われるが、現時点では、個別判断となり、この点に関する具体的基準は明確とはいえない。

5　実務対応

(1)　運用方法の選択

　合同運用自体は、資産のスケールメリットを享受することができることから、信託財産の運用方法の選択肢の一つとすべきであろう。よって、信託契約上、合同運用が可能である旨を規定すべきである。既述のように、現行信託法の制定の際に、信託行為に定めがなくとも、合同運用の方法により信託財産を運用することは可能であるとする整理がなされたが、この整理に関する判例・学説が確立されているとまではいえないことから、無用なトラブルを避けるために、明確に信託契約に定めておくべきものと思われる。なお、信託会社ないし信託銀行が受託する金銭の信託において合同運用を行う場合には、信託業法上、信託契約に定めを置くことが必要となることは既述のとおりである。

　他方、受託者が合同運用義務まで負担するとなると、本件のように、信託

19　芳賀良・前掲注15・67頁は、「19ファンドが当初から合同運用された場合の騰落率を算定することが困難または不可能であるとすれば、19ファンドの騰落率と最も成績の悪かった18ファンドの騰落率の差に基づく計算方法を損害の算定方法として採用することもやむを得ない」として、19ファンドが合同運用されたときの騰落率を算定できない場合の次善の策としてならば、原判決が妥当であると主張している。

財産をあるファンドを立ち上げて合同運用のかたちで運用しようとする場合で、その後、合同運用とならなかったときに、合同運用となるための一定の対応をとらなければ、合同運用義務違反となり、また、そもそも、受託者が当初から合同運用とならないことを認識していたとして、一定の背信的事情が認定されれば、ファンド立上げ時から義務違反に該当することになりかねない。一般的に、合同運用を義務とする規定を置くことは少ないと思われるが、受託者としては、合同運用義務を負うことがないように慎重に対応すべきである。本判決は、既述のように、合同運用義務についての明示的・黙示的合意の事実認定において、受託者の運用方法に係る提案内容、年金信託契約の内容、信託実務の慣行等の客観的資料・事実を重視しているようであるが、理事、役員または担当者等の交渉内容・交渉過程も重要であろう。無用なトラブルを避けるためには、基金等から合同運用を求めるような言動があった場合に、受託者としてはその真意を十分に確認し、趣旨をあいまいなまま放置しないという姿勢も求められよう。

(2) アセット・ミックス遵守義務

年金資産の運用については、受託者は、基金から提示されたアセット・ミックスを遵守することは義務として認められよう[20]。ただし、上限下限を超えた場合の具体的な対処方法までは定まっていないことが多いように思われる。

本判決によれば、既述のように、基本的に、運用ガイドラインで定められた各資産の上限下限値の範囲内であれば受託者の裁量が認められるが、上限値または下限値に近接しているレベルで資産運用をしていると、運用資産の価値の変動により、容易に上限下限値を超えて、アセット・ミックス遵守義務違反が問われるおそれが生じることがある。したがって、通常は、上限下限値を超えないためのバッファーをある程度設けて、多少の各資産の価値の変動が生じたとしても、直ちに、上限下限を超えないようにしておくことが望ましい。また、急激な資産価値の変動等により、上限下限値を大きく超えてしまったような場合は、基金からアセット・ミックス遵守義務違反を問わ

---

20 厚生年金基金連合会受託者責任研究会・前掲注13・44頁。

れないようにするために、受託者は、基金にその旨を説明するとともに、当該資産の今後の価格動向等をふまえて受託者の対応方針を決め、それについて基金の理解を求めることが望ましいように思われる[21]。

(3) 運用ガイドラインに反する委託者の指示と善管注意義務違反

委託者が積立不足の解消を目的とするなどして、運用の基本方針に反するようなリスクの高い投資を指示してきた場合に、その指示に従った受託者は善管注意義務違反に問われる可能性があると思われる。

基金は、既述のように、運用の基本方針を策定し[22]、当該基本方針と整合的な運用ガイドラインを受託者に提示する必要がある。基金が国の厚生年金制度を代行していることにかんがみれば、受託者が、基本方針に反する違法な指示であることを知ってこれに従う場合、受託者の善管注意義務違反となる可能性は否定できないと思われる[23]、とりわけ、AIJ事件を契機として、平成25年4月1日施行の信託業法施行規則41条2項6号および兼営法施行規則23条2項6号に基づき、運用受託機関が、基金において分散投資義務違反が発生するおそれを把握した場合に、基金に対してその旨を通知しないことが信託会社・信託銀行の禁止行為として付加された。また、同時に改正された信託会社等に関する総合的な監督指針3－5－2④イによると、上記通知を行ったにもかかわらず、分散投資義務違反のおそれが解消されない場合において、基金と協議を行い、場合によっては、受託者の地位を辞任することまで検討する必要があるものとされている。

また、この規制を実効化するために、「「厚生年金基金の資産運用関係者の役割及び責任に関するガイドラインについて」（通知）の一部改正について」（平成25年3月29日年発0329第1号）により、基金は、基本方針の写しと基金の総資産額を示す資料を運用受託機関に交付すべきものと改正され（ガイドライン三(5)）、平成25年4月1日より適用されている。したがって、運用受託機関としては、基金から交付を受けた基本方針の写しと総資産額を示す資

---

21 厚生年金基金連合会受託者責任研究会・前掲注13・45頁参照。
22 厚生年金基金連合会・前掲注7・50頁。
23 ただし、たとえば、基金の指示が理事長専決（厚年法118条2項）としてなされた場合には、運用者には違法か否か不明な場合もあることが考えられる。

料をふまえて、運用受託機関の運用方針や運用資産等を検討する必要がある。

それゆえ、今後、運用受託機関である受託者は、基金の指示が基本方針に反する場合、それを知るに至る場合が多くなるものと思われる。したがって、受託者は、基金より入手した基金の基本方針の写しや基金の資金総額等と照らし合わせて、運用ガイドラインや基金の指示が、基金の基本方針に違反することとならないかについて、確認しておくことが望ましい。

(4) **基金の対応**

基金が、運用受託機関による合同運用義務違反やアセット・ミックス遵守義務違反を認識しているにもかかわらず、結果として高利回りとなっているからといって、これを放置してしまう場合には、当初の合意を変更する黙示の合意がなされたなどと認定されることがありえよう。この場合、そうした運用を継続したため、その後の市況の変化により、基金が損失を被ることとなったとしても、基金はもはや受託者の義務違反を問えないこととなりかねない。したがって、基金としては、たとえ一時的に期待以上の収益が得られていたとしても、受託者に義務違反があり、それを認知した場合には、その是正を求め、あるいは正式にガイドラインの内容変更を行うなど適切な対応を行うことが求められる。これを怠ったことで、結果的に基金に損害が生じた場合は、運用担当理事の善管注意義務違反の問題が生じる可能性があるものと思われる。

(隈元慶幸)

第13講

共同受託と信託財産に関する保存行為

大判昭和17年7月7日民集21巻13号740頁

判決要旨

数人の受託者が信託財産を合有する場合においては、信託財産の保存行為であっても、全受託者が共同してこれを行うことを要する。

事案の概要

1 昭和8年5月10日、訴外Aが訴外Bから金5,500円を借り受け（弁済期：昭和10年5月10日）、当該借入れを担保するために土地26筆に抵当権を設定した。

2 昭和9年4月17日、X（Aの兄）（原告、控訴人、上告人）は、Aの母および弟とともにAから、財産保管の都合およびXの信用維持のために上記抵当権付土地の信託譲渡を受け、同月19日にその旨の登記をした。一方、昭和10年12月27日、Bは上記貸付債権および抵当権をY_1（被告、被控訴人、被上告人）に譲渡し、同月30日にその抵当権移転登記を行った。

3 昭和15年9月16日、Y_1は上記土地のうち22筆について抵当権実行による競売申立てを行い、同年10月15日の競落許可決定により、Y_1がうち15筆、Y_2（被告、被控訴人、被上告人）がうち7筆を、それぞれ競落して、それぞれ所有権取得の登記を完了した。

4 XおよびAは、上記貸付債権は昭和15年5月10日に時効（商事）により消滅しており、その後に行われた競売手続は無効であるとして、貸付債権および抵当権の不存在確認、ならびに上記土地におけるYらの抵当権設定登記および所有権取得登記の抹消を求めて提訴した。

5 第1審では、本案につき審理を行ったうえで、消滅時効が完成前に中断されているとして、Xらの請求が棄却された。Aは控訴せず、Xのみが控

【関係図】

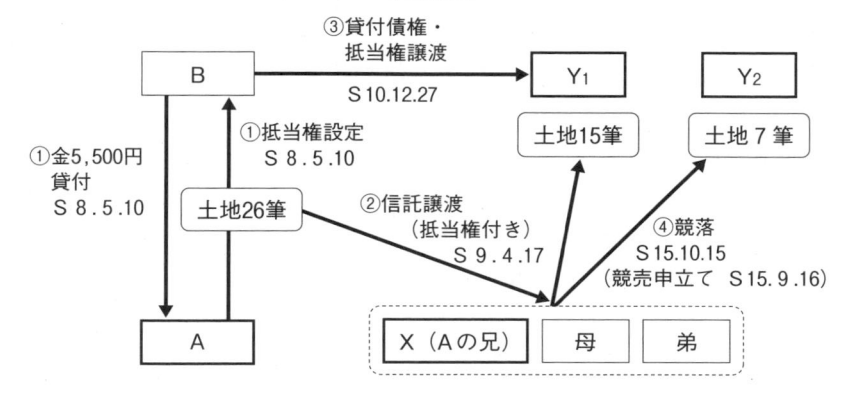

```
           ③貸付債権・
            抵当権譲渡
    B ─────────────────→  Y₁        Y₂
    │   S 10.12.27
    │ ↑                    土地15筆   土地 7 筆
①金5,500円 │①抵当権設定              ↑        ↑
 貸付  │   S 8.5.10                    │        │
 S 8.5.10│                             │        │
    │ 土地26筆  ②信託譲渡              │        │
    │         （抵当権付き）           │        │
    │          S 9.4.17    ④競落
    ↓                      S 15.10.15
    A                     （競売申立て S 15.9.16）

         ┌─────────────────────────────┐
         │ X（Aの兄）    母     弟      │
         └─────────────────────────────┘
```

訴したところ、控訴審は、受託者が数人あり、信託行為で別段の定めを行わない場合には、信託事務の処理は受託者が共同して行うことを要し、本件訴訟も共同受託者である母および弟と共同して提起する必要があるが、Xは単独で本件訴訟を提起しているため共同訴訟としての要件を欠くとして、Xの訴えを却下した。

6 これに対して、Xが上告し、以下のとおり主張した。
① 旧信託法24条2項は信託財産に関する保存行為については適用がなく、民法上の共有や遺言執行者が数人ある場合と同様に、各受託者が単独で行うことができる。本件訴訟提起は保存行為にほかならない。
② 委託者兼受益者の承認がある場合には、旧信託法24条2項の適用はなく、各受託者が単独で信託事務を処理することができる。Xは本件訴訟を当初、委託者兼受益者であるAとともに提起していることから、同人の承認が得られている。

本判決

上告棄却。
本件請求は「Xが訴外Xの母及弟と共に訴外Aより信託せられたる不動産に付時効消滅に因る債権及抵当権の不存在確認及Y等の抵当権及所有権取得登記の抹消登記手続を求むるに在るところ信託行為に於て受託者数人あると

きは信託財産は其の合有に属し信託行為に別段の定ある場合を除く外信託事務の処理は受託者共同して之を為すことを要することは信託法第24条の規定する所なりとす。而して茲に合有とは民法所定の共有と其の性質を異にし各受託者は持分を有せず従て分割請求権を有することなく信託財産は不可分的に受託者全員に帰属するものなるが故に数人の受託者が信託財産を合有する場合には信託財産の使用収益管理処分に付ては勿論信託財産に関する保存行為と雖総員共同して之を為すことを要するものと解するを相当とすべし。蓋し民法上の共有に在りては各共有者は何れも共有物の所有権を有し唯之が作用を分量的に制限せられたるものに過ざるが故に共有物の保存行為の如きは其の性質上各共有者をして単独に之を為すことを得しむるの理由ありと雖も信託法上の合有に在りては各受託者が信託財産の所有権を有するものに非ずして其の所有権は上叙の如く全部として不可分的に受託者全員に帰属するものなるが故に信託財産の保存行為と雖も信託行為に別段の定なき限り単独に各受託者をして之を為さしむることを得ざればなり。然り而して本件信託事務の処理に付代表者を定むる等信託行為に別段の定なきことはXの自認する所なるのみならず本件に於て委託者にして且受益者たる訴外AがXと共同して本訴を提起したりとするも之が為め直にXの本訴提起に付同人の承認ありたるものにして従て本件に付信託法第24条第2項の適用なきものと做さざるべからざるものに非ず。果して然らば本訴請求は所論の如く信託財産に対する保存行為なりとするも他の受託者たる訴外Xの母及弟と共同せずX単独にて提起したる本訴請求は排斥を免れざるを以て原判決が論旨摘録の如く判示したるは相当と言わざるべからず論旨は独自の見解の下に原判決に論難を加うるものに外ならざれば之を採用すること能わず」

検討

1 問題の所在

　信託の受託者が数人あるときは、信託財産は全受託者の合有となるが（旧信託法24条1項、現行信託法79条）、旧信託法のもとでは、そのような共同受託においては信託行為に別段の定めがある場合を除き、全受託者が共同して

信託事務を処理すべきものとされていた（旧信託法24条2項）。本件では、旧信託法24条2項のもとで、抵当権の設定された土地につき他の受託者とともに信託譲渡を受けた受託者の一人が、単独で被担保債権および抵当権の不存在確認、ならびに抵当権設定登記および所有権取得登記の抹消登記請求訴訟を提起することの可否が問題となった。

2　学説等の状況

(1)　共同受託における合有

新旧信託法上、共同受託における信託財産の所有関係は、全受託者による合有とされている（旧信託法24条1項、現行信託法79条）。

旧信託法のもとでは、共同受託における合有は、民法学説上の組合等における合有と異なり、共同受託者は信託財産に対して固有の利益を有せず、共同受託者に合手的行動が要求されるのは、委託者が単独受託者に不安を抱いたという事情に基づくものであることから、①各共同受託者の信託財産に対する持分の観念は潜在的なものさえも存在せず、②各共同受託者は信託財産を分割請求する権利をもたず、③共同受託者の一人が死亡しても持分権の相続は起こらず、残りの共同受託者のみで信託財産の受託が継続される（残存者の原則）といった特色があると解されていた[1]。

現行信託法79条は旧信託法24条1項の趣旨を踏襲し、共同受託者による信託財産の所有形態を「合有」と規定したものであり、現行信託法により合有の考え方自体に特段の変更は加えられていない[2]。

(2)　共同受託における信託事務の処理

共同受託における信託事務の処理について旧信託法24条2項は、信託行為に別段の定めがある場合を除き、全受託者が共同して行うことを要するもの

---

[1]　四宮242頁。もっとも、能見159頁～160頁は、組合においても組合員による持分譲渡、組合員の組合脱退時における持分の現物交付等が制限されており、持分的権利が制限されているという点では共同受託における合有との違いは相対的であり、共同受託における合有と民法学説上の合有が異なることを強調することにはあまり意味がないとする。
[2]　寺本233頁は、共同受託者は、信託財産について固有の利益を有しないことから、民法上の共有と考えることができないとして、現行信託法も旧信託法の規定を承継したとしている。補足説明第34。

と定めていた。これは「合手的行動の原則」と呼ばれ、信託財産に関する処分行為・管理行為・訴訟行為について共同受託者全員が共同に行動することを要求し、共同受託者間における多数決による決定を許さず、一部の共同受託者による代表も許さないとされていた[3]。

　この共同受託者による合手的行動の義務の根拠に関しては、既述のように、受託者が単独であることに委託者が不安を抱いた結果、複数の受託者による共同受託としたという事情に基づくものと考えられていたが[4]、これによれば、共同受託者による合手的行動義務は、旧信託法上の自己執行義務のコロラリーとしてとらえられ、複数の共同受託者全員がそれぞれ自己執行義務を負っている以上、各自の自己執行義務をすべて満足させるためには、各自が一致協力して全員で信託事務の遂行にあたるべきものとして理解される[5]。また、合手的行動義務の実際的な機能としては、共同受託者間の相互監督・監視機能があげられていた[6]。

　共同受託者が合手的行動義務に違反して行為したときは、それによって生じた損害について信託財産・受益者・委託者に対して損害賠償責任を負うほか、法律行為であれば当該行為の結果は信託財産を拘束せず、当該行為を行った共同受託者が個人的責任を負うものと解されていた[7]。また、共同受託者が当事者となる訴訟は固有必要的共同訴訟となるため、一部の共同受託者のみを当事者として提起された訴訟は、当事者適格を欠くものとされた[8]。

　もっとも、実務上、「合手的行動の原則」を信託事務の処理のあらゆる局面に適用することは現実的ではない。そのため、共同受託者の全員一致が要求されるのは、信託事務の遂行に関する意思決定のレベルの話であって、行為の内容が全員一致で決定されているならば、あらゆる信託事務の実際の遂行に共同受託者が直接かかわる必要はないとされていた[9]。

3　四宮243頁。
4　四宮242頁。
5　新井308頁。
6　新井308頁。
7　四宮244頁。
8　四宮244頁（注1）。
9　新井308頁。

このように考えると、共同受託者内部の事前の全員の同意が欠けているにもかかわらず、一部の受託者が現実に行った具体的行動についても、他の受託者が事後的に同意すれば、これを有効とみることも可能であろう[10]。

さらに進んで、旧信託法26条1項の趣旨から、やむをえない事由があるときには他の共同受託者への信託事務処理の委任が許され、さらに、委任の意思表示を行うことができないほどの病気である場合などは、委任を要しないで合手的行動義務の例外を認める必要があり、緊急を要する保存行為についても各共同受託者が単独で行うことができるとの見解も有力であった[11]。

また、全員一致では意見が割れて事務処理ができず、かえって信託財産に損害を与えるおそれがあるような特殊な場合には、多数決に従うという共同受託者全員の合意の存在を前提として、多数決で決めたことを対外的に共同受託者全員の名で行うことが許されることもありうるとして、「合手的行動の原則」の例外を認める見解もあった[12]。

このように、合手的行動の原則を貫くと、実際上の支障が生じうることから、旧信託法のもとで、その緩和・例外を認める解釈論が摸索されていた。

もっとも、旧信託法上、「合手的行動の原則」の例外を信託行為において定めることは可能であり（同法24条2項）、共同受託者内部の意思決定を多数決としたり、共同受託者のなかの一人を代表者とするようなことも、信託行為に定めがあれば可能であった[13]。

3　本判決の意義と射程

本判決は、共同受託者による合有は民法上の共有と異なり、各受託者は持分を有さず、信託財産は不可分的に受託者に帰属することから、信託行為に別段の定めがない限りは、信託財産の保存行為についても旧信託法24条2項に基づき全受託者が共同して行うことを要するものとし、共同受託者が信託財産に関して訴訟を提起する場合には固有必要的共同訴訟となる旨を判示し

10　四宮243頁。
11　四宮245頁。
12　能見161頁～162頁。
13　四宮246頁（注1）。

た。

　もっとも、同判決によれば、信託行為に別段の定めがあれば、別異に解釈する余地を認めているようでもある。そのため、仮に、信託行為において、信託財産の保存行為、あるいはその他の一定の行為について各共同受託者が単独で行うことができる旨の定めが置かれていた場合に、旧信託法24条2項に基づき受託者が、実体法上単独で行為をすることができるだけでなく、訴訟法上も、単独で訴訟提起をすることができるのかという問題は残った。

　また、本判決は、委託者兼受益者であるAが当初Xとともに本件訴訟を提起したことをもってしても、Xが他の受託者と共同せずに本件訴訟を提起することをAが承認していたとして、本件訴訟提起に旧信託法24条2項の適用がないとすることはできないとした。これによると、受益者が承認すれば、別異の判断もありえたかのようにも読める。この点、受託者による信託事務の処理は受益者の利益のために行われるのであるから、受益者による承認があれば一人の受託者が単独で信託事務を行うことも許されるとの考え方も一応ありうるが[14]、本判決は、Aが当初Xとともに本件訴訟を提起した事実をもって、Aの承認があることを前提として単独の訴訟提起が許されるという上記上告理由②の主張を否定したにとどまり、受益者の承認があれば当然に共同受託者の一人が単独で訴訟提起することが許容されるのかは必ずしも明らかではない[15]。

4　本判決の評価

　本判決は、旧信託法24条2項に定める合手的行動の原則を、その文言どおりに適用し、保存行為に関しても、共同受託者全員で訴訟提起をする必要があるとしたものということができる。旧信託法上、共同受託者がいる場合の

---

[14]　原靖「共同受託者の合手的行動義務と責任」信託法研究17号20頁〜21頁。
[15]　もっとも、四宮博士は本判決の評釈においては、受益者の同意があれば一人の受託者が単独で信託事務を行う権限が生じるとしたうえで、その同意は受益者が当該事実および自己の権利について十分な認識をもち、受託者の不当な行為によって誘発されたものではないことが必要であり、本判決がこのような理論を前提としつつAによる同意がこの要件に該当しないというのであれば、それは事実の問題に帰着するであろうとする（判例研究61巻1号188頁）。

信託に関する訴訟は、固有必要的共同訴訟とされてきたことに合致しており、解釈論としては妥当であろう。

　また、次の三つの理由から、本件事案の具体的解決としても、妥当であったと考えられる。すなわち、第一に、旧信託法24条2項のもとにおいて、前述のとおり、緊急を要する保存行為については各受託者が単独で行うことができるとの有力な見解もあったが、本件事案では、信託財産である土地に関するY$_1$、Y$_2$の所有権取得登記に関して、受託者Xが当該土地の所有権に基づく抹消登記請求訴訟を提起しており、Xが敗訴すれば、当該信託財産を処分したものと同視されるので、Xの訴訟提起は必ずしも保存行為とはいえないと思われる。また、Xが他の受託者と共同しないで単独で訴訟提起せざるをえなかった理由は不明であるが、Xが単独で提起せざるをえないほどの緊急性があったとはにわかに考えがたい。こうしたことから、上記の有力説に立っても、本判決の結論は妥当とされている[16]。

　第二に、たしかに、委託者兼受益者であるAがYの単独の訴訟提起を明確に認めていれば、受益者保護の観点から、Yの当事者適格の妥当性を根拠づけることも可能であったかもしれないが、本判決では、AがYとともに訴訟提起をした事実があるだけであり、そのことから、直ちにXの単独の訴訟提起に関するAの明確な承認があるとはいえない。

　第三に、本判決は、前述のとおり、信託行為に別段の定めがあれば、別異に解釈する余地を認めているようでもある。しかし、本件において、訴訟行為に別段の定めがないことが明確に認定されている。したがって、Xは、旧信託法24条2項に基づき、共同受託者全員で共同して信託財産を管理処分すべき地位にあったことから、訴訟上も、共同して訴訟提起すべき地位にあったといえる。

　しかし、本判決によれば、信託行為に別段の定めがある場合に、仮に一人の共同受託者が単独で訴訟提起しうるとしても、どのような定めがあればよ

---

[16] 四宮245頁は、本件のような訴訟提起は必ずしも常に保存行為（しかも緊急を要する保存行為）とはいえないため、本判決は具体的事案に対する解決としては正当であるが、保存行為についても共同受託者全員で行うことを要するという一般論については支持しがたいとする。

いのか、保存行為に該当するような訴訟行為に限定されるのか、広く訴訟行為全般を行うことができるのか、信託行為において受託者の過半数で決する旨の定めがあれば、訴訟提起も過半数の受託者でできるのか、明確ではない。

　また、本判決が、旧信託法24条1項の解釈論としては相当としても、そもそも同条項には立法論上の批判があった。すなわち、信託行為において想定されていない事象が発生した場合や、本事案のように信託行為において特段の定めがなかった場合において、訴訟行為を含めたあらゆる信託事務について共同受託者全員の意見の一致を要するとすると、信託事務の処理に支障が生じ、受益者の利益を害する結果となることもありうるであろうという批判である[17]。その結果として、後述の現行信託法における規律に改められたのである。

5　現行信託法における規律

　現行信託法は、旧信託法と同様に、信託財産が全共同受託者の合有に属するものとしており（現行信託法79条）、合有の考え方についても現行信託法により特段の変更は加えられていないが、信託事務処理に係る決定および執行について、合手的行動義務を廃止して、現行信託法は旧信託法と異なる定めを置いている。以下、一般の共同受託の場合と受託者の職務分掌の定めのある共同受託の場合とで分けて記述したい。

(1)　一般の共同受託

　現行信託法80条は、受託者が二人以上ある信託においては、信託事務の処理については受託者の過半数をもって決するほか（1項）、保存行為については各受託者が単独で決することができるとする（2項）。また、このようにして決定された信託事務の処理については、各受託者が当該決定に基づいて単独で執行することができ（3項）、信託事務を執行する受託者はこのとき、他の共同受託者を代理する権限を有することとなる（5項）。

　さらに、現行信託法82条は、常務に属する信託事務の処理については各受

17　新井308頁〜309頁。

託者が他の受託者に決定を委託することを許容しているほか、やむをえない事由がある場合には、常務に属さない信託事務の処理の決定を委託することも許されている。

このように、現行信託法は共同受託者が全員で信託事務処理を行うことを求めておらず、信託事務の内容に応じて柔軟かつ迅速に決定・執行を行うことを可能としている。なお、以上にかかわらず、信託行為に別段の定めがあるときは、その定めるところによるものとされており、この点は旧信託法のときと同じである。

もっとも、一般の共同受託における信託財産に係る訴訟は現行信託法のもとでも固有必要的共同訴訟であると考えられており、共同受託者が全員で訴訟を提起し、または提起される必要があるほか、信託財産に対して強制執行を行うためには共同受託者全員に対する債務名義が必要である[18]。

(2) 職務分掌の定めのある共同受託

現行信託法80条4項は、信託行為に共同受託者間の職務の分掌に関する定めがある場合には、各受託者は当該定めに従い、信託事務の処理について決し、これを執行するものとしている。すなわち、信託行為において各受託者の職務分掌を定めた場合には、ある職務に属する信託事務については、当該職務を分掌する受託者のみで決定・執行を行うこととなるのであり、たとえばA・B・Cの三人による共同受託においてAの職務分掌に属する信託事務については、Aが単独で決定・執行を行い、B・Cは当該信託事務の決定・執行を行うことができない。このとき、AはB・Cを代理する権限を有することとなる（現行信託法80条5項）[19]。

そして、現行信託法81条は、職務分掌の定めのある共同受託においては、各受託者は自己の分掌する職務に関し、他の受託者のために原告または被告

---

18 現行信託法の制定に係る法制審議会信託法部会においては、職務分掌型の共同受託には該当しない一般の共同受託に関し、個別の共同受託者には信託財産に係る専属的な管理処分権が帰属していないため法定訴訟担当という構成は無理であり、信託財産に対する強制執行のためには共同受託者全員に対する債務名義が必要であることが議論の前提とされていた（法制審議会信託法部会第27回議事録参照）。したがって、現行信託法上受託者が単独で決定することができることとされた保存行為（現行信託法80条2項参照）についても、訴訟法上は、共同受託者全員が当事者とならなければならないこととなろう。山本克己「新信託法における当事者適格論」法学論叢166巻5号6頁〜7頁も同旨。

となる旨を定めている。つまり、各受託者は自己が単独で分掌する職務の範囲内であれば、信託財産のために単独で訴訟を提起し、または提起されることとなり、それは当該訴訟が保存行為であるか否かによって異ならない。当該職務を分掌する受託者が法定訴訟担当として訴訟の当事者となるのであり、固有必要的共同訴訟とはならないのである。

なお、第三者が信託財産に対して強制執行を行う場合には、該当する職務を分掌する受託者に対して債務名義を取得したうえで、当該受託者に対する単純執行文の付与を受けることによって可能となり、不動産のように共同受託者全員の名義による合有の登記が行われている信託財産については、例外的に、他の受託者に対する承継執行文の付与も受けることが必要になるものと考えられている[20]。

6　実務対応

(1)　共同受託における訴訟対応時の留意点

現行信託法における職務分掌の定めのある共同受託については、該当職務を分掌する受託者が単独で原告または被告となるため、そのような定めがあれば、旧信託法上問題となりえたような、共同受託者全員の合意が得られず、迅速に訴訟提起できず、かえって、受益者の利益を害することになりかねないという事態は生じない。当然のことながら、自身が分掌していない職務に関する訴訟を誤って提起した場合には訴えが却下されることになるため、留意が必要である。受託者が被告として訴訟提起された場合には、当該訴訟が自身の分掌職務の範囲内であるかをまず確認し、自身の分掌外の訴訟であれば訴えの却下を求めることになるであろう。

一方、旧法信託の場合および新法信託における一般の共同受託の場合に

---

[19] Aが信託事務の処理により第三者に対して債務を負担した場合は、B・Cは原則として信託財産のみをもって履行する責任を負い、Aのみが信託財産のほか自己の固有財産をもって履行する責任を負う（現行信託法83条2項）。これに対して、一般の共同受託においては、信託事務を決定・執行した受託者以外の受託者についても、信託財産のほか自己の固有財産をもって履行する責任を連帯して負う（同法83条1項）。
[20] 法制審議会信託法部会第28回議事録を参照。なお、民法上の組合における組合財産に対する強制執行と同様に、民事執行法の解釈に委ねることとされたため、現行信託法には明文の規定までは置かれなかった。

は、固有必要的共同訴訟として全受託者を原告または被告とする必要があるものと考えられる[21]。一部の受託者のみで提起した訴訟は、それが保存行為に該当するか否かにかかわらず却下されると考えられるため、留意が必要である。一部の受託者が被告として訴訟提起された場合には、不適法な訴えとして却下を求めることになるであろう。

したがって、多数の訴訟が提起されうる信託財産を共同受託で引き受ける場合は、迅速かつ柔軟に訴訟対応をする必要があるのならば、明確に職務分担の定めをしておく必要があるものと思われる。もっとも、その場合、当該信託の引受けにあたって、訴訟信託を禁止する現行信託法10条に違反しないか検討する必要がある（第6講参照）。

(2) 共同受託と複数の信託の並存

共同受託に類似するものとして複数の信託が併存する場合がある。現行信託法の第3章6節（79条～87条）は、共同受託に関する規律を定めているものである。同節において「共同受託」という表現は用いられておらず、79条以下の各条においては、「受託者が二人以上ある信託」に対してその適用がある旨が明記されているが、ここでいう「受託者が二人以上ある信託」とは、一つの信託について受託者が二人以上であるものを指しており、受託者が一人である信託が同時に複数並存する状態については、これには該当しない[22]。つまり、同節の適用を受けるのは、従来から共同受託として理解されてきたものに限られ、この点は旧信託法24条の解釈と特段異ならないと考えられる。

たとえば、年金信託においては、委託者である企業が年金資産を複数の受託者に対して信託することが多いが、そこでは全体の信託財産が一定のシェアにより分割されたうえで各受託者に別個に信託され、各受託者は自らが受託した財産を単独名義で所有し、単独の意思決定により管理・運用を行う。委託者は受託者が互いに共同あるいは牽制し合って信託財産を運用すること

---

21 一部の受託者が選定当事者（民事訴訟法30条1項）として全受託者のために単独で訴訟提起すること等も一応考えられるが、これが認められるのかが明らかではないため、全受託者を当事者として訴訟提起することになるであろう。
22 村松秀樹・富澤賢一郎・鈴木秀明・三木原聡『概説　新信託法』（金融財政事情研究会、2008）166頁。

は期待しておらず、むしろ受託者間で競争し合うことによって全体の運用成績が向上することを期待している。運用成績の良し悪しによっては受託者間のシェアが変更されることさえありうる。このような場合においては、全受託者による信託財産の合有や受託者間の相互監視は意図されておらず、受託者が一人である信託が複数並存しているにすぎないと考えられる。仮に委託者と全受託者が物理的に1本の信託契約書に調印するかたちをとっていたとしても、上記実質にかんがみれば同様に考えるのが妥当であろう。

　共同受託であるのか、それとも複数の信託が並存しているにすぎないのかを判断するにあたっては、複数の受託者による共同での権利行使や共同での責任負担、受託者間の監視義務等、共同受託の効果の発生が意図されているか否かが、メルクマールとして考えられている[23]。

　受託者としての立場からみた場合、共同受託と複数の信託の並存との大きな違いは、各受託者が単独で信託事務処理の決定・執行を行うことができるか否かということのほかに、他の受託者に対する監視義務を負うか否かがあげられる。複数の信託が並存するにすぎない場合には、受託者は相互に監視する義務を負わないが、共同受託の場合には各受託者は善管注意義務の一環として他の受託者の行動を監視する義務を負い、監視を怠ったことにより他の受託者の不適切な行為が看過されて信託財産に損害が生じたような場合には、その責任を問われることとなる[24]。実務上、大規模な土地信託や閣僚信託[25]等の公共的な信託以外には共同受託[26]があまりみられないのは、このよ

---

[23] 村松ほか・前掲注22・166頁。なお、信託法部会においては、信託財産を各受託者が単独で所有しており、各受託者が単独で意思決定を行い執行するような場合については、複数の信託契約が重なり合っていると考えるため、共同受託に係る規律は適用されないとの議論が行われている（法制審議会信託法部会第25回議事録）。

[24] 職務分掌の定めのある共同受託においては、各受託者が分掌の範囲内で単独で信託事務処理の決定・執行を行うため、一般の共同受託の場合と同じレベルの監視義務は負わないが、他の受託者による不適切な行為を知ったような場合には差止請求（現行信託法85条4項）を行うことが可能であり、一定の監視義務は負うものと考えられている（法制審議会信託法部会第25回議事録）。

[25] 国務大臣等は在任期間中、株式を含む有価証券等の取引を自粛することが求められており、就任時に保有する有価証券等については信託銀行等に信託するものとされている（国務大臣、副大臣及び大臣政務官規範）。

[26] 実務上、本文中に記載しているような年金信託についても「共同受託」と呼ばれることがあるが、本来的な意味における共同受託ではない。

うなことも影響しているかもしれない。

このような複数の信託が併存している結果、受託者が複数になる場合、各受託者は自ら受託した個別の信託財産につき単独で訴訟提起できる。

(3) 有価証券運用等における再信託

共同信託に類似するものとして、再信託もあげられる。すなわち、信託銀行が有価証券等の信託財産を運用するにあたり、当該有価証券等の管理・保管については他の資産管理専門の信託銀行に任せることにより、各々が専門機能を発揮し、効率的な信託事務の処理を図る実務が近年多くみられる。このような分業は、職務分掌の定めのある共同受託のかたちで水平的に行われることもあれば、顧客から運用財産の信託を受けた信託銀行が委託者となって、有価証券等の信託財産を資産管理専門の信託銀行にさらに信託するかたちで垂直的に行われることもある。後者は、実務上、再信託と呼ばれる。

再信託の場合には、顧客と信託銀行（以下「甲」という）との間の信託契約、甲と資産管理専門の信託銀行（以下「乙」という）との間の信託契約はかたちとしては別個の契約であり、顧客と乙は直接の契約当事者とはならない[27]。有価証券等の信託財産は乙の名義で所有ないし管理され、有価証券等の売買は甲からの指図に基づき行われることも多いが、対外的な発注は乙が単独で行う。また、甲は甲・乙間の信託契約の委託者兼受益者として、受託者である乙の監督を行うとともに、甲の乙に対する監督が不適切であったことにより信託財産に損害が生じたような場合には、顧客・甲間の信託契約の受託者として顧客から責任を問われかねないが、逆に乙が甲に対して監督を行うことはないし、甲における信託事務処理の失当に関して乙が顧客から責任を問われることもない。再信託は以上のような点で共同受託と異なる。

もっとも、甲の立場からみれば、乙の信託事務処理に関して一定の責任を顧客に対して負うこととなるし、顧客としても乙の不適切な信託事務処理により信託財産に損害が生じた場合の責任は一義的には甲に対して追及することになると思われるため、甲はいずれにしても、乙との信託契約における委託者兼受益者として、乙に対して監督を行う必要がある。

---

[27] もっとも、信託契約とは別に顧客・甲・乙の3者で締結される覚書等に基づき、事務的な連絡・指図や報告が顧客と乙の間で直接行われることがある。

このような再信託においては、信託財産は再信託受託者である乙に帰属することから、乙のみが単独で訴訟提起できる。

(4) 共同受託における信託財産の名義

共同受託に係る信託財産は全受託者の合有に属するため、全受託者の合有名義とするのが本来の姿である。不動産のように複数受託者の名義による合有の登記が実務上可能であるものについては、実際にそのような合有の登記が行われている。一方で、預金口座、有価証券の振替口座等の場合には、複数受託者の名義とすることが実務上困難であるため、一人の受託者の単独名義とせざるをえず、預入れ・払戻しや売買等の対外的な取引も単独名義で行われる。

受託者が信託事務の処理として取引を行う場合には、現行信託法80条5項により、他の受託者を代理する権限を有するため、少なくとも受託者が信託銀行である等、受託者としての行為が商行為に該当するような場合には、特に他の受託者のための顕名を行わなくとも他の共同受託者にも効果が帰属し、当該取引の効果は信託財産に帰属するものと考えられるし（商法504条）、振替口座内の有価証券は名義人である受託者が他の受託者のために代理占有しているとみなされること等により、共同受託者の財産として譲渡の効力要件および対抗要件を満たし、信託についても第三者への対抗が可能と考えられる[28]。

（谷川修一）

---

[28] 吉谷晋「共同受託の信託において振替口座が単独名義であることについて」能見義久編『信託の実務と理論』（有斐閣、2009）139頁以下を参照。

■ Column 4

信託訴訟における当事者適格

　第13講「共同受託と信託財産に関する保存行為」でみたとおり、いわゆる職務分掌型でない一般の共同受託においては、訴訟を提起する場合は、訴訟の目的が保存行為であっても、全受託者が訴訟当事者となる必要があるとされた。当該事例は、共同受託者間の当事者適格という、いわば「横の関係」が問題となったが、委託者、受託者および受益者という「縦の関係」では、訴訟の当事者適格はどのように考えられるであろうか。

　たとえば、賃貸用建物を信託財産とし、受益者（代理人）が信託財産の管理処分について指図を行う不動産管理処分信託において、当該建物の賃借人が賃料の支払を延滞したため、賃借人に対して賃料の支払または賃料相当額の損害賠償を求めて訴訟を提起する場合を想定してみる[1]。この場合、受託者には管理処分権限が専属しているから[2]、受託者が訴訟当事者たりうることは明らかであるが[3]、委託者や受益者は当該訴訟の当事者となりうるか。

　訴訟の当事者適格は、訴訟物たる権利・法律関係に自ら法的利益を有する者に認められる[4]。とすると、委託者については、そもそも自益信託の受益者（委託者兼受益者）の地位に基づくならともかく、信託設定前に自己に帰属する未収賃料が発生していた、または、そもそも信託行為の意思表示に瑕疵があった等の特別な事情でもない限り、通常、信託財産について委託者固有の法的利益をもたないであろうから、設例では訴訟の当事者とはなりえないと考えられる[5]。

　次に、受益者は、訴訟物である賃料支払請求権または損害賠償請求権に対して

1　なお、延滞賃料の取立ては、管理行為に該当する。
2　四宮9頁および208頁。
3　信託受託者の当事者適格に係る法的性質については、山本克己「新信託法における当事者適格論」（法学論叢166巻5号1頁〜20頁）が詳しい。
4　伊藤眞『民事訴訟法〔第3版4訂版〕』（有斐閣、2010）154頁。
5　最判昭和29年2月5日民集8巻2号366頁。同判例は、戦後、閉鎖機関に指定されたX銀行による閉鎖機関令に基づく土地賃貸借契約の解除について、「昭和22年政令115号2条によれば、被上告人Xのいわゆる旧勘定に属する国内資産（中略）は、大蔵大臣の指定する時（中略）において、訴外Aに移転し、被上告人Xを委託者及び受益者とし、右Aを受託者とする信託財産となつたものであることが明である」「被上告人Xは他に特段の事情のない限り右土地の賃借人たる上告人Yに対し、前記指定時（中略）の後においてはその賃貸借につき解約の申入をする権能を失つたものと認むべきである」と判示し、解除の有効性を否定し、原判決を破棄、差し戻した。

法的利益を有するといえるだろうか。少なくとも受益者は受益権を通じて信託財産に係る収益の配当または元本の交付を受ける権利を有しており、信託財産に対して利害関係を有しているのは明らかである。しかし、それは信託受益権という受託者に対する債権を通じてのことであり、信託財産の管理・処分権限は受託者に専属するから、受益者が訴訟物たる賃料支払請求権について法的な利益を有するとはいえないであろう[6]。民事訴訟法58条1項3号および124条1項4号の規定をみる限り、信託財産に関して対外的に訴訟行為を行う場合は、受託者が訴訟当事者になることを当然の前提としているものと思われる。とすると、設例のケースでは原則として受益者は原告適格を有しないと考えられる。実務的にも、受託者が原告となり、受益者（代理人）の意向をふまえつつ訴訟を追行するのが一般的であろう[7]。

次のコラムでは、受益者の補助参加適格について考えてみたい。

(秋山朋治)

---

[6] このような帰結は、信託受益権を受託者に対する債権ととらえる債権説（現行信託法の通説的見解）とも整合的である。小野傑「訴訟手続きにおける受託者・信託財産・受益者の関係－訴訟信託と任意的訴訟担当の関係に関する立法過程の議論を参考として－」（東京大学ローレビュー 4巻所収、2009）158頁。

[7] もっとも、受託者が十分に管理行為等を行えない状況にあり、事後的に受託者の責任を問う（現行信託法40条）ことが困難である等の事情がある場合は、受益者が受益権を被保全債権として受託者に代位し、債権者代位訴訟を提起する等の措置をとることも検討できそうである。

第14講

委託者指図型投資信託の委託者に対する受託者の費用償還請求権等の有無[1]

東京地判平成21年6月29日金判1324号18頁

判決要旨

① 委託者指図型投資信託において、受託者が信託終了後に信託事務の処理に伴い支出した費用について、委託者と受託者との間に委託者指図型投資信託における権限分掌に対応した費用償還の黙示的合意は成立せず、受託者は、民法650条や旧信託法64条、54条、36条に基づき、委託者に請求することもできない。

② 委託者指図型投資信託において、委託者は、受託者に対し、ファンド償還後に費用負担が生じるリスクがある旨の情報を提供すべき信義則上の付随義務がある。

事案の概要

1 投資信託委託会社Y(被告)と信託銀行X(原告)は、平成10年6月30日および12月1日に、Yを委託者、Xを受託者として、信託契約を締結し(以下「本件契約」という)、委託者指図型投資信託に該当する無期限の投資信託(以下「本件信託」ないし「本件ファンド」という)を設定した[2]。

本件ファンドの約款(以下「本件ファンド約款」という)には、信託財産に関する租税、信託事務の処理に関する諸費用および受託者の立て替えた立替金の利息は、受益者の負担とし、信託財産中から支弁する旨、委託者

---

[1] 本判決は、Column 1「信託関連訴訟の類型」のうちの①「信託の内部関係に関するもの」に該当する。
[2] XY間で締結された本件契約に係るファンドは、マザーファンドと2本のベビーファンドの3本であるが、各ファンドによって経緯や結論は異ならないため、本講においてはこれらを区別せずまとめて「本ファンド」という。

は、この信託契約を解約することが受益者のため有利であると認めるとき、またはやむをえない事情が発生したときは、受益者と合意のうえ、この信託契約を解約し、信託を終了させることができる旨、受託者は、信託が終了したときは、償還金の全額を委託者に交付し、以後は受益者に対する支払につきその責に任じない旨の規定がある。

2　Yは、平成13年9月26日および10月3日に、本件ファンドで受託された資産の運用として、米国法人Enron Corp.（以下「エンロン社」という）発行のコマーシャルペーパー（以下「本件CP」という）の購入を発注したが、この際にYが確認した募集要項には、満期前償還の対象にはならない旨が記載されていた。

3　同月26日、ウォールストリートジャーナル紙ほかで、エンロン社の格付の格下げまたはその可能性が存在すること、同社がコマーシャルペーパーの買取りに着手したことが報道された。

4　Yにおいて本件ファンドの運用を担当していたCは、R証券会社東京支店（以下「R社」という）に本件CPの売却を打診したが、折合いのつくような買取価格が提示されなかったため、Yの親会社から聞いたエンロン社の担当者に連絡をし、本件CPを購入価額に経過利息を加えた額で買い取る旨の意向を受けた。

5　Cは、エンロン社による買取りを前提に、同年11月2日、R社に対し、本件CPの買取り等を依頼した。

6　同年12月2日、エンロン社は米国連邦破産法典に基づき法的倒産手続を申請した。

7　平成14年12月3日、Yは本件契約の全部解約の依頼書をXに送付し、同日、XはYに同意書を提出し、本件契約は解約された。Xは、Yに対し本件ファンドの償還金を支払い、Yは販売会社を通じてこれを受益者に支払った。

　Yは、本件契約を全部解約して信託を終了する際、業務運営委員会において、繰上げ償還に伴うリスクを検討していたが、同委員会のメンバーはCがエンロン社の担当者と連絡をとっていたことを知らなかった。

8　平成15年12月1日、エンロン社より、Xに対し、本件CPの期限前買取

りを否認する訴えが提起され、Xは応訴に伴い弁護士費用等の諸費用および和解金として16億2,552万円余を支払った。Xに対する提訴の約3年後に、Yに対してもエンロン社より否認訴訟が提起され、Yは弁護士費用等の諸費用および和解金として359万米ドル余を支払った。

9　Xは、Yに対し、応訴に伴い支出した弁護士費用等の諸費用および和解金に関し、(1-1) XY間の黙示の合意に基づく費用償還請求、(1-2) 民法650条1項・3項に基づく費用償還請求、(1-3) 旧信託法64条、54条、36条に基づく補償請求、(2)本件契約におけるYの債務不履行を理由とする損害賠償請求、(3)不当利得返還請求を主張して支払を求めた。

本判決 [3]

本判決は、要旨次のように判示して、費用償還および費用補償請求、不当利得返還請求は否定したものの、委託者指図型投資信託において、委託者は、受託者に対し、信託終了後に費用負担が生じるリスクがある旨の情報を提供すべき信義則上の付随義務があり、本件において、Yにはこの義務に違反する債務不履行があったとして、Xの過失として3分の1の過失相殺を行ったうえで、債務不履行に基づく損害賠償請求を認容した。

(1-1)　合意に基づく費用償還請求権について

Xは、XとYとの間には、権限分掌に対応した費用償還の合意が黙示的にされており、この合意によれば、Y（委託者）の権限に属する信託財産の運用に関してX（受託者）に生じた弁護士費用等はYが負担することになると主張する。しかし、本件契約において、信託事務の処理に関する諸費用は、受益者の負担として、信託財産中から支弁されることが明確に規定されており、これになんらかの留保が付されていることをうかがわせる規定は見当たらない。そして、信託法上も、受託者は、信託財産に関して負担した費用等については、信託財産から優先的に補償を受けることができることなどが定められていること（旧信託法36条1項、54条、64条）もあわせて考えれば、XおよびYは、信託事務の処理に関する費用については、本件契約の規定どお

---

[3]　本判決については控訴がなされているようであるが、控訴審の結果等については公刊物には掲載されておらず、本件が最終的にどのように決着したかは不明である。

り、信託財産から支払われることを想定していたというべきであり、Xが主張する権限分掌に対応した費用償還を当然の前提としていたと認めることはできない。

　また、仮に、XとYが、このような場合における費用償還について規定を設けるとすれば、当該費用が生じた場面（権限分掌）だけではなく、費用の発生原因（帰責事由の有無を含む）および信託財産から支払を受けることができなかった原因（帰責事由の有無を含む）等もその要件として取り込むことも考えられるのであり、本件契約および本件ファンド約款が、Xが主張するような権限分掌だけを基準とした費用償還合意を当然の前提とするものと解することはできない。

　(1-2)　民法650条1項、3項に基づく費用償還請求権について

　信託法は、受託者が信託財産に関して負担する費用等について受益者に対しその補償を請求することができること（旧信託法36条2項）や、その費用等について、信託財産から優先的に補償を受けることができること（同条1項）等を規定しているのであり、信託法が、これとは別に、委任に関する民法650条の重畳的な適用を認め、受益者だけでなく委託者に対しても費用償還請求権を認める趣旨であると解することはできない。Xは、信託終了後に限って、委任の規定が適用されるという解釈も示唆するが、信託法は、信託終了後についても受託者の補償請求に関する規定を設けており（旧信託法64条、54条（36条1項））、信託終了前後で、法律の適用を変える趣旨と解することもできない。

　(1-3)　旧信託法64条、54条、36条に基づく補償請求権について

　Xは、信託終了後、受託者であるXは、旧信託法64条、54条（36条1項）に基づき、帰属権利者であるYに対し、同法36条1項所定の費用等の補償を請求することができると主張する。しかし、同法64条が準用する同法54条（36条1項）は、前受託者が信託財産から補償を受ける権利を有することを規定するものであって、信託財産以外から補償を受ける権利を認めるものではない。そして、本件ファンドにおける償還金は、XからYに、Yから販売会社にそれぞれ送金され、その後、受益者である各投資家に償還されたと推認されるのであり、このように、Yが、現時点で、信託財産を保持していな

い以上、Xは、Yに対し、同法36条1項に規定する補償請求を行使することはできない（同法54条2項は、このような事態を予防するため、前受託者に信託財産を留置する権利を認めている）。

Xは、本件契約には旧信託法36条2項の規定が適用され、信託終了の場面（同法64条、54条）においても、帰属権利者であるYに対する補償請求が認められるとも主張する。しかし、信託終了の場面で同法36条2項が準用されるとする規定は存在せず（同法64条が準用する同法54条は、同法36条1項のみを準用している）、上記主張も理由がない。

(2) 本件契約におけるYの債務不履行を理由とする損害賠償請求について

受託者は、信託業務に関して費用等が生じた場合は、信託財産から支弁を受けるべきであるが（旧信託法36条1項）、本件ファンドのような場合、信託が終了し、信託財産が多数の受益者に償還されてしまうと、受託者は、当該費用等を回収することが事実上不可能になる。そこで、受託者においてかかる費用等が生じると見込まれるときは、上記補償請求権を保全するため、信託財産の全部または一部を留置する必要がある。他方、委託者は、受託者に対して運用等の指図をする立場であり、運用方針の決定の際に、受託者と比べて多くの情報を取得し、また、取得しうる。

このような双方の立場および事情などを総合して考えれば、委託者であるYには、本件契約に基づき、受託者であるXが上記のような手段を行使するために必要な情報を提供する信義則上の付随義務があるというべきである。

そして、本件CPの売却について、否認訴訟が提起されれば、受託者であるXはその応訴費用等の支出を余儀なくされるから、かかるリスクに関する情報は、Xに信託財産の留置等の手段を行使する機会を与えるための重要な情報であり、本件ファンドの全部解約依頼時において、委託者であるYがそのような情報を有しながら（当然有すべき場合も含む）、Xに告知しないことは、委託者の債務不履行となるというべきである。

本件CPの満期前買取りについて、Yは、Cが、エンロン社が本件CPを購入価格で買い受ける意向を示したことを前提にR社に本件CPの買取りを依頼したという事実を含め（当該事実は本件ファンドの全部解約のリスクを検討した業務運営委員会は知らなかった事実である）、否認のリスクを基礎づける事

実を認識し、または当然に認識すべきであった以上、否認リスクを認識しえたというべきである。したがって、Yは、Xに対し、Yが認識していた事実を提供すべき信義則上の義務があり、これを怠ったYには債務不履行が存在するというべきである。

もっとも、Xは、Xとして入手しえた情報だけからも否認リスクを疑い、Yに対し、本件CPの売却について、より具体的な情報提供を求めるなどしたうえで、信託財産に対する補償請求権の保全を講じなかったことにつき、相応の落ち度があったというべきであり、この落ち度につき、3分の1の割合により過失相殺を認めるのが相当である。

Xは、権限分掌のもと、Yによる指図が適正か否かについて調査義務を負わないから、過失相殺の対象となるべき過失が存在しないと主張する。しかし、かかる調査義務がないからといって当然に過失相殺を認める余地がないことにはならないし、過失相殺の基礎となる事実は、証券取引を業とする会社であるXにおいて、上記調査義務の有無を問わず、当然認識しえた事実というべきであるから、上記認定を左右しない。

(3) 不当利得返還請求について

本件契約および本件ファンド約款において、信託財産に属する諸費用は、受益者の負担とし、信託財産から支弁すると規定されていることに照らせば、本件信託が終了し、本件契約および本件ファンド約款に従い、償還金が販売会社を通じて受益者である各投資家に交付されたと推認できる以上、Xが支出した上記費用相当額の利得を得たのは、受益者であり、委託者であるYには利得がないというべきである。

検討

1 問題の所在

本件では、旧信託法のもとで、委託者指図型投資信託において、ファンド償還後に受託者が信託事務の処理に伴い支出した費用に関し、(1-1)信託契約に明示的な規定がない場合であっても、委託者指図型投資信託における権限分掌に対応した費用償還の合意が黙示的に存在すると考えられるか、(1-2)

民法650条1項・3項に基づき、委託者指図型投資信託の受託者は委託者に対して費用償還請求を行うことができるか、(1-3) 旧信託法64条、54条、36条に基づき、委託者指図型投資信託の受託者は帰属権利者である委託者に対して補償請求を行うことができるか、(2)委託者指図型投資信託の委託者は、ファンド償還後に受託者に費用負担が生じるおそれがあると見込まれる場合に、受託者に対し、受託者が信託の終了に際して信託終了後に生じる費用等を留置する等の手段を行使するために必要な情報を提供する信義則上の付随義務があるか、また同義務違反が認められる場合における過失相殺の可否、(3)委託者指図型投資信託の委託者に、受託者が支出した信託事務の処理に要する費用に関し利得があると認められるか、が問題となった。

本講ではそのうち、(1-2)、(1-3) および(2)の論点を中心に詳述する。

なお、関係図については、第23講の振替制度移行前の図を参照されたい。

2　学説等の状況

(1)　受託者の受益者に対する費用補償請求権については、学説では、旧信託法36条2項の条文の文言どおり補償請求権を認める見解、自益信託に限って補償請求権を認める見解、信託目的などから受益者がリスク負担をすべきか否かを考え、受益者がリスク負担をすべきでないタイプの信託については、費用補償請求権を否定する見解[4]などがあり、判例では、自益信託である公有地信託について受益者に対する費用補償請求権を認めた最判平成23年11月17日民集238号115頁（第16講）がある。

しかし、本件の類型である委託者指図型投資信託[5]（以下、特に断らない限り、単に「投資信託」というときは委託者指図型投資信託を意味する）は他益信託であり[6]、また上記判例の事案は信託存続中に発生した費用を信託存続中に受益者に請求した事案であるのに対し、本判決の事案は信託終了後に発生した費用を委任者に請求したものであり、いずれにおいても本判決の事案は上記最判の射程外である。

信託の受託者の委託者に対する費用償還請求に関し、本判決以前に、正面

---

[4]　四宮293頁以下、能見196頁。

から論じた裁判例や学説は見当たらない[7]。上記最判においても原告である受託者の主張は受益者としての立場での費用補償義務の点に絞られている。

(2) (1-3) に係る原告の主張は、投資信託の委託者は帰属権利者に該当するとして、信託終了後の帰属権利者に対する費用補償請求と構成したものである。

信託終了後に発生した費用について、帰属権利者に対する費用補償請求ができるかについては、旧信託法64条が（54条の準用によって）36条を準用するが、54条は信託財産への補償請求権を認める同条1項のみを準用しており、受益者への補償請求権を定めた同条2項は準用していないことから問題となる。

この点、信託終了後に発生した費用について、受託者がもとの受益者ないし帰属権利者に対してなんら限定なく費用補償請求権を行使できるとする見解がある[8]。信託期間終了後信託財産の引渡しまでの間については、旧信託

---

[5] 投資信託には、契約型と会社型（投資法人）があり、契約型投資信託はさらに委託者指図型投資信託と委託者非指図型投資信託に分類される。委託者指図型投資信託とは、信託財産を委託者の指図に基づいて主として有価証券、不動産その他の資産で投資を容易にすることが必要であるものとして政令で定めるもの（以下「特定資産」という）に対する投資として運用することを目的とする信託であって、投資信託及び投資法人に関する法律（以下「投信法」という）に基づき設定され、かつ、その受益権を分割して複数の者に取得させることを目的とするものをいう（投信法2条1項）。委託者非指図型投資信託とは、1個の信託約款に基づいて、受託者が複数の委託者との間に締結する信託契約により受け入れた金銭を、合同して、委託者の指図に基づかず主として特定資産に対する投資として運用することを目的とする信託であって、投信法に基づき設定されるものをいう（投信法2条2項）。委託者指図型は、委託会社を委託者、受託会社を受託者とする信託契約、委託者非指図型は、受益者である投資家が委託者、信託会社が受託者となる信託契約である。投資信託の分類については、信託の法務と実務464頁、野村アセットマネジメント株式会社『投資信託の法務と実務〔第4版〕』（金融財政事情研究会、2008）41頁～42頁。

[6] 現在の投資信託は他益信託であることにつき、村岡佳紀「投資信託における契約関係」金法1796号17頁。

[7] 本判決の解説において、前掲最判平成23年11月17日の第1審である神戸地判平成21年2月26日金法1935号71頁をあげ、同事案でも受託者が信託契約の終了後に委託者に費用の償還あるいは補償を請求しうる法的根拠がないとして受託者の請求が棄却されているとするものがあるが（判時2061号97頁）、同事案は委託者ではなく受益者としての立場で費用補償義務を負うかが問題となったものである。

[8] 能見273頁以下。

法63条により法定信託として存続しているものとみなされ、受益者とみなされる帰属権利者は36条2項により信託清算中に発生した費用の補償義務を負うと解することができるものの、信託財産引渡し後に費用が発生した場合は、64条および54条は36条1項を準用するものの同条2項は準用していないため、なんら限定なく帰属権利者に対して費用補償請求権を行使できると解することは条文上困難であるようにも思われる。もっとも、同法54条は、受託者交代の場合の規定であり、受託者が交代すると信託財産が新受託者によって管理されるために旧受託者の補償請求権についての特例の規定が必要であったのに対し、受託者が交代しても受益者はそのままであるから、36条2項の規定する受益者に対する補償請求権については特別の規定が置かれなかったにすぎないものと考えれば、信託終了後に発生した債務についても36条2項が適用され、受託者はもとの受益者ないし帰属権利者に対して補償請求権を行使できると考えることができるように思われる[9]。

　(3)　(2)の論点に関しては、投資信託の委託者は、信託終了後に費用等が生じるおそれがあると見込まれる場合に、受託者に対し、受託者が信託の終了に際して信託終了後に生じる費用等を留置する等の手段を行使するために必要な情報を提供する信義則上の付随義務があるか等について論じた学説、裁判例は見当たらない。

3　本判決の意義およびその射程

(1)　民法650条に基づく償還請求権について

ア　本判決は、これまで明示的に争われたことがなかった、信託の委託者に対する民法650条の規定に基づく費用償還請求権について、旧信託法においては、36条により信託財産や受益者に対する補償請求権が定められていることをもって、委任に関する民法650条の重畳適用を認める趣旨ではないことを明確にしたものであり、この点は、自益信託、他益信託を問わず、すべての信託に妥当するものと解される。

イ　現行信託法においては、信託財産に対する補償請求は旧信託法同様認め

---

[9]　能見273頁以下。

られているものの（現行信託法48条1項・2項）、受益者に対する補償請求権は当然には発生せず、個別の受益者との合意によってのみ発生するものとされている（同条5項）[10]。また、現行信託法においては、旧信託法64条（が準用する54条、36条）のように、信託終了後の受託者の信託財産に対する補償請求についての定めはない。

　これは、旧信託法54条（36条）を準用する部分は、信託終了後に受益者または帰属権利者[11]に対して受託者が引き渡した信託財産につき、受託者は補償請求権等を満足させるために強制執行等をすることができるとするものであるところ、受託者が受益者から費用等の補償を受けることができる場合にはこのような規律に頼る必要はなく、受益者から費用等の補償を受けることができない場合についても受益者との間で個別に費用の補償につき合意を得てから引き渡す等の対応をとることにより、受託者は不測の損害を防止することができると考えられるため、現行信託法についてはかかる規定が設けられていないものである[12]。

　本判決は、Xが主張した、信託終了後に限って委任の規定が適用されるという解釈について、旧信託法は、信託終了後についても受託者の補償請求に関する規定を設けており（同法64条、54条（36条1項））、信託終了前後で、法律の適用を変える趣旨と解することもできないとして退けている。

　旧信託法が信託終了後についても受託者の補償請求に関する規定を設けていることを理由とした点を重視するならば、現行信託法のもとにおいては、本判決の（1-1）に関する判旨は、信託財産に対する補償請求の規定のある信託存続中は妥当すると思われるものの、信託終了後については受託者の補

10　自益信託において、「信託契約書」と題する書面中に受益者兼委託者に対する補償請求権に係る定めが設けられているときは、信託契約と費用等の補償に関する合意の双方が1通の書面でされたと整理することになるから、受託者は、当該合意に基づき、受益者兼委託者に対して費用等の補償を請求することが可能であるとされている（補足説明80頁）。
11　帰属権利者については、旧信託法においては特段の定義はないが、信託終了事由発生の際に信託財産の帰属すべきことが信託行為で定められている者という意味に理解すべきと解される（四宮351頁～352頁）。現行信託法においては、182条1項2号において「信託行為において残余財産の帰属すべき者（中略）となるべき者として指定された者」を意味するものと定められている。
12　新井397頁。

償請求の規定は存在しないことから、妥当しないようにも思われる。

　もっとも、本判決の（1-1）に関する判旨は、結局、信託における費用の請求については旧信託法の規定によるべきであり、民法の委任に関する規定が重畳適用されると考えるべきではないとするものであると考えられる。そして、現行信託法が信託終了後の信託財産に対する補償請求を認めていないのは、上記のとおり、受益者との個別の補償合意により対応可能であることによるものであり、かかる個別の合意によらず民法650条により委託者に対する費用償還請求を認めるのは、現行信託法が信託財産以外に対する費用補償請求については個別の合意にかからしめようとした趣旨に合致しないように思われる。

　したがって、現行信託法のもとでも、信託存続中であるか信託終了後であるかを問わず、本判決の（1-1）に関し判示するところは妥当すると思われる。

(2)　信託法に基づく費用補償請求権について

ア　本判決は、信託終了時には旧信託法36条2項が適用されない旨を述べ、同法64条が準用する54条（36条）に基づく帰属権利者に対する受託者の補償請求権を否定している。

　また、本判決は旧信託法64条が準用する54条が36条2項を準用していないことのほか、本件ファンドにおける償還金は受託者から委託者に、委託者から販売会社にそれぞれ送金され、その後、受益者である各投資家に償還されたと推認できるので、委託者は現時点で信託財産を保持していない以上、受託者は委託者に対し補償請求権を行使できない旨を述べている。

　したがって、本判決は、信託終了後に発生した費用について、受託者の帰属権利者に対する補償請求はなんら限定なく可能とする見解[13]を否定するものであるように思われる。しかしながら、本判決は、上記のとおり、委託者は現時点で信託財産を保持していない以上、受託者は委託者に対し補償請求権を行使できない旨を述べており、受託者が、信託財産引渡し後に発生した費用について、旧信託法64条および54条により準用される36条1項により、

13　能見273頁以下。

帰属権利者に引き渡された信託財産に対して費用補償請求権を行使することまで否定する趣旨であるか否かは定かではない。

イ　現行信託法では、信託終了後の受託者の信託財産に対する補償請求について定めた旧信託法64条（が準用する54条、36条）のような規定はない。

信託終了後清算結了までの間に費用が発生した場合については、清算結了まで信託が存続しているものとみなす規定（現行信託法176条）により、信託が存続しているものとみなされ、信託財産に対する補償請求（同法48条1項）は可能であると思われる。

しかしながら、清算結了後については、旧信託法64条（が準用する54条、36条）のような規定がない以上、帰属権利者が信託財産を保持しているか否かにかかわらず、信託法に基づく補償請求はできないと解される[14]。したがって、新法信託であるか否かによって、帰属権利者が保持する信託財産に対する費用補償請求の可否に違いが生じる可能性があると思われる。

なお、新法信託で、受益者に対する費用補償請求の合意がある場合には、清算結了後に生じた費用についての、受益者であった者に対する補償請求の可否については、費用負担合意（現行信託法48条5項）の解釈の問題となるものと思われる。

(3)　信義則上の付随義務について

本判決は、委託者指図型投資信託における委託者は、受託者に対して運用等の指図をする者であり、運用方針の決定の際に、受託者と比べて多くの情報を取得し、また、取得しうる立場にあること、一方で、受託者は、信託業務に関して費用等が生じた場合は信託財産から支弁を受けることができるものの、本件ファンドのような委託者指図型投資信託においては、信託が終了し、信託財産が多数の受益者に償還されてしまうと、受託者は、当該費用等を回収することが事実上不可能となることを理由に、信託終了後に費用等が生じるおそれがあると見込まれる場合に、受託者に対し、受託者が信託の終了に際して信託終了後に生じる費用等を留置する等の手段を行使するために、必要な情報を提供する信義則上の付随義務があるとしている。

14　ただし、不当利得返還請求として別途請求する余地はあるように思われる。なお、信託の受託者に対する不当利得返還請求の可否が問題となったものについて第27講参照。

上記のとおり、本判決は、委託者に信義則上の情報提供義務が生じる理由として、委託者が受託者と比べて多くの情報を取得することをあげていることから、この点に関し本判決の判示するところが妥当するのは、投資信託においては委託者指図型投資信託に限られることは明らかと思われる。一方で、本判決は、委託者に信義則上の情報提供義務が生じる理由として、信託が終了し「多数の受益者に償還」されると受託者は当該費用等を回収することが事実上不可能となることをあげているが、委託者にかかる義務が発生するのは、受益者が不特定多数である場合に限られるのかは不明である。また、投資顧問付投資一任契約（受益者は通常特定少数である）のような場合にも、同様に指図者に信義則上の情報提供義務が生じると考えられるのかも不明である。

　しかしながら、受益者が不特定多数か否かにかかわらず、通常は受益者にいったん支払った償還金の持戻しを請求し回収することは困難と思われ（企業年金基金のように決算に影響する場合や、変額年金保険の特別勘定に組み込まれている場合など、当該信託の受益者の先に多数の権利者がいることも考えられる）、受益者が不特定多数か否かで区別すべき理由はないように思われる。実質的に考えても、受託者は信託契約に基づいて指図者の指図に従い信託事務を処理すべき義務を負うところ、本件のように受託者が固有財産をもってリスクを負担するおそれのある取引を行う場合には、かかる指図を行う者は、受託者の損害発生回避のために適切に情報提供すべき信義則上の義務を負うと考えるべきであって、受益者の多寡は、結果的に回復できない損害が発生するかどうかという蓋然性の問題にすぎないようにも思われる。そのように考えるならば、受益者が不特定多数であるか否かにかかわらず、本判決が認定したような信義則上の付随義務が認められる場合があるものと思われる。

4　本判決の評価

　(1)　本判決は、信託財産および受益者から支払を受けることができない場合において、信託事務処理に伴って発生する債務について原則として受託者が対外的に無限責任を負っている[15]ことの当然の帰結として受託者の負担に

帰すこととなる、信託終了後に信託事務の処理に伴い支出した費用等について、投資信託の委託者に対し請求することはできないという、本判決以前にまったく論じられてこなかった問題について明示的に明らかにした点において意義がある。

　もっとも、委託者が制度の中核的役割を果たしている投資信託[16]において、受託者のみがかかる負担を負わなければならないとすることは、当事者が果たしている役割に照らし、バランスを失している感は否めないように思われる。

　すなわち、投資信託においては、運用については委託者が自らの裁量に従って判断して受託者に指図を行い、受託者は委託者の指図に従って有価証券や金銭の受渡し・決済を行い、信託財産を管理する。

　指図者のいる信託の受託者の責務については、指図者が信託行為により指名され、または信託行為の定めに従い委託者または受益者により指名された場合、現行信託法35条3項の趣旨ならびに委託者および受託者の合理的意思解釈にかんがみ、受託者は、指図者の行為について積極的な調査を行う義務を負わず、指図権の行使が信託行為に違反し、または不適法であることを知ったときに限り、受託者は指図を拒絶する義務を負うとする見解がある[17]。また、指図型信託においては、受託者にもきわめて緩い範囲の相互チェックの職務があるが、職務分掌した趣旨（機動性）にかんがみ、指図につき信託違反が明白な場合や受託者が指図者の受益者に対する信任義務違反を知っている場合のみ、指図を拒否すべきであり、それ以外の場合には指図者の指図に従ったことにより損失が発生したとしても受託者には善管注意義務違反はなく、責任を負うことはないとの見解もある[18]。

　加えて、実務においては、運用に関しては、委託者は、信託財産名義の口

15　例外として、個別に債権者との間で責任財産限定特約を締結している場合の当該債権者に対する債務や現行信託法2条12項の責任財産限定信託を利用する場合が考えられる。もっとも、委託者指図型投資信託に関しては、責任限定信託を利用することは法令上できないこととなっている（投信法8条3項は、委託者指図型投資信託について、現行信託法第9章（限定責任信託の特例）の規定の適用を排除している）。
16　早坂文高「個人投資家と信託の役割」ジュリ1164号60頁。
17　中田直茂「指図者を利用した場合の受託者責任（下）」金法1860号45頁。
18　福井修「職務分担型の信託における責任」富大経済論集58巻1号29頁。

座を利用して自らが有価証券の購入や売却に係る注文を行い、事後に受託者に対し運用指図書を送付し、受託者は委託者から送付される運用指図書と委託者が発注を行った証券会社から送付される取引報告書の突合を行ったうえで、代金および有価証券の受渡し・決済を行っている。そのため、受託者は運用指図について疑義を差し挟むことは物理的に困難である。

また、投資信託においては、一般に、委託者の報酬は受託者の報酬に比べて高額であり、ファンドによってはファンドの運用実績に連動することとされることがあるが、受託者の報酬についてはファンドの運用実績に連動することとされることはない[19]。

このように、投資信託における運用に関しては、委託者が、自らが受益者に対して負っている善管注意義務（金融商品取引法（以下「金商法」という）42条2項）に基づき行うものであって、受託者はごく限定的な場合を除き、その指図に従った結果につき、責任を負わないものと考えられる[20]。

(2) 上記のとおり、委託者が制度の中核的役割を果たしている投資信託において、運用の結果生じた費用について、実務的に受益者の負担に帰すことのできない場合に、受託者のみがかかる負担を負わなければならないとすることは、バランスを失している感があると考えられるところである。

本判決は、かかる結論のアンバランスさを、委託者指図型投資信託の当事者の役割分担にかんがみ、信義則を用いて修正を図ったものとして、本判決の事案における具体的な結論としては妥当性を有するものと思われる[21]。

---

[19] 本件ファンドについては、結果として受託者が収受した報酬は委託者の報酬より高額となったようだが、これは委託者の報酬が信託財産の運用実績と連動しており、その運用実績が低迷していた結果であったようである。

[20] 本判決においては、過失相殺に関し、Xが、受託者は委託者の指図が適正か否かについて調査義務を負わないから過失相殺は認めるべきではないと主張したのに対し、かかる調査義務の有無にかかわらず証券取引を業とするXにおいては当然認識しえた事実により否認リスクを疑うことが可能であったとして過失相殺を認めているが、投資信託における委託者の指図に関し受託者が受益者に対しなんらかの義務を負うかについてはなんら判断していない。

[21] 新井336頁以下は、この点に関し、「投資家とは、通常、「投資方針の決定」と「投資果実の享受」という2つの側面を有する。委託者指図型投資信託の場合は、委託者に前者が、受益者に後者が分属するが、受託者はいずれも有しないのであるから、受益者が去った以上、利益衡量の観点からは、受託者より委託者に負担せしめる方が妥当であろう」としている。

もっとも、信義則ではなく、当事者の役割分担を契約の解釈として用いることも可能であったように思われる。すなわち、本判決は（1-1）において、仮に、XとYが、このような場合における費用償還について規定を設けるとするならば、当該費用が生じた場面（権限分掌）だけではなく、費用の発生原因（帰責事由の有無を含む）および信託財産から支払を受けることができなかった原因（帰責事由の有無を含む）等もその要件として取り込むことも考えられると判示しており、信託契約の解釈として、権限分掌のほか、費用の発生原因、信託財産から支払を受けることができなかった原因をも考慮した費用負担の黙示的合意を見出すことも可能であったのではないかと思われる[22]。

　(3)　なお、傍論であるが、本判決は、投資信託の販売会社と委託者の関係について商法551条の「問屋」（自己の名をもって他人のために物品の販売または買入れをなすを業とする者）であるとしている。販売会社は委託者の代理人であるとする裁判例もあるが[23]、販売会社が委託者へ連絡するのは申込み・解約がなされた受益権の数のみであり、投資家（受益者）の情報については委託会社へ提供されないこと等から、販売会社を委託者の代理人であると解することは困難であると思われる[24]。なお、本判決は投資信託受益権の振替制度移行前の事案であるが、振替制度移行後については、設定・解約時に信託金・償還金が委託者の口座を経由せずに販売会社と委託者との間で授受されることとなるものであり[25]、なおさら投資信託の販売会社を委託者の代理人であるとは解しがたいように思われる。

5　実務対応

　(1)　本判決は下級審のものであり、また確定したものでもない。

---

[22]　同様の見解を述べるものとして、久保野恵美子「委託者指図型投資信託における受託者が信託事務の処理に伴い支出した費用又は費用相当額につき委託者に対して支払を求めた事例」判時2093号199頁および福井・前掲注18・40頁以下。
[23]　大阪地判平成22年8月26日金判1350号14頁。
[24]　本判決と同様に販売会社と委託者の関係について問屋であるとするものとして瀬々敦子「証券投資信託について」金法1521号45頁。
[25]　振替制度移行後の投資信託に係る当事者の関係については第23講に詳しい。

しかし、本判決の判示するところに従えば、旧信託法下においては、ファンド償還後に生じた費用について受託者は投資信託の委託者に対し請求をすることはできないこととなり、この点は現行信託法下においても同様と思われる。職務分担の合意がある場合には、当該職務分担から生じる損失については、職務分担者が負担するという黙示的合意があると解する余地はあるが、そのような黙示的合意に頼ろうとすると結論が不安定となることは避けられない。

　本件のような問題の発生を避けるには、信託契約ないし委託者・受託者間の合意において、ファンド償還後に委託者・受託者いずれの責に帰すべき事情にもよらずに発生した費用で受益者に請求することが困難なものについて、いずれが負担するのかを定めるのが望ましい。

　しかし、いずれの当事者も受益者に対し損失補てんを禁止されていること（金商法42条の2第6号、兼営法2条1項により準用される信託業法24条1項4号）[26]、投資信託における委託者と受託者の責任分担に関し両者の認識には相違があると思われることに照らし、事前に合意して信託契約等に規定することは容易ではないように思われる。

　(2)　いずれにしても、本件のような問題をできる限り生じさせないようにすることが肝要であることはいうまでもない。

　委託者は、本判決のようにファンド償還後に費用の発生が予測される状況にある場合に、かかる状況を基礎づける事実について受託者に情報を提供しないまま償還させた場合には、受託者に発生した費用について損害賠償請求されることもありうることに留意し、信託の終了に際しては費用の発生の蓋然性にかかわる重要な情報の有無を精査し、該当しうる情報が存在する場合には当該情報を受託者に提供し、受託者と信託財産の留置の要否について協

---

[26]　もっとも、本文で述べたような合意は、ファンド償還後に発生し、実質的に受益者に請求が困難な費用について、委託者・受託者の間において、いずれの当事者がこれを負担すべきかに係るものであり、当初から意図して受益者の負担すべき費用を肩代わりするものではないし、また最終的な負担義務を定めるものではなく、負担することとなった当事者が不当利得返還請求等により受益者に請求することを妨げるものではないと解されるから、損失補てんの禁止義務を負っていることにより負担合意ができないということにはならないものと解される。

議すべきものと思われる。

　一方、受託者としても、信託の終了に際して、自らが保有する情報に基づき費用の発生が懸念される場合には、当該懸念される事項に関し委託者にさらなる情報の提供を求めるなどして十分な情報を収集し、信託財産の留置の要否について委託者と協議して慎重に判断すべきものと思われる。

　なお、信託の終了後の費用の発生が予測できないものであり、委託者に帰責性がない場合、本判決の判示するところに従えば、受託者の委託者に対する費用の請求が認められない結果、当該費用は受託者の負担に帰すこととなるが、事前の当事者間の合意が困難であるならば、当該リスクに見合った受託者報酬の設定等によって対応するほかないように思われる。

〔髙木いづみ〕

III

受益者

第15講

集団信託における受益者の書類閲覧請求権と受託者の公平義務

東京地判平成13年2月1日判タ1074号249頁

判決要旨

　集団信託の受益者は、他の受益者の受益権譲渡に関し、原則として、受託者に対して、旧信託法40条2項に基づく書類閲覧請求権および説明請求権を有しないが、受託者が公平義務違反を行っている蓋然性が立証されれば、書類閲覧請求および説明請求は認められる。

事案の概要

　本件は、Xら（原告）を含む数十名が不動産の共有持分をY信託銀行（被告）に信託し、その収益を受領するという不動産信託契約が締結されているところ、YがXら以外の一部の受益者に対して受益権譲渡を承諾しておきながら、Xらの信託契約解約あるいは受益権譲渡の承諾申入れを拒絶したことが受託者の負う公平義務に違反する疑いがあるなどとして、Xらが、Yに対し、旧信託法40条2項に基づき、当該一部の者の受益権譲渡契約およびその承諾過程に関する書類の閲覧と、当該受益権譲渡契約に関する事項の説明を請求した事案である。

　本件の事実関係は、概略以下のとおりである。

1　まず、昭和62年10月頃～昭和63年5月頃、Xらは、それぞれ、訴外Aとの間で、XらがAからA所有不動産を42分の1の共有持分に均等分割したもの（以下「個別持分」という）を一口ないし数口購入する旨の売買契約を締結した。

2　次に、Xらは、それぞれ、上記売買契約に基づく不動産の引渡し日である昭和63年12月15日頃、Yとの間で、Xらが所有する各個別持分を、信託

【関係図】

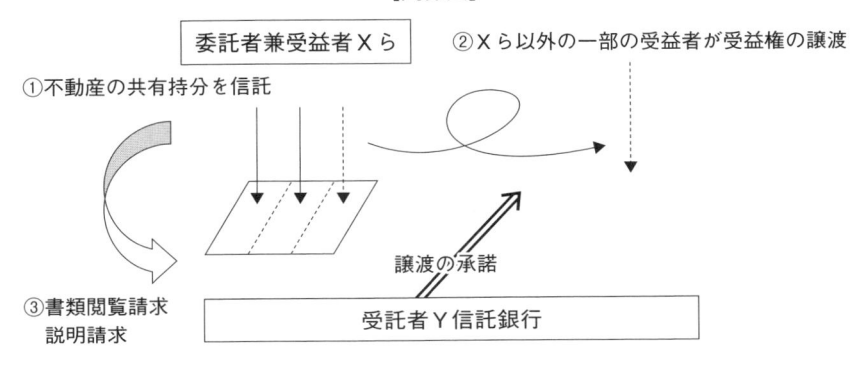

```
              委託者兼受益者Ｘら        ②Ｘら以外の一部の受益者が受益権の譲渡
①不動産の共有持分を信託
                                        譲渡の承諾
③書類閲覧請求
  説明請求              受託者Ｙ信託銀行
```

された他の個別持分と一括して、受益者のために管理、運用および処分することを目的とする信託契約を締結した。

3　この信託契約中には、受益者は受益権を譲渡することができず、ただ、受益者にやむをえない事情がある場合は、事前に受託者の書面による承諾を得て譲渡することが可能であるが、その場合、Ａが他に優先して譲渡を受ける権利を有するものとするという条項が含まれていた。

4　ところが、Ｙは、平成４年６月〜平成９年５月、Ｘら以外の受益者の受益権譲渡を承諾した。

5　そこで、Ｘらは、平成12年５月15日、Ｙに対し、上記の受益権譲渡に関し、受益権譲渡契約およびその承諾過程に関する書類の閲覧と、当該受益権譲渡契約に関する事項の説明を請求したが、平成12年５月25日付内容証明郵便にて、Ｙが、Ｘらの請求を拒否したため、Ｘは、同趣旨の書類閲覧および説明を求めて、本訴訟を提起した。

本判決

請求棄却。

「1　旧信託法40条２項の趣旨

旧信託法40条２項が委託者、その相続人および受益者（以下「受益者等」という）に書類閲覧請求権および説明請求権を認めたのは、受益者等信託契約の当事者が受託者から情報提供および顛末報告を受け、受託者のなす

信託事務の処理が信託の本旨に従い適切に行われているかを知るとともに、自己の信託財産擁護のために必要な行動を起こす可能性を確保するためのものと解される。

　このような趣旨に照らすと、同項の書類閲覧請求権および説明請求権の対象は、当該受益者等が出捐して保有する信託財産について、受託者との間で締結した信託契約に基づく信託事務の処理に関する書類および説明事項であって、他の受益者等が出捐して保有する信託財産についての信託事務の処理に関する書類および説明事項は含まれないのが原則であると解される。このことは、旧信託法39条が、「各」信託について受託者の帳簿具備の義務を規定し、それを受けて同法40条1項が、利害関係人に39条に規定する書類の閲覧請求権を認め、さらに同条2項が、受益者等に限って、信託事務の処理に関する書類閲覧請求権および説明請求権を認めているという具合に、同法39条と40条が一体のものとして規定されていることからも裏づけられる。

　ただし、複数の信託契約における信託財産が合同して一体化された合同運用財産として管理、運用、処分されるような場合には、事柄の性質上受益者等が右合同運用財産の管理、運用、処分の状況に関して書類閲覧請求あるいは説明請求をしようとすれば、他の受益者の信託財産についての信託事務の処理に関する事項もそこに含まれるが、そのような場合は、当然にそれらも含めて40条2項の書類閲覧請求権および説明請求権の対象となるものと解すべきである。

　本件不動産信託契約の内容は、Aが所有していた本件不動産を42分の1の共有持分に均等分割し、各委託者（兼受益者）がAから右持分を購入したうえでYに信託し、Yがすべての共有持分を一括して各委託者（兼受益者）のために管理、運用、処分することを目的とした信託契約である。信託契約の内容は、すべての委託者（受益者）につき同じで、委託者（兼受益者）は、信託期間中本件不動産信託契約を解除することはできず、受益権の譲渡もやむをえない事情があると受託者たるYが認めた場合にのみ許容される。したがって、本件不動産信託契約は、複数の信託契約による信託財産が合同して一体化された合同運用財産として管理、運用、処分され

る信託契約といえるから、旧信託法40条2項に基づく、Xらの書類閲覧請求権および説明請求権は、右合同運用財産全体、すなわち本件不動産全体の管理、運用、処分に関する事務の処理にも及ぶものということができる。

2 本件では、それを超えて、他の受益者の受益権譲渡に関する書類および説明事項についても、Xらに書類閲覧請求権および説明請求権が認められるか否かが問題となる。

(1) この点に関し、Xはまず、本件不動産信託契約は目的を同じくする委託者の複数の信託契約が集合することによって運用が可能になる集団的信託契約であり、各受益者が一種の運命共同体となる信託契約であるとし、このような受益者共同体を維持しつつ、目的物を管理運用することが本件不動産信託契約における信認関係の中核をなすものであり、受託者であるYの義務であるとしたうえで、受益者共同体の維持に関する事務すなわちXら以外の受益者の受益権譲渡に関する事務に関しても、Xらにとって「信託事務の処理」に該当し、Xらに書類閲覧請求権および説明請求権が認められると主張する。

前述のとおり、本件不動産信託契約は、各受益者がYに信託する本件不動産の共有持分をYが一括して管理、運用、処分することを目的とする信託契約で、契約を解除して自ら使用収益すること等は認められていないという意味では最低限の集団性を有しているとはいえる。しかし、右の集団性は、主として経済的な利害を共通にするという意味において認められるにすぎず、受益者を束ねる団体的組織が存するわけではなく、受益者間の強固な人的関連性が存在するわけでもない。受益権の譲渡がやむをえない場合に限られている趣旨も、主としてYの主張するとおり、右最低限の団体的拘束を了解して履行してもらえるか否かを審査するという受託者の運用、管理の便宜に基づく制約にすぎないと解されるのであり、受託者が受益者を団体的に固定化しようとする運用がなされているとも認められない。また、受益権の譲渡は、受益者の個別の事情に基づいてなされるものであり、画一的取扱いになじまない面が強い。

このように考えれば、Ｘら以外の受益者の受益権譲渡に関する事務の処理は、あくまで他の受益者の「信託事務の処理」にすぎず、Ｘらの「信託事務の処理」に該当するとはいえないのであるから、Ｘらに書類閲覧請求権および説明請求権は認められないというべきである。

　もっとも、前記認定のとおり、受益権の譲渡をＹの承諾にかからしめた理由が、受益者が最低限の団体的拘束を理解してもらえる人であるか否かを審査する点にあることからすると、少なくとも譲受人がだれであるかという点は、本件不動産全体の管理に関する事務に密接に関連するものといえるから、その限度では書類閲覧請求権および説明請求権の対象となると解する余地はあるとはいえる。しかしながら、弁論の全趣旨によれば、Ｘらによる本件書類閲覧および説明の請求の主たる目的は譲渡価格の把握にあるというべきであって、本件では、Ｘらにおいて、譲受人がだれであるかの点はすでに承知していることが明らかであるから、そのための書類閲覧請求権および説明請求権の行使を認める必要はないというべきである。

(2)　次に、Ｘらは、受託者たるＹは複数の受益者を公平に扱わなければならないという公平義務を課せられているところ、本来的にはＡ関連会社らに関する信託事務であったとしても、同社らとＸらを公平に扱うという限度においては、Ｘらの信託事務であるといえるから、Ｘらに書類閲覧請求権および説明請求権があると主張するので検討する。

　思うに、本件不動産信託契約のように複数の同種の受益者があり、しかも信託契約の内容が同じである場合、受託者はそれらの受益者を公平に扱わなければならないという公平義務を負っていると解すべきである（旧担保附社債信託法68条参照）。

　したがって、旧信託法40条2項でいう「信託事務の処理」は、当然に信託事務を同種の受益者間で公平に処理するということを前提にしていると解すべきであり、受託者であるＹによる信託事務が公平に行われているか否かを判断するために必要な事柄については、たとえこれが他の受益者の保有する信託財産についての信託事務の処理に関するものであっても、同項でいう書類閲覧請求権および説明請求権の対象となりう

るというべきである（その意味では、前記1で指摘した旧信託法40条2項の趣旨の解釈の例外といえよう）。そして、そのような観点からみると、受益権の譲渡が本件不動産信託契約における信託財産の最終的な換金方法であることからすると、A関連会社らの受益権譲渡に関する事務が受益者であるXらとの関係で公平に処理されているか否かは、Xらにとっては重大な関心事となりうるというべきである（弁論の全趣旨によれば、本件不動産信託契約の実質は、各受益者が、節税のメリットのほか、値上り利益と収益分配利益を得るという経済的利益を追求することを目的とするものであり、受益権の譲渡は、右経済的利益確保の最終手段というべきであるから、受益者にとっては利害が大きいといえる）。

　しかしながら、他方で、本件不動産信託契約は受託者であるYと個々の受益者（委託者）との間の信頼関係に基づくものであり、Yは、受託者の忠実義務（旧信託法20条参照）に基づき、個々の受益者（委託者）との関係で守秘義務を負っていると解されるところ、A関連会社らの受益権譲渡に関する事務は、これらの受益者のプライバシーにかかわるものであり、右守秘義務の対象となると解されるから、前記のような公平義務に基づく書類閲覧請求および説明請求を認めることは、右守秘義務を貫くこととはいわば利害が相対立する関係にあるといえる。そして、このような利害の対立する場面で、受託者たるYにおいて、そのいずれの義務を優先させるかは、それぞれの義務を履行することによって保護される利益を比較衡量することによって決するほかないというべきである。

　そうであるとすれば、公平義務に基づく書類閲覧請求および説明請求を求めるXらとしては、具体的に公平義務に反する行為を受託者であるYが行っている蓋然性を立証する必要があり、そのような立証がなされた以上は書類閲覧請求および説明請求を認めると解するのが相当である。もっとも、受益権の譲渡は、本来的には個々の受益者と譲渡を受ける第三者との間でその内容が合意されるものであり、通常はその価格等の条件の決定に受託者の関与する余地はないが、本件不動産信託契約においては、受益権の譲渡が、受託者の承諾にかかるとともに、受託者が譲渡価格を設定して譲渡先をあっせんする場合があるとされているから、

たとえば、①Yが他の受益者からの受益権の譲渡承諾の申出を認めておきながら、他方で、Xらが具体的な譲渡先を指定して譲渡承諾の申出をしたにもかかわらずこれを拒絶したような場合で、受益者の変更をめぐってXらがYにより他の受益者と比べて不当に不利な扱いを受けた蓋然性の存するような場合、あるいは、②Yが他の受益者と比べて不相当に低額な譲渡価格を設定して、受益権の譲渡をあっせんしたなど、受益権の譲渡に関し、YがXらを不当に不利益に扱った蓋然性の存するような場合には、Yの行った行為が公平義務に反しないか否かの判断のために、Xら以外の他の受益者の受益権譲渡に関する書類および説明事項についても、書類閲覧請求および説明請求が認められると解すべきである。

(3)　そこで、前項のような解釈を前提にして、Xら以外の受益権譲渡と比べて、Xらが不当に不利な扱いを受けた蓋然性が存するか否かについて検討することとする。

　この点に関しては、Xらによる受益権譲渡の承諾の申入れに関して、Yがこれを拒絶し、あるいは、その譲渡価格をあっせんする等の関与をした事実は認められない。

　また、XらがAに対して受益権譲渡の承諾を申し入れ、Aから拒否されたが、他方で、Xら以外の受益権譲渡についてはAに対してその申入れがなされ、最終的にYがこれを承諾したことが認められるが（弁論の全趣旨）、AをYの信託事務代行者とまで認めることはできないし、また、YがAに対し、優先購入権の行使あるいは譲渡先のあっせんに関して、影響力を行使しうる立場にあったことを認めるに足る証拠もないから、右Aによる受益権譲渡の申入れの拒否をもって、Yが受益権譲渡に関しXらを不当に不利益に扱ったものと認める余地はないといわざるをえず、結局Xら以外の受益権譲渡との関係で、XらのYに対する書類閲覧請求および説明請求を認めることはできないというべきである。」

　これに対して、Xは、控訴したが、東京高判平成13年8月2日判例集未登載は、これを棄却した。さらに、かかる控訴棄却判決に対して、Xは、上告受理申立てをしたが、最決平成14年2月28日判例集未登載は、上告を受理しない旨の決定をした。

> 検　討

1　問題の所在

本件の不動産信託のような集団的信託の場合において、ある受益者に、他の受益者の受益権譲渡に関する事務についてまで書類閲覧・説明請求権が認められるか。

2　学説等の状況

(1)　旧信託法上の書類閲覧・説明請求権と集団信託

旧信託法は、次のように、39条において受託者の書類設置義務を定めたうえで、40条において受益者等の信託に関する書類閲覧・説明請求権を定めていた。

「39条　受託者ハ帳簿ヲ備ヘ各信託ニ付其ノ事務ノ処理及計算ヲ明ニスルコトヲ要ス

２　受託者ハ信託引受ノ時及毎年１回一定ノ時期ニ於テ各信託ニ付財産目録ヲ作ルコトヲ要ス

40条　利害関係人ハ何時ニテモ前条ノ書類ノ閲覧ヲ請求スルコトヲ得

２　委託者、其ノ相続人及受益者ハ信託事務ノ処理ニ関スル書類ノ閲覧ヲ請求シ且信託事務ノ処理ニ付説明ヲ求ムルコトヲ得」

このような書類閲覧・説明請求権が集団信託における一部の受益者により行使された場合、その行使可能な範囲はどこまでか。

集団信託とは、大衆から信託目的を同じくする財産を集めて一つの集団（合同運用団）として運用する信託の形態をいう[1]。本件の信託は、多数の委託者がそれぞれ受託者と信託契約を締結しているが、受託者が各信託契約に係る個別持分を一括して管理処分するものとされているから、集団信託である。こうした集団信託において、ある信託の受益者が、他の信託に関して書類閲覧・説明請求権を有するかについては、旧信託法40条が、集団信託を想定して立案されていなかったものではないとの指摘もあったが[2]、集団信託においても、この権利を認めることを前提とし、一定の限定を設定する学説

が多かった。

　たとえば、受益者の受託者ないし信託財産からの疎隔を生じている集団信託については、株主との均衡を考え、会計帳簿閲覧権を定めた旧商法293条の6第2項を類推適用して、受益者が正当理由を明らかにすれば、書類閲覧・説明請求権を認めるとする説があった[3]。

　また、信託財産が他の信託財産とは区別されて単独運用されている場合には、他の受益者を害するという問題はないので、基本的に受託者は書類閲覧請求を拒めないとする一方で、合同運用金銭信託などのように、多数の受益者がいるため、一部の受益者の書類閲覧請求が他の受益者の情報まで開示することになったり、書類閲覧に応じることによって他の受益者の利益を害することになったりするおそれがある場合は拒めるとする説がある[4]。

　さらに、一つの信託に関して多数の受益者が存在して信託財産を合同運用する形式の集団的信託についてではあるが、一人の受益者による書類閲覧請求権の行使が同時に他の受益者の情報開示につながることになるため、他の受益者のプライバシー保護の問題や他の受益者の利益侵害の問題が生じる場合があり、また、信託ファンド全体からみてごく少額の受益権しかもたない受益者に対して、ファンド全体の細かな運用経緯・ファンド運用の細かな事務処理について逐一説明を行わねばならないとすることは、かえって望ましくない場合もあることから、こうした場合を考えると、書類閲覧・説明請求権を一定の範囲で制約すべきであるとしていた説もある[5]。

　実務においても、合同運用金銭信託における書類閲覧請求権を個別信託同

1　四宮49頁。ただ、同50頁は、一般投資家から資金を集めた証券会社が委託者となって、受託者と一つの信託契約を締結する証券投資信託のような信託は、形式的には個別信託であるが、実質的には集団信託としての性質を有するものとしている。なお、新井306頁～307頁は、「受益者が多数のいわゆる集団信託においては、一部の受益者の濫用的な閲覧請求等が他の受益者の利益を害する場合もあり得たことから、現信託法は、受益者の閲覧等請求につき拒否事由を明文で定めた」としているから、信託が一つで複数受益者の信託と複数の信託が集団的に取り扱われている「集団信託」とは特段の区別がされないものとしているようにも読める。
2　四宮226頁脚注（二）。新井301頁。
3　四宮227頁～228頁脚注（二）。
4　能見125頁。
5　新井302頁。

様に認めると、①信託事務処理が渋滞する、②濫用されるおそれがある、③受託者の守秘義務違反が生じるおそれがある等の懸念があることから、合同運用金銭信託と株式会社における事務処理の監督の類似性にかんがみて、受益者自らの監督は合理的な範囲で限定すべきであるとの考えに立って、閲覧対象を特定させる取扱いをすることや、あらかじめ書類閲覧請求権を制限する特約を設けることが検討されていた[6]。

(2) 現行信託法上の報告請求権と帳簿等閲覧請求権

現行信託法36条は、旧信託法40条2項の説明請求権の趣旨をふまえつつ、民法645条（受任者による報告）の規定に準じて、説明請求権を報告請求権に改めた。同条は、委託者または受益者は「信託事務の処理の状況並びに信託財産に属する財産及び信託財産責任負担債務の状況」について受託者に対して報告を請求できる旨を規定している[7]。

また、現行信託法38条は、受益者に信託財産に係る帳簿等および信託事務の処理に関する閲覧請求権等を規定するとともに（同条1項）、当該請求に対する拒絶事由を明確化した（同条2項）。そして、この規定は受益者が多数の場合にも適用される（同条3項）。ただし、直接適用されるのは、一つの信託に受益者が複数存在する場合であると解される。なぜなら、現行信託法の制定過程上の議論では、複数の信託の信託財産に属する財産を合同して運用する集団信託の場合でも、ある信託の受益者が他の信託の受益者に関する情報（たとえば合同運用財産全体の帳簿の閲覧）を求めるためには、信託行為に別段の定めを置くことが必要とされていたからである[8]。

(3) 公平義務

公平義務とは、一つの信託に複数の受益者がいる場合に、これらの受益者を公平に扱う義務をいう[9]。旧信託法上、公平義務を直接規定する条文がなかったが、信託受託者の基本的義務の一つとして解釈論上認められるべきものとされていた[10]。たとえば、委託者Sが設定した信託において複数の受益

6　弘中隆史「合同運用金銭信託における書類閲覧請求権について」信託法研究22号。
7　寺本144頁。
8　寺本153頁（注9）。要綱試案第24の3（注3）。
9　能見81頁。

者AおよびBがいる場合に、受託者Tが一方の受益者Aに不利で、他方の受益者Bに有利な行為をしたときに、公平義務違反の問題が生じる[11]。

ただ、複数の信託により形成される集団信託において、受託者が、ある信託の受益者と他の信託の受益者を公平に取り扱うべきかという問題について、これも公平義務の問題としてとらえるか、あるいは、別の法理によって検討すべきかについて見解が定まっていなかった。

現行信託法においては、一つの信託に複数受益者がいる場合における公平義務が明記されることとなったが（現行信託法33条）、複数の信託により構成される集団信託における複数受益者の公平な取扱いをすべき義務が受託者に課されているかについては、なお解釈に委ねられている。

集団信託における公平義務の議論の整理については、第10講を参照されたい。

3　本判決の意義とその射程

(1)　意　義

本判決の第一の意義は、旧信託法40条2項の書類閲覧・説明請求権の存否について、それまで争われた事例がほとんど存在しないなか、書類閲覧・説明請求権の対象および行使要件を明確にした点である。すなわち、①原則として、他の信託の受益者の信託財産についての信託事務処理までは対象に含まれないこと、しかし、②例外的に、複数の信託契約における信託財産が合同運用財産として管理・運用・処分されるような集団信託の場合には、他の信託の受益者の信託財産も含めた合同運用財産全体についての信託事務処理に関するものとして対象となること、また、③集団信託の場合において、受託者による信託事務が公平に行われているか否かを判断するために必要な事項については、他の受益者の信託財産についての信託事務処理に関するものであっても、上記権利の対象に含まれることを明確に判示している。もっと

10　新井279頁。なお、四宮249頁は、本判決と同様、（旧）担保付社債信託法68条における「受託会社ハ公平且誠実ニ信託事務ヲ処理スヘシ」との定めを旧信託法における公平義務の根拠としている。
11　能見88頁〜89頁。

も、本判決は、上記③の場合に該当するとしても、公平義務のためとはいえ他の受益者に関する信託事務についてまで情報開示を行うことになるから、守秘義務との関係上、公平義務違反の蓋然性を請求者側が立証すべきとしている。

　本判決の第二の意義は、上記③に関連して、集団信託において、異なる信託の複数の受益者を公平に取り扱うべき公平義務を明確に認めた点にある。

　(2)　射　　程
　ア　本判決と旧法信託
　本判決は集団信託のうち不動産信託に関する事例判決ではあるが、旧信託法40条2項の文言解釈を出発点として上記①の原則論を導いているので、旧法信託に関しては、ある信託の受益者が他の信託に関して書類閲覧・説明請求をできないという原則論は一般に妥当しうる。同様に、集団信託において合同運用財産全体の信託事務の処理に関する書類閲覧・説明請求が認められるとする上記②の部分も、集団信託について広く妥当しうるものと思われる。さらに、本判決は、受託者の複数信託の受益者に対する公平義務を根拠としているから、当該各受益者の公平な取扱いが問題となりうる集団信託であれば不動産信託以外のものでも参考になると思われる。

　イ　本判決と新法信託
　既述のように、現行信託法下においては、複数信託からなる集団信託の受益者が他の信託も含めた合同運用財産全体について閲覧請求権を有するためには、その旨を信託行為に定めることが必要になると思われる。この場合、どの範囲で閲覧等が認められるかについては信託行為の定めによることとなり、新法信託においては、本判決の意義は乏しいものとなろう。

　一方で、そもそも信託複数の集団信託も、一つの信託で受益者複数の信託も、法技術的な差異があるにとどまるにすぎず、実質的経済的には同じともいいうる[12]。このように考えれば、新法信託においても、信託行為に定めがなくとも合同運用財産全体について帳簿等閲覧請求権を認めてよいとの見解も成り立ち、この見解に立つならば、なお本判決の意義を見出しうるように

12　四宮49頁〜50頁。

も思われる。

4　本判決の評価

　本判決は、旧信託法の立法段階では想定されていなかったであろう「集団信託」についての書類閲覧請求権の範囲を判断したものである。

　例外的な場合ではあるものの、他の受益者の信託事務に関して書類閲覧請求が認められるとし、その根拠を複数信託の受益者間についての公平義務に求めた点も重要である。

　ただ、実際の解決においては、公平義務も受託者の守秘義務と抵触するおそれがあって、その場合、比較考量でケースバイケースの判断とするほかないものとし、かつ、公平義務違反の蓋然性の立証責任は請求者側にあるものとしてバランスをとっているといえる。

　しかし、そもそも本判決が他の信託に関する信託事務処理についても書類閲覧・説明請求権を認める論拠としての公平義務の根拠は「(旧)担保附社債信託法68条参照」とカッコ書であげているにとどまる。その根拠は必ずしも明確ではないのではないか。

5　実務対応

　新法信託を前提とした実務対応については、以下のように考えられる。

(1)　集団信託における報告請求・帳簿等閲覧等請求権の定め

　合同運用財産について報告請求権や帳簿等閲覧請求権を受益者に認める場合は、その旨信託契約で規定することとなろう[13]。

(2)　集団信託における報告請求権・帳簿等閲覧請求権の拒否事由

　集団信託における合同運用財産について閲覧等請求権を受益者に認めるには信託行為の定めが必要であると考えるならば、どの範囲で閲覧等が認められるかについて信託行為の定めによるものと思われるが、現行信託法38条2項の拒否事由に該当する場合には信託行為の定めにかかわらず、閲覧等請求

---

[13]　信託行為の定めとしては、たとえば、信託約款において「合同運用を行う他の信託の受益者は、合同運用財産の運用にかかる信託法第37条第2項に定める財産状況開示資料を閲覧または謄写することができるものとします」等の定めを置くことが考えられる。

を拒むことができると考えるべきであろう[14]。

(3) 集団信託における現行信託法38条4項の適用

現行信託法38条4項は同条2項の拒否事由以外の拒否事由を、受益者の同意と信託行為への定めを条件として認める。ただし、貸借対照表・損益計算書といった基本情報やその他重要情報、当該受益者以外の者の利益を害するおそれがない情報はなお拒否できないものとしている[15]。

集団信託における合同運用財産について、信託行為の定めがなければ閲覧請求等ができないのであれば、現行信託法38条4項も適用されないこととなって、同条の定める限度を超えて、受益者の帳簿等閲覧請求権を否定することも可能であるように思われる。

(4) 集団信託以外の場合

集団信託以外の信託において閲覧請求等を排除することを明示する場合、現行信託法38条が強行法規であるという制約があるため[16]、約款で規定することについては一定の限界がありうる[17]。

(5) 集団信託と公平義務

集団信託において報告請求・帳簿等閲覧請求を信託行為に定める場合、他の受益者に対する守秘義務との関係で合同運用財産の状況以外の他の受益者に関する事項を拒否事由とするなど一定の制限を付することが考えられる。

---

[14] 新井307頁（注103）は、本裁判例に関し、（同教授は集団信託の信託財産を超える他人の保有する信託財産についての信託事務の場合であっても拒否事由の問題となるとの考えに立ち）Xらの請求は、現行信託法38条2項1号の「権利の確保又は行使に関する調査以外の目的で請求を行ったとき」に該当することとなろうか、としている。また、他の受益者の氏名、受益権の内容等の開示の請求に関する現行信託法39条（旧法では該当条文ないもの）2項1号の「権利の確保又は行使に関する調査以外の目的で請求を行ったとき」に該当する可能性も指摘している。

[15] 信託行為の定めとしては、たとえば、信託約款において、「受益者は、信託法第37条第2項に定める財産状況開示資料の作成に欠くことのできない情報その他の信託に関する重要な情報および受益者以外の者の利益を害するおそれのない情報を除き、信託法第38条第1項に定める閲覧または謄写の請求をすることはできないものとします」等の定めを置くことが考えられる。

[16] 寺本152頁。本条の規定する書類等の閲覧謄写請求権は、いずれも片面的な強行規定であって、信託行為において、受益者に（本条の規定するところを超えて）不利な定めを設けることはできないとする。

(6) 請求事由の明確化

　信託契約においてかかる閲覧等請求権の排除について規定することができない場合、少なくとも受益者の閲覧等請求の理由を明らかにするには書面によることとすべきであろう。拒否事由に当たるかは、受益者が請求の理由を具体的に明らかにして請求（現行信託法38条1項柱書）をなしたうえで判断されるところ[18]、口頭での請求について請求者の目的等を判断し、拒否事由に当たるかどうか決定するのは、実務上困難であるからである。

　具体的には、閲覧請求用紙のフォーマットを定め、そこに請求の理由が明らかとなるよう、具体的な目的の記載を求めることが望ましい。要は実務上拒否事由の判断ができるものとすることが肝要である。また、記載がない場合等請求の理由が明らかとなっていない場合は請求には応じられない旨の注意文言を付記すること等が考えられる。

（岡田孝介）

17　能見127頁は、旧信託法においても「伝統的には書類閲覧・説明請求権は受益者にとって極めて重要な権利ととらえられているので、特約による排除はできないと考えられていると思われる。しかし、受益者自身が書類閲覧・説明請求権を排除ないし制限することに同意している場合には、有効と考えるべきであろう」としているので、旧法信託でも同意についての規定を設けることは考えられたのではないか。もっとも、同書は「ただし、受益者が個人である場合に、約款などで信託財産についての情報開示請求権を排除・制限することは、不当条項として規制される可能性がある」としている。

18　寺本151頁以下では、請求の理由を基礎づける事実が客観的に存在することについての立証は要しないものとされている。また現行信託法における書類閲覧等請求の拒否事由が制定されるときに参考にされた会社法における会計帳簿の閲覧謄写請求に関して最判平成16年7月1日民集58巻5号1214頁（ただし会社法施行前のもの）がある（久保田光昭、江頭憲治郎・弥永真生編『会社法コンメンタール10－計算等(1)』（商事法務、2011）139頁）。

　なお、株主名簿閲覧請求について実質的な同業者からの請求に関する東京高決平成20年6月12日金判1295号12頁等の事例が生じ、競業者が株主としての権利行使を制限されるのはおかしいとして、会社法改正要綱で「株主名簿等の閲覧請求の拒絶事由から「請求者が当該株式会社の業務と実質的に競争関係にある事業を営み、又はこれに従事するものであるとき」（会社法125条3項3号など）を削除する」とされている。しかし、これは株主名簿に関しての議論であり、信託法の書類閲覧請求はあくまで会社法の会計帳簿の閲覧請求の議論と平仄を図ることとなろう。

■ Column 5

受益者の訴訟参加適格

　Column 4 「信託訴訟における当事者適格」で検討したとおり、信託財産の管理・処分権限は受託者に専属し、原則として受益者は信託財産の管理・処分に関して訴訟上の当事者適格を有さないものと考えられる。

　それでは、受益者は訴訟の当事者になれなくても、受託者が追行する訴訟に訴訟参加（補助参加）することはできるか。Column 4 と同様、受託者が不動産管理処分信託において信託財産たる不動産の賃借人に対して延滞賃料の支払請求訴訟を提起するという事例で考えてみたい。

　本想定事案において受益者が受託者の提起した訴訟につき補助参加の利益（民事訴訟法42条）を有するかが問題となるが、補助参加の利益とは法律上の利益でなければならず、感情的利益や経済的利益は含まれない、とされる[1]。判例では、債権者代位権を行使しうる債権者（大判大正11年7月17日民集1巻398頁）や取締役会の意思決定が違法であるとして株主代表訴訟を提起された場合における当該会社（最決平成13年1月30日民集55巻1号30頁）について訴訟への補助参加が認められている（後者の株主代表訴訟については、すでに現行会社法において会社が訴訟参加できることが明文で定められている。会社法849条）。これらをみる限り、判例自体は補助参加の利益を決して広範に認めているとは思われない。すなわち、いずれの場合も参加申立人の訴訟参加を認めないと、申立人の権利・利益の保護に重大な支障をきたす（前者では債権保全の機会を逸し、後者では会社の公法上または私法上の法的地位に影響が生じうる）ように思われ、これらの場合に例外的に申立人の権利・利益の保護および手続保障の観点から申立人に訴訟参加を認めているように思われるのである。

　冒頭の事例に当てはめて考えてみると、受益者は受託者に対して受益権という権利を有する。ただし、受益者が受託者の訴訟に参加しなくても、受託者が適切に訴訟を追行しさえすれば、信託財産に損害が生じるおそれは小さい。また、受託者に管理の失当があれば、受託者への責任追及を通じて信託財産に生じた損害の回復を図ることができる（現行信託法40条）。したがって、受託者に管理の失当があり、かつ、受託者の資力または訴訟追行能力に問題がある場合等、受益者に訴訟参加を認めなければ、その権利・利益の保護に重大な支障をきたすような

1　伊藤眞『民事訴訟法〔第3版4訂版〕』（有斐閣、2010）604頁。

特別な事情がない限り、受益者には訴訟参加の利益は認められないと考えられる。

なお、上記の検討は、あくまで仮想事例における理論的な検討であって、現実に受益者が訴訟に参加する強いインセンティブを有しているかというと、そうではない。通常、受益者は信託の利益の享受者であり、信託財産の管理・処分を専門の受託者に任せ、財産の管理等に伴う手間や煩わしさから解放されるために信託を利用していることも相応にあるのであって、むしろ、一般的には訴訟に対して積極的に関与したいと考える受益者は多くはないであろう。それでも、このような検討を行うのは、たとえば、受託者が追行した訴訟の結果が、既判力の拡張を通じて後に信託財産を承継取得した受益者に及びうるのか（民事訴訟法115条1項3号参照）[2]、また、信託財産に関する訴訟において訴訟当事者から受益者になされた訴訟告知は有効なのか（同法53条）等、信託と訴訟法との関係をさまざまな角度から考えることが、受益者の利益の保護および信託事務の実効的な運営の観点からあらためて有用だと思われるからである。

（秋山朋治）

---

[2] 小野傑「訴訟手続きにおける受託者・信託財産・受益者の関係－訴訟信託と任意的訴訟担当の関係に関する立法過程の議論を参考として－」（東京大学ローレビュー4巻所収、2009）158頁。

第16講

公有地信託における受益者に対する費用補償請求権

最判平成23年11月17日民集238号115頁

> **判決要旨**

公有地信託において[1]、受益者に対する費用補償請求権を定めた旧信託法36条2項本文の適用を排除する旨の合意が成立していたとはいえない。

> **事案の概要**

1　X_1信託銀行およびX_2信託銀行（原告、控訴人、被上告人。以下両行あわせて「Xら」という）は、Y地方公共団体（被告、被控訴人、上告人）の議会の議決を経たうえで、Yを委託者兼受益者、Xらを共同受託者として、Yがその所有する土地（以下「本件信託土地」という）をXらに信託し、Xらにおいて、本件信託土地上にゴルフ場を中核とするスポーツ・レクリエーション施設（以下「本件信託施設」という）を建設し、その管理運営を業（以下「本件信託事業」という）とすることを目的とする土地信託契約（以下「本件信託契約」といい、本件信託契約に係る契約書を「本件契約書」という）を締結した。

2　Xらは、本件信託契約に基づき、建設資金等を借り入れて、本件信託土地上に本件信託施設を建設し、平成3年8月、その営業を開始した。

3　ところが、阪神・淡路大震災が発生した平成7年以降、その入場者数は落ち込み、事業収支は悪化した。

1　公有地信託とは、昭和61年の地方自治法の改正により創設された普通財産である公有地の信託制度であって、土地信託の一種である。土地信託は、典型的には、土地の有効活用を目的として、地権者が土地を受託者に信託譲渡し、受託者が建物建設等の開発をし、そのための資金調達、テナント管理等を行い、受益者にその事業収益を信託配当する不動産信託である。土地信託の詳細は、信託の法務と実務567頁以下参照。

4　Xらは、借入金の金利負担を軽減するため、平成13年、A銀行から低利で融資を受けたうえでこれを借入金の弁済に充てた。その際、Yは、上記融資につき、同銀行との間で損失補償契約を締結し、Xらの債務につき事実上保証した。

5　その後も、Xらは、A銀行からの借換えをして借入れを継続し、Yもこれにつき損失補償契約を締結していたが、Yは、平成18年4月3日の弁済期以降において、損失補償契約を締結しない旨の意向を示した。そこで、Xらは、平成18年3月31日および同年4月3日、本件信託において借り入れていた合計78億7,900万円をA銀行等に返済し、Yに対して、旧信託法36条2項本文の費用補償請求権に基づき、上記返済金相当額および遅延損害金の支払を求めて提訴した。

6　これに対するYの主張は多岐にわたるが、本講の主題との関係では、XらとYの間には、Yに対する費用補償請求権を否定する合意があったというものである。

7　第1審（神戸地判平成21年2月26日金法1935号71頁）は、旧信託法36条2項の費用補償請求権は信託契約の本質をなす権利ではなく、これを制限的に解すべきとする有力な学説さえ存在し、他方で、現行信託法48条5項は、受託者の費用償還請求権を法律上当然のものとはしていないことから、本件信託契約に費用補償請求権を排除する明示的な規定がなくとも、契約の規定の文言や契約に至る経緯等を検討し、本件信託契約の合理的な解釈により費用補償請求権の排除合意が認められる場合があるとしたうえで、本件信託契約の規定の体裁や文言、地方公共団体の基本的使命や地方自治法の規定との整合性、本件信託契約締結に至る経緯等から、本件契約書の条項の解釈として、Xらの費用補償請求権を否定した。

　これに対して、控訴審（大阪高判平成22年5月14日金法1935号59頁）は、他益信託については、受益者が契約当事者でないことから、受益者に予想外の損失を被らせないために、旧信託法36条2項の適用は制限的になされるべきとしつつ、「いわゆる自益信託（中略）においては、受益者は信託契約の当事者であり、信託財産から生じる利益を享受するのであるから、不利益についても受益者がすべて負担すると解するのが公平の見地からし

【関係図】

委託者Y地方公共団体
①公有地を信託譲渡
⑥補償請求
受託者X₁・X₂
②建設資金の貸付
銀行
③スポーツ・レク施設建設
④信託勘定の資金不足
⑤固有勘定から借入金の返済

て妥当であり、信託法36条2項を制限的に適用する根拠はないというべきである」としたうえで、本件信託契約上、同条項の適用を排除する規定がないとして、XらによるYに対する費用補償請求権の行使を認めた。

そこで、Yが上告した。

本判決

上告棄却。

「公有地の信託制度の創設に先立ち、自治省の研究会が昭和61年1月に取りまとめた報告書においては、信託財産の運用が当初見通しと大きく異なった場合には信託終了に際し地方公共団体が債務を承継する可能性があることが明記されており、同年5月の自治事務次官通知においても、公有地の信託には旧信託法等の適用があることに留意することとされていた上、X₁信託銀行が同年4月に上告人に提出した文書には、公有地の信託においても管理・処分の成果損失は全て受益者に帰属する旨が記載されており、上告人のB副知事も、本件信託契約締結の約2か月前である昭和62年9月、兵庫県議会において、本件信託事業に関し、信託終了時に上告人が債務を引き継ぐ可能性がある旨の答弁をしているというのである。これらの事実に照らせば、公有地の信託といえども、旧信託法の規律に従い、受益者に対する費用補償請求権を定めた旧信託法36条2項本文の適用があるのが原則であることが公

有地の信託に関わる関係者の共通認識であり、上告人もその例外ではなかったものというべきである。したがって、本件信託契約において同項本文の適用を排除しようとするのであれば、そのための交渉が重ねられてしかるべきところ、上告人と被上告人らとの間において、本件信託契約の締結に至るまでの間に、かかる交渉がもたれたことは全くうかがわれない。

　そして、本件契約書の契約文言を見ても、18条本文は「信託事務に必要な費用は、信託財産から支弁する。」と定めているが、そこには受益者に対する費用補償請求権を定めた旧信託法36条2項本文の適用を排除する趣旨の文言はなく、また、32条2項4号は「信託終了に要する費用は、信託財産から支弁する。」と定めているが、そこにも旧信託法36条2項本文の適用を排除する趣旨の文言はない。本件契約書32条2項4号は、同条項が置かれた位置等に照らすならば、信託終了に際し、被上告人らが本件信託土地や本件信託施設を上告人に引き渡し、その登記名義を変更するなどの事務が伴うことから、これに要する費用の負担について定めたものにすぎないと解される。そして、本件契約書には、ほかに旧信託法36条2項本文の適用を排除する旨を文言上明確に定めた条項はなく、かえって、本件契約書においては、不足金が生ずる場合の処理方法について、上告人と被上告人らがあらかじめ協議するものとされ（25条）、信託の終了時に借入金債務等が残存する場合には被上告人らが上告人と協議の上これを処理するとされているのであって（32条2項3号）、これらの条項は、被上告人らが負担した費用については、最終的に上告人がこれを負担する義務を負っていることを前提に、その具体的な処理の方針等について上告人が被上告人らと協議する機会を設けるべきことを定めたものと解することができる。

　加えて、本件信託契約締結後の事情をみても、本件信託事業は平成7年から収支が悪化し、平成13年11月20日に上告人に提出された被上告人ら作成の中期経営健全化計画においては、信託期間満了時に約81億円もの借入金が残存する予定である旨の記載がされており、上告人と被上告人らは、平成15年3月以降、本件信託事業に資金不足が生じた場合の処理方法について協議を重ねるようになったが、その協議の過程において、上告人が、被上告人らに対し、自己の費用補償義務を否定するような態度を示したことはうかがわれ

ず、かえって、上告人は、複数回にわたって損失補償契約を締結してまで被上告人らの資金調達を支援してきたのであって、上告人は、平成17年12月26日付け文書において、初めて自己の費用補償義務を明確に否定するに至ったというのである。

　以上の事情に照らすと、本件信託契約において、受益者に対する費用補償請求権を定めた旧信託法36条2項本文の適用を排除する旨の合意が成立していたとはいえないというべきである。

　なお、本件契約書18条本文は、被上告人らが上告人に対する費用補償請求権を行使するより先に、まず信託財産から費用の補償を受けるべきである旨を定めた規定であると解する余地がある。そうであるとしても、前記事実関係によれば、被上告人らが本件信託土地及び本件信託施設を売却することなく信託財産から補償を受けることは困難であるところ、これらを売却すれば信託目的が達成不能になることは明らかである。このような事情の下においては、被上告人らが、上告人に対し、旧信託法36条2項本文所定の費用補償請求権を直ちに行使することは、本件契約書18条本文によっても妨げられることはないと解するのが相当である」

検　討

1　問題の所在

　本件信託契約は、旧法信託であって、旧信託法36条2項本文が適用される。そこで、公有地信託に係る本件信託契約において、同条項に基づく受託者の受益者に対する費用補償請求権を排除する合意（以下「排除合意」という）が認められるか否かが問題となった。

2　学説等の状況

　旧信託法において、旧信託法36条2項の条文の文言どおりに、費用補償請求権を無限定に認めるのが通説であったが、信託行為の当事者ではない他益信託の受益者に損失を強制しえないとして、同条項の適用範囲を自益信託の場合に限定する考えや、さらに、受益は信託財産の限度とすることを理由と

して、信託財産を上回る損失について受益者は費用補償債務を負担しないとする考えもあった[2]。

しかし、少なくとも、本件のような土地信託においては、「委託者自身が受益者であり、かつ、信託期間終了時には土地と建物が委託者兼受益者に戻ってくるのであるから、受益者が間接的な無限責任（信託法36条を介した無限責任）を負うことは、それほど不合理ではない」[3]などとして、受益者の費用補償債務を無限定に肯定する考えが有力であった[4]。

これに対して、現行信託法の立法過程においては、旧信託法36条2項と同様の規定とする甲案と受益者の費用補償債務を原則として否定する乙案が検討されたが[5]、現行信託法48条5項は、受託者と受益者の間に別段の定めがない限り、受益者は費用償還債務を負担しないと規定した。これは、①信託行為に関与しない他益信託の受益者であっても常に費用負担のリスクを負うことは、受益者の合理的意思に反すること、②受託者が受益者と個別に合意をすることにより費用負担のリスクを合理的に分配することも相当程度可能であること、③英米の信託法制では、受益者に対する費用補償請求は認められていないこと、④甲案の理由の一つである「受託者が立替払をしやすくなることによって信託の安易な破綻を回避することが可能となること」という指摘に対しては、現行信託法52条により、信託財産が費用等の償還または費用の前払いを受けるのに不足している場合の措置を新設することにより対応可能であること等による[6]。

なお、旧信託法36条1項に基づく信託財産に対する費用補償請求権と同条2項に基づく費用補償請求権の先後関係について、通説は、受託者が選択的に行使できるものとしていたが、信託財産から十分な補償が受けられないか、信託財産から補償を受けようとすれば信託目的達成不能となるおそれが

2　学説の状況については、四宮293頁。
3　能見196頁。
4　四宮294頁は、「営利追求型信託にあっては、受託者による信託事務処理は当然にリスクを伴うので、そのリスクは信託事務処理に伴う利潤を享受する受益者に負担させなければならないであろう」とし、新井329頁も、自益信託の場合、基本的に、受益者の費用補償債務の負担を肯定すべきとする。
5　要綱試案第32の2、補足説明79頁～81頁。
6　寺本176頁～178頁。

ある場合に限って、受益者に対する補償請求を認めるとする見解も有力であった[7]。また、信託財産から補償を受けようとして信託財産を処分して信託目的達成不能となる場合は、信託終了をきたしかねないから（旧信託法56条参照）、受託者の善管注意義務が問われる可能性があるとの指摘もあった[8]。

3　本判決の意義とその射程

(1)　旧信託法36条2項の適用範囲

まず、本判決の第一の意義は、旧法信託において、旧信託法36条2項の解釈論として、信託財産を超える費用補償請求権の存在を認めたことである。しかし、自益信託の場合のみに費用補償請求権が認められるとする見解を採用しているかどうかは明らかではない。

(2)　黙示的な排除合意に係る解釈指針

次に、本判決の第二の意義は、公有地信託において排除合意が黙示的に認められるための解釈指針を示したことである。

ア　関係者の共通認識の探求

すなわち、本判決は、信託契約上に明文規定がなくとも、黙示的排除合意が認められる余地があるとしながらも、本件信託契約においては、これが認められないと判示したものであって、この意味で事例判決である。しかし、本判決は、公有地信託に関する自治省研究会報告の記載、自治事務次官通知、信託銀行の説明文書、Y側の答弁内容から、公有地信託において旧信託法36条2項が適用されることが関係者の共通認識であったことを前提として、そうした共通認識を覆す合意があったか否かを検討し、①費用補償請求権についての交渉の不存在、②費用補償請求権の存在と矛盾しない契約条

---

[7] 四宮294頁。なお、新井325頁は、自益信託の場合と他益信託の場合を区別して、前者の場合は、信託成立後も委託者は自ら受益者として信託関係に関与するとともに、受託者はまさにこの委託者兼受益者の利益のために信託事務を遂行することから、求償の関係でも委託者兼受益者が前面に出て問題ないとして、通説同様の選択説を採用し、後者の場合は、信託成立後に基本的に信託関係から離脱し、以後、受託者は第三者たる受益者のために信託財産の範囲内で信託財産の管理を行うというのが制度の本旨であるとして、受益者に対する費用補償請求権の行使は、ごく例外的な場合にしか許容されないとする。

[8] 新井325頁、能見201頁。

項、③本件信託契約締結後における資金不足の処理についての協議およびY
による損失補償契約の締結といった諸事情から、上記共通認識と矛盾する事
実がなくかえってこれに沿う事実が認められることに着目して、排除合意を
否定した。したがって、公有地信託においては、信託契約締結時およびその
前後において、旧信託法36条2項の適用を排除する意図・認識・条項・行動
が特に認められない限り、排除合意は認められないとする解釈指針を示した
ものといえ、この点に本判決の意義がある。

イ　本判決と土地信託

　しかし、本判決の解釈指針が私有地の土地信託、より広く自益信託、さら
に広く信託一般における排除合意の解釈指針とまでいえるか、なお検討を要
する。この点、原審判決は、自益信託の場合、他益信託の場合と異なり、旧
信託法36条2項を限定解釈する必要がないことを前提としていることから、
原審判決の解釈指針は、自益信託一般に適用されうる。これに対して、本判
決は、公有地信託における費用補償請求権についての関係者の共通認識を基
礎として、解釈指針を示していることから、それ以外の信託については直接
的に言及していない。

　もっとも、本判決は、公有地信託について、旧信託法36条2項の適用が関
係者の共通認識であると判示しているから、公有地信託が土地信託の一類型
である以上、少なくとも土地信託全般においても、旧信託法36条2項の適用
が関係者の共通認識であるとされる可能性が高いのではないだろうか。そし
て、仮にそうだとするならば、私有地信託においても、信託契約締結時およ
びその前後において、旧信託法36条2項の適用を排除する意図・認識・条
項・行動が特に認められない限り、排除合意は認められないとする解釈指針
が妥当するものと解されるように思われる。

ウ　本判決と自益信託全般

　さらに進んで、自益信託全般についても解釈指針として妥当するのか。こ
の点、原審判決は、受益者が契約当事者であって、利益を享受すべき受益者
について旧信託法36条2項の適用を制限する理由がないとするが、本判決
は、排除合意の有無を判断するため、具体的事案における当事者の合理的意
思解釈を行うというアプローチを採用している。この点、自益信託の類型の

なかで、「投資家である委託者兼受益者が金銭で出資し、信託運営の途中の段階で金銭が各種の財産に投資され、最後は再び金銭で戻ってくるような信託商品のスキームにあっては、受益者といっても単なる投資家にすぎないから、無限責任を負わなければならないとすると、投資商品としての魅力が薄れる。そのような投資商品を設計するにあたっては、受益者の補償請求権を予め排除しておくことが必要となろう」[9]との指摘もあり、純然たる金融商品である信託商品に費用補償請求権を肯定することが一概に合理的であるとも言い切れない。したがって、本判決は、自益信託一般に当然に妥当するものとまではいえないであろう。もっとも、ある類型の自益信託について、旧信託法36条2項が適用されるとの関係者の共通認識が認められれば、本判決の判断枠組みは参考にはなり、旧信託法36条2項の適用を排除する意図・認識・条項・行動が特に認められない限り、排除合意は認められないと考えられる。

エ　本判決と受益権の放棄

　本判決は、公有地信託のような自益信託の場合であって、排除合意が認められないときに、受益者が受益権の放棄により費用補償債務を免れることができるかについてなんら言及していない。しかし、公有地信託のような自益信託において、受益者に対する費用補償請求権の存在が関係者の共通認識であるとする本判決の論理を強調するならば、受益権放棄による費用補償債務の免除を認めるとの解釈は、当該共通認識に基づき関係者が積み上げてきた法律関係を覆すこととなることから、認められない可能性が高いように思われる。この点に関して、第17講で述べるように、大阪地判平成25年3月7日判時2190号66頁も、自益信託の場合、受益権放棄は許されないとして、受益権の放棄により費用補償債務を免れることを否定している。

オ　本判決と他益信託

　旧法信託である他益信託の場合については、原審判決は、受益者に予想外の損失を被らせることになりかねないため、旧信託法36条2項の適用は制限的になされるべきと判示しているが、本判決は、排除合意の有無を判断する

---

[9]　能見196頁。

ため、既述のように、具体的事案における当事者の合理的意思解釈を行うというアプローチを採用している。しかし、他益信託の場合、通常、信託契約に受益者が関与していないことから、関係者たる受益者の認識を探るアプローチを採用することは困難であろう。もっとも、他益信託の場合、少なくとも、第17講で述べるように、受益者は受益権の放棄により費用補償債務を免れることができると解されることから、いわば入口部分において、原審判決のように、排除合意を広く認定する必要性は低いともいえる。

カ　本判決と新法信託

さらに、本判決は、旧法信託に関するものであって、受託者と受益者の合意があってはじめて費用償還請求権が認められる新法信託には妥当しない。

(3)　旧信託法36条1項と同条2項の関係

本判決の第三の意義は、信託財産の売却により信託目的の不達成が明らかな場合は、旧信託法36条1項により信託財産に対する費用補償請求権を行使しなくとも、同条2項に基づく受益者に対する費用補償請求権の行使を肯定したことである。しかし、本判決は、「旧信託法36条2項本文所定の費用補償請求権を直ちに行使することは、本件契約書18条本文（「信託事務に必要な費用は、信託財産から支弁する。」：筆者注）によっても妨げられることはない」として、費用補償請求権の行使が本件契約書の条項により妨げられないとしていることから、当該契約条項がない場合に、旧信託法36条1項の権利の行使を待たずに無条件に同条2項の権利を行使できるとの通説的見解を採用することを排除するものではないとも思われる。なお、信託財産の売却と信託目的の不達成との関係については、後記5(5)を参照されたい。

4　本判決の評価

各地方公共団体の公有地信託においては、信託実務上、契約文言に大きな相違がないことから[10]、信託契約において受益者の費用補償請求権と明確に矛盾する規定は通常ないはずである。したがって、本判決のもとでは、信託契約締結時およびその前後において、費用補償請求権と矛盾する意図・認

10　中務嗣治郎「公有地信託における受益者に対する費用補償請求権と受益権の放棄」金法1940号88頁以下参照。

識・行動が当事者間において明確に示されない限り、黙示的な排除合意は認められないこととなる。

　この点、第1審判決は、旧信託法36条2項の適用を限定する見解や現行信託法48条5項を引用して、黙示的な排除合意を積極的に肯定しようとした。

　しかし、旧信託法36条2項は、「財産権からの利益すべてを享受する者は、特別の事情がないかぎり、信託財産の負担をになうのが、正義の要求に適する」との思想に基づくものであって[11]、こうした思想は、わが国私法上の報償責任の原則に合致する（民法674条、715条等参照）。したがって、信託配当を受ける権利を有する受益者がリスクを負担すべきである。受託者は、信託事務に関して信託報酬を得ているが、それは信託事務処理の対価であって、リスク負担に対応する特別な報酬を得ているわけではないから、旧信託法36条2項を制限解釈する正当化根拠とはならないと考える。

　また、自益信託の場合は、原審判決が指摘するように、委託者兼受益者として、信託契約の当事者としてその成立に関与し、費用補償債務を負担する可能性について認識しうる。そして、信託契約成立後も、信託事業に関与して一定程度リスクをコントロールすることが可能である。とりわけ、公有地信託においては、公有財産管理の観点から、受託者の信託事業運営を指導・監督することが制度的に予定されており[12]、信託事業への関与の程度が強い。このように信託の成立および存続において関与してきた委託者兼受益者が、信託事業において損失が生じた場合に当該損失を受託者に押し付けることは衡平とは思われない[13]。

11　四宮293頁。旧信託法の「信託法案説明書」も、旧信託法36条2項の趣旨につき「尚受益者カ信託ノ利益ヲ享受スルノ意思アル以上ハ受託者ヲシテ自己ノ為メニ信託事務ヲ処理セシムルモノト謂フヲ得ベキヲ以テ受託者ニ対シテ費用、損害ノ補償ヲ請求シ又ハ相当ノ担保ヲ供セシムルコトヲ得ヘシ」としている（山田昭編著『日本立法資料全集　信託業法・信託法〔大正11年〕』（信山社、1991）256頁）。

12　地方自治法221条3項、同法施行令152条5項。

13　樋口範雄「土地信託あるいは公有地信託とは何か」NBL937号16頁は、公有地信託において、受益者が信託事業を指導監督していることから、公有地信託事業を「共同事業（組合形態の事業）」であるとして、受託者も「パートナーとしてのリスクを分担すべき」と主張する。しかし、公有地信託事業が民法上の組合類似の共同事業であるというのなら、わが国の法制下では、民法674条に基づき、信託事業の委託者兼受益者が全損失を負担すべきこととなるように思われる。

さらに、仮に、受益者に対する費用補償請求権が否定されれば、公有地信託においては、受託者は、委託者兼受益者の同意がなければ、信託期間中に信託を終了することができないこととなっているのが通常であるから、委託者兼受益者は、受託者のリスクのもとで、投機的な信託事業を行うことも可能となってしまい、衡平を欠く。

　加えて、第1審判決は、現行信託法48条5項を引用して、旧信託法36条2項の費用補償請求権の排除合意を広く認めようとするが、現行信託法のもとでは、52条に基づき、信託財産に不足が生じた場合には、信託契約を解除できる規定がある。そうした規定がない旧法信託においては、受託者は、自らの費用のもとでの信託事務の継続的履行を強いられるという不合理が生じる。

　したがって、本判決が、公有地信託について、黙示的な排除合意を限定的にのみ認定する解釈指針を示し、広く旧信託法36条2項を適用することは妥当であると思われる。

5　実務対応

(1)　土地信託と説明義務

　本判決は、既述のように、旧法信託である公有地信託を含めた土地信託全般の解釈指針となりうることから、費用補償請求権についての明確な規定が信託契約上になければ、信託契約締結時およびその前後において、旧信託法36条2項の適用と矛盾する意図・認識・条項・行動が特に認められないかを確認し、証拠を保存しておく必要があるものと思われる。そのような証拠が保存されていれば、旧信託法36条2項の適用が排除される可能性は低いものと思われる。

　もっとも、平成16年12月30日から施行された改正信託業法25条およびこれを準用する兼営法2条1項によれば、受託者は、信託の引受けを行うときは、あらかじめ、改正信託業法26条の契約締結時交付書面において記載すべき事項とほぼ同様の事項を委託者に説明すべきものとされており、そして、説明すべき事項として「損失の危険に関する事項」があげられている（信託業法施行規則33条7項、30条の23第1項2号、兼営法施行規則15条7項1号）。したがって、同改正法施行後は、業法の観点からは、土地信託の受益者に損失

が生じるリスクを説明する必要が生じる。

　また、私法上の観点からも、第10講で詳細に解説されているように、平成13年4月1日施行の金融商品の販売等に関する法律（以下「金販法」という）においては、「金融商品の販売」については、説明義務が課されるが（同法2条、3条）、土地信託の場合のような金融商品取引法2条2項1号に該当する信託受益権に関しては、運用方法が特定されていないときは、信託設定行為が「金融商品の販売」に該当し（金販法2条1項11号、同法施行令5条1号）、同法の説明義務が課されている[14]。したがって、旧法信託であっても、同法施行後は、土地信託について顧客に対してリスクに関して説明していないと、説明義務違反に基づく損害賠償責任が問われる可能性がある（同法5条）。それゆえ、受託者は、委託者に対してリスクを適正に説明するとともに説明資料等を保存しておく必要がある。

　ただ、金販法3条7項1号、同法施行令10条の定める特定顧客に対しては上記説明義務を負わない。また、金販法施行前の不動産信託商品の販売に関しては、裁判例上、不動産投資において、不動産市況の変動によって損失が生じうることは一般人であれば理解できるとして、一般消費者に対しても、不動産投資目的の信託商品について元本毀損リスクの説明義務は課されていないとする判決もあった（東京地判平成14年7月26日判タ1212号145頁、第10講）。したがって、金販法施行前に設定された本件公有地信託のような場合は、提案競技において、複数の提案が専門家により構成される審査委員会で比較検討して審査され、よりいっそう十分に土地信託のリスクを理解できたであろうから、説明義務は認められないものと思われる[15]。

　もっとも、今後は、業法および金販法の適用ならびにトラブル回避の観点から、土地信託の設定の際には、委託者に対してリスクを説明すべきであろ

---

[14] 岡田則之・高橋康文編『逐条解説　金融商品販売法』（金融財政事情研究会、2001）78頁〜79頁。

[15] 大阪地判平成23年12月9日判時2141号50頁も、公有地信託の提案競技における説明義務に関して、「応募提案者が負担する上記義務は、審査委員会がおよそ了知し得ないような性質の事項でない限り、中立的な第三者の立場から、自ら提案した事業計画に内在する事業リスクや短所をあえて積極的に告知・説明したり、事業計画の策定に当たって収集・検討したあらゆる資料を積極的に全て開示して説明・情報提供することまで含むものではない」としている。

う。

(2) 旧法信託である自益信託の場合の実務対応

旧法信託であって、土地信託以外の自益信託については、契約条項に費用補償請求権が明記されていないならば、旧信託法36条2項が適用されるとの関係者の共通認識が認められる信託スキームか否かを検討し、それが認められれば、信託契約締結当時およびその前後において、同条項の適用と明確に矛盾する契約文言、当事者の意図・認識・行動がないかを確認しておく必要がある。他方、そうした共通認識が認められない信託スキームについては、同条項に沿う契約文言、当事者の意図・認識・行動がないかを積極的に確認することが望ましい。

(3) 旧法信託である他益信託の場合の実務対応

旧法信託である他益信託については、受益者の費用補償債務が当然に認められるとは限らず、仮に認められたとしても、受益権の放棄により免除される可能性があることから、受託者としては、受益者が費用補償債務を負担することを明確に認めているか、受益権の放棄権を放棄して、費用補償債務を免れる権利を放棄しているかを確認すべきであろう。

(4) 新法信託の場合の実務対応

新法信託においては、旧法信託と逆に、受託者と受益者の間に費用償還請求権を認める合意の存在が問われ、明示的な定めのない場合に黙示的に認められるかが問題となる。新法信託のもとでは、受益者に対する費用補償請求権が当然には認められないことが原則として関係者の共通認識になっていると思われることから、それにもかかわらず当該合意を規定しなかったことは、当該合意の存在を否定する一つの根拠となりうる。

したがって、新法信託であって、土地信託のように信託において事業を行って元本を上回る損失が生じるおそれがある場合、受託者は、受益者に対する費用償還請求権の存在について、受益者と明示的に合意しておくべきものと思われる。

仮に、そうした合意を規定することができない場合は、信託財産が費用等の償還を受けるのに不足するおそれがあると認めた場合は、信託契約を解除できるようにしておくことが重要である。この点、現行信託法52条は、信託

目的の達成のために不可欠な信託財産（たとえば、土地信託における土地建物。以下「不可欠信託財産」という）以外の信託財産が費用等の償還または費用の前払いを受けるのに不足している場合は、①信託財産が不足しているため費用等の償還または費用の前払いを受けることができない旨、②受託者の定める相当の期間内に委託者または受益者から費用等の償還または前払いを受けないときは、信託を終了させる旨を通知して、当該相当の期間の満了後に、受託者は信託契約を解除できる旨規定している。したがって、受託者は、信託財産が不足するおそれが明らかになった後は、基本的に、現行信託法48条2項3項に従って、信託財産より費用の前払いを受けるようにして、不可欠信託財産以外の信託財産で費用の前払いを行うことが不可能となった場合は、上記①②の事項を通知したうえで、解除するべきであろう。

ただ、土地信託のように、土地上の建物の建設のために、最初に巨額の借入れをして、その建物の事業収益を借入金の返済に充てるような事業信託の場合、信託契約を解除しても、事業収益が得られない一方で、土地・建物の価値を上回る借入金が残るという事態が想定されうる。したがって、上記のような現行信託法52条の運用も、受託者のリスク管理として必ずしも実効的ではない。このような事業信託においては、受託者として対外的に負担する信託債務について信託財産を責任財産として限定する特約を債権者と締結するか、限定責任信託（現行信託法216条以下）とするか、それらができないならば、やはり、受益者との間で費用償還請求権の合意を明示的に行っておくべきであろう。

(5) **信託財産と受益者のいずれから先に補償を受けるべきか**

旧法信託で排除合意が否定された場合、本判決によれば、信託契約に信託財産から先に補償を受けるとの定めがあっても、信託財産の売却により信託目的の不達成が明らかな場合は、受益者に対して費用補償請求権を行使することが可能であると思われる。そのような定めがない場合に、受託者が直ちに費用補償請求権を行使することが可能かどうかについては、本判決上、明らかではないが、信託財産に十分に金銭がある場合に、それを妨げる条項がないからといって、受益者に対して費用補償請求権を行使することは、受益者の理解も得られにくいであろうから、実務上は困難である。それゆえ、実

際上は、先に、不可欠信託財産以外の信託財産から求償を受けることになり、不可欠信託財産以外の換価可能な信託財産がない場合に、受益者に対して費用の補償・償還を請求することになろう。

　また、新法信託において費用補償請求権の合意がある場合も、明文規定はないが、信託財産からの補償を受けることがデフォルトルールになったことにかんがみると、信託財産より先に受益者に対して償還請求権を行使しうる契約条項がない限り、信託財産から先に補償を受けるべきではないかと思われる。ただ、それにより不可欠信託財産の処分が必要な場合には、受益者に対する費用補償請求権を行使することが可能となるものと思われる。

〔藤池智則〕

第17講

公有地信託における受益権放棄

大阪地判平成25年3月7日判時2190号66頁

> 判決要旨

　自益信託については、旧信託法36条3項は適用されず、事後的に同項に基づき受益権を放棄することは許されない。

> 事案の概要

1　普通地方公共団体であるY市（被告）は、従来、Y所有の土地（以下「本件信託土地」という）を含むA地区をYの副都心と位置づけ、同地区の開発を検討していたところ、昭和61年の地方自治法の改正の結果、公有地信託が可能となったことから、公有地信託を採用して、開発することとし、審査委員会を組織した。

2　Yは、昭和61年12月、本件信託土地を対象とした土地信託事業計画提案競技（以下「本件提案競技」という）を実施することとし、信託事業の計画案を募集したところ、信託業務等を営むX_1銀行、X_2信託銀行およびX_3信託銀行（以下3行あわせて「Xら」という）[1]（原告）が応募し、計画案をそれぞれ提出した。審査委員会は、審査の結果、Xらが共同して事業に取り組むことを望む旨の意見を付し、Yは、審査委員会の意見をふまえて、Xらに対し、共同受託につき、打診した。

3　Xらは、協議の結果、共同受託することを決定し、本件信託土地上に複数の建物（以下「本件信託建物」という）を建設し、これらを賃貸、分譲す

---

[1]　Xらは、合併および商号変更を経ており、実際には、合併および商号変更前の銀行および信託銀行の三行連合体と信託銀行が本件提案競技に応募し、Yは、両者に対し、共同受託を打診しているが、本講では、便宜上、合併および商号変更の前後を通じてXらという。

ることを事業内容とし、事業費の多くを借入金によりまかない、賃料等の収入により借入金を全額返済し、かつ、Yに対し、信託配当を交付する内容の事業計画書等（以下「本件事業計画」という）を提出した。
4　YとXらは、昭和63年3月29日、Yを委託者兼受益者、Xらを共同受託者、本件信託土地を信託財産として、本件事業計画に基づいて、本件信託建物を建設し、これを管理運営することを目的とする土地信託契約（以下「本件信託契約」という）を締結した。

　本件信託契約の契約書には、信託財産に属する金銭が諸費用等の支払に不足する場合や信託の終了時に借入金債務等が残存する場合には、処理方法についてYと協議する旨の条項があった。
5　Xらは、本件信託契約に基づき、建設資金等を借り入れたうえで、本件信託土地上に本件信託建物を建設し、平成5年3月20日、グランドオープンさせた。ところが、その後、予定より建築費がかさみ、分譲予定建物が多数売れ残り、賃料相場も低く推移するなどしたため、本件信託事業の業績が悪化し、Xらは、Yに対し、平成6年9月、信託配当は見込まれず、信託終了時に残存する債務は123億円となる旨報告した。

　そして、現在に至るまで、Yに対する信託配当はいっさい支払われておらず、借入金（Xらの別の信託勘定からの貸付も含む）の返済もメドが立たない状況が続いている。
6　XらとYは、平成16年3月29日、本件信託契約の信託期間満了時における債権債務につき、旧信託法および本件信託契約に基づく処理を行い、Yが債権債務を承継することを確認する内容の覚書（以下「本件覚書」という）を作成した。
7　Xらは、平成21年3月12日〜平成24年2月29日にかけて、Xらの固有財産から上記借入金債務の一部を弁済した。
8　Xらは、信託事務の遂行のために負担した借入金を自己の固有財産をもって弁済したとして、旧信託法36条2項本文に基づき、受益者であるYに対し、負担した費用の補償を請求した。
9　Yは、平成24年2月28日、市会の議決を経て、同年5月17日、本件訴訟の弁論準備手続期日において、本件信託契約における受益権を放棄すると

【関係図】

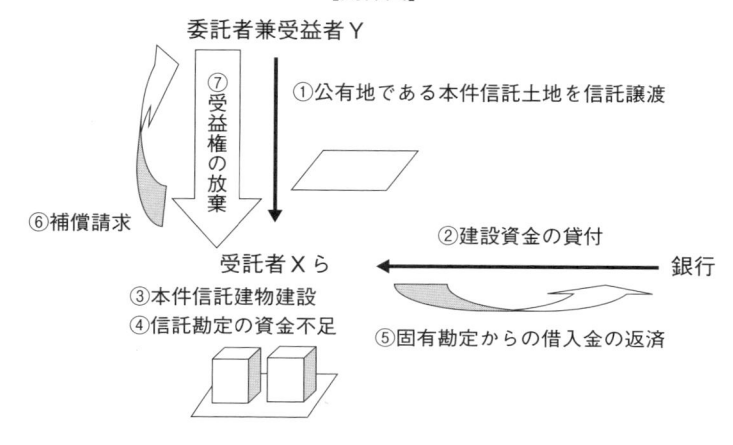

委託者兼受益者Y

①公有地である本件信託土地を信託譲渡
⑦受益権の放棄
⑥補償請求

受託者Xら
③本件信託建物建設
④信託勘定の資金不足
⑤固有勘定からの借入金の返済

②建設資金の貸付
銀行

の意思表示をし、費用補償請求に対する予備的抗弁を主張した。

本判決

請求認容。

「旧信託法36条3項（中略）の立法過程（筆者注：受益の意思表示をしたことを旧信託法36条2項の費用補償請求権の積極的要件とする草案から受益者が受益権を放棄したことを当該費用補償請求権の消極的要件とした草案へと変遷した過程）にかんがみると、旧信託法の起草者は、一貫して、受益の意思を有する受益者については、受託者からの費用補償請求を認めるのが相当であり、このような意思を有しない受益者については、利益であれ、損失であれ、一方的に押しつけることは相当ではないとの観点から、受託者からの費用補償請求を認めるべきではないという考えを有していたとみるべきである。そして、受益者が受益の意思を表示しなくても、当然に信託の利益を享受する旨の規定との整合性の観点から、受益の意思表示を積極的要件として規定するのではなく、受益をしない旨の意思表示、すなわち受益権の放棄を消極的要件として規定することとしたと解するのが相当である。

そうすると、旧信託法36条3項は、受益者が、受益の意思がないにもかかわらず、同法7条の規定に基づき当然に信託の利益を享受し、また信託事業

のリスクを負担することから解放し、保護するための規定であり、受益の意思を有していた受益者が、事後的に、信託事業の経過等を検討した上で、受益権を放棄して、信託事業のリスクを回避することまで想定した規定ではないというべきである。
　したがって、少なくとも、委託者と受益者が同一の信託すなわち自益信託については、信託契約締結当初から、委託者兼受益者が受益の意思を有していたことが明白であるから、旧信託法36条3項は適用されず、事後的に、同条項に基づき、受益権を放棄することは許されないというべきである」
　「以上のとおりであるから、本件信託契約の委託者兼受益者であるYは、旧信託法36条3項に基づき、本件信託契約における受益権を放棄することは許されない」
　「なお、仮に、旧信託法36条3項が、自益信託についても適用されると解される場合であっても、本件信託契約において、Yが受益権を放棄して、その結果費用補償義務を免れることは、信義則に反し、許されないというべきである。
　すなわち、本件信託契約は、Yが、その所有する本件信託土地を含むA地区をYの副都心と位置づけ、同地区の開発を企図し、その手段として公有地信託を採用することとし、積極的に本件提案競技を行い、本件信託事業を推し進めてきたこと、本件信託事業において、現実に、A地区に1つの街が形成され、固定資産税等の税収が増加する等、Yにとって、一定の目的が達成されていること、本件信託契約においては、様々な場面において、XらとYとの間の協議が義務付けられており（中略）、現にXらとYとの間の協議に基づき本件信託事業が進められてきたこと、本件信託契約締結から十数年が経過した平成16年3月29日に、Yは、本件覚書において、本件信託契約の期間終了時に残存する債務を承継する旨確認していること、Xらが受領している信託報酬は、本件信託財産の管理等の対価にとどまると解されること、Xらが別の信託勘定から本件信託財産に貸し付けた金員について得る利息も、資金提供の正当な対価であること（中略）などにかんがみると、Yが、本件信託契約における受益権を放棄して費用補償義務を免れることは、信義則に反し、許されないというべきである」

検　討

1　問題の所在

　本件のように、土地信託において信託勘定で借入れを行ったが、信託事業が不振で信託財産で借入債務を弁済できず、受託者が固有勘定で立替払いを行った場合、受託者は、信託財産から費用の償還を受けることができないため、旧信託法36条2項[2]に基づき、受益者（本件のような自益信託の場合は、委託者兼受益者）に対し、費用補償請求権を行使することになる。

　他方、旧信託法36条3項[3]は、受益者が受益権を放棄した場合、受託者が受益者に対して費用補償請求権を行使できない旨を定めている。そこで、本件でも、委託者兼受益者であるYは、予備的抗弁として、受益権放棄により費用補償債務を免れることを主張している。しかし、受益権を放棄できる受益者の範囲や、受益権を放棄した場合の効果については、明文の規定がなく、これらの点については、従前、学説等において、解釈によって制限されるべきではないか議論されており、本件訴訟でも、自益信託における委託者兼受益者の受益権放棄の可否や、自益信託における受益権放棄の効果が争点となった。

　なお、本件訴訟では、受益権放棄以外の点についても、費用補償請求権の排除合意の成否や、受託者の債務不履行の有無等が争点となっているが、本講では、受益権放棄の点についてのみ検討を加え、その他の争点については割愛する（費用補償請求権の排除合意の成否については第16講、受託者の管理失当の有無については第9講参照）。

2　学説等の状況

　既述のとおり、旧信託法36条3項に基づく受益権放棄については、受益権

---

[2] 「受託者ハ受益者ニ対シ前項ノ費用又ハ損害ニ付其ノ補償ヲ請求シ又ハ相当ノ担保ヲ供セシムルコトヲ得但シ受益者カ不特定ナルトキ及未存在セサルトキハ此ノ限ニ在ラス」
[3] 「前項ノ規定ハ受益者カ其ノ権利ヲ抛棄シタル場合ニハ之ヲ適用セス」

を放棄できる受益者の範囲や、受益権を放棄した場合の効果を、解釈によって制限すべきではないかとの議論がなされてきたところである。

　この点、旧信託法の条文上、なんらの限定が付されていない以上、受益者は、自益信託および他益信託のいずれの場合も受益権の放棄が可能であり、放棄がなされれば、すでに発生している信託債務に関するものも含めていっさいの費用補償債務を免れるとする見解がある（無制限説）[4]。これに対しては、自益信託の受益者は、放棄時点ですでに発生している信託債務については費用補償債務を免れることはできないが、他益信託の受益者は、いっさいの債務を免れるとの能見教授の見解[5]や、自益信託の受益者は、受益権の放棄が認められず、他益信託の受益者は、受益権の放棄が認められるが、放棄時点ですでに発生している信託債務については費用補償債務を免れることはできないとの新井教授の見解[6]があり、学説等においては、少なくとも、自

		自益信託		他益信託	
		放棄の可否	遡及効の有無	放棄の可否	遡及効の有無
①	無制限説	○	○	○	○
②	能見説	○	×	○	○
③	新井説	×	—	○	×

[4] 同旨の見解を通説とし、さらに四宮295頁が引用されることがあるが、同頁は、受益者に対する費用補償請求権が認められない場合の一つとして、受益者が旧信託法36条3項に基づき受益権を放棄した場合をあげており、その理由として、「受益者はその利益を強制されるべきではなく、そして受益権を放棄すれば、受益者たる地位に伴う義務を免れるのは当然だからである」と述べるにとどまっており、自益信託においても受益権が放棄できるか否か、また、放棄できるとしてもその効果が制限されるべきかについては、特段の見解を示していないように思われる。その他の文献においても、自益信託と他益信託とを区別して受益権放棄の点を論じたものは少なく、上記のように学説が整理できるようになる前は、この点についての議論がなされてこなかったように思われる。そのような意味では、同項の解釈につき、通説と呼べるほどの見解が確立しているとまではいえないであろう。

[5] 能見207頁。

[6] 新井326頁。なお、北村恵美「信託財産に帰属する債務に関する一考察」信託法研究18号15頁〜16頁は、旧信託法36条3項の放棄を受益の拒絶の意味と理解し、自益信託においては、受益の拒絶は認められないとする。

益信託の場合は、なんらかのかたちで受益権放棄による費用補償債務の免除が制限されるべきであるとする見解が有力であった。

3 本判決の意義とその射程

(1) 旧信託法36条3項の適用範囲

本判決は、旧信託法36条3項に基づく受益権放棄の可否について判断を示した初めての裁判例であり、この点に大きな意義がある。

まず、本判決は、「自益信託については、（中略）旧信託法36条3項は適用されず、事後的に、同条項に基づき、受益権を放棄することは許されない」と明示していることから、本判決が、旧信託法36条3項の適用の有無を自益信託と他益信託を区別して考える立場および自益信託の場合は受益権放棄を認めない立場に立っていることは、明らかである。

上記判示事項は、旧信託法36条3項の立法過程や趣旨に言及し、これらを理由に判示しているものであり、公有地信託や土地信託の場合にのみ理由づけが妥当するわけではなく、また、これらの場合に限定して妥当する旨を判示したものでもないから、自益信託一般に妥当するものと解してよいものと思われる。

ただし、本判決は、「少なくとも（中略）自益信託については」と判示しているから、他益信託の場合について、受益権放棄の可否およびその効果が制限されるかについては、判示していない。

(2) 信義則による受益権放棄の制限

また、本判決は、なお書で、「仮に、旧信託法36条3項が、自益信託についても適用されると解される場合であっても、本件信託契約において、Yが受益権を放棄して、その結果費用補償債務を免れることは、信義則に反し、許されない」と判示している。これは、信義則により受益権放棄が制限されることを前提として、本件の事実関係のもとでは受益権放棄が制限されることを判示したものといえる。

信義則を適用するにあたっては、本件の事実関係のもとで受益権を放棄することが信義則に反することの評価根拠事実を主張立証する必要があると解されるが、本判決が、本件における評価根拠事実として考慮した事実として

は、以下の5点に要約できるものと思われる。
① 委託者兼受益者が積極的に提案競技を行い、信託事業を推進したこと。
② 信託事業において一定の目的が達成されていること。
③ 委託者兼受益者と受託者との間の協議が義務づけられており、現に両者の協議に基づき信託事業が進められてきたこと。
④ 委託者兼受益者が、覚書において、信託終了時に残存する債務を承継する旨確認していること。
⑤ 受託者が受領している信託報酬や別の信託勘定から貸し付けた金員の利息が、信託財産の管理等の対価や資金提供の正当な対価であること。

　もっとも、上記なお書が「仮に」としていることからも明らかであるが、本件では、上記(1)で述べたとおり、そもそも、自益信託の場合は受益権放棄が制限されるとしているため、いずれにせよ委託者兼受益者の受益権放棄が制限されることになる。この意味では、上記なお書は、傍論にすぎない。

　しかし、本判決は、受益権放棄が信義則に反することの評価根拠事実に言及して、受益権放棄が制限されるべき実質的理由を示した点において、上記なお書は、傍論とはいえ、一定の意義を有するものと思われる。

(3) 新法信託における本判決の射程

　現行信託法のもとでは、受益者は、受託者との間の合意に基づき、費用補償債務を負担することになる（現行信託法48条5項）。この点において、旧法信託の事案である本判決とは前提を異にする。そして、現行信託法99条1項但書は、「受益者が信託行為の当事者である場合」、すなわち、自益信託の場合、受益者が受益権を放棄する旨の意思表示をすることを認めていない。したがって、新法信託の事案のうち、本件のような自益信託の事案においては、委託者兼受益者が受託者との間で費用補償債務を負担する旨の合意を行わない限りは、そもそも、受益権放棄による費用補償債務の免除が問題になることはなく、両者間でそのような合意を行った場合は、現行信託法99条1項但書の適用により、受益権放棄による費用補償債務の免除が認められないことになる。

4 本判決に対する評価

(1) 本判決の解釈手法

本判決の判示事項のうち、自益信託の場合は受益権放棄を認めない点については、旧信託法36条3項の文言上、受益権放棄に関してなんらの限定も加えられていないため、これを解釈によって制限することについて批判も考えられるところである。しかし、本判決は、同条項の立法過程において、受益の意思表示をしたことを旧信託法の費用補償請求権の積極的要件とする草案から受益者が受益権を放棄したことを当該費用補償請求権の消極的要件とした草案へと変遷したことにかんがみて、旧信託法の起草者が、一貫して、受益の意思を有する受益者が費用補償債務を負担すべきと考えてきたことを前提に、同条項は、受益者が受益の意思を表示しなくても、当然に信託の利益を享受する他益信託の受益者が（旧信託法7条）、受益をしない旨の意思表示をすることにより、信託事業の利益・損失を押し付けられないようにする趣旨に基づくものだととらえた。こうした同条項の立法趣旨に基づき、本判決は、自益信託の受益者は受益権を放棄することができないと解釈したのである。

このように、立法過程から旧信託法36条3項の趣旨を導き出し、この趣旨に基づいて、同項の適用範囲を限定解釈するという本判決の手法は、説得的であると思われる。

(2) 本判決の最高裁判例との整合性

また、受益権放棄が認められ、受託者の委託者兼受益者に対する費用補償請求が否定された場合、これまで形成された法律関係が事後的に覆される結果となる。この点、本判決の事案と同様、公有地信託において受託者が委託者兼受益者に対して費用補償請求をした事案において、最判平成23年11月17日民集238号115頁は、受益者に対する費用補償請求権の存在が関係者の共通認識であったことを理由に、当該請求を排除する当事者間の合意はなかったと判示しているが、かかる判例の理由づけからすれば、受益者側から受益権放棄の主張がなされたとしても、裁判所がこれを認めることにより、上記最判の指摘する当事者間の共通認識を事後的に覆すことはむずかしいのではな

いかと思われる（第16講参照）。

したがって、本判決は、上記最判とも整合的であるといえる。

(3) 民法の規定および私法の一般法理との比較

本判決は、内部的権利義務に関する限りで自益信託と類似しているといえる委任契約において[7]、受任者が委任者に対して費用償還請求権を有していること（民法650条1項）と整合的であるといえ、また、「権利の放棄といえども他人の権利を害することはできない」との原則[8]や「利益の帰するところに損失も帰する」との報償責任の原則[9]といった私法の一般法理にも適合するものといえ、妥当な結論であると考えられる。

(4) 能見説との比較

受益の意思を有する受益者が費用補償債務を負担すべきとする考えを前提とする旧信託法36条3項の立法趣旨からすると、信託行為当初に受益の意思を表明していた委託者兼受益者が、その後、受益権を放棄した場合、遡及的に、信託事業のリスクを回避することを認める無制限説を採用することはできないと考えられる。しかし、その放棄時に受益の意思のないことを表明している以上、その後の信託事業のリスクを負わせるべきではないとする能見説も、非常に説得力のある見解であると思われる。

この見解は、既述のように、受益権放棄前に受託者が負担した信託債務については、委託者兼受益者は費用補償債務を免れないが、受益権の放棄自体は肯定する。これによれば、旧信託法上、受益権放棄により、信託は終了するものと解されているところ[10]、信託が終了すると、信託財産が帰属権利者に移転するまでは法定信託が存続するものとされ（同法63条）、信託行為に定めがないときは、委託者が帰属権利者となり（同法62条）、この帰属権利

---

[7] 四宮和夫「財産管理制度としての信託」『四宮和夫民法論集』（弘文堂、1990）〔43頁〕47頁参照。

[8] 我妻榮『新訂物権法（民法講義Ⅱ）』（岩波書店、1983）249頁は、物権の放棄は、これによって他人の利益を害さない場合にだけ認められるとする。

[9] 民法上は、使用者責任を規定する民法715条等において報償責任の原則が認められる（加藤一郎編『注釈民法(19) 債権(10)』（有斐閣、1965）268頁）。

[10] 全受益者が受益権を放棄した場合、信託は、目的の達成が不能になり、旧信託法56条に基づき終了するものと解される（松本崇『特別法コンメンタール信託法』（第一法規、1972）265頁参照）。

者は受益者とみなされる（同法63条）。委託者兼受益者が帰属権利者として受益者とみなされる以上、受益者に関する旧信託法36条2項が適用されるものと解される[11]。したがって、委託者兼受益者は、信託財産が帰属権利者に移転するまでの法定信託の存続中に、受託者が負担した信託債務に関しては、費用補償債務を負担することになるものと思われる。このように、能見説によれば、①受益権放棄前までに受託者が負担した信託債務、および②放棄後、信託財産を委託者に移転するまでの間に（つまり、信託清算中に）、受託者が負担した信託債務については、委託者兼受益者は受託者に対し費用補償債務を負担することとなるが、委託者に信託財産が移転され法定信託も終了した後は、当該費用補償債務を負担しないこととなり、このようなかたちで、委託者兼受益者は、受益権の放棄により、信託事業の将来のリスクを回避することが可能となる。

　もっとも、本判決の立場に立っても、信託契約上に一定の解除事由がある場合または委託者兼受益者と受託者が協議をして合意解約する場合は、信託を終了させて、上記の能見説と同様の過程をたどって、または、別途の合意に基づいて信託事業の将来のリスクを回避することが可能となる。

　このようにみてくると、本判決と能見説との相違点は、委託者兼受益者が、信託契約上の解除事由がないときに、将来発生する信託事業のリスクを回避するために、一方的意思表示により、信託を終了させることができるか否かにあると考えられる。

　この点、委託者および受託者が協議に基づき、信託期間および解除事由を定めて、信託契約を締結しているときに、委託者兼受益者が、信託期間が満了せず、解除事由も発生していないのに、その一方的判断に基づき信託を終了させることができるとするのは、やや当事者間の合理的意思に沿わない面があり、また、受託者の地位が不安定になるおそれがある。このように考えると、能見説も旧信託法36条3項の立法趣旨に合致し説得力のある見解ではあるが、その立法趣旨をより徹底して、信託行為において受益の意思をいっ

11　能見274頁は、信託存続中に顕現化した債務についても、信託終了後に表面化した債務についても、受託者に債務を弁済する義務がある限り、旧信託法36条2項がそのまま適用されるとする。

たん受託者に表明した以上は、それに基づき受託者が信託事務を遂行しているときに、その意思を一方的に翻して、受益権放棄をすることはできないと解することも一定の合理性があるように思われる。

(5) 小　　括

以上の点を考慮すれば、本判決が自益信託の場合は受益権放棄を認めない旨を判示したことは、妥当であると思われる。

5　実務対応

(1)　旧法信託

ア　自益信託

旧法信託の自益信託において、委託者兼受益者から受益権放棄の意思表示がなされたとしても、本判決を前提とすれば、受益権放棄は認められないことになる。

もっとも、本判決は地裁レベルのものであって、いまだ最高裁判例がない以上は、受託者の地位が確実とまではいえない。

しかし、委託者兼受益者が、受益権を放棄したとしても、受託者としては、実務上、直ちに信託が終了されたものとして取り扱うことはできないであろう。本判決以外に裁判例がない以上は、受託者は、本判決をふまえて、信託が終了していないものと考えるほうが現時点では合理的であるし、また、とりわけ、本件訴訟のように、受託者が、受益者に対して、旧信託法36条2項に基づき費用補償請求をしたときに、委託者兼受益者が予備的抗弁として受益権の放棄の抗弁を提出する場合は、委託者兼受益者には、信託を終了させる確定的な意思まではないからである[12]。

ただ、仮に、委託者兼受益者が、信託事業において、将来発生するリスクが大きくかつそのリスクが発生する確率も低くないと判断して、真に、信託を終了させる意図をもって、受益権の放棄をなしまたは信託終了の協議を申し出た場合は、当該判断に十分な客観的合理性が認められる限り、受託者は、当該申出を理由なく拒絶すると、受託者としての善管注意義務違反が問われかねないように思われる。したがって、そのような合理的な申出がある場合は、受託者は、委託者兼受益者と信託終了の協議を誠実に行うべきと考

える。

イ 他益信託

旧法信託の他益信託の場合、いずれの見解によっても、受益者による受益権放棄は可能であると解される[13]。また、この場合、受益権放棄以前に生じた費用補償債務の帰趨については争いがあるものの、放棄以降に新たに生じた信託債務に係る費用補償債務を受益者に対して請求できない点については争いがない。したがって、他益信託の場合、受託者としては、常日頃から信託財産の価額を超えるような費用負担が生じる懸念がないか留意するとともに、万が一信託財産の価額を上回るような費用負担が見込まれる場合は、別途委託者または受益者と費用負担に関する合意をする等の対応が必要になるものと思われる。

また、受益者が受益権を放棄し受益者不在となれば、既述のとおり、信託目的不達成により信託が終了するため、この場合は、遡及効の有無や、もとの受益者および帰属権利者に対する費用補償請求権の行使が問題となることとなる。

(2) 新法信託

ア 自益信託

既述のとおり、新法信託においては、委託者兼受益者が受託者との間で費用補償債務を負担する旨の合意を行わない限りは、そもそも、受益権放棄による費用補償債務の免除が問題になることはなく（現行信託法48条5項）、両

---

[12] 訴訟上、委託者兼受益者が抗弁として受益権放棄を主張する場合、受益権放棄の意思表示の方法としては、実体法上の意思表示を行う方法と、訴訟法上の予備的抗弁として、主位的抗弁が認められないことを停止条件として意思表示を行う方法が考えられる。公有地信託の一連の訴訟では、受託者の費用補償請求に対し、委託者兼受益者が、受託者の管理失当に基づく損害賠償債務の先履行の抗弁（旧信託法27条、38条）または当該債務と費用補償債務との相殺の抗弁を主張している事例が多いところ、委託者兼受益者が実体法上の受益権放棄の意思表示を行った場合、意思表示の時点で委託者兼受益者は受益者の地位を喪失するため、管理失当に基づく損害賠償債務に係る主張が失当となりかねない。したがって、受益権放棄の意思表示は、通常、訴訟法上の予備的抗弁として提出されるものと思われ、この場合、受益権放棄の効果が生じるのは、相殺の予備的抗弁の場合と同様、事実審の口頭弁論終結時ということになると解される。

[13] ただし、受益者が受益権に基づき信託財産から定期的に給付を受けている場合など、事案によっては、受益権の放棄権の放棄が認められ（能見208頁）、または、受益権の放棄が信義則によって制限される場合があるように思われる。

者間でそのような合意を行った場合、自益信託の場合は、同法99条1項但書の適用により、受益権放棄による費用補償債務の免除が認められない。

ただし、自益信託の場合であっても、受益権を譲渡した場合（現行信託法93条1項）、自益信託の受益権を譲り受けた譲受人につき、譲渡人と同様、費用補償債務を負担するか、また、負担するとして、当該譲受人が、同法99条1項の「信託行為の当事者」に該当し、同様に受益権放棄による費用補償債務の免除が制限されるかについて検討する必要がある。

まず、費用補償債務の負担についてみると、現行信託法上、受益権は、権利の総体と考えられており、費用補償債務は、受託者と受益者との間で別途締結された個別の契約の効力によって生じたものにすぎないと位置づけられる。このことからすれば[14]、受益権の譲渡によっても、譲受人が当然に費用補償債務を負担するものではないと解される。したがって、譲受人にも費用補償債務を負担させるためには、受託者と譲受人との間においても、その旨を合意する必要があると解される。この点、実務では、受益権の譲受人から受領する承諾依頼書のなかに、受益権に伴う義務も負担することを承諾する旨の文言を入れ（あるいは、信託契約中にある受益者の費用負担に関する約定をあらためて確認する形で）、当事者間で当該負担に関して合意することで対応することが多いようである。

次に、譲受人が費用補償債務を負担するとして、当該譲受人についても受益権放棄による費用補償債務の免脱が制限されるかについてみると、そもそも、自益信託の受益権の譲受人について受益権放棄が制限されるのか否かが明らかではない[15]。また、受益権放棄が可能であるとして、旧法信託の場合と異なり、受益者が当然に費用補償債務を負担するわけではない以上、後述のとおり、受益権放棄がなされた場合に、受益者である当該譲受人が費用補償債務を免れることとなるのかについても、必ずしも明らかとはいえないところである。そこで、受託者としては、下記イで述べるような他益信託の場

14　補足説明第48の1参照。
15　この点、自益信託の受益権の譲受人の受益権放棄の可否につき、当該譲受人も「信託行為の当事者」に該当し、受益権放棄が制限されるとする見解がある（新井231頁）。しかし、費用補償債務の負担という観点からすれば、受益権放棄自体の可否よりも、受益権放棄後の費用補償債務の帰属のほうが重要な問題であるものと考えられる。

合に準じた対応を行うことが望ましいと考えられる[16]。

イ　他益信託

　新法信託のもとでは、受益者が有する受益権を放棄する権利は、信託行為の定めによっても制限することはできない（現行信託法92条17号）[17]。また、そもそも、新法信託のもとでは、受益者は、受託者との間で費用補償請求権の合意をしない限りは、費用補償債務を負担することがないのであるから（現行信託法48条5項）、受益者の地位に基づき費用補償債務を負担する旧法信託の場合と異なり、受益権を放棄したとしても、論理的帰結として受益者が費用補償債務を免れるとはいえないことから、両者の関係を検討する必要がある。

　この点、既述のとおり、現行信託法のもとでは、費用補償請求権が、受託者と受益者の別途の合意に基づき発生するものであるから、信託行為によって必然的に伴うものではない点をとらえて、受益権放棄があったとしても、受益者は、別途の合意に基づく費用補償債務を依然負担し続けるという見解がある[18]。他方、受益者は、信託の利益を享受する前提で別途の合意を行っているのであるから、受益権放棄があったとしても別途の合意が当然に有効であるとすることには疑問が残るという見解もある[19]。新法信託の事案にお

16　ただし、受益権の譲渡のみならず、委託者の地位も同時に承継するのであれば、委託者兼受益者となる譲受人は、現行信託法99条1項の「信託行為の当事者」に該当することから、同項に基づき受益権の放棄が制限されることになるため、受益権放棄による費用補償債務の免脱の問題は生じず、他益信託の場合に応じた対応を行わないとしても、特に問題はないものと考えられる。

17　この点、現行信託法のもとにおいても、受益権放棄の制度趣旨を、受益の意思表示なくして当然に受益できる受益者が、受益を強制されるものではないことから、受益者に放棄の機会を与えたものであると理解すれば、受益者が受益権享受の意思表示、すなわち、受益権放棄の権利の放棄の意思表示をしたといえるのであれば、それ以降は受益権の放棄は制限されるべきと解する余地もあるように思われる。しかし、現行信託法92条17号が、受益権放棄の権利を信託行為の定めによっても制限することができないとしている以上、事後的にも、放棄を制限することができないと解するほうが妥当であると思われる。もっとも、受益者に対する費用補償請求権の行使の関係では、後述のとおり、仮に受益権放棄が認められたとしても、別途の合意が当然に有効であれば、受益者は、費用補償債務を免れることができないのであるから、端的に、別途の合意の効力の問題として考えれば足りるように思われる。

18　福田政之ほか『詳解　新信託法』（清文社、2007）343頁。

19　新井232頁。

いて、受益権放棄があった場合、受益者が費用補償債務を依然負担し続けるかについて判断した判例がない以上、受託者としては、実務上の対応として、念のため、費用補償債務の負担に係る受益者との別途の合意の際に、受益権を放棄したとしても、費用補償債務を負担する旨を契約書等において明記することが望ましいと考えられる。他方、信託の目的によっては、そもそも受益者に費用補償債務を負担させることがなじまない事案も多いと考えられることから、この場合には、信託設定前に、委託者および受託者間で、費用補償債務をだれが負担するかについての認識のすり合せを行い、契約書等において当該認識を明記することが望ましいと考えられる。

　また、受託者としては、これとあわせて、信託終了後の費用負担についても明確にしておく必要がある。すなわち、新法信託のもとでは、受益者が負担する費用補償債務の範囲は、費用補償債務の負担に係る別途の合意によって決せられることになり、信託終了後の費用負担についても、当該別途の合意の内容に依拠することになる。したがって、当該別途の合意の際、念のため、信託終了後の費用負担についても、受益権または帰属権利者の地位の放棄にかかわらず、受益者が当該費用を負担する旨を契約書等において明記することが望ましいであろう。

（藤池智則・松本亮一）

第18講

投資信託受益権の共同相続人の一部による解約請求・買戻し請求の可否

福岡高判平成22年2月17日金法1903号89頁

判決要旨

① 投資信託の受益権は、単に解約請求権または買戻し請求権にとどまらず、議決権、分配金請求権等を含み、性質上明らかに不可分債権であって単純な金銭債権ではないから、相続人であるXら各人が相続開始と同時に当然に相続分に応じて分割単独債権として取得するということはできない。銀行預金の場合はほかに金銭債権以外にいかなる権利も伴わないものであり、投資信託と銀行預金とを同列に論じることは相当でない。

② 投資信託の解約請求や買戻し請求を行うことは受益権の処分、すなわち共有物の変更に当たる。投資信託を準共有する者において、これを換価すべく、準共有物である受益権そのものについて解約請求または買戻し請求をすることは、その結果、投資信託自体が消滅することになるのであるから、受益権を処分することにほかならず、単に受益権の管理に関する事項にとどまらない。

③ 約款上、単独での解約請求または買戻し請求を認める旨の規定が存在しない以上、各共有者は、他の共有者の同意を得なければ、解約請求または買戻し請求をすることができない（民法264条、251条、544条）。

事案の概要

1　Zは、証券会社であるY[1]（被告、控訴人）との間で投資信託である累積

---

[1] 本件においては、控訴審において、Yとの吸収分割契約により、Yの権利義務関係を免責的に承継したY′が引受参加し、Yは本件訴訟から脱退した。本稿ではYとY′をまとめてYと表記する。

投信（以下「MRF」という）およびＰファンド（以下MRFとあわせて「本件投資信託」という）の取引をしていた。また、Ｚは、Ｙに対して預り金の返還請求権を有していた。
2　Ｚは平成15年４月24日に死亡した。その相続人は、Ｂ（夫。相続分は４分の３）およびＡ（兄。相続分は４分の１）であった。Ｂは、同年６月17日に死亡し、Ｘら（原告、被控訴人）11人が相続した。その結果、Ｚの遺産は、その４分の１をＡが承継し、その余の４分の３をＸらが承継した。
3　Ｘらは、Ｙに対し、本件投資信託および預り金[2]につき、各人の相続分の支払を求める本件訴えを平成19年９月３日に原審裁判所に提起し、その訴状は同月25日にＹに送達された。
4　投資信託説明書の内容等
（1）　MRFの投資信託説明書には、解約請求による換金に関して、Ｙの営業日に解約を受け付ける、解約価額は解約請求受付日の翌営業日の前日の基準価額による、解約単位は一口とする、解約代金は解約請求受付日の翌営業日から支払う旨の記載がある。また、MRFの信託期間は無期限とされている。
（2）　Ｐファンドの投資信託説明書には、途中換金に関して、換金（買戻し）は月単位で行うことができる、買戻し請求の受付は各月の最終ファンド営業日を含むＹの直前５営業日の間に行う、換金は一口単位で受け付ける、換金された資金は、各月の最終ファンド営業日後、Ｙの４営業日目に支払う、手取額は各月の最終ファンド営業日の純資産価額に買戻し口数を乗じた額となる旨の説明がある。また、Ｐファンドの信託期間は無期限とされている。
（3）　一般に、投資信託における受益者の権利には、受益証券返還請求権（ただし受益証券が発行されている場合）のほか、受益証券上の権利として、①収益分配請求権、②償還金請求権、③（一部）解約実行請求権、

---

[2] 預り金については、Ｘらが相続分に応じた金員の支払を請求しうることをＹも争っておらず、争点となっていない。本判決でも、預り金の返還請求権は金銭債権であり、可分債権であるから、相続人であるＸら各人が相続開始と同時に当然に相続分に応じて分割単独債権として取得し、それぞれが相続分に応じた金員の支払を請求しうるというべきであるとしている。

④（一部）解約金償還請求権などが含まれているとされている。なお、Yが、個人に投資信託を販売する際に、相続が生じた場合の手続について記載した文書を交付することはない。また、約款上、他の受益者と協議せずに単独で受益証券の返還を請求できる等、単独での解約請求または買戻し請求を認める旨の規定はない。
5　原審[3]は、本件投資信託の受益権が不可分債権であることを前提としつつ、解約請求または買戻し請求は共有物の管理に当たる事項としてXらの請求を認めたため、Yが控訴した。

本判決

原判決取消し、一部請求認容。
1　Z名義のMRFおよびPファンドついては、投資信託の受益権が承継されるところ、これらは単に解約請求権または買戻し請求権にとどまらず、議決権、分配金請求権等を含み、性質上明らかに不可分債権であって単純な金銭債権ではないから、相続人であるXら各人が相続開始と同時に当然に相続分に応じて分割単独債権として取得するということはできない。
2　投資信託が利殖目的でなされることがほとんどであることは肯定せざるをえないが、投資信託が議決権等の権利を含んでいることを無視することはできず、相続人各人がそれぞれ別個独立に解約権を行使することは許されない。銀行預金の場合は他に金銭債権以外にいかなる権利も伴わないものであり、解約権の行使といっても単純な払戻し請求にすぎないから、投資信託と銀行預金とを同列に論じることは相当でない。
3　そうだとすると、XらおよびAは、上記受益権を準共有し、Xらが合計で4分の3、Aが4分の1に各割合で持分を有することになり、これを換金するためには、MRFにつき解約請求、Pファンドにつき買戻し請求をしなければならないところ、その請求を行うことは受益権の処分、すなわち共有物の変更に当たると解すべきである。

　個人が、その保有する資産を投資信託のかたちで保有するか、それ以外

---

[3]　熊本地判平成21年7月28日金法1903号97頁。

の現金のかたちで保有するかは、資産運用の相違にすぎないけれども、投資信託を準共有する者において、これを換価すべく、<u>準共有物である受益権そのものについて解約請求または買戻し請求をすることは、その結果、投資信託自体が消滅することになるのであるから、受益権を処分することにほかならず、単に受益権の管理に関する事項にとどまらない。</u>

4 本件においては、<u>約款上も、他の受益者と協議せずに単独で受益証券の返還を請求できる等、単独での解約請求または買戻し請求を求める旨の規定が存在しないので、各共有者は、他の共有者の同意を得なければ、解約請求または買戻し請求をすることができないことは明らかである（民法264条、251条、544条）。</u>

投資信託は一口単位で解約または換金できることから、解約ないし換金ができ、その限度において一部金銭債権（可分債権）に転化されるものであるとの主張は、<u>投資信託の受益権が金銭支払請求権に転化する前提に当たる解約請求権または買戻し請求権自体が準共有であって、共有者全員の同意を得なければ行使できないのであるから、そもそも解約または換金ができず、投資信託の受益権が金銭債権に転化されることはない。</u>

また、<u>投資信託の受益権に対するＸらの持分は、投資信託の口数で示されるものではなく、一口ごとに準共有しており、一口ごとに持分が生じていると考えられるから、一口単位で解約または換金できることを根拠にこれを金銭債権と同視して可分債権とすることはできないのである。</u>このことは、仮にＺの相続財産として残された投資信託が一口にすぎなかった場合を考えれば明らかである。

5 被相続人のある遺産について、これが可分債権として当然に共同相続人らに分割帰属するか、遺産分割協議や調停・遺産等の分割手続を経なければ共同相続人らの取得が確定しないとみるかは、その遺産たる財産の性質いかんによって決定すべきものであるから、遺産分割手続を要するとした場合に共同相続人への帰属の確定が迂遠になるからといって、<u>当該財産の性質を無視することは許されない。</u>本件の場合に、Ｘら以外の相続人はＡだけであり、その所在も判明しているのであるから、同人相手に遺産分割の調停ないし審判の申立てを行い、仮に調停が成立しないとしても遺産分

割審判手続を迅速に進行させ、たとえば代償金を支払うことにより投資信託を単独取得する旨の代償分割の方法によって遺産共有状態を解消することは、それほど困難ではないから、Xらがいう投資信託を換金する手段が奪われるということにはならないというべきである。

6 以上のとおりであるから、Xらの相続持分を合計すれば過半数の持分を有することになるとしても、共同相続人全員の同意がない以上、投資信託の解約等を認めて、持分に応じた支払請求を認めることはできない。

検　討

1　問題の所在

① Xらが相続した本件投資信託の受益権は可分債権であるか、不可分債権であるか（民法427条、428条）。〔論点①〕

② 本件投資信託の受益権が不可分債権であるとした場合、本件投資信託の解約請求権または買戻し請求権の行使は共有物の「変更」に当たるのか、「管理」に当たるのか（民法264条、251条、252条）。〔論点②〕

本判決は以下のような論理構成をとっている。

判例上、相続人が数人ある場合において、相続財産中に金銭（債権）その他の可分債権があるときは、その債権は法律上当然に分割され、各共同相続人がその相続分に応じて権利を承継するものと解されている[4]。

したがって、本件投資信託の受益権を可分債権とした場合、Xらは自己の相続分に応じた受益権について解約し、解約金の支払を受けることができることになる。〔論点①〕

他方、本件投資信託の受益権を不可分債権とした場合、相続財産は共同相続人全員の「共有」[5]となるため（民法898条）、民法249条以下の共有の規定に従うこととなる[6]。

---

[4] 最判昭和29年4月8日民集8巻4号819頁。金銭債権であっても定額郵便貯金については、旧郵便貯金法は定額郵便貯金を「一定の据置期間を定め、分割払戻しをしない条件で一定の金額を一時に預入するもの」と定義していること（7条1項3号）等から、分割できないものであり、共同相続人は全員共同して全額の払戻しを求めるほかはないとされている（最判平成22年10月8日民集64巻7号1719頁）。

そうだとすると、本件投資信託の解約請求権または買戻し請求権の行使が、共有物の「変更」（民法264条、251条）に当たるのであれば、共同相続人全員の同意が必要となり、解約請求または買戻し請求は認められないのに対し、共有物の「管理」（民法264条、252条）に当たるのであれば、持分の過半数を有するＸらの解約請求または買戻し請求は認められることとなる。〔論点②〕

2　学説等の状況

(1)　論点①について

ア　可分債権とする見解（大阪地判平成18年7月21日金法1792号58頁（以下「平成18年判決」という））

　この見解は主として以下の点を根拠とする。

① 投資信託は資産性を有し、利殖目的でなされることがほとんどであり、金銭債権に類似する性格を有する。

② 共益権が重視される株式[7]と異なり、投資信託の場合には、元本・配当金等の金銭の給付にかかわる部分以外の権利は、金銭の給付を受けるための権利を保全・補強するための権利が多く金銭債権性が強い[8]。

③ 共同相続人のなかに解約に反対する者や所在不明の者がいるような場

5　判例は、相続財産の共有は、民法改正の前後を通じ249条以下に規定する「共有」とその性質を異にするものではないとしている（最判昭和30年5月31日民集9巻6号793頁）。

6　この点、松本光一郎「共同相続された投資信託の性質－相続人ごとに分割請求ができるか」金法1912号65頁は、不可分債権は各人が単独で行使しうるというのが通常の理解であって、本判決は通常の理解とは異なる、また、複数の者の間の債権関係について、物権に関する規定（民法251条、252条）がそのまま適用されるべきではなく、まず多数当事者の債権関係の規定を適用し、次いで共有の規定を適用することになるが、一般に、共有の規定で適用すべきものは存在しないなどとして、本判決に批判的である。

7　株式の共同相続については、株式は共同相続人全員に共同的に帰属し、各相続人はこれにつき相続分に応じた持分を取得するにすぎないとされている（東京地判昭和45年11月19日下級審裁判所民事裁判例集21巻11～12号1447頁）。また、相続人が数人ある場合、株式が当然に分割されると解すべきではないとされている（東京高判昭和48年9月17日高等裁判所民事判例集26巻3号288頁）。

8　「〈座談会〉相続時における投資信託の取扱い（上）（下）」銀行法務21・687号4頁、688号22頁の（下）の25頁〔奥発言〕。

合には、被相続人の財産であった投資信託を換金する手段が奪われる。

なお、この見解のなかには、投資信託の受益権の性質について、単純な金銭債権ではないが、口数をもって分割可能な可分債権とする見解もある[9]。

イ　**不可分債権とする見解（本判決（原審判決も投資信託の受益権が不可分債権であることを前提としている））**

この見解は主として以下の点を根拠とする。

① 投資信託の受益権が金銭支払請求権に転化する前提に当たる解約請求権または買戻し請求権自体が不可分である。

② 投資信託の受益権は解約請求権または買戻し請求権にとどまらず、議決権、分配金請求権等を含み、単純な金銭債権ではない。

③ 遺産分割の調停ないし審判の方法により、遺産共有状態を解消することは、それほど困難ではない。

なお、この見解のなかには、可分債権とはだれからみても疑いなく容易に分割可能と判断できる債権に限定すべきであって、特別な解釈を経てかろうじて可分といいうる程度のものは、少なくとも不可分債権というべきであるとする見解もある[10]。

ウ　**同種の事案の裁判例**

本件に同種の事案の裁判例の一つとして、上記平成18年判決がある[11]。

この判決は、本件と同様の事例のもとで、共同相続人の一部の者から法定相続分に応じた受益証券の返還、解約金の支払を請求できるとした事例であり、本判決とは異なった結論となっている。

平成18年判決は、投資信託の受益権について可分債権と解するのが相当で

---

[9] 前掲注8（下）の24頁〔森下発言〕、奥国範「一部の共同相続人による投資信託の解約等の請求に対する対応－福岡高裁平成22年2月17日判決を踏まえて－」銀行法務21・723号8頁。他の見解については、堂園昇平「投資信託を共同相続した相続人の一部が、当該投資信託を解約し、相続分に応じた解約金の支払を請求できるか（消極）」（金法1929号67頁）に詳しい。

[10] 渡辺隆雄「投資信託の共同相続人の一部からの解約支払請求」金法1907号5頁。この見解は、相続財産は相続人の共有に属し、遺産分割を経て各相続人に帰属するのが原則であって、可分債権について、分割協議をすることなく法律上当然に分割承継されるのは、判例理論によるいわば例外的扱いであるとする。

あるという結論をとったものであるが、判決中において、「本件寄託契約は、「Nの証券取引約款個人のお客様用」（以下「本件取引約款」という。）（中略）40条1項1号において、本件取引約款38条に基づき被告が混蔵保管する有価証券について、預かった有価証券と同銘柄の有価証券に対し、その有価証券の数または額に応じて共有権または準共有権を取得することを受益者が同意したものとして取り扱う旨定めている。この結果、Xは、本件契約に基づき発行された受益証券に関し、同種の他の受益証券全体について、同全体中の受益証券の数又は額の割合に応じた共有権または準共有権を取得する反面、本件契約に基づき発行された受益証券について、他の受益者に同全体中の同人の受益証券の数又は額の割合に応じた共有権または準共有権を取得されてしまい、結局、同種の受益証券全体につき同全体中のXの受益証券の数または額の割合に応じた共有持分権または準共有持分権を有するにすぎないことになる。したがって、Xは、生前であっても、他の受益者らと共同してでなければ、受益証券の返還を請求しえず、本件契約の一部解約実行請求もなし得ないことになる」と判示し、信託受益権が原則として不可分債権であることを認めている。

そのうえで、被告と顧客の関係を規定する取引約款の定め（本件取引約款40条1項2号において、被告に投資信託の受益証券を寄託した者は、被告が混蔵して保管する当該銘柄の受益証券全体について、寄託数量に応じた共有権または準共有権を取得しつつ、他の受益者と協議をせずに受益証券の返還を請求できることとされていること）および、本件投資信託は一口（一口の価額は1円）単位で解約を請求できることに照らせば、これらの請求権は可分債権と解するのが相当である旨、判示したものであって、約款の定めを根拠として、当該事案において当該信託の受益権の可分性を認めているものと思われる。

---

11 他の裁判例として福岡地判平成23年6月10日金法1934号120頁等がある。福岡地判は、投資信託の受益権に含まれる解約実行請求権や一部解約金支払請求権は、その性質上、可分債権であるとみることはできず、投資信託の受益権は相続人全員で準共有されるとし、解約実行請求は民法544条1項の適用ないし類推適用により相続人全員からのみすることができるとして、論理構成は若干異なるが、本判決と同様の結論を導いている。なお、この判決は、個人向け国債の中途換金請求についても、同様の理由で相続人全員からのみすることができるとしている。

したがって、本判決と平成18年判決は必ずしも矛盾するものではないと思われる[12]。

(2) **論点②について**

ア 共有物の「管理」と「変更」については、一般に、管理行為に含まれない処分行為全般が変更に当たると解されており、共有物の本質に変更を生じさせるかまたは各共有持分権に変更を生じさせるか否かによって区別されている。そして、この変更には、売却、贈与や質権の設定などの法律的行為のほか、事実行為による処分についても、目的物の同一性を失わせる行為の変更に当たると解されている[13]。

イ この点、原審判決は、個人が資産を投資信託のかたちで保有するか、それ以外の現金、預貯金等のかたちで保有するかは、資産の運用方法の相違であるにとどまり、投資信託の解約請求または買戻し請求を行うことは資産管理の一内容とみることができるとし、「管理」に当たるとする。

ウ これに対して、本判決は、投資信託を準共有する者において、これを換価すべく、準共有物である受益権そのものについて解約請求または買戻し請求をすることは、その結果、投資信託自体が消滅することになるのであるから、受益権を処分することにほかならず、単に受益権の管理に関する事項にとどまらないとして、「変更」に当たるとした。

---

[12] 館大輔・田子晃「投資信託の共同相続人の一部からの解約請求及び解約金支払請求を否定した事例」(金融判例解説647号26頁〜27頁)。なお、村田修「投資信託の共同相続と当然分割」金法1839号25頁は、この約款の定めについて、投資信託の受益者が、自己の受益証券に基づく権利を他の受益証券の受益者らと共同しなければ行使できないのでは受益者の権利行使が不可能となることから、個々の受益者が受益証券の返還を受けることなく、一部解約実行請求権を行使することの自由を保障するために設けられたものである、しかるに、この約款は、同種の有価証券全体について、投資信託を自ら購入した投資者の権利(他の受益者と準共有持分権)と、投資信託の購入者(当初の投資者)の権利を共同相続により承継した者の権利(共同相続による準共有持分権)に関する規律を明確に区別していなかった、そのため、約款設定者の意図を離れ、投資信託購入者の権利を共同相続した者の権利行使の機会を保障することになったものとしている。

[13] 我妻榮『新訂物権法(民法講義Ⅱ)』(岩波書店、1983)323頁、能見善久・加藤新太郎編集『論点体系 判例民法2〔第2版〕物権』(第一法規、2013)328頁。

3　本判決の意義と射程

(1)　論点①について

本判決は受益権が解約請求権または買戻し請求権のみならず、議決権、分配請求権等を含む権利であることから性質上明らかに不可分債権であるとしている。

旧信託法においては、受益権そのものについての定義は置かれていなかったが、受益者が有する権利の総体が受益権と解されており、受益権には、①信託財産からの給付を受領する権利と、②書類閲覧請求権のような受託者を監督する権能があるとされていた[14]。

現行信託法においては、この点を明らかにしつつ「この法律において「受益権」とは、信託行為に基づいて受託者が受益者に対し負う債務であって信託財産に属する財産の引渡しその他の信託財産に係る給付をすべきものに係る債権（以下「受益債権」という。）及びこれを確保するためにこの法律の規定に基づいて受託者その他の者に対し一定の行為を求めることができる権利をいう」（現行信託法2条7項）と定義し、受益権は個別の権利の総体であることが規定されている。

すなわち、投資信託の受益権には、(i)受益証券返還請求権のほか、(ii)受益証券上の権利として、ⓐ収益分配金請求権、ⓑ償還金請求権、ⓒ（一部）解約実行請求権、ⓓ（一部）解約金償還請求権などが含まれているとされている[15]。

本判決は、旧信託法下で、受益権の法的性格が上記のようなものであることをふまえ、投資信託の受益権が不可分債権であることを明らかにした点に意義がある。そして、この理は、現行信託法において、受益権が個別権利の総体であることが明らかにされたことから、現行信託法下においても維持されるものであろう[16]。

ところで、平成18年判決では、同様な事案において、受益権が不可分債権であることを前提としつつも、約款上、投資信託の受益証券を寄託した者

14　能見173頁。
15　村田・前掲注12・24頁。

は、混蔵して保管する当該銘柄の受益証券全体について、寄託数量に応じた共有権または準共有権を取得するとしつつも、他の受益者と協議せずに受益証券の返還を請求できることおよび一口単位で解約を請求できることとされていることを根拠に可分債権であるとしている。

したがって、本判決と平成18年判決とを整合的に理解するのであれば、約款において、他の受益者と協議せずに受益証券の返還を請求できる旨の定めのある投資信託の受益権については可分債権とされ、共同相続人の一部の者からの解約請求または買戻し請求が認められる可能性があると理解すべきであるように思われる。

もっとも、平成18年判決は、平成19年1月4日の振替制度移行前の事案であり、当時は投資信託に現物の有価証券が存在した状況下の事案である（投資信託の受益証券は、無記名の大券が1枚発行され、それを受益者（投資家）全員が保護預りを通じて共有または準共有するというかたちになっていた）。振替制度移行後は、口座管理機関（販売会社が兼ねる）と証券保管振替機構の二つにある振替口座簿の書換えをもって「振替受益権」と呼ばれる権利の帰属・移転がなされ、基本的に受益証券は発行されなくなっている[17]。

振替制度移行前においては、受益証券が混蔵寄託されて共有または準共有とされていたため、個々の受益者が受益証券の返還を受けることなく、一部解約実行請求権を行使することの自由を保障するために上記約款が設けられていた[18]。しかるに、振替制度移行後においては、受益証券が発行されない

---

16 複数の債権者が共同して履行を請求しなければならない債権を共同債権、合有的債権または合有債権と呼ぶことがあり、組合や相続財産に属する債権については合有的債権であり、その債権の取立てその他の処分は全員が共同してのみ行うことができるとする見解がある（我妻榮『新訂債権総論（民法講義Ⅳ）』（岩波書店、1964）381頁、星野英一『民法概論Ⅲ（債権総論）』（良書普及会、1992）173頁）。仮に、本判決が不可分債権という民法上の概念を用いつつ、共同債権を認めたものであると理解することができるのであれば、本判決の結論は民法の物権の「共有」を援用しなくとも導くことができるのではなかろうか。なお、前掲注3の定額郵便貯金の判例は、定額郵便貯金債権には、旧郵便貯金法7条1項3号の分割払戻しをしないという条件が付されていることを根拠に共同相続人は共同して全額の払戻しを求めざるをえないとしており、これは共同債権の内容のように思われる（判例は共同債権という用語は用いてはいない）。共同債権の概念については、中田裕康『債権総論〔第3版〕』（岩波書店、2013）473頁に詳しい。

17 前掲注8（上）17頁〔村岡発言〕。

18 村田・前掲注12・25頁。

ことから、混蔵寄託による共有または準共有とはならないため、上記のような条項は削除されたものと思われる。

本判決は、振替制度移行後の平成19年9月に訴訟提起されているところ、約款には単独での解約請求または買戻し請求を認める旨の規定はないと判示されている。

したがって、現在において、そのような約款の規定が残存していれば格別、約款に依拠して投資信託の受益権を可分債権とすることは困難となったように思われる。

(2) 論点②について

これについて本判決は、「変更」に当たるとしている。

したがって、共同相続人は全員で投資信託の解約請求または買戻し請求をしなければならず、自己の持分についてのみ解約請求または買戻し請求をすることはできないこととなる。

(3) 小　　括

以上によると、本判決は、約款において、他の受益者と協議をせずに単独で解約請求または買戻し請求ができることが定められていない投資信託については、投資信託の受益権は不可分債権であり、解約請求または買戻し請求は共有物の変更に当たり、共同相続人の一部が解約請求または買戻し請求をすることはできないということを明らかにした点において意義を有することとなろう。

そして、この理は、現行信託法において、受益権が権利の総体であることが明らかにされたことから、現行信託法のもとにおいても妥当することになろう。

4　本判決の評価

本判決は、投資信託の受益権が共同相続された場合、共同相続人の一部の者からの解約請求または買戻し請求について否定し、全員の同意が必要であるとしたもので、各金融機関は、共同相続人の一部の者からの投資信託の受益権の解約請求または買戻し請求への対応について、共同相続人全員の同意を要求するなど慎重な対応をとっており、実務に沿ったものとなっている点

で評価できるものである。

　また、本判決は、受益権の法的性格から不可分債権性を導いた点、また、受益権の解約請求または買戻し請求について、投資信託自体が消滅することから、受益権の「管理」に関する事項にとどまらず「変更」に当たるとした点など、法解釈上も相当なものと思われる。

5　実務対応

　本判決は、現状において、各金融機関は、共同相続人の一部の者からの投資信託の受益権の解約請求（買戻し請求）への対応について、共同相続人全員の同意を要求するなど慎重な対応をとっており、本判決はこの実務に沿ったものといえる。

　すなわち、受益者が死亡した場合、投資信託の販売会社は、受益権の解約請求（買戻し請求）に対し相続人全員の署名を得たうえで解約請求（買戻し請求）に応じ[19]、販売会社は投資信託委託会社にその旨通知し、委託会社が受託銀行に対し指図して、一部解約金等は、受託銀行から販売会社を介して、受益者に直接支払われることになる[20]。その際、販売会社から委託会社への通知には、個々の受益者の氏名は通知されず、委託会社はそのなかに相続分が入っているかどうかわからない状況で解約等の処理をして、解約金等を販売会社に渡すことになる[21]。

　なお、販売会社が受益者の相続人から解約請求（買戻し請求）を受けた場合、いつから遅滞に陥るか（基準価額の算定日はいつになるか）という問題があるが、本判決を前提とすれば、販売会社としては、共同相続人の一部の者からの解約請求（買戻し請求）を受けることはできないのであるから、共同相続人全員の同意を得て解約請求（買戻し請求）があったと合理的に認めら

---

[19]　銀行法務21が平成20年に行った「「相続時における投資信託の取扱い」に関するアンケート結果」（銀行法務21・687号20頁）によれば、71％の金融機関が解約には相続人全員の署名を得た場合にのみ応じているとし、解約の時期に関し、相続人全員の書類がそろってから解約をする金融機関が79％を占めているとしている。一部の相続人に対し法定相続分のみの一部解約に応じている金融機関は2％にすぎない。
[20]　村岡佳紀「投資信託における契約関係」金法1796号16頁。
[21]　前掲注8（上）・10頁〔村岡発言〕。

れる資料の提出を受けた時とすることが相当と思われる[22]。

　仮に、共同相続人がかかる資料を提出できない場合、販売会社としては、解約請求（買戻し請求）を断ることになり、これを不服とする共同相続人の一部の者から訴訟が提起される可能性がある。この場合、販売会社としては応訴せざるをえず、販売会社としては紛争の一回的解決のため、他の共同相続人に対し訴訟告知をすることになろう[23]。

　また、共同相続人全員で解約請求（買戻し請求）をし、販売会社がそれに応じたところ、後に遺言が発見され、受益権が遺贈されていたようなケースにおいては、販売会社が解約（買戻し）の請求をした共同相続人に対して、遺言の有無を一応確認していれば、民法478条により免責されることとなろう[24]。

　したがって、本判決が、現状の実務に大きな影響を与えるものではないと思われる。

　ところで、個人に投資信託を販売する場合、相続の問題が発生することは不可避であり、相続時の混乱を回避するためには、約款でなんらかの手当をしておくことも必要であろう。

　その場合、受益者の死亡を金融機関が確知したときに解約請求（買戻し請求）があったものとみなすという条項を入れる方法[25]、相続の場合には、当

---

[22] 松本・前掲注6の（注24）。なお、広島高判平成10年7月16日金判1049号27頁は、自動継続定期預金の相続人の一人が単独で預金の払戻しを請求した場合、金融機関が、相続人間の紛争に巻き込まれたり、二重弁済の危険や後日の応訴の煩わしさを未然に避けるため、必要な調査が完了するまでの間払戻し等を留保したとしても不法行為責任または債務不履行責任を負わない旨判示している。
[23] 訴訟告知を行って他の共同相続人全員が訴訟参加し解約請求（買戻し請求）を行うことを主張すれば、販売会社としては解約請求（買戻し請求）を受けることができるであろうが、一部の者が訴訟参加せずもしくは解約（買戻し）を主張しなければ、本判決を前提にすると請求棄却となるであろう。この場合、結局は共同相続人間で遺産分割協議等を経て受益権の帰属を確定してもらうほかないことになる。
[24] 相続預金の払戻しについて、東京高判昭和43年5月28日判タ226号158頁は「特段の事情のない限り預金者である被相続人の遺言の有無については、払戻の請求をした相続人に対して一応確かめれば足り、それ以上特別の調査をする義務はなく、これをしないでも払戻について過失があるということはできない」と判示している。
[25] ただし、この方法は解約請求のタイミングをいつとするのか、また、追加コストがかかる投資信託では相続人がそのリスクに耐えられない場合もあるとする指摘がある（前掲注8（下）・29頁(5)）。

然に分割されるのではなく、全員共同でしなければ請求ができないことを定めておく方法[26]などが考えられる。

これに対し、共同相続人の一人が行った、払戻し請求、解約請求（買戻し請求）を相続人全員で行ったものとみなすというような約款は、他の共同相続人に帰属する権利を一方的に侵害する可能性があるもので有効とはいえないものと考えられる[27]。

※　本判決の検討後、最判平成26年2月25日金判1438号10頁（平成23年（受）第2250号共有物分割請求事件）に接した。

本最高裁判決は、投資信託受益権につき、その内容として、法令上、償還金請求権および収益分配請求権（投資信託及び投資法人に関する法律6条3項）という金銭支払請求権のほか、信託財産に関する帳簿書類の閲覧または謄写の請求権（同法15条2項）等の委託者に対する監督的機能を有する権利が規定されており、可分給付を目的とする権利でないものが含まれているとし、このような投資信託受益権に含まれる権利の内容および性質に照らせば、共同相続された投資信託受益権は、相続開始と同時に当然に相続分に応じて分割されることはないと判示し、論理構成は若干異なるが、本判決と同様の結論を導いている。

本最高裁判決によって、投資信託受益権について投資信託を共同相続した相続人の一部が、当該投資信託を解約または買戻しし、相続分に応じた解約金等の支払を請求できるかという問題については一応の結論が出たように思われる。

（野村周央）

---

[26] 松本・前掲注6・66頁。松本判事は、不可分債権について、性質上可分の給付を目的とする債権であっても、意思表示によって不可分とすることが可能であり（民法428条）、相続の場合には、全員共同でしなければ請求をすることができない旨定めることは、合理的理由を欠く場合でない限り許されるとする。

[27] 松本・前掲注6・72頁。中田裕康「投資信託の共同相続」（現代民事判例研究会編『民事判例Ⅵ－2012年後期』（日本評論社、2013年）19頁は、「契約者が死亡した場合の相続人との法律関係を契約ないし特約でどこまで自由に定めることができるかは、商品設計の自由と共同相続のあり方との関係を考慮しつつ、なお検討すべき課題である」とする。

IV

信託と貸付取引等

第19講

信託受益権担保貸付の可否

大判昭和8年3月14日民集12巻4号350頁

> 判決要旨

受託者が他の債権の担保として受益者の受益権について質権を取得することは、旧信託法9条および22条の規定に抵触しない。

> 事案の概要

1　X（原告、控訴人、上告人）の夫である訴外Aは、大正15年6月3日にA所有の土地を担保としてY信託会社（被告、被控訴人、被上告人）の信託財産[1]から金5万円を借り入れ、XはAから当該金5万円のうち3万7,000円をもらい受けた。

2　Xは大正15年12月25日にYに金3万7,000円の信託預金（金銭信託のこと。昭和3年12月25日満期）を預入れするとともに、信託受益権のうえにAの上記借入債務のための質権を設定し、当該受益権をAの債務の弁済に充てても異議がない旨の特約を締結した。

3　Yは昭和4年12月5日に当該特約に基づき、Xが受益者としてYに対し

---

[1]　本判決および原判決の記載からは、本事案におけるYからの貸付が固有財産から行われたものか、信託財産から行われたものか必ずしも明らかでないが、旧信託業法11条において、受益権を担保とする固有財産からの貸付が許容されていなかったことからすると（西内彬『特別法コンメンタール信託業法』（第一法規、1972）27頁以下参照）、本事案における貸付は信託財産からなされたものであると思われる（姜雪蓮『信託における忠実義務の展開と機能』（信山社、2014）104頁～106頁）。なお、本判決の認定した事実によれば、Aへの貸付がXによる金銭信託の設定に先行していることから、当該貸付は合同運用されている他の信託財産からの貸付であったのではないかと推察されるものの（同113頁）、この場合には、異なる信託財産に属する債権と債務の差引計算を行うことが旧信託法17条（「信託財産ニ属スル債権ト信託財産ニ属セサル債務トハ相殺ヲ為スコトヲ得ス」）に抵触するのではないかという点が問題となりうるものと思われる。しかしながら、本判決においてこの点は争点とされていないようである。

【関係図】

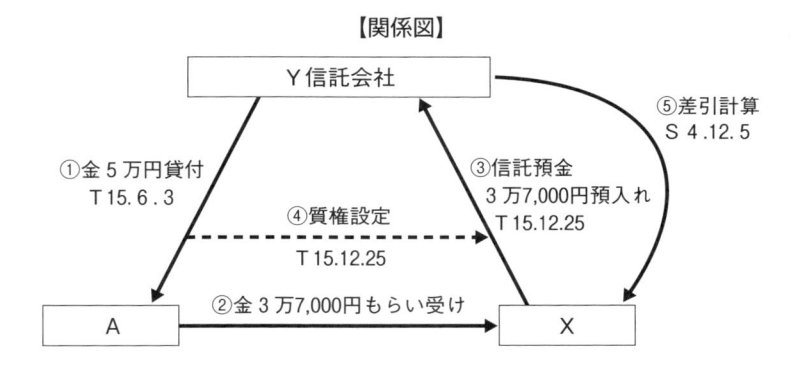

```
         Y信託会社
        ↗        ↖
①金5万円貸付    ③信託預金      ⑤差引計算
 T15.6.3       3万7,000円預入れ  S4.12.5
               T15.12.25
        ④質権設定
        T15.12.25
   A ←――――――――→ X
     ②金3万7,000円もらい受け
```

て有する債権（金銭信託受益権）とAに対する貸付債権とを差引計算した。
4　XはYに対して、信託預金の元利金の支払を求めて提訴。第1審はYの勝訴。
5　原審もYによる差引計算の結果、XのYに対する債権は存在しないとしてXの請求を棄却。Xが上告。

本判決

上告棄却。

「信託に於ける受益権は其の権利の目的たる信託財産其のものとは観念を異にするを以てY信託会社が訴外Aに対する債権担保の為同会社に対するXの本件受益権に付質権を取得するも之を以て信託法第22条に所謂受託者が信託財産に付権利を取得したるものと言うこと能わず又右質権の取得は左記の理由に依り同法第9条に所謂受託者が信託の利益を享受するものに非ずと解するを相当とす。蓋し名義の如何を問わず受託者自らを受益者とする信託は之を禁ずるに非ざれば受託者が他人の名義を利用して自己の財産を信託財産と為し信託法第16条に依拠して強制執行又は競売を免れ或いは同法第17条に依り相殺を逃るる等の弊害を生ずべきを以て之れが防止の為受託者が受益者を兼ぬることを禁ずるの必要あり同法第9条は之れが為其の規定を見るに至りたるものと解すべく同条に所謂受託者は何人の名義を以てするを問わず信託の利益を享受することを得ずとは受託者は名義の如何に拘らず事実上受益者となることを得ずとの趣旨に外ならざるものとす。従て受託者が受益者の

受益権に付他の債権の為質権を取得するが如きは固より受託者が自ら受益者となるものに非ざるを以て信託の利益を享受するものに非ずと言わざるべからず。故に所論の質権の設定並に弁済充当の特約は信託法第9条及第22条の規定に抵触することなく原判決には信託に関する法律の解釈を誤りたるの違法なし」

検討

1　問題の所在

　信託の受託者が信託財産で有する債権のために、信託の受益権を担保取得することが旧信託法9条および22条1項に反するか否かが問題となった。

2　学説等の状況

(1)　旧信託法9条

ア　旧信託法9条の趣旨

　旧信託法9条は、受託者が共同受益者の一人となった場合以外に信託の利益を享受することを禁じていた。この趣旨に関する学説を大別すると、①受託者は受益者を兼ねてはならないという原則を表明するものと解する見解[2]、②受託者の受益者兼併を禁止するほか、受託者の忠実義務をも定めたものと解する見解の2説に分かれていたが[3]、①説が多数説とされていた[4]。

　もっとも、この①説のなかでも、受託者による受益者兼併禁止の原則の根拠については考え方が分かれており、(i)受託者による受益者の兼任が行われると信託の本質としての管理者と利益享受者との分立がなくなり、したがって、受託者に対する訴求や監視も不可能となることから、そのような場合には信託の成立を認めるべきではないとする説[5]、(ii)受託者が受益者を兼ねることを認めると、他人と通謀して自己の財産を信託財産とすることによっ

---

[2]　四宮123頁。
[3]　松本崇『特別法コンメンタール信託法』（第一法規、1972）72頁～73頁。
[4]　旧信託法9条の趣旨に関する学説の整理については、四宮和夫『信託の研究』（有斐閣、1965）179頁以下。
[5]　四宮123頁、松本・前掲注3・77頁以下。

て、旧信託法16条により差押え等を免れたり、同法17条により相殺を免れることにより債権者を害する弊害を生じることを強調する説[6]等があった。

上記①説のように、同条の趣旨を信託の本質や債権者詐害の防止にあるととらえると、同条は強行法規と解されることとなる[7]。しかし、上記②説のように、受託者の受益者兼併を禁止するとともに忠実義務に関する規定でもあるとすると、忠実義務のとらえ方いかんにもよるが、仮にこれを任意規定と解すると、強行規定か任意規定か判別がつかないとの問題等が指摘されていた[8]。

イ 受託者に対する受益権の譲渡の効力

同条が強行法規だとしても、受託者が受益者から受益権の譲渡を受ける等、受託者が実際に受益権を取得した場合の当該行為の有効性に関しては、当該受益権取得行為を無効とする見解[9]のほか、直ちに当該受益権取得行為を無効とする必要はなく、受託者の更迭または受益権の譲渡がなされない場合に限り、信託目的達成不能の場合として旧信託法56条により信託が終了するとの見解[10]も存在した。後者の見解の背後には、旧信託法9条は受益権取得行為自体を禁止するというよりは、むしろ、受託者が受益者を兼ねる状態を認めない趣旨であるとの考え方があった[11]。

(2) **旧信託法22条1項**

ア 旧信託法22条1項の趣旨

旧信託法は受託者の忠実義務を正面から規定していなかったが、旧信託法22条1項は、受託者が信託財産を取得またはこれについて権利を取得することを禁じており、その基礎には忠実義務の考え方が前提になっているとする考え方[12]が有力であった[13]。

---

6 青木徹二『信託法論』（財政経済時報社、1926）56頁。
7 松本・前掲注3・77頁。
8 四宮・前掲注4・200頁〜201頁。
9 入江眞太郎『全訂　信託法原論』（厳松堂・大同書院、1937）358頁、207頁（注12）。
10 四宮299頁〜300頁。もっとも、受託者がその優越する地位を利用して、不公正な対価で受益権を取得したような場合には、民法90条により無効とすべきとされる（同300頁（注2））。
11 四宮300頁。
12 四宮232頁。

第19講　信託受益権担保貸付の可否　321

同条項は、信託財産（受益者）の利益と受託者個人の利益が衝突する取引類型の典型である自己取引の一部を明文で禁止するものであり、一般的に強行規定と解され[14]、同条違反の行為については、通説は無効と解していた[15]。

イ　旧信託法と利益相反取引

受託者の忠実義務は、旧信託法22条1項が禁止する自己取引以外にも、受託者が第三者の債務の担保のために信託財産を担保に提供する場合、受託者が同時に受託する複数の信託財産間で取引を行う場合等において問題となりうるが、これらの行為は同条の直接の適用対象ではなく、これらの行為を受託者の忠実義務の問題ととらえるにあたっては、民法・商法（現会社法）の双方代理・利益相反行為の規定等を根拠とする考え方[16]、信託行為の黙示的な解釈を根拠とする考え方[17]等があった。これらの行為にかかる忠実義務違反の効果としては、受託者の損害賠償責任が生じるにすぎず、旧信託法22条1項違反の場合のように行為自体が無効となるわけではないと解されていた[18]。

(3)　受託者による受益権の質権取得

旧信託法のもとで、受託者による受益権の質権取得に関しては、旧信託法9条および22条1項に違反するか否かについて、さまざまな説が存在した。

すなわち、まず、旧信託法9条に関しては、①受託者による受益権の担保取得は常に同条に違反しないとする説、②受託者が受益権を担保として固有財産をもって貸し付ける場合は同条に違反するが、信託財産をもって貸し付ける場合は同条に違反しないとする説、③受託者による受益権の担保取得は常に同条に違反するが、受益者・受託者の承諾があれば有効となるとする説等が存在していた[19]。

13　能見76頁。
14　能見83頁、新井261頁。
15　新井261頁～262頁。なお、自己取引のうち、定型的な取引であって信託財産に不利益を与える可能性のない行為は旧信託法22条の適用を受けないとの見解も存在した（能見84頁）。
16　四宮231頁～232頁。
17　能見76頁。
18　能見85頁。なお、第三者との取引が忠実義務違反となる場合には、旧信託法31条による取消しも問題になると述べている。

次に、旧信託法22条1項に関しても、①受託者による受益権の質権取得は同条項に違反し無効であるとする説、②受託者による受益権の質権取得は形式的にも同条項に違反せず、実質的にも受託者と信託財産との利益相反行為ではないから当然無効とはならないとする説[20]等が存在した[21]。

このように上記各条項において見解が分かれていたが、受託者による受益権の質権取得は、旧信託法9条および22条のいずれにも違反しないと解するのが多数説となっていたようである[22]。

3　本判決の意義およびその射程

(1)　本判決の意義

本判決は、信託の受託者が信託財産で有する債権のために、当該信託の受益権を質権取得すること、および受益権の弁済充当の特約を行うことが、旧信託法9条および22条に反しないことを明らかにした。すなわち、本判決は、まず、旧信託法9条は、受託者が他人の名義を利用して自己の財産を信託財産とすることにより強制執行や相殺を逃れる等の弊害を防止するために定められたものであり、同条における信託の利益の享受とは、受託者が名義のいかんにかかわらず事実上の受益者となることを指すとし、したがって、受益権の質権取得は受託者が受益者となることとは異なるため、同条に抵触するものではないとした。

次に、本判決は、旧信託法22条との関係では、受益権と信託財産は異なるものであることを前提として、受託者が受益権について質権を取得することは、受託者が信託財産について権利を取得することとは異なるため、同条にも抵触するものではないとした。

なお、本判決は信託財産からの貸付がなされた事案に関して旧信託法9条

---

[19]　学説の整理については、松本・前掲注3・80頁～81頁参照。
[20]　四宮303頁。もっとも、貸付金が信託財産から出ていて、受益者に資金を供与することが当該信託の本旨を逸脱する場合には委託者の同意が必要であり、他方、貸付金が受託者の固有財産から出ている場合には、受益者との取引が公序良俗に反しないかが問題となるであろうと述べている。
[21]　学説の整理については、信託法判例研究109頁～110頁。
[22]　信託法判例研究110頁。

および22条に反しないとしたものであるが、本判決の理由づけからすると、固有財産からの貸付が行われた場合についても同様にこれらの条文に反しないとされるものと思われる[23]。

(2) 現行信託法下での射程

本判決は、旧信託法に係るものであるが、受託者による受益権の質権取得が適法であるとの結論は、現行信託法のもとでも判例としての価値を有すると思われる。

まず、旧信託法9条との関係では、現行信託法8条は、受託者が固有財産において受益者として信託の利益を享受することを明文で認めている。受託者が受益権の全部を固有財産で有する状態が1年間継続した場合には、現行信託法163条2号により信託終了となるが、1年以内であれば、受託者が受益権の全部を保有すること自体は容認されている。もっとも、本判決は、受益権の質権取得は受託者が受益者となることとは異なるため、信託の利益の享受には当たらず、旧信託法9条に抵触しないとするものであって、そのような本判決の論理で考えれば、受益権の質権取得は現行信託法8条で許容されている「受益者として信託の利益を享受する場合」にも該当せず、質権取得後1年を経過しても、現行信託法163条2号により信託終了することはないと考えられる。これに対して、受託者が信託財産として受益権を保有する場合はそもそも現行信託法8条の適用対象外と整理されたため[24]、信託財産からの貸付の場合には、受益権の質権取得も同条によっては当然禁止されないものと考えられる（したがって、この限りでは本判決はその意義を失っている）。

23　前掲注1のとおり、本判決は信託財産からの貸付についての判断であると理解されるが、本判決が出された当時、本判決は固有財産からの貸付であるか信託財産からの貸付であるかを問わず一般的に受益権担保貸付の有効性を認めたものと理解され、その後の学説も、両者の区別を問わず、無効を主張する見解は少なくなっていったようである（姜・前掲注1・109頁）。

24　寺本53頁（注4）。信託の受託者が自らを委託者兼受益者兼受託者とする再信託を設定する場合と同様の状況であるが、この場合には、受託者が固有財産で受益権を保有する場合とは利益状況が異なり、実質的には再信託の受託者は元の信託の受益者の監督を受けることになるため、両者の間に信認関係を認めることができ、信託の構造が維持されているといえるため、その継続を許容することに合理性があるためである（同363頁（注3））。

次に、旧信託法22条との関係では、現行信託法においては、30条が受託者の忠実義務を一般的なかたちで定め、31条および32条が忠実義務違反となる典型的な行為類型として利益相反行為および競合行為について規定することにより、受託者の忠実義務に係る規定の充実化が図られている。固有財産から貸付を行い質権を取得する場合には、現行信託法31条1項1号が問題となりうるが、同号は、受託者が「信託財産に属する財産（当該財産に係る権利を含む。）を固有財産に帰属させ」ることを禁じている。しかし、受益権の質権取得は受託者が信託財産について権利を取得することとは異なるとする本判決の考え方を前提とすれば、同号には該当しないものと思われる。なお、立案担当者の説明によれば、「受託者が受益者との間で行う受益権に係る取引についても、受益者と受託者との利益が相反する可能性があるが、①この場合においては、受託者は、信託事務の処理に当たる受託者としての立場ではなく、個人としての立場で受益権に係る取引をするものであること、②受益者は自らの判断で取引に応じるか否かを決定できる立場にあること等に鑑み、契約上の問題が生じる余地があることはともかく、第31条における利益相反行為の問題にはならないものと整理している」とされている[25]。受託者と借主たる受益者との間で利益相反行為の問題にはならないとの説明からすると、かかる場合には現行信託法30条も適用されないと解することができるものと思われる。

(3) 譲渡担保

本判決は質権に関するものであるが、譲渡担保の場合はどうか。

譲渡担保権者が担保物のうえに取得する権利の性質・内容については諸説があるが、受託者は少なくとも形式的には受益者となるため、まず、旧信託法9条との関係では質権の場合よりも問題は先鋭化する。受託者が複数いる受益者の一人である場合は、同条の対象から明文上除外されており、同条は問題とならない。一方、受託者が単独で受益者となる場合はどうか。譲渡担

---

[25] 寺本125頁（注6）。かかる整理からすると、他の信託財産から貸付を行い質権を取得する場合にも、①受託者は他の信託の受託者としての立場で取引を行うものであること、②受益者は自らの判断で取引に応じるか否かを決定できる立場にあることから、同条は適用されないこととなろう。

保の法的構成（いわゆる所有権的構成と担保的構成の対立）をどうとらえるかにもよると思われるが、同条は受託者による受益者の兼任を禁止する趣旨であるとする本判決の考え方からすれば、質権の場合とは異なり、固有財産からの貸付であるか信託財産からの貸付であるかを問わず、受託者が受益権を譲渡担保として取得することは旧信託法9条に抵触するとの考え方もありうるところである。もっとも、受益権の取得行為が旧信託法9条に抵触しても、取得行為自体は直ちには無効とはならないとの考えに立てば、譲渡担保自体は成立することになるが、受託者の更迭や受益権の譲渡が行われない場合には信託が終了することとなる。いずれにしても、受託者が単独で受益者となるような譲渡担保権の設定は、旧法下においては理論的にも実務的にもやや難があったと思われる。

　これに対して、現行信託法8条は、受託者の固有財産による受益権の取得を認めているため、受託者が固有財産において受益権を譲渡担保として取得することも、現行信託法8条との関係では当然抵触しないと考えられる。ただし、受託者が受益権の全部を譲渡担保として取得した状態が1年間継続した場合には、現行信託法163条2号により信託が終了するため、長期的に受託者が単独受益者となることが想定される場合には、実務的には質権のほうが利便性が高いと思われる。受託者が信託財産において受益権を譲渡担保として取得することは、前記(2)のとおり、そもそも現行信託法8条による禁止の対象とはならない。

　次に、旧信託法22条との関係で、本判決は、受益権の質権取得は信託財産に対する権利取得とは異なるため、受託者による質権取得は旧信託法22条に抵触しないとしたが、この考え方を敷衍すれば、受託者の固有財産における受益権自体の譲渡担保としての取得についても、実質的には受益権に対する担保権の設定であって、信託財産の固有財産化や信託財産に対する権利取得とは異なるため、旧信託法22条に抵触しないと考えることもできるのではないだろうか。また、現行信託法上は、前記(2)のとおり、立案担当者が、31条に関して、受託者が受益者との間で行う受益権に係る取引については同条における利益相反行為の問題にはならないと説明していることからすると、質権設定の場合と同様、譲渡担保の設定についても現行信託法30条、31条の問

題は生じないといえるのではないかと思われる。

なお、譲渡担保の場合には、受益権の取得、保有に伴う課税関係および信託に係る費用の取扱いについて留意が必要と思われる。

4　本判決の評価

(1)　円滑な金融の観点

受託者による受益権の質権取得が旧信託法 9 条および22条に抵触しないとする本判決の結論は、旧信託法下の多数説に沿うものであり、また、現行信託法の規定上も意義を有するものと思われる。

受益者が受益権を担保として受託者の固有勘定から借入れを行うことは、実務的には広く行われている。合同金銭信託は預金・投資信託と同様に金融商品の一類型として、個人を含む多数の投資家による資産運用対象として定着しており、総合口座取引等において、合同金銭信託の受益権を担保として受託者たる信託銀行から借入れが行われることは少なくない。また、不動産の流動化・証券化案件等においても、一連のスキームのなかで、不動産管理処分信託の受益権を担保として受益者たるSPC等が受託者たる信託銀行から借入れを行うことが相応にある。受託者以外の金融機関に対して質権を設定して当該金融機関から借入れを行うことも当然あるが、仮に受託者たる信託銀行に対して質権を設定して当該信託銀行から借入れを行うことができないとすると、資金調達に支障をきたすことも十分ありうるであろう。本判決は円滑な金融に資するものであり、評価できる。

(2)　受益者保護の観点

受託者が受益権を担保取得した後においても、受益者に対する善管注意義務、忠実義務、公平義務、報告義務、分別管理義務等の各種義務は引き続き存続し、受益者による受託者の監督も引き続き可能であるため、受託者による受益権の担保取得により、受益者の利益が害されるおそれが生じるわけではないと思われる。

受益権を担保取得した受託者としても、被担保債権の保全の観点から、担保物である受益権が高い経済的価値を有するに越したことはないため、受託者自身の利益のためにも、信託財産を適切に管理するインセンティブが働く

と思われる。つまり、担保権者である受託者と受益者の利害は、この観点においては一致するのであり、受託者による受益権の担保取得によって受益者の利益が一方的に害されることは、その意味でも考えがたい。

よって、本判決の結論が受益者保護に欠けることはないと思われる。

(3) 信託の基本構造の観点

被担保債権が完済された場合には、受益権のうえに設定された担保権は消滅し、受益者は担保の負担のない受益権を再び有することとなる。また、受益権のうえに設定された担保権の実行により、受益権が第三者によって取得されることもあり、受託者が受益権を担保取得したからといって、直ちに受託者が受益者となるものではない。そして、担保権が存続している間においても、受益者による受託者の監督は可能なのであるから、受託者による受益権の担保取得によって、旧信託法9条の趣旨に関する①(i)説が指摘するような、信託の基本構造である管理者と利益享受者の分立、または、受託者の基本的義務および受益者の監督権限が失われるわけではない。仮に担保権の実行によって受託者が受益者を兼ねることとなった場合には、その時点で受託者の変更、受益権の譲渡、あるいは信託の終了等の必要な対応が図られればよいのである。本判決の結論は、信託の基本構造の観点からも妥当と考えられる。

5 実務対応

(1) 受託者による受益権の担保取得の有効性

本判決、あるいは新旧信託法下における通説にかんがみれば、受託者が受益権を担保取得すること自体については、特段問題となることはないと考えてよいであろう。金融実務においても、受託者による受益権の担保取得は広く行われており、定着しているものと考えられる。

もっとも、受託者が受益権について質権を取得する場合と異なり、譲渡担保権を取得する場合は、その是非を明確に判断した判例がない。旧法信託の場合、仮に、これが旧信託法9条に抵触すると解されるならば、前述のように、同条に抵触しても取得行為自体は直ちには無効とはならないとの考えに立っても、譲渡担保自体は成立するものの、受託者の更迭や受益権の譲渡が

行われる必要が生じ、こうした譲渡担保権の設定は、実務上困難であると思われる。また、新法信託のもとでは、前述のように、少なくとも、現行信託法8条に基づき、受託者の固有財産における譲渡担保権の取得も認められるが、受託者が受益権の全部を譲渡担保として取得した状態が1年間継続した場合には、現行信託法163条2号により信託が終了するものと解される可能性がある。したがって、実務的には、受託者が受益権につき担保権を取得する場合は、譲渡担保権より、質権のほうが、確実性・利便性が高いものと思われる。

(2) **担保権実行に係る留意点**

受託者が固有財産からの貸付を行い、受益権について質権を取得する場合、本件のように弁済充当特約があることが多いであろう。その場合、当該特約に基づき、受益権に係る質権の実行として、受益権を任意に売却して弁済充当することも考えられるであろうが、新法信託においては、受託者が受益権を確定的に取得して弁済充当することも考えられる[26]。ただ、後者の場合においてはその状態が1年間継続した時点で信託は終了する。信託終了後、信託財産の交付を受けて当該信託財産を処分することにより債権の回収を図るということも場合によってはありうるかもしれないが、相応の手間やコストを要するのではないかと思われる。受益権の状態で換価処分して債権回収を図るのであれば、1年以内に行う必要がある。

また、法的整理手続における管財人等のほか、担保権設定者等の特約の当事者との間でも、特約に基づいて行われた具体的な担保物の処分・清算の妥当性をめぐって、紛議の生じる余地があると思われる。たとえば、合同運用金銭信託、証券投資信託のように、日々の評価額が客観的に決められているものを所定の手続に従って解約し、償還金を貸出の回収に充てる場合には、償還額の妥当性について争いが生じる可能性は低いように思われるが、実行のタイミングの妥当性に関しては紛議が生じる余地がある。また、信託財産

---

[26] 受益権を質権とする場合の被担保債権は、通常、商事債権であると考えられ、その場合、商法515条に基づき、質権設定契約において流質の特約をして、質権者による信託受益権の取得・処分およびそれに伴う清算が可能である。受益権について質権を取得してこれを実行する場合の一般論については、金融法委員会「信託受益権に対して設定された質権の効力」（平成16年9月15日）12頁参照。

の個別性が高く、処分のタイミング・方法によって処分価格に大きな差が生じるようなものの場合には、処分手続の適切性をめぐる紛議が生じやすいのではないかと思われる。実務的には、たとえば、担保設定契約においてあらかじめ処分手続を具体的かつ詳細に定めておく、最終的な処分条件について担保権設定者等の承諾をあらかじめ得る、あるいは鑑定評価の取得や相当数の買受希望者による競争入札等により手続の透明性や処分条件の客観的妥当性を担保するといった対応が考えられる。

（谷川修一）

第20講

信託終了後における信託銀行による貸付債権と金銭信託受益者の元本等引渡し請求権の相殺の可否

大阪高判平成12年11月29日判時1741号92頁

判決要旨

① 受益者の受益金返還請求権と信託の受託者（信託銀行）の受益者に対する貸金請求権との相殺は旧信託法17条の射程外であるが、民法505条1項所定の債権の目的の種類の不一致、旧信託法36条、37条の趣旨ないし反対解釈などにより、両条所定の費用、損害、報酬等以外の債権である貸金による相殺は許されない。

② 信託終了後に受益者の預り金として別段預金口座に振り込まれた信託金、収益配当金の返還請求権に対しては当事者間に相殺の合意があれば相殺でき、銀行取引約定書7条はこの相殺合意（相殺予約）に当たる。

事案の概要

1 本件は、平成8年6月3日に京都地方裁判所において破産宣告を受けた破産会社（信販会社）の破産管財人であるX（原告、被控訴人）が、信託銀行であるY（被告、控訴人）に対し、合同運用指定金銭信託契約の終了に基づき、破産会社が被告に信託した元本1億円および収益配当金の内金610万4,224円の支払を求めた事案である。

2 破産会社は、Yに対し、平成3年7月2日、信託期間を同日から平成10年7月1日（元本支払日である同月2日の前日）までの約定で、合同運用指定金銭信託に二口、合計1億円を信託した（以下「本件信託」という）。

3 Xは、破産宣告のなされた平成8年6月3日、破産会社が本件信託に係る元本および収益配当金の入金先として指定していた預金口座を解約した。

4　Yは、平成10年7月1日、Yの別段預金口座に本件信託の同年6月30日までの収益配当金610万4,224円を、同年7月2日に、同口座に元本1億円および同月の1日分の収益配当金3万6,345円をそれぞれ振り込んだ。

5　Yは、同年7月2日時点で、破産会社に対し、貸付金債権を有していた。Yは、Xに対し、同月7日到達の書面で、上記貸付金債権の一部をもって、Xの元本および収益配当金返還請求権と、その対当額において相殺する旨の意思表示をした（以下「本件相殺」という）。

6　原審（京都地判平成12年2月18日金法1592号50頁）は、旧信託法17条による「信託財産に属する債権」と「信託財産に属さない債務」との相殺の禁止は、信託財産の独立性に基づき別個の法主体間の債権・債務の相殺を禁じるとの趣旨であり、規定のない「信託財産に属する債務」と「信託財産に属さない債権」との相殺においても、同様に禁止されると解すべきであるとして、Xの請求を認めた。これに対し、Yは控訴し、銀行取引約定書7条1項による差引計算により本件相殺の受働債権は消滅した旨、また、これは合意相殺に当たり、旧信託法17条の射程外である旨の追加主張をした。

本判決[1]

原判決取消し、請求棄却。

1　法定相殺の検討

(1)　信託存続中の法定相殺

信託財産に受託者の財産からの独立性が認められていることと、これに法人格を認めることとは別個の問題である。信託財産に法主体性を認める論者も、解釈上、不完全な法主体性を仮定しているにすぎないのである。それは、信託財産保護の諸規定の統一的説明のための一種の比喩的表現と理解すべきものであると考える。したがって、信託財産と受託者ないし受益者との別人格を論じて、本件相殺に旧信託法17条を類推適用し相殺を否定するのは相当でない。

---

[1]　本判決に対しては、上告および上告受理申立てがされたが、棄却・不受理とされた（最決平成13年7月13日金法1752号53頁）。

しかし、同条とは別に、次の理由により信託財産に対する法定相殺は許されないと考える。
① 目的の種類の不一致……信託財産と受託者の委託者に対する金銭債権とは同種の目的を有するとはいえず、民法505条1項の要件を欠き法定相殺は許されない。
② 弁済期未到来……金銭信託であっても、受託者は委託者の指示に従って運用する義務があるから、その貸金回収の都合で金銭信託の返済義務を発生させ、その弁済期を到来させて受働債権とすることはできない。したがって、金銭信託の受益債権は弁済期にないから民法505条1項の双方の債務が弁済期にあるときの要件を欠く。
③ 旧信託法36条、37条の趣旨……本条は受託者の信託財産に関し負担した租税、公課などの費用、信託事務の処理のために負担した損害の補償または報酬につき信託財産を売却して優先弁済を受けられる先取特権を有すると規定しており、これらの費用、損害の補償以外には先取特権や相殺権を有しないことを含意している。信託財産に対しては、受託者ないし受益者個人の債権者はかかっていけず、受益者および信託債権者のみが信託財産に対し権利を主張できるのであり、受託者が受益者に対して負っている信託関係上の債権債務は信託関係外では債権債務とならない。

(2) 信託終了後の法定相殺について
　　本件信託元本等は別段預金として保管されているにすぎない以上受益者に移転したとはいえず、元本、収益配当金を移転させるという限度でなお原信託が存続するのである。したがって、この場合は弁済期未到来とはいえないが、それ以外の前示期限前の法定相殺を許さない事由はそのまま信託終了後信託財産移転前の相殺に当てはまる。それゆえ、受益者の同意がある合意相殺は格別として、それのない法定相殺は許されない。

2 合意相殺の検討
(1) 信託存続中の相殺合意
　　前示銀行取引約定書7条1項[2]の約定が信託財産との相殺合意（相殺

予約）に当たるとしても、信託存続中の相殺合意は特段の事情がない限り、その効力はないと考える。

　　法定相殺を認めない事由である民法505条1項所定の、①目的の種類の不一致、②弁済期の未到来、③旧信託法36条、37条の趣旨による相殺の禁止はこの場合にも当てはまる。銀行取引約定書7条1項の相殺予約がこれらの事由除外の特約に当たるかには疑問がある。
(2)　信託終了後の相殺合意

　　信託終了後でも元本等を移転させるという限度でなお原信託の延長としての法定信託が存続している。しかし、それは、元本等の移転という目的に限られるのであって、原信託と同様の信託財産の管理、運用、処分の目的ないし義務が存続するわけではない。したがって、この場合にはすでに弁済期は到来しているし、目的の種類の不一致もなく、旧信託法36条、37条の制限を回避する合意や受益者の受益権の放棄により、受益者が信託財産等の移転請求権を消滅させることを妨げる理由はない。
(3)　銀行取引約定書7条1項と信託の相殺合意

　　銀行取引約定書7条1項はそもそも信託契約上の債権債務に適用されるかからして疑問が提起されている。しかし、この別段預金は主業の信託業務から本来の銀行業務である預金、保管金の処理に委ねられたものと認められ、別段預金の支払は銀行業務に当たる側面がある。そして、信託銀行の使用している銀行取引約定書7条1項は、普通銀行のそれと異なり、「払戻し、解約又は処分のうえ、その取得金をもって債務の弁済に充当することができます」として、普通銀行の約定書にはない「解約」または「処分」を挿入している。これは、昭和38年4月のひな型改正に際し追加されたが、信託銀行の貸出金の回収のため、金銭信託の信託金などについて差引計算をできるようにしたものである。そのことは当時の改正の解説においても広く公にされている。特にYが信託銀行、

2　本件においてYの銀行取引約定書7条1項は以下のとおり規定していた。
　「期限の到来（中略）その他の事由によって、貴社に対する債務を履行しなければならない場合には、その債務と私の預金その他の債権とを、その債権の期限のいかんにかかわらず、いつでも貴社は相殺（中略）払戻し、解約又は処分のうえ、その取得金をもって債務の弁済に充当することができます」

破産会社が信販会社であって、いずれも商人で専門的金融機関であるから、このような満期後の金銭信託の元本、収益金とこれを引当としてなされた貸付金につき、銀行取引約定書7条1項により相殺の合意をしていることを認識し、あるいは、十分認識しえたものと認められ、両者を含む金融機関相互においてこれにより相殺があるという商慣習が存在すると認められる。

検 討

1 問題の所在

旧信託法17条は、信託財産に属する債権と信託財産に属しない債務との相殺を禁じていた。

本件においては、受託者(信託銀行)による、銀行勘定からの貸出金債権を自働債権(「信託財産に属しない債権」)、受益者の受益債権(「信託財産に属する債務」)を受働債権とする相殺の可否が問題となった。前述のとおり、旧信託法17条が明文をもって禁止しているのは「信託に属する債権」と「信託財産に属しない債務」との相殺である。

そこで、本件では、「信託財産に属しない債権」と「信託財産に属する債務」の相殺が、同条によって禁じられるか否か、また、これが同条によって禁止されるものではないとして法定相殺ないし合意相殺が認められるかが問題となった。

2 学説等の状況と本判決

(1) 旧信託法17条の趣旨

旧信託法17条は、同じ受託者名義となっていても、①「信託財産に属する」第三者に対する債権と「受託者個人」の債務との相殺や、②「信託財産に属する」第三者に対する債権と「他の信託財産に属する」第三者の債務との相殺は許されないとするものである。

受託者が、信託財産を原資とする第三者に対する貸出金債権(「信託に属する債権」)を有するときに、受託者に対する預金債権(「信託財産に属しない債

務」）と相殺を行うことを認めると、受託者固有の債務を信託財産で弁済したことになるから、受託者が信託財産から利益を受けてはならないという忠実義務の原則（旧信託法22条）に反するというのが、本条による相殺禁止の趣旨である。

複数の信託財産間における、「信託財産Aに属する債権」と「信託財産Bに属する債務」の相殺も、同様に忠実義務違反または利益相反行為として禁止される。

(2) 旧信託法17条の射程

これに対して、「信託財産に属しない債権」と「信託財産に属する債務」の相殺は、旧信託法上も明示的に禁止されていなかった。

もっとも、四宮博士は、信託財産に対して受託者個人とは別個の、それ自体独立した実質的法主体性を仮定することが可能であるとする実質的法主体性説の立場から、上記のような相殺も、実質的に別個の法主体間の債権債務であることから、相殺が許されないとしていた[3]。本判決の原審判決も、この四宮博士の見解を採用したものであるといえる。

しかし、四宮博士の見解および原審判決に対しては、財産そのものが法主体となるという考え方が、わが国実体法上の根拠を欠くものであって、信託財産に属する債権と信託財産に属せざる債務との相殺を禁じる旧信託法17条を、信託財産に属する債務と信託財産に属しない債権との相殺について援用することは解釈論の限界を超えるものとの批判が強かった[4]。

(3) 相殺の可否

「信託財産に属しない債権」と「信託財産に属する債務」の相殺は旧信託法17条によって禁止されるものではないとしても、金銭信託における受益権は、単純な金銭債権ではない。受益権は、信託財産に対する債権的権利、物権的権利のみならず、信託財産の管理・監督にかかわる種々の権利を含んでおり（旧信託法20条、40条2項等）[5]、その意味において、金銭の支払を権利内容として含みつつも、一定の作為を求める権利をも伴っており、通常の金銭

---

3 四宮70頁、186頁以下。
4 道垣内弘人「最近信託法判例批評(2)」金法1592号23頁以下。
5 四宮316頁。

債権とは目的において異質な側面を有している[6]。したがって、受託者の受益者に対する貸付債権等の金銭債権を自働債権として、受益者の受益権を受働債権とする民法505条の法定相殺は、両債権が同種の債権ではないことから、許されないものと解される[7]。

しかし、金銭信託が終了して、受益権の支分権ともいうべき元本および収益金の返還請求権が具体的に発生した場合には、この債権を受働債権として、受託者の受益者に対する金銭債権を自働債権とする相殺は、法定相殺として認められるものとする見解が有力である[8]。

この点、本判決は、信託終了後における法定相殺をも否定しているが、信託が終了し、具体的な元本等の返還請求権が発生した後については、自働債権・受働債権双方の債権の同種性が認められることから、法定相殺は認められるべきであると思われる。

(4) 忠実義務および信託目的達成義務との関係

上記のような相殺は、受託者が自らの固有の債権を回収するという個人的利益を図る目的で、信託財産から優先的に回収を行うこととなるので、受託者の忠実義務に違反しないかについても検討する必要がある。

この点、能見教授は、こうした相殺が、信託財産に課された制限、すなわち、信託目的による制限の趣旨から考えて適切かどうかという、信託の特徴を考慮した実質的判断を重要視すべきだとしたうえで、忠実義務によって信託財産を管理している受託者としては、受益者からの受益債権の履行請求に対してこれを履行しないで、かえって相殺によって自己の貸付金債権の回収を図ることは、受益者と受託者の利益相反となり、忠実義務に反するのではないかと述べている[9]。

これに対し、角教授は、相殺の相手方が受益者である場合には、「信託財産に属しない債権」と「信託財産に属する債務」を相殺するということは、実質上、受託者が、受益者に交付されるべき信託財産を、自分自身に交付す

---

[6] 松井秀征・商事判例研究平成12年度16「受託者の受益者に対する貸金債権と信託受益債権との相殺」ジュリ1237号249頁。
[7] 四宮186頁以下。
[8] 能見55頁以下。道垣内弘人「最近信託法判例批評(3)」金法1593号18頁。
[9] 能見56頁以下。

るということを意味するが、相殺によって、受益者の受託者に対する債務は、受益債権と対当額で減少するので、相殺を認めても受益者が信託財産から経済的利益を得たという結果に差異はなく、受益者が不利益を被ることはないから相殺が忠実義務に反するものではないとする[10]。受益権に対する質権設定は有効と解されているところ（第19講参照）[11]、相殺を認めるということは、受益権に対する質権の実行と実質的に類似した一面を有している[12]。そこで受益債権の弁済期が到来している場合には、受益者を相手方とする受託者による法定相殺は認められるべきであろう。受益者の他の債権者は、受益債権を差し押さえられるのに、受託者ができないとするのは疑問であり[13]、それが可能であるとすれば、相殺も可能なはずである。したがって、上記のとおり、本判決は法定相殺を認めるべきであったように思われる。

　もっとも、相殺が忠実義務に違反しないとしても、信託目的達成義務との関係が問題となるように思われる。受益者に対する生活費の支給が信託目的となっている場合のように、現物給付こそが信託目的の一部を構成するものとして要請されるような場合は、相殺が否定される可能性があるものと思われる[14]。

3　本判決の射程

(1)　相　殺

　原審判決が、実質的法主体性説の立場から旧信託法17条の趣旨を拡張的に解釈・適用して、相殺を否定したのに対して、本判決は、実質的法主体性説に基づく旧信託法17条の趣旨の拡張を否定した。

10　角紀代恵「受託者による受益者に対する貸金債権を自働債権、受益者の受益債権を受働債権とする相殺の可否」金法1652号78頁。
11　大判昭和8年3月14日民集12巻4号350頁。
12　大阪高判平成13年11月6日判タ1089号279頁（第21講参照）。
13　能見ほか「信託法セミナー　信託財産(8)」ジュリ1426号157頁。
14　道垣内弘人「相殺について残された問題」米倉明編『信託法の新展開』（商事法務、2008）163頁ならびに前掲注13・能見ほか153頁以下では、現物給付が信託目的に含まれる信託における相殺は、忠実義務違反の問題というよりは、善管注意義務違反の問題であるとしつつ、受託者の権限外の行為であることから、無効であると考える余地があるとする。

そのうえで、本判決は、信託は終了したとしても、法定信託として存続しており、受益権と貸付債権は同種の債権ではないとして法定相殺は否定したが、銀行取引約定書の適用により合意相殺を肯定した。もっとも、銀行取引約定書の適用にあたっては、本件信託の元本等が払い込まれた別段預金の支払が銀行業務としての側面を有することや「金融機関相互間における」商慣習の存在を認定し、そのような限定的な状況においてのみ適用されるかのように判示している。かかる判示を前提とすれば、銀行取引約定書の適用により合意相殺が肯定されるケースは限定的となるように思われる[15]。

(2) 現行信託法との関係

本判決は、旧信託法によるものであるが、現行信託法に基づく信託（新法信託）に射程が及ぶか。本判決の問題の所在を、現行信託法の用語に沿って述べると、「受託者による、受託者の固有財産に属する債権を自働債権として、信託財産責任負担債務であって、且つ、信託財産責任限定債務である受益債権を受働債権とする相殺の可否」となる。

この点、現行信託法22条3項は、信託財産責任負担債務（信託財産に属する財産のみをもってその履行の責任を負うものに限る）と固有財産に属する債権との相殺の可否について定めている。旧信託法においては、この点について明文規定はなかったが、こうした相殺を無制限に認めると、受託者の固有財産への執行を制限するものとした趣旨に反することになることから、現行信託法22条3項は、信託財産に属する債務にかかる債権が信託財産のみを責任財産とするものである場合には、受託者の固有財産に属する債権を受働債権として相殺することは原則として許されないとしている。

しかし、同項本文の趣旨は受託者の保護にあるから、受託者自身が承認したときは、その相殺は可能とされ（同条4項）、そのことから、受託者側からの相殺は可能であると解されている[16]。

もっとも、受託者側からの相殺が可能としても、受働債権が「受益権」で

---

[15] 銀行取引約定書の信託取引への適用を広く認めるものとして前掲注12の大阪高判平成13年11月6日がある。本判決が銀行取引約定書の信託取引への適用について限定的に判示した点に疑問を呈するものとして松井・前掲注6・250頁。

[16] 寺本95頁（注7）。

あると、前述のように、金銭債権である自働債権との同種性が認められないものと思われる。

　しかし、現行信託法上、「受益権」と「受益債権」が明確に区別され、受益債権については、信託行為に基づいて受託者が受益者に負う債務であって信託財産に属する財産の引渡しその他の信託財産に係る給付をすべきものに係る債権と定義づけられ（同法 2 条 7 号）、消滅時効は債権の例による旨が定められるなど、債権に準じた扱いがされており（同法102条 1 項）、一般の信託財産責任負担債務に係る債権と異ならないものと整理されている。また、現行信託法には、実質的法主体性説を前提とした規定はなく、信託によって受託者が信託財産の完全な所有権を取得する一方で、受益者は、受託者に対し、信託法の目的に従った信託財産の管理・処分を行うことについての債権的な請求権を取得すると考える債権説によっているものと思われる[17]。このように、現行信託法のもとでは、受益債権は受益者の受託者に対する具体的な給付請求権として位置づけられていることから、金銭信託において、信託が終了して具体的な受益債権が発生した段階では、当該受益債権は金銭債権と考えられ、法定相殺も可能となるのではなかろうか[18]。

(3) 忠実義務違反との関係

　本判決では、特に言及されていないが、受託者の固有財産に属する債権を自働債権とし、受益債権を受働債権とする相殺が、自らの債権回収を図る目的のためのものとして、忠実義務違反の問題が生じるとするならば、本件のような相殺は否定されることとなりそうである。しかし、本判決は、上記のように相殺合意に基づく相殺としてその効力を認めており、受託者の固有財産に属する債権を自働債権とし、受益債権を受働債権とする相殺において、少なくとも合意相殺の場合には、忠実義務違反は問題とならないとの見解に立っているものと考えられる。

(4) 目的達成義務違反との関係

　本件信託は、その信託目的において信託財産の現物給付を求められていた

---

[17] 寺本25頁。
[18] 立案担当者も、相殺の問題に関連して、受益債権であるがゆえの特殊性はないとする（寺本95頁（注 7 ）参照）。

性質のものではないことから、この点について、本判決は特に言及していない。

4　実務対応

(1)　法定相殺と合意相殺

上記のとおり、本判決に関連する諸問題のうち、信託法が定める相殺禁止との関係については、現行信託法により解決されたといえるが、受託者が受益債権と受託者の固有勘定に属する貸金債権とを相殺しようとする際には、旧法信託または新法信託のいずれにおいても、本判決が検討しているように、民法505条1項等との関係において、法定相殺ならびに合意相殺の可否が問題となることとなる。

上記のとおり、本判決にかかわらず、法定相殺可能とする見解が有力であることから、旧法信託においても法定相殺が認められる可能性があり、新法信託においては、法定相殺が認められる可能性がさらに高いものと思われる。

しかし、本判決は、法定相殺を明確に否定しており、新法信託においても、法定相殺を認めた判例があるわけではない以上、実務上の対応としては、法定相殺とともに、念のために合意相殺も主張しておく必要があるように思われる。

なお、合意相殺の場合には債権債務の利息等の計算については銀行取引約定書[19]の定めに従い、銀行による計算実行の日までとなるが、法定相殺の場合には相殺適状が生じた時にさかのぼって相殺の効力が生じることとなることから（民法506条2項）、いずれを優先的に主張すべきかについては、この点も勘案して判断すべきように思われる。

また、信託の目的によっては、前述のとおり、信託目的達成義務との関係が問題となることがある点に留意する必要がある。

---

[19] 旧銀行取引約定書ひな型7条においては、同条によって銀行が相殺または払戻し充当を行う場合の債権債務の利息等の計算については、その期間を銀行による計算実行の日までとすることが定められている。

(2) 銀行取引約定書の適用について

　本判決は、信託終了後は銀行取引約定書に基づく合意相殺は可能としているが、銀行取引約定書の適用されない取引の場合、法定相殺を主張するしかない。また、本判決の判示するところを前提とするならば、銀行取引約定書が信託取引に適用される範囲は限定されるおそれがあることとなる。

　銀行取引約定書が締結されていない場合には、合意相殺を主張するためには、事前に信託行為において合意相殺の規定を定めておくことが必要となる。また、銀行取引約定書は締結されていても本判決のように銀行取引約定書の信託取引への適用が限定的に解され、信託取引への適用が認められない可能性があることにかんがみれば[20]、合意相殺が認められる確実性を高めるために、銀行取引約定書とは別途、事前に信託行為において合意相殺の規定を定めておくことも検討に値するように思われる。

(3) 信託終了後の元本等の取扱い

　別段預金とは、通常の預金に該当しない資金を一時的に計上するために銀行の債務の勘定処理上与えられた呼称で、他の種類の預金を事情があって銀行の判断で移し替えた場合（融資金相殺後の残余金）のように預金的性格の強いものから、自己宛小切手代り金のように銀行の資金といえるものまで、その内容はきわめて雑多である。

　金銭信託の場合、信託終了時には指定の口座に受益者に交付すべき金銭を振り込む旨の約定がなされていることが一般的であるところ、本判決の事案では、指定口座が解約されており、やむなく別段預金に保管されたものであり、当該別段預金は預金的性格が強いものであったと思われるが、本判決は信託財産が受益者に交付されず別段預金で保管されていたことをもって法定信託の成立を認めたものである[21]。

20　現在では、信託銀行においては、銀行取引約定書が信託取引へも適用されることについて明文の規定が置かれており、この改訂がなされて以降の信託銀行取引約定書を締結している場合には、そのような可能性は低くなると思われる。

21　新井399頁は、本判決に関し、普通預金の場合と別段預金の場合とで法的効果にこのような異同が生じると理解せねばならない理由が見出しがたく、Yが別段預金に振り込んだ時点で受益債権は消滅したと解すべき事案ではなかろうかとし、本判決が、元本等を別段預金で保管していたことをもって法定信託の成立を認めた点に疑問を呈している。

一方、本判決の事案のように指定口座が解約されていなければ、信託終了後の元本等は受益者の指定する普通預金口座に入金されていたと考えられるところ、受益者について倒産手続が開始した後に信託によって普通預金口座等受益者の口座に振り替えることにより、支払停止等の後に新たな原因に基づき債務を負担したものとして相殺無効を主張されるリスクを負担することになるおそれもある[22]。

　金銭信託においては、受益者が倒産した場合には、信託を終了することができる旨の約定がなされていることが一般的であるが、信託を終了させた場合に元本等をどのように取り扱うかについては、倒産法が定める相殺禁止規定との関係で留意が必要であるように思われる。

（鈴木あや）

---

[22] 大阪地判平成23年10月7日判時2148号85頁参照。

第21講

委託者兼受益者である会社が解散した場合の受託者による信託契約解除と留置権行使・弁済充当等の可否[1]

大阪高判平成13年11月6日判タ1089号279頁

判決要旨

① 信託契約の委託者兼受益者である会社が解散したときは、信託契約において解除事由として定められている「信託目的の達成もしくは信託事務の遂行が困難となったと認めたとき」に該当し、受託者である信託銀行は、当該条項に基づき信託契約を解除することができる。

② 信託銀行が顧客と締結した銀行取引約定は、信託法の強行規定ないしその趣旨に違反しない限度で、信託取引を含む取引全般について適用される。

③ 信託銀行は、委託者兼受益者に対する貸金債権の担保として、信託契約解除後、信託財産につき商法521条の留置権を行使できる。

④ 信託銀行が信託契約を解除した後、銀行取引約定に基づき、信託財産である別段預金と委託者兼受益者に対する貸金債権を相殺し、または、信託財産である株券や国債を売却処分したうえ、その代金を上記貸金債権に弁済充当することは、旧信託法9条、22条、その他の旧信託法の規定に違反しない。

⑤ 委託者兼受益者の特別清算開始申立て後、受託者である信託銀行において、委託者兼受益者に対する貸金債権と別段預金を相殺したり、前記信託財産の換価代金を貸金債権に充当したりすることは、旧商法456条により準用される旧破産法104条2号但書中段に該当し、有効である。

---

1 本判決は、Column 1「信託関連訴訟の類型」で提示した信託訴訟類型のうちの①「信託の内部関係に関するもの」に該当する。

事案の概要

1　X（原告、控訴人）は、信託の引受けや貸出業務を行う信託銀行であり、Y（被告、被控訴人）は、リース事業を営む株式会社である。

　昭和53年12月、Xは、Yとの間で、銀行取引約定書（以下「本件銀行取引約定」という）を取り交わし、それ以後、XとYは、本件銀行取引約定に基づき、預金取引や貸付取引などの銀行取引を継続してきた。

2　昭和61年10月、Xは、Yとの間で、特定金銭信託契約を取り交わすことにより、Yを委託者兼受益者、Xを受託者とする信託契約（以下「本件契約」という）を締結し、Yは、本件契約に基づき、Xに対し、20億円を信託した。本件契約は、いわゆる「特定金銭信託」[2]であり、信託財産を訴外Zの指図に従って株式・公社債等に運用するとされ、運用方法および目的物の種類を具体的に定めていた。本件契約は、当初、信託の存続期間を昭和62年3月20日までとしていたが、その後、信託の存続期間を1年として、繰り返し延長がなされてきた。

3　平成3年2月20日、XとYは、変更契約書を取り交わすことにより、本件契約の内容を一部変更した。すなわち、信託の種別を「特定金銭信託」から「金銭信託以外の金銭の信託」（いわゆる「特定金外信託」[3]）に変更するとともに、信託の種別の変更に伴って本件契約の契約条項の一部を変更した。

4　平成7年9月16日、Yは、株主総会の決議により解散し、同月18日、神戸地方裁判所に特別清算開始の申立てをし、同年10月3日、特別清算開始決定を受け、特別清算手続を開始した。本件清算手続における清算協定では、担保権を有さない一般債権者はその債権の48％を放棄したうえで、平成13年4月2日まで6回に分割して配当を受けることとされた。

---

[2]　信託設定時の信託財産は金銭であり、かつ、信託終了時に受益者に交付されるべき財産も金銭である信託で、信託財産の運用方法は委託者またはその指図を受けた者によって特定されるものをいう。
[3]　信託設定時の信託財産は金銭であり、信託財産の運用方法は委託者またはその指図を受けた者によって特定されるが、信託終了時に受益者に信託財産を現状のまま交付すべき信託をいう。

Xは、Yに対して多額の融資を行っており、本件清算協定に参加していたところ、XのYに対する貸金債権等の額は、約定利息、遅延損害金を含め合計142億151万5,702円であり、ここから預金債権との相殺額および借入債務の前払利息（みなし弁済）額の合計2,311万9,887円が控除されるべきことについては、XとYとの間に争いがなく、これらを控除後のXのYに対する債権の残額は、141億7,839万5,815円となった。

5　平成7年9月20日到達の同月19日付書面で、Xは、Yに対し、Yが特別清算開始の申立てをしたことを理由として本件契約13条3項に基づき本件契約を解除して本件信託を終了させ、本件信託に係る信託財産となっていた有価証券（以下「本件証券」という）については本件契約の解除に伴いYに帰属したものとして、本件証券を商法521条に基づき留置する旨の意思表示をし、本件証券を処分した（以下「本件証券換価処分」という）。本件証券の処分価格（配当金受領分等を含む）は7億2,187万5,510円であり、別段預金（本件契約の解除に伴い発生した一時保管金、以下「本件別段預金」という）は486万7,227円であった。

　　平成7年9月27日、Xは、本件別段預金については、Yに対する貸金債権等の遅延損害金分を自働債権として、対当額で相殺し（以下「本件相殺」という）、また、本件証券の換価金については、XのYに対する貸金債権等の元本に充当した（以下本件相殺および本件証券の処分とその換価金の弁済充当をあわせて「本件換価処分等」という）。

6　平成8年3月13日、XとYは、本件換価処分等の効力の問題については保留とし、YがXに対し、X主張の配当基準債権額に従って現実に配当したうえ、後日、本件換価処分等の効力についての紛争が解決した際に弁済額の精算を行う旨合意した。

7　上記合意にかかわらず、平成10年9月28日の第4回中間配当に際し、Yは、Xに対する配当額について、同額を「みなし配当」とする旨、Xに対して通知した。また、平成11年3月26日に実施された第4回清算配当において、Yは、Xに対する配当額から、本件証券の処分価格と上記第4回中間配当におけるみなし配当額との差額を差し引いて配当した（その結果、2回の配当期日でみなし配当とされた金額の合計は7億2,187万5,510円となり、

【関係図】

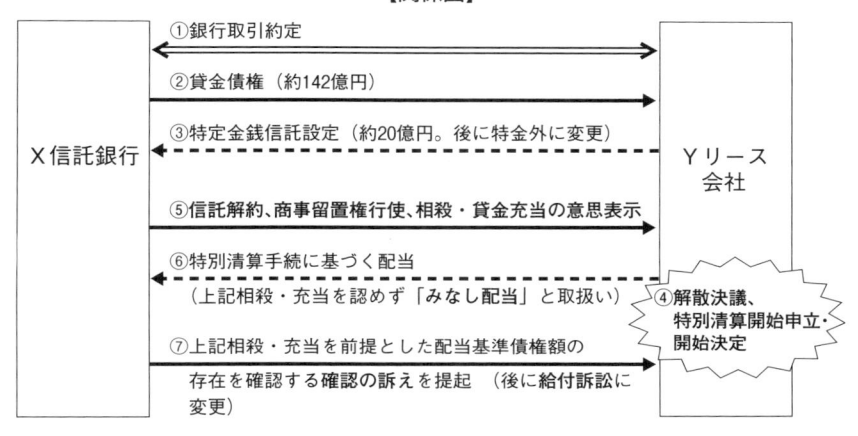

```
                    ①銀行取引約定
┌────────┐ ◄─────────────────────────────► ┌────────┐
│        │   ②貸金債権（約142億円）              │        │
│        │ ─────────────────────────────►    │        │
│        │   ③特定金銭信託設定（約20億円。後に特金外に変更）│        │
│X信託銀行│ ◄─────────────────────────────    │Yリース │
│        │   ⑤信託解約、商事留置権行使、相殺・貸金充当の意思表示│ 会社  │
│        │ ─────────────────────────────►    │        │
│        │   ⑥特別清算手続に基づく配当          │        │
│        │ ◄─────────────────────────────    │        │
│        │   （上記相殺・充当を認めず「みなし配当」と取扱い）│ ④解散決議、│
│        │   ⑦上記相殺・充当を前提とした配当基準債権額の  │ 特別清算開始申立・│
│        │   存在を確認する確認の訴えを提起（後に給付訴訟に│ 開始決定 │
│        │   変更）                          │        │
└────────┘ ─────────────────────────────►  └────────┘
```

本件証券の処分価格と同額となった）。さらに、平成12年3月29日の第5回中間配当において、Yは、Xが本件相殺をした486万7,227円分を、みなし配当金として控除して配当した[4]。

8　Xは、①XがYに対して有する債権の配当基準額が上記貸金債権等の金額から充当ないし相殺された金額を控除した残額であることの確認、および、②XのYに対する信託契約に基づく残債務が存在しないことの確認を求めて提訴した。

原審（神戸地判平成12年1月27日判時1723号126頁）は、上記①の請求に関する訴えを確認の利益を欠く不適法な訴えとして却下し、②の請求につい

---

[4] X主張の弁済充当等の場合とY主張のみなし配当の場合をそれぞれ試算し比較すると以下のとおりとなる。

〈弁済充当・相殺のケース〉　　　　　〈みなし配当のケース〉
　　14,178,395,815円（Xの債権残額）　　　14,178,395,815円（Xの債権残額）
△　　721,875,510円（弁済充当分）　　　　　　　×52%（清算配当率）
△　　　4,867,227円（相殺分）　　　　　7,372,765,823円（Xの配当額）
　　13,451,653,078円（配当基準額）　　△　　721,875,510円（弁済充当=みなし配当）
　　　　　　×52%（清算配当率）　　　△　　　4,867,227円（相殺=みなし配当）
　　6,994,859,600円（Xの受取額）…①　　6,646,023,086円（Xの受取額）…②

つまり、両者の実際受取金額の差額は、348,836,514円（①−②）となる。

ては、Xの前記充当ないし相殺を認めず、XはYに対して前記充当ないし相殺した金額をてん補しなければならず、これを支払う義務があるとして、Xの請求を棄却した。

Xは、これを不服として控訴を提起したが、Yが特別清算の配当手続において、Xにつき上記控除後の残額を基準として配当額を算定しながら、控除額相当の金員の配当を拒否したため、本件控訴審において、上記①および②の請求をいずれも取り下げ、配当を受けられなかった各金員とこれらに対する各配当期日の翌日からの遅延損害金の支払を求める訴えに変更した。

本判決 [5]

Xの請求認容。

「1　争点(1)（本件契約13条3項に基づく本件契約解除の可否）について

（前略）Yは、平成7年9月16日、株主総会の決議により解散したのであるから、それ以後は清算の目的の範囲内においてのみ存続することとなる。

しかるに、（中略）本件信託は、Xにおいて信託財産をZの指図に従って株式・公社債等に運用するというもので、利殖を目的とするものであることが明らかであり（中略）、かつ、運用の結果、利益ではなく損失を生じさせる危険性を常に内包するものである以上、権利能力が清算目的に限定されたYに、かかる積極的資産運用である本件信託を継続させることは許されないものといわざるを得ない。

したがって、Yの解散という事態は、信託財産の運用による利殖という本件信託の目的を達成することを困難にさせるものであるから、本件契約13条3項の「経済情勢の変動その他相当の事由により信託目的の達成（中略）が困難となったと認めたとき」に該当するというべきである。

そうすると、（中略）Xが平成7年9月19日にYに対し、本件契約13

5　信託法、商法、破産法等の条文については係争当時のものである。

条3項に基づき本件契約解除の意思表示をし、これが同月20日にYに到達したことによって、本件契約は終了したことになる。

2　争点(2)（本件信託取引について本件銀行取引約定が適用されるか）について

　信託銀行以外の銀行が顧客との間で締結する銀行取引約定書ひな型（(中略)）の7条2項では、「前項の相殺ができる場合には、貴行は事前の通知および所定の手続を省略し、私にかわり諸預け金の払戻しを受け、債務の弁済に充当することもできます。」となっているのに対し、信託銀行であるXとYとの間で取り交わされた本件銀行取引約定書（中略）の7条1項には、「（前略）いつでも貴社は相殺し、または、私の預金、その他の債権につき、事前の通知および所定の手続を省略し、払戻し、解除または処分のうえ、その取得金をもって債務の弁済に充当することができます。」と定められている。すなわち、本件銀行取引約定書には、その他の銀行の銀行取引約定書には見られない「解除または処分のうえ、その取得金をもって」の文言が加わっている。これは、信託銀行では、貸付先から、預金以外に金銭信託等を受託していることがあり、これらの信託金についても弁済充当の対象とすることで、貸付金の回収財源とすることを念頭に置いたものと考えられる。

　また、本件銀行取引約定（1条1項）には、「手形貸付（中略）その他いっさいの取引に関して生じた債務の履行」についてこの約定に従う旨定められていて、その適用範囲に信託取引も含まれるような文言になっている一方、本件契約（変更契約を含む。）には、信託取引につき本件銀行取引約定の適用を排除するような趣旨の条項が特に見当たらないこと（中略）は、契約当事者の意思解釈として、信託取引についても本件銀行取引約定が適用されることを前提としていると解し得る余地がある。

　以上の点に照らすと、XとYは、本件銀行取引約定が銀行法10条1項及び2項所定の銀行取引のみならず信託取引にも適用されることを想定して本件銀行取引約定書を取り交わしたものと推認するのが相当

である。
　もっとも、本件銀行取引約定が信託法の強行規定やその趣旨に違反するときは、その限度で、本件銀行取引約定が無効となることはいうまでもない。
　したがって、XとYとの間で合意された本件銀行取引約定は、信託法の強行規定ないしその趣旨に違反しない限度で、XとYとの間における信託取引を含む取引全般について適用されると解するのが相当である。

3　争点(3)（商事留置権の成否）について
　なるほど、本件契約が解除された後も、Xが本件契約に基づき取得した有価証券や金銭等が帰属権利者であるYに引き渡されておらず、Yへの信託財産の占有移転が未だ完了していないから、信託法63条により、XとYとの間にはなお信託関係が存続しているものといわざるを得ない。しかしながら、同法条が一種の法定信託の成立を認めたのは、例えば信託財産が不動産であるような場合、信託終了後の残存財産を権利者に帰属させるに当たって、登記手続等で、なお相当日数を要することが少なくない実情にかんがみ、そのような場合の帰属権利者の保護を図る趣旨であると解される。また、信託契約の終了後、なお信託が存続するとしても、特に本件のようにYが解散し、信託契約が解除によって終了した場合には、受託者において信託財産の更なる運用を行うことは相当でなく、受託者の職務内容は、帰属権利者への残余財産の復帰、すなわち、帰属権利者への信託財産の権利の移転と同人に対抗要件を具備させることが主たる目的となる。したがって、本件信託のような特定金外信託の場合であって、信託法36条1項、37条等に該当する事情がなく、かつ、帰属権利者（受益者）であるYに移転すべき信託財産が特定していて、権利移転に特段の障害が存しない場合には、信託契約の終了時に帰属権利者への権利帰属が即時に生じると解しても、信託法63条の趣旨に反するものではないといえる。
　そうすると、信託財産である本件証券は、帰属権利者であるYへの権利移転に上記のような特段の障害が存することを認めるに足りる証

拠はないから、本件契約が解除によって終了した時点で、直ちにＹに権利が移転していることになる。　前提事実及び上記説示したところによると、ＸのＹに対する前記貸金債権等は、商人間においてその双方のために商行為である貸付行為等によって生じた債権に当たり、本件証券は、Ｘが債務者であるＹとの間における商行為（本件契約）によって自己の占有に帰したＹ所有の有価証券に当たることは明らかである。

　そして、Ｙが特別清算開始の申立てを行ったことで、本件銀行取引約定５条１項１号により、Ｙは期限の利益を喪失し、ＸのＹに対する貸金債権等はすべて弁済期が到来しているから、ＸはＹに対し、上記貸金債権を被担保債権として、本件証券につき商法521条所定の留置権を行使することができるというべきである。

4　争点(4)（本件換価処分及び本件弁済充当の可否）について

　留置権は、形式競売の申立権が認められている（民事執行法195条）が、他の債権者は配当要求をすることができず、目的物の換価金は留置権者に交付される。留置権者は、目的物の所有者に対して換価金返還債務を負うが、目的物の所有者が被担保債権の債務者であるときは、上記換価金返還債務と被担保債権とを相殺することで、事実上優先弁済を受けることができる。このように留置権者であるＸは、留置権の目的物である本件証券を担保として優先弁済を受け得る立場にあるといえる。

　そして、本件証券の処分方法のうち、株式配当金の受領（中略）や割引国債の償還（中略）については、Ｘの恣意的裁量が介在する余地はなく、また、株式の売却（中略）についても、証券取引市場における換価処分である以上、売却日における当該株式銘柄の相場価格によって売却されたものと推認され、かつ、より高値で売却する方がＸにとっても有利になるから、Ｙにとって不利益となるようなＸの恣意的裁量の余地は考え難い。したがって、Ｘによる本件証券の処分方法は、一般的にみて、いずれも適正かつ妥当なものであると評価することができる。

　以上に加えて、ＸのＹに対する貸金債権等の額が本件証券の価額を

上回ること（中略）を併せ考慮すると、本件において、Xが本件銀行取引約定4条4項に基づいて行った本件換価処分は、有効なものというべきである。

5 争点(5)（Xの本件相殺、本件換価処分及び本件弁済充当は、信託法の規定ないし趣旨に違反するか。）について

Yは、Xの本件換価処分及び本件弁済充当は、信託法9条、20条、22条、36条、37条の各規定に反し、本件相殺も上記各法条の規定及び同法17条の規定の趣旨に反して許されない旨主張する。しかしながら、

(1) まず、信託法9条は、受託者が受益者を兼任することを禁止するものであり、受託者が委託者の名義を利用して受託者自身の財産を信託財産とし、強制執行や相殺を免れようとすることを禁止する趣旨の規定であると解される。したがって、Xが本件相殺、本件換価処分及び本件弁済充当を行うことは、信託法9条の規定に何ら反するものではない。

(2) 次に、信託法22条は、信任を受けて他人の事務を処理する者は他人の利益のためにのみ行動すべきであるとする受託者の忠実義務の一内容として、受託者は、受益者の利益と受託者個人の利益とが衝突するような利益相反的地位に身を置いてはならない旨を定めた規定と解される。しかし、本件契約の解除後に、Xが本件相殺、本件換価処分及び本件弁済充当を行うことは、信託法22条の規定に違反するものではないと解するのが相当である。その理由は、次のとおりである。

　ア 本件の場合、本件契約が有効に解除されている以上、Xは、前記3のとおり帰属権利者であるYへの残余財産の復帰という目的の範囲内でのみ受託者としての忠実義務を負担するのであり、その忠実義務の内容についても、信託財産を委託者兼受益者であるYのために利殖する目的で管理、運用している本件契約の存続中と全く同様に解することは相当でないといわざるを得ない。

　イ また、前記3のとおり、本件契約の解除によって、本件証券は帰属権利者であるYに権利移転しており、受託者であるXは、も

はや本件証券を自己のものとして処分することができないのであるから、受託者が信託財産を自己の名義で運用処分することができることにかんがみて受託者に忠実義務を課すことにより受益者の利益保護を図ろうとする信託法22条の規定の本来の適用場面とは異なる局面になったとも考えることができる。

　ウ　さらに、XのYに対する債権元本は、(中略)140億2,644万3,835円であるが、甲6によれば、これに対する担保として設定されているのは、Yの第三者に対する総額80億4,400万円の貸付債権に関する譲渡担保のみであることが認められ、これによると、Xは、本件契約の終了後は本件証券等の信託財産も貸付金等の担保とする意思を有し、Yもこれを承諾してXからの融資などを受けていたものと推認することが可能である。

　エ　そして、受託者が受益者の受益権につき質権を設定することは信託法22条の規定には抵触しないと解されている（大審院昭和8年3月14日民集12巻4号350頁参照）ところ、本件のように委託者であるY自らが受益者となっている場合、信託契約の終了後、受益者兼帰属権利者が残存する信託財産の引渡を求め得る権利は、受益者の受益権（特にそれが信託財産の全部の給付を請求するものである場合）と実質的に類似した一面を有すると考えられることなどに照らすと、受益者があらかじめ信託財産の移転請求権を担保として提供すること、逆に受託者がこれを担保にするという期待を持つことも不合理とはいえない。

　オ　このように解しても、本件のような受託者による本件相殺、本件換価処分及び本件弁済充当は、信託契約が解除された場合にのみ認められるものであり、受託者側からの信託契約の解除は、信託行為に特に別段の定めが設けられた場合以外は許されない（信託法59条）のであるから、委託者ないし受益者に不当な不利益を被らせるおそれはない。

(3)　信託法36条、37条は、受託者が、信託財産の当然負担すべき費用を支弁し、又は信託事務の処理に際して受託者に過失なくして損害

を被った場合、もしくは信託財産から報酬を受けるべき場合に、同法22条の原則を排除し、信託財産を売却換価することにより、そこから支払を受けられるようにするという趣旨の規定であり、<u>同法36条、37条所定の場合以外は同法22条の適用が問題となること</u>を定めたものと解される。しかし、本件相殺、本件換価処分及び本件弁済充当が同法22条に違反しないことは前記(2)で説示したとおりであり、そうである以上、<u>同法36条、37条の規定の反対解釈をもってその効力を否定することはできない</u>というべきである。

(4) Yは、本件相殺は信託法17条の規定に直接触れるものではないものの、同条の趣旨に違反する旨主張する。このYの主張は必ずしも意味が明確でないが、要は同法17条に形式的に該当しなくても、同法22条所定の忠実義務に反し、無効となる場合があるという趣旨と解される。しかし、本件相殺が同法22条の規定に違反しないことは前記(2)のとおりであるから、Yの上記主張も採用することができない。

(5) Yは、本件相殺、本件換価処分及び本件弁済充当が信託法20条（受託者のいわゆる善管注意義務）の規定に違反する旨主張するが、前記(1)ないし(4)で検討したほか、本件記録を精査するも、<u>Xの本件相殺、本件換価処分及び本件弁済充当が善管注意義務違反に該当するような事情を見出すことはできない</u>。

6 争点(6)（商法456条による破産法104条の規定の準用の可否）について

Yは、Yが（中略）特別清算開始の申立てを行った事実を知りながら、Xにおいて本件契約を解除するとともに、その後、本件相殺を行ったり、本件証券を換価処分し、その換価金等をもって（中略）貸金債権等に弁済充当したことは、商法456条によって準用される破産法104条の規定に抵触する旨主張する。

しかしながら、XのYに対する<u>本件換価金等の支払債務は、本件信託終了時の信託財産返還債務が転化したものであり、これと実質的同一性を有する</u>と解されるところ、<u>Xが上記信託財産返還債務を負担す</u>

るに至る原因は、前記（中略）のとおり、平成3年2月20日に本件信託が設定されたこと（従前の特定金銭信託が特定金外信託に変更されたこと）に存するというべきである。そうすると、上記債務負担は、Yが支払停止を宣言した平成7年8月30日（中略）又は特別清算開始の申立てを行った同年9月18日よりも前に生じた原因に基づくものであるから、破産法104条2号但書中段に該当し、Xによる本件相殺及び本件弁済充当は許容されることとなる」

本判決に対し、Yが上告および上告受理申立てをしたが、最決平成16年12月16日金法1744号56頁は、上告を棄却する旨および申立てを受理しない旨の決定をした。

検　討

1　問題の所在

(1)　**信託契約に基づく解除**
受託者は、委託者兼受益者が解散した場合に、信託契約に基づいて信託契約を解除することができるか。

(2)　**銀行取引約定の信託取引への適用**
銀行取引約定は銀行取引のみならず、信託取引についても適用されるか。

(3)　**商事留置権の成否**
信託終了後、法定信託となっている信託財産につき受託者の商事留置権は成立するか。当該財産は、受託者ではなく帰属権利者（受益者）に帰属しているといえるか。

(4)　**相殺・弁済充当の信託法への抵触**
信託契約を解除した後、銀行取引約定に基づき、信託財産である別段預金と委託者兼受益者に対する貸金債権を相殺し、あるいは信託財産である株券や国債を売却処分したうえ、その代金を前記貸金債権に弁済充当することは、旧信託法9条、22条、その他の信託法の規定に抵触しないか。

(5)　**相殺・弁済充当の破産法への抵触**
委託者の特別清算開始申立て後、受託者である信託銀行において、委託者

に対する貸金債権と信託財産である別段預金を相殺したり、前記信託財産の換価代金を貸金債権に充当したりすることは、旧商法456条が準用する旧破産法の相殺禁止規定に抵触しないか。

2　見解等の状況

上記のとおり、本件訴訟は旧信託法その他の法令に関連して多くの法的論点を含んでいる。信託法固有の論点だけではないが、いずれも実務的には重要な論点と思われる。また、第1審判決がXの請求をまったく認めなかった（一部請求却下、一部棄却）のに対して、控訴審判決である本判決は原審の判断を覆し、Xの請求を全面的に認容した。

そこで、上記1(1)〜(5)の各論点について、第1審判決と控訴審判決がどのように判断したのか対比して見解の異同を確認したい。

論　点	第1審判決の要旨	控訴審判決の要旨
(1)　信託契約に基づく解除	特別清算は、典型的な倒産手続である破産と比較した場合、法律による統制がかなり緩やかである。したがって、受益者が特別清算の開始を申し立て、早晩その開始決定がされるであろうという状況になったとしても、受益者が、信託契約の当事者となる資格・適格を喪失するということになるわけではないし、本件信託に関する受託者の権限に影響が生じるわけでもないのであるから、受益者が特別清算の開始を申し立てた事実は、信託事務の遂行を困難ならしめる事情とすることはできない。特別清算開始の申立ては、受益者の経済的地位に大きな変動をもたらしてはいるが、信託契約13条3項の解約事由に該当すると考えることは困難。	本件信託は、受託者において信託財産をZの指図に従って株式・公社債等に運用するというもので、利殖を目的とし、運用の結果、利益ではなく損失を生じさせる危険性を常に内包する。したがって、権利能力が清算目的に限定された受益者に、かかる積極的資産運用である本件信託を継続させることは許されない。委託者（兼受益者）の解散は、信託財産の運用による利殖という本件信託の目的を達成することを困難にさせるものであるから、信託契約13条3項の「経済情勢の変動その他相当の事由により信託目的の達成（中略）が困難となったと認めたとき」に該当し、受託者から受益者に対する解除の意思表示により信託契約は終了した。

(2) 銀行取引約定の信託取引への適用	銀行取引約定書は、銀行法によって営業の免許を受けた銀行が、取扱いを許された業務を行う際、不特定多数の相手方との取引関係を画一的で明確なものとする目的であらかじめ作成された約定が記載された文書であり、そこにいう「銀行取引」とは、銀行が取扱いを許された業務、すなわち、銀行法10条1項および2項所定の業務である。信託業務は銀行法の免許とは別に兼営法による免許を受けてはじめて営むことができ、信託業法施行細則や兼営法施行細則によって相当に詳細に規制が加えられている。したがって、信託業務は、銀行取引約定書記載の約定が適用される銀行取引に含まれておらず、銀行取引約定7条1項によって本件信託の解約が正当化される理由はない。	本件銀行取引約定書にはその他の銀行の銀行取引約定書にはみられない「解除または処分のうえ、その取得金をもって」の文言が加わっており、貸付先からの金銭信託等の受託および信託金からの貸付金の回収を念頭に置いている。また、信託取引につき本件銀行取引約定の適用を排除するような趣旨の条項も見当たらない。以上より、両当事者とも同約定が信託取引にも適用されることを想定して本件銀行取引約定書を取り交わしたものと推認される。したがって、同約定は信託法の強行規定ないしその趣旨に違反しない限度で、信託取引を含む取引全般について適用されると解される。
(3) 商事留置権の成否	本件証券は、本件信託終了前は受託者の所有に属する財産であって、受託者からみて他人の財産ではないから、法律上、本件証券について受託者に留置権が発生する余地はない。本件信託の終了を前提として、受託者が商事留置権を取得すると仮定しても、なぜ、法定の担保権実行の手続によらず自ら売却処分できるのか疑問である（銀行取引約定4条4項による留置手形の取立てを許容した最判平成10年7月14日[6]が有価証券にも妥当するのか疑問である）。受託者が貸金債権を保全しようと思えば、質権を設定することが可能であった。ただ単に本件信託が融資見合いの信託であるとの	受託者と受益者（帰属権利者）の間には旧信託法63条により法定信託が成立する。ただし、この場合、受託者の職務内容は、帰属権利者への残余財産の復帰、すなわち、帰属権利者への信託財産の権利の移転と同人に対抗要件を具備させることが主たる目的となる。同法36条等に該当する事情がなく、かつ、帰属権利者に移転すべき信託財産が特定し、権利移転に特段の障害が存しない場合、信託契約の終了時に帰属権利者への権利帰属が即時に生じると解しても同条の趣旨には反しない。本件証券は契約が解除によって終了した時点で、直ちに受益者に権利が移転している。貸金債権等は

		理由から処分を正当化することはできない。信託業務は銀行取引約定の適用がある銀行取引に該当せず、銀行取引約定4条4項に基づいて本件証券の換価が当然に許容されることにはならない。	商人間で双方のために商行為である貸付行為等により生じた債権であり、弁済期も到来している以上、商事留置権が成立する。
(4)	相殺・弁済充当の信託法への抵触	信託財産である別段預金と特別清算債権との相殺は旧信託法17条に違反するから、有効な相殺と認めることはできない。 別段預金は、預金取引その他の銀行取引により発生したものではなく、信託業務によって発生した保管金だから、受託者は、本件信託契約14条に基づき受益者に対し受益権の弁済として本件別段預金を現実に交付しなければならない。	旧信託法9条は、受託者が受益者を兼任することを禁止し、受託者が委託者の名義を利用して受託者自身の財産を信託財産とし、強制執行や相殺を免れようとすることを禁止する趣旨の規定である。したがって、受託者が本件相殺、本件換価処分および本件弁済充当を行うことは、同条の規定になんら反しない。同法22条は、受託者の忠実義務の一内容として、受託者は、受益者の利益と受託者個人の利益とが衝突するような利益相反的地位に身を置いてはならない旨を定めた規定である。しかし、本件契約の解除後に、受託者が本件相殺、本件換価処分および本件弁済充当を行うことは、同条の規定に違反するものではない。なぜなら、①本件契約は有効に解除され、受託者は残余財産の復帰という目的の範囲内で

6 　最判平成10年7月14日民集52巻5号1261頁は、銀行が商事留置権に基づき保有していた手形につき破産会社の破産管財人が返還を求めたところ、銀行が当該手形を取り立て、破産会社に対する貸付金の回収に充当した事案において、「破産財団に属する手形の上に存在する商事留置権を有する者は、破産宣告後においても、右手形を留置する権能を有し、破産管財人からの手形の返還請求を拒むことができるものと解するのが相当である」として、破産宣告後も留置的効力が存続することを認めた。

　本件においても同判例のロジックが当てはまるか、ということが実質的に主要な争点となっているように思われる。つまり、上記論点(2)および(3)は、銀行取引における留置手形同様、「信託取引」においても法定信託状態にある「有価証券」等に「商事留置権」が成立するかが争われたものである。

		のみ忠実義務を負担すると解される、②受託者は本件証券をもはや自己のものとして処分できず同条の本来の適用場面と異なる、③両当事者とも信託財産が貸付債権等の担保となることを認識していたと推認される、④受益権への質権設定は同条に反しないと解され、本件もそれと類似した状況にある、⑤受託者からの解除は特約による場合しか認められず（同法59条）、受益者保護に欠けるとはいえないからである。 同法36条、37条および17条については、22条に反しない以上、抵触は認められない。同法20条への抵触の事実も認められない。
(5) 相殺・弁済充当の破産法への抵触	本件証券の配当金および償還金の取得ならびにその売却および売却代金の取得は受託者であるXが「信託の本旨に反して信託財産を処分した」場合（旧信託法27条）に該当するから、Xは委託者兼受益者であるYに対し、これによる損失をてん補する義務を負う。上記損失てん補義務は、受託者が、特別清算開始決定の日（平成7年10月3日）の後に受益者に対して負担するに至った債務であるから、本件特別清算債務と相殺あるいは差引計算できない（旧商法456条1項、旧破産法104条1項）。	本件換価金等の支払債務は、信託終了時の信託財産返還債務が転化したものであり、これと実質的同一性を有する。受託者が信託財産返還債務を負担するに至る原因は、平成3年2月20日に本件信託が設定されたことに存する。そうすると、上記債務負担は、受益者が支払停止を宣言した平成7年8月30日または特別清算開始の申立てを行った同年9月18日よりも前に生じた原因に基づくものであるから、旧破産法104条2号但書中段に該当し、受託者による本件相殺および本件弁済充当は許容される。

　第1審判決の判断、特に、信託契約に基づく受託者からの解除を認めなかった点、および、信託取引に銀行取引約定が適用されない理由づけについては、学説からも批判がなされたところである[7]。控訴審は第1審の判断を

完全に覆し、受託者からの請求を容認しており、控訴審の判断（本判決）については、学説もおおむね賛同するものが多いように思われる[8]。

以下、上記論点のうち、数点、付言したい。

(1) 銀行取引約定の信託取引への適用について

第1審判決は、上記のとおり、銀行取引約定書「にいう「銀行取引」とは、銀行が取扱いを許された業務、すなわち、銀行法10条1項及び2項所定の業務である」としたが、この点については、「私人間の取引に用いられる銀行取引約定書の適用範囲が、なぜ、銀行法という業法によって画されるのであろうか。適用範囲の確定に際して、まず、探求されるべきは、当事者の意図のはずである」との指摘が学説よりなされている[9]。きわめてもっともな指摘である。そして、当事者の意図を探求するならば、本判決のとおり、両当事者とも同約定が信託取引にも適用されることを想定して本件銀行取引約定書を取り交わしたものと推認され、同約定は信託取引を含む取引全般について適用されると解するのが合理的かつ自然であろう。

(2) 商事留置権の成否および本件証券の換価処分・弁済充当の可否

ア　商事留置権の成否

第1審判決は、上記のとおり、受託者が依然として本件証券を所有しているとし、商事留置権の成立を否定し、さらに、前掲注6の最判平成10年7月14日（以下「平成10年最判」という）が本件証券に妥当するか疑問であるとした。信託終了後も受託者が依然として本件証券を所有しているという点は、旧信託法61条および62条にいう信託終了時に信託財産は帰属権利者に「帰属す」というのは物権的帰属を意味するものではないとする四宮博士の見解[10]

---

[7] 道垣内弘人「最近信託法判例批評(1)」金法1591号40頁、道垣内弘人「最近信託法判例批評(2)」金法1592号19頁、道垣内弘人「最近信託法判例批評(3)」金法1593号18頁、道垣内弘人「最近信託法判例批評(4)」金法1594号69頁、角紀代恵「信託契約および銀行取引約定書七条一項による受託者による信託の解約－神戸地判12・1・27の検討－」金法1596号60頁以下。

[8] 早川徹「商事法判例研究　信託銀行が委託者たる会社の解散を理由に信託契約を解除し信託財産を換価処分・貸付債権に弁済充当することが有効とされた事例」商事法務1742号58頁。

[9] 角・前掲注7・64頁。

[10] 四宮352頁。

に依拠しているものと思われる。これに対し、道垣内教授は、Yが解散したことにより「信託目的の達成もしくは信託事務の遂行が困難とな」り、Xの解除権行使により本件信託が終了したことを前提として、帰属権利者への権利移転および法定信託の成立理由について考察し、物権変動について意思主義に立ち、「即時の権利移転が生じることを肯定しても、物権移転の一般的要件が充されないために、法定信託が成立すべき場合は存在するのである。そうすると、法定信託制度の存在をもって、即時移転を否定することはできない」とした。そして、「移転すべき財産が特定している場合には、信託終了と同時に帰属権利者への権利移転が生じると解すべき」とする[11]。さらに、後述のとおり、商事留置権成立に係るその他の要件についても検討のうえ、本件ではいずれも満たされるからXは商事留置権を有すると結論づけた[12]。

イ 本件証券の換価処分・弁済充当の可否

道垣内教授は、平成10年最判を分析し、Xが銀行取引約定書4条4項に基づいて本件証券を処分し、債権に充当できるか否かについては、①XがYの特別清算手続において優先弁済権を有するか否か、②当該優先弁済権の実現のために、Xに任意処分権を与えることには合理性があるか（特に適正かつ妥当な方法といえるか）、③その被担保債権は本件証券処分時に履行期が到来し、その額は本件証券の価額を超えており、また、本件証券についてXに優先する他の特別の先取特権者が存在しないか、を順次分析していくプロセス

11　道垣内・前掲注7⑶・21頁以下。なお、道垣内教授のかかる見解をほとんどそのまま採用し、帰属権利者に移転すべき財産が特定している（かつ権利移転に特段の事情が存在しない）場合には、信託契約の終了時に帰属権利者への権利帰属が即時に生じるとした本判決に対し、新井400頁は、「対世的に権利移転を主張するのに、当事者間における特段の障害の有無が要件となることは、逆に取引の安全を害することになりかねないという批判が妥当しよう」と評している。

12　本件においては商事留置権の成否が大きな争点となった。その理由としては、①平成10年最判に照らせば、倒産手続における銀行取引約定書4条4項の適用にあたり、Xに優先弁済権が成立している必要があったこと、および、②民法上の留置権は「物」（有体物）に「関して」（牽連性）生じた債権についてのみ成立するところ（民法295条）、本件では国債、株式等が信託財産を構成しており、有体物とはいえず、また牽連性も認められないため、「物又は有価証券」を対象とし、牽連性も必要としない商事留置権（商法521条）を成立させる必要があったことがあげられる。

で判断すべきとする。そして、上記①について、商事留置権の法的性質を分析し、商事留置権者が優先弁済を受けるべき地位にあるとする。上記②については、本件証券の換価処分にXの恣意性または裁量の余地がないことから、Xに任意処分権限を与えることは適正かつ妥当とする。上記③については、特別清算手続においては商事留置権について他に優先する債権者の存在を問題にする必要はなく、履行期および債権額も本件では問題にならないとする。したがって、同約定書4条4項による換価処分、弁済充当は許されるべきとした[13]。

同教授の示した法解釈は、上記のとおり、ほとんどそのまま本判決でも採用されるに至った。

3 本判決の意義および射程

(1) 本判決の意義

本判決に先立ち、大阪高判平成12年11月29日判時1741号92頁（第20講参照）は、信託終了後に受益者の預り金として別段預金口座に振り込まれた信託金、収益配当金の返還請求権に対する受託者からの相殺を認めた[14]。本判決は、同判決をさらに一歩踏み込んで、原審判決を覆し、信託契約に基づく受託者からの特定金外信託の解約、信託終了後受益者への交付前の信託財産に対する商事留置権の成立、銀行取引約定に基づく受託者による信託財産たる本件証券の換価処分、換価金の貸付債権への弁済充当および本件別段預金の相殺を認めたものである。本件の上告審も上告棄却・不受理とし、本判決の結論を支持している。このように広汎な点について判断がなされた本判決が信託実務や学説に与えた影響は非常に大きいものであったと思われ、本判決は旧信託法下におけるものであるものの、その先例的価値および意義は、現行信託法下においても薄れてはいないと思われる。

実際、本件で問題となった信託銀行の銀行取引約定7条1項（当時）の

---

13 道垣内・前掲注7(4)・71頁以下。
14 同控訴審判決の原審（京都地判平成12年2月18日金法1592号50頁）は受益者からの請求を認容し相殺を否定したが、同控訴審で判断が覆ったものである。これに対し、上告および上告受理申立てがなされたが、最高裁は上告不受理・上告棄却とした（最決平成13年7月13日金法1752号53頁）参照。

「その他の債権」との文言については、信託銀行で現在使用されている一般的な信託銀行取引約定書[15]においては「乙（筆者注：信託銀行）は、その債務と甲（筆者注：取引先）の預金その他の乙に対する債権（信託受益権を含む。（中略））とを、（中略）相殺し、（中略）債務の弁済に充当することができます」などとして、信託受益権が相殺または弁済充当の対象に含まれることが明記されているようである。これらの背景には、本判決を含む、受託者の債権と信託受益権の相殺または弁済充当が問題となった一連の訴訟が影響しているものと考える。

なお、「相殺・弁済充当の信託法への抵触」については、紙幅の関係で、本講では触れていないが、きわめて重要な論点である。特に、受託者の忠実義務との関係については、第20講を参照されたい[16]。

(2) 本判決の射程

本判決は、信託銀行に本件証券を対象とする商事留置権（商法521条）が成立する旨判示し、これを前提に換価金の弁済充当等を認めている。商事留置権は「商人間において双方のために商行為となる行為によって生じた債権」について成立する。当事者のうち一方が商人でない、または、一方のために商行為とならない場合は、商事留置権が成立しえない。とすると、商人以外の者が商行為でない金銭の借入れ（住宅ローン等）を行った場合、商事留置権は成立しないこととなる。このように、商事留置権が成立しない場合に、受託者が財産を換価処分し、受益者に対して有する債権に弁済充当することができるかは、本判決では明らかではない。商事留置権が成立しない場合に、銀行取引約定書の規定による財産の換価処分・弁済充当が認められるか否かは、道垣内教授（および本判決）が示した基準によれば、商事留置権に

---

15 契約書名も「信託銀行取引約定書」として、銀行取引だけでなく信託取引も約定の適用対象に含まれることを明確にしている。
16 法定信託受託者の忠実義務に関する本判決の判断は非常に興味深い。すなわち、本判決は、「本件の場合、本件契約が有効に解除されている以上、控訴人（受託者）は、（中略）帰属権利者である被控訴人（委託者兼受益者）への残余財産の復帰という目的の範囲内でのみ受託者としての忠実義務を負担するのであり、その忠実義務の内容についても、信託財産を委託者兼受益者である被控訴人のために利殖する目的で管理、運用している本件契約の存続中と全く同様に解することは相当でない」として、解除前の信託と解除後の法定信託において、受託者の忠実義務の内容に差異がある旨、判示している。

かわる優先弁済権の根拠（上記2(2)イの要件①）が認められるか否かによることとなろう。

4　実務対応

本判決は、信託目的の不達成による信託の解除を認めたが、信託目的は抽象的に定められることも多い。したがって、信託目的の達成・不達成を客観的、一義的に決定することはむずかしい。実際に、本判決の事案でも第1審と控訴審で判断は異なった。実務的手当としては信託目的の具体化を図るより、むしろ信託の解除事由または終了事由を信託契約に明確に定めておくことが考えられる。たとえば、受益者の倒産を信託の終了事由または解除事由として信託契約に定める[17]等である。

また、商事留置権は法定担保権であり、常に当然に成立するわけではない[18]。したがって、第1審判決のなかで指摘されていることであるが、債権者が受益者に対する債権の回収を確実に行いたいと考える場合には、受益権に対する担保権設定による保全措置も実務的には有用である[19]。ただし、この方法も万全ということではない。相手方に支払不能等の信用危殆が生じた場合に、担保権を取得する行為自体が後の倒産手続において否認権の対象となりうる（破産法162条、民事再生法127条の3等）。また、会社更生法の適用があれば、担保権自体が更生計画の対象として取り込まれ（会社更生法2条

---

[17]　反対に、受益者への確実な給付を目的とする保全型の信託等においては、委託者の倒産においても信託が終了しないような手当が必要となる。たとえば、委託者に破産手続が開始した場合に破産管財人から信託が双方未履行双務契約（破産法53条1項）であるとして解除されないよう委託者に対する報酬請求権を放棄する旨の規定を設ける等である。

[18]　商事留置権は、①商人間において、②その双方のために商行為となる行為によって生じた債権について生じ、留置の対象は、③債権者の占有に属した、④債務者の所有する物または有価証券である（商法521条）。したがって、当事者の一方が商人でなかったり（①）、債権が商行為以外の行為により生じたものであったり（②）、債権者が当該対象を占有していなかったり（③）、あるいは、物または有価証券が債務者以外の所有に属する（④）場合は、商事留置権は成立しえない。

[19]　判例・判決の傾向としては、（信託）銀行取引約定の効力について相当程度これを認めつつも、弁済充当や相殺の成否については、商事留置権の成立や法定相殺の要件を検討し、これらの要件を満たした場合に弁済充当等を認めるという慎重な判断プロセスをとっているように思える。したがって、債権者側の実務としては、担保権の成立または法定相殺の要件を充足するような契約上の手当を講じることが望ましい。

10項、47条1項)、更生担保権として同計画に基づき配当を受けることになる(同法203条1項)ことは理解しておく必要がある。

　信託と倒産手続との関係については、第24講および第25講を参照されたい。

(秋山朋治)

■ Column *6*

信託行為の本質と実務

　信託行為の本質についての議論は、信託制度の直接的起源が英米法のユース制度にあり[1]、大陸法の影響を強く受けている日本の私法にとって異質的な存在であることから、今昔変わらず百家争鳴の状況を呈している。そのなかでも、通説的地位を占める債権説に対し、「最も徹底的かつ体系的な批判を試みた学説」[2]が四宮博士の唱える実質的法主体性説（信託財産について実質的法主体性を承認して、受益者は受託者に対して債権を有するだけでなく、信託財産に対する物的権利をも有するとする見解[3]）であり、実務にも大きな影響を及ぼしている。

　裁判実務上、この実質的法主体性説に親和性の高いものもみられるが（京都地判平成12年2月18日金法1592号50頁等。もっとも、かかる京都地判の判旨を控訴審・上告審は採用していない（第20講参照））、実質的法主体性説よりも一歩進んで、信託の受益者を所有者と同視することができると明示的に判示する裁判例も存在するため、ここで紹介しよう。

　Xは、債務者Y_1に対する債権を担保するため、Y_1の代表者の父であるA所有の土地（「本件土地」）および本件土地上の建物（「旧建物」）を担保として共同根抵当権の設定を受けた。そして、Aは、本件土地および旧建物について、受託者をY_2（受益者はY_3）とする信託を原因とする所有権移転登記をしたが、旧建物がXの承諾を得ることなく取り壊された後、本件土地上に新たな建物（「新建物」）が建築され、Y_3のために所有権保存登記がされた。その後、Xは、本件土地および新建物について、一括競売の申立てをしたが、執行裁判所（原審）は、土地と建物の所有者同一の要件が欠けるとして、本件土地のみ競売開始決定をし、一括競売申立てを却下する決定をした。そこで、Xが執行抗告したところ、抗告審（大阪高決平成8年10月21日金法1486号102頁）は次のように判示し、Xの一括競売の申立てを認めたのである。「民法389条（筆者注：平成15年法律第134号による改正前のもの）は、当該土地上に抵当権設定者が建物を建築することを一括競売の要件とするが、Y_2は、信託を原因として所有権移転登記を受けたものであって、抵当権設定者であるY_1の地位を承継したものとして、抵当権設定者と同視することができるし、Y_3については、信託法上、原則として受託者であるY_2は

1　新井40頁。
2　新井44頁～45頁。
3　四宮79頁～81頁。

信託財産である本件土地を固有財産とすることはできない（信託法13条）反面、受益者であるY₃は、当然に信託の利益を受け（同法7条）、受託者の信託の本旨に反する信託財産の処分を取り消すことができ（同法31条）（中略）、これに（中略）民法389条の趣旨を考慮すると、同条の関係では、Y₃も本件土地の所有者であるY₂と同視することができると解される」

この裁判例自体、「受益者の所有者性の承認は、一括競売の許否という観点からみた場合のことである。一般論として、そういえるわけではない。右決定も、「民法三八九条の趣旨を考慮すると、同条の関係では」としているのであり、信託に関する一般論ではないことは注意しておきたい」[4]と評されているものではあるが、受益者を所有者と同視しうることについて明示した点は、債権説よりは、実質的法主体性説により親和性が高く、さらにそれを進めて受益者に信託財産に対する所有権を端的に認めたもののようにも思われる。

しかし、もとより実質的法主体性説をはじめ、信託行為の本質に関する解釈論は説明のための手段にすぎず、そこから演繹的にあらゆる結論が導き出されるという性質のものではない。信託行為の本質にかかわる議論を参考にしつつも、個別の事例・制度との関係において関連当事者の利害状況をふまえて合理的な結論に至る解釈の道筋を多角的に検討し、模索していくことが実務上は重要であろう。

（藤池智則・冨松宏之）

---

4 道垣内弘人「最近信託法判例批評(6)」金法1596号74頁。

第22講

貸付信託受益証券担保貸付と民法478条の類推適用の可否

東京高判平成8年11月28日判タ962号171頁

判決要旨

　　貸付信託[1]を担保とする貸付は、貸付信託が定期預金に類似していること、信託総合口座では預金と貸付信託が密接に連動して運用され、一定範囲の貸付けについては受益証券を担保として自動的に融資がされていること、受益者が設定日（募集締切日）から1年経過前の貸付信託受益証券により融資を得ようとする場合、貸付信託受益証券に質権を設定し、上記1年経過後に買い取る等し、その代金を相殺する予定で貸付が行われ、預金を担保とする貸付と同様に取り扱われていることから、定期預金の期限前解約による払戻しないし定期預金を担保とする貸付と同視することができ、民法478条を類推適用するのが相当である。

事案の概要

　　X（原告、控訴人）は、昭和59年3月13日、Y（被告、被控訴人）との間において、信託総合口座設定契約を締結し、ビッグ（収益満期受取型）3口合計450万円の貸付信託（以下「本件貸付信託」という）をした。

　　Yは、平成元年4月19日、Xの妻Aとの間で、本件貸付信託の買取債権と相殺する予定のもとにXに対する450万円の貸付を行い、当該貸金債務を担保するため、本件貸付信託につき質権設定契約を締結し、同年8月7日に本

---

[1] 貸付信託は、貸付信託法に基づいて、信託銀行が多数の委託者から集めた資金を、長期貸付を中心に運用し、そこから生じた収益が元本に応じて支払われるものである。顧客の資産運用ニーズの多様化等を背景に、現在では新規に募集をしているところはない（信託協会ホームページ　http://www.shintaku-kyokai.or.jp/trust/trust01_08_01.html）。

件貸付信託のうち一部を、平成2年3月20日に本件貸付信託の残りを、それぞれ買い取って、前記相殺を行い、貸付債権の弁済に充当した。

これについて、Xはおおむね以下のように主張した。
① AがXを代理もしくは代行して、Yとの間で貸金および質権設定契約を締結するにつき、その権限を与えたことはなく、同契約はAが勝手にしたものであるから、前記相殺はXに対し効力を生じない。
② 貸付信託は、貸付信託法によって信託銀行がする受益証券の売出しと受益権の買取り（売買）であって、金銭の預託ではないから、払戻し請求権とか期限前払戻しということはありえない。

　Yが本件貸付信託を担保とする貸付を行い、本件貸付信託の期限前買取りによって買取債権と貸金債権とを相殺することは、定期預金の期限前払戻しと同視することができず、これについて債権の準占有者に対する弁済に関する民法478条の適用はない。
③ 仮に、本件貸付信託を担保とする貸付につき民法478条の適用があるとしても、Yの担当者は、前記貸付をするに際し、Aに対し、Xの委任状を求め、もしくはXに確認するなどして、Aの権限の有無について調査すべき業務上の注意義務があるのに、これを怠り、通帳の所持と届出印鑑の照合をしただけで前記確認手続をとらなかったから、前記事実のみからAを権限を有すると信じたことにつき過失がある。

　したがって、Yは、民法478条によって免責されず、また、表見代理が成立することもない。

これに対し、Yは、おおむね以下のように主張し、XのYに対する本件貸付信託債権は消滅したと主張した[2]。
① Yの取り扱う貸付信託は、設定日（募集締切日）から1年以上経過している場合に限り、受託者であるYがその固有財産をもって受益証券を買い取ることができ、その代金を受益者に支払うものとされ、この買取りは定期預金の期限前解約に相当する。

　Yは、平成元年4月19日、Aから本件貸付信託解約の申入れを受けた

---

[2] 原審ではYは表見代理も主張していたが、控訴審では表見代理の主張は撤回されている。

が、当時は、本件貸付信託3口とも設定日から1年未満であったため、前記満期前の買取りができなかった。

　Yは、このような場合、顧客の便宜を図るため、貸付信託を担保として貸付を行い、設定日から1年を経過した時点で貸付信託受益証券を買い取り、その代金をもって前記貸付金の返済に充当する方法をとっているところ、本件貸付信託の期限前買取りも当該業務の一環として行われたものである。

　記名式貸付信託と定期預金とは、いずれも一定の金銭を銀行が受け入れ元本および運用利益を支払うという点で、きわめて類似している。このことは、一般的に貸付信託が信託預金といわれ、金融行政上も預金と同様に取り扱われている（預金保険の対象とされ、準備預金の対象となっている）ことからも明らかである。

② 　貸付信託を担保とする貸付は、実質的には貸付信託の期限前買取りによる買取代金の支払であり、定期預金の期限前解約による払戻しと同視することができるから、これについては、債権の準占有者に対する弁済に関する民法478条の適用がある。

　Aは、Xを代行して、本件貸付信託3口の預入れはもとより、X名義の信託総合口座に関する預入れおよび払戻しすべての手続を行っていた。Aは、当日、本件貸付信託の総合口座通帳と届出に係る印章を持参して、Yの支店に来店し、前記の本件貸付信託を担保とする貸付手続を行い、Yの担当者は、押捺された印影が届出印鑑と同一であることを確認し、Aが本件貸付信託債権の準占有者に該当すると信じたのであるから、そう信じたことにつきYの担当者に過失はない。

　また、本件貸付信託契約において適用される信託総合口座取引規定12項および貸付信託約款ビッグ27条には、Yは、顧客との取引のために作成される書類に押捺された印影が、あらかじめ届け出られた印影と照合して相違ないものと認めて手続が行われたときは、責任を負わない旨の特約があるから、Xは、前記免責特約により、本件貸付信託を担保とする貸付の無効を主張することはできない。

　原審（東京地判平成8年4月26日判時1594号105頁）は、「本件貸付信託は、

YがXから信託を受けた金銭を運用し、所定の期日に収益を支払い、信託期間満了により金銭で元本の償還を行うものとされ、収益の保証はないが、元本は保証されており、銀行の取り扱う定期預金に類似するものであること、Yの貸付信託約款においては、信託期間の延長及び解約はできないが、信託契約取扱期間終了の日（募集締切日）から１年以上経過した受益証券については、受益者の請求により、Yは時価をもってこれを買い取ることができる旨規定されていること、Yは、顧客から右１年経過未満の買取要請があった場合、顧客の便宜を図るため、貸付信託を担保として貸付を行い、右１年を経過した時点で貸付信託受益証券を買い取り、その代金をもって右貸付金と相殺する予定のもとに、貸付信託を担保として貸付を行い、１年を経過した後に右相殺によって貸付金の返済に充当する方法をとっていることが認められる。

　右事実によれば、貸付信託を担保とする貸付は、実質的には貸付信託の期限前買取りによる買収代金の支払であり、定期預金の期限前解約による払戻しと同視することができる。

　ところで、定期預金の期限前払戻しの場合、銀行は期限到来の場合と異なり弁済を義務づけられているものではないが、預金契約の締結に際し、当該預金の期限前払戻しの場合における具体的内容が契約当事者の合意により確定されているときは、右預金の期限前の払戻しであっても、債権の準占有者に対する弁済に関する民法第478条の適用があり（最高裁昭和41年10月４日第三小法廷判決・民集20巻８号1565頁）、また、銀行が、権限を有すると称する者からの定期預金払戻請求につき、当該預金と相殺する予定のもとに預金を担保として貸付を行い、その後右の相殺をする場合にも、同条の類推適用があり（最高裁昭和48年３月27日第三小法廷判決・民集27巻２号376頁）、銀行が右貸付時に、預金担保の貸付を行うにつき銀行として尽くすべき相当の注意を用いたときは、銀行は、右貸付によって生じた貸金債権を自働債権とする定期預金債権との相殺をもって預金者に対抗することができるものと解すべきである」と判示して、Xの請求を棄却した。

本 判 決 [3]

控訴棄却。

「Xは、貸付信託と定期預金とは法的な性質が異なっており、貸付信託を担保とする貸付けと定期預金の期限前解約による払戻しとの間には、同視することのできない差異がある旨主張する。しかしながら、前掲各証拠及び弁論の全趣旨によれば、(1)既に認定したとおり、本件貸付信託も、委託者（受益者）が一定額の元本を信託銀行（受託者）に一定期間信託し、信託銀行がこれを運用して期限到来後元本及び収益（収益満期受取型・ビッグ）を金銭で委託者に支払うもので、元本が保証されており、信託預金ともいわれていることなどに照らしても、定期預金に類似していること、(2)本件におけるような信託総合口座では、普通預金、記名式貸付信託受益証券保護預り、受益証券を担保とする当座貸越、収益金積立用金銭信託、国債等公共債の保護預り、国債等を担保とする当座貸越などの取引ができることとされており、顧客から普通預金残高を超える払戻しの請求があった場合、不足相当額につき、当該口座で取引きされている貸付信託受益証券や国債等を担保（質権設定）に一定額を限度として自動的に貸出し（貸越）をして普通預金へ入金のうえ払戻しがされ、後日普通預金に入金があれば自動的に貸越金の返済に充当されることになっており、預金と貸付信託は密接に連動して運用され、一定範囲の貸付けについては受益証券を担保として自動的に融資がされていること、(3)受益者が貸付信託により融資を得ようとする場合、前記のとおり、設定日（募集締切日）から1年を経過していない受益証券によるときは、これを信託銀行が買い取ることができないので、受益証券に質権を設定し、右1年を経過した時点で受益証券を買い取りその代金をもって相殺する予定のもとに、貸付けを行うという方法がとられているところ、このような貸付けは頻繁に行なわれており、貸付限度額が限定されている（貸付信託元本の90％以内であるが、ビッグの場合は元本の100％までである。）ことから、一般の貸付けと異なり、厳重な審査は行われず、信託総合口座通帳、借入申込証、担

---

3 本判決は、原審判決の理由を引用したうえで、説示を追加したものである。

保差入証等の必要書類の記入、提出を受け、届出の住所、氏名、印鑑の照合、確認をして貸付けがされるものであり、預金を担保とする貸付けと同様に取り扱われていることが認められる。以上の認定事実に徹すると、貸付信託を担保とする貸付けと、定期預金の期限前解約による払戻しないし定期預金を担保とする貸付けとを同視することができ、Xの主張は理由がない（本件記名式貸付信託受益証券買取りの法的性質を受益証券の売買であると解しても、右の判断を左右するものではない。）。

（中略）

したがって、信託銀行が、権限を有すると見られる者から申込みにより貸付信託を担保とする貸付けをした場合、信託銀行として尽くすべき相当の注意を用いたときは、右貸付けによって生じた貸付債権を自働債権とする受益証券買取代金債務との相殺をもって受益者に対抗することができるものと解することができる」

検　討

1　問題の所在

本件は、信託銀行の受益者への貸付、当該貸付債権を被担保債権とする貸付信託受益証券への担保（質権）設定[4]、信託銀行による貸付信託受益証券（以下、特に疑義が生じない限り受益権を包含した意味で用いる）の買取り、信託銀行による受益者に対する貸付債権（自働債権）と受益者の有する受益証券買取代金債権（受働債権）との相殺が行われたものであり、以下の点が論点となる。

① 貸付信託設定後1年内の貸付信託受益証券担保貸付につき、民法478条の類推適用を認めることが信託制度の趣旨を没却することになるか[5]。〔論点①〕

---

[4] 信託の受託者が、受益者の有する受益権を自らの債権のための担保とすることが、旧信託法9条および22条に反しないかという論点もあるが、大判昭和8年3月14日民集12巻4号350頁はこれを否定しており、本判決もこれを前提にしているものと思われる。詳しくは第19講を参照。

②　貸付信託受益証券担保貸付に民法478条が類推適用されるか。〔論点②〕

2　見解等の状況

(1)　論点①について

ア　信託制度の趣旨に反するとする見解

　この見解は、①貸付信託契約においては、設定後1年未満の解約（買取請求権の行使）が許されないこと、②1年未満の解約にかえ、受益証券を担保に貸付を行う方法があることは、信託契約上に何の規定もないことなどを根拠とする。

イ　信託制度の趣旨に反しないとする見解[6]

　この見解は、①定期預金も貸付信託も、広い意味では、他人に財産の管理を委ねる、あるいは他人の財産を管理するという点では共通していること、②貸付信託法11条は、受益証券が発行の日から1年以上を経過している場合に限り、その固有財産をもって時価による当該受益証券を買い取ることができる旨を規定しており、1年内の時期における買取りを禁止しているが、それは単に長期金融と短期金融の分離という金融政策上の理由によるにすぎず、この規定がその間の受益証券担保貸付の私法上の効果に影響を与えるものではないこと[7]、③受益証券担保貸付は、定期預金担保貸付と同じく、あくまで当事者間の合意の問題であって、前者は後者と異なって許されないという根拠は存在しないこと、④貸付信託受益証券の担保貸付と定期預金の担保貸付で受益権者のほうが預金者よりも強く保護される根拠はないこと、⑤受益証券を担保とする貸付は、これを必要とする者が多いことからその要請

5　本件と同様の事案（東京地判昭和56年1月29日判時1011号73頁）で、貸付信託受益権担保貸付に民法478条を類推適用することが信託制度の趣旨を没却することになるとの主張がなされたことがあり、念のため本稿で取り上げておく。

6　前田庸「貸付信託受益権担保貸付と民法478条の類推適用」ジュリ846号126頁。

7　貸付信託法11条は、貸付信託契約については、期中解約を認めない建前となっているところ、受益証券の中途換金の需要を考慮すれば、その流通市場が未整備の段階においては、発行者たる受託者による買取りの道を開くことが、投資者保護の観点から必要であるのみならず、貸付信託資金の円滑な導入を図る見地からも必要になることから設けられたものとされている（松本崇『貸付信託法　特別法コンメンタール』（第一法規、1977）82頁）。

に対応して便宜的に行われている慣行であり、これを認めたとしても、委託者の銀行に対する信頼を裏切り、ひいては信託制度の本旨を没却するとは考えられないこと[8]、などを根拠とする。

(2) 論点②について[9]（預金担保貸付とほぼ同様の問題）

ア 法律構成

担保貸付について銀行を保護する法律構成としては以下の説がある。

① 実質的には、期限前払戻しと同視できるとして定期預金（本件では受益証券買取代金債権）を受働債権とし貸付債権を自働債権とする相殺に民法478条を類推適用する説（判例[10]・通説）。

② (i)貸付と担保設定行為を区別し、前者には表見代理を、後者には免責約款ないしは商慣習を適用する説、(ii)民法94条2項を類推適用する説、(iii)定期預金の中途解約にかえて預金担保貸付をする場合には、民法478条を適用し、その他の場合には、表見代理の規定を類推適用する説など[11]。

イ （民法478条類推適用説を前提として）善意・無過失の判断時

民法478条が類推適用される場合にいつの時点を基準として善意・無過失を判断するかについては、以下の説がある。

① 貸付時（担保取得時）とする説（判例[12]）。

② 相殺時とする説。

---

8 前掲注5の東京地判昭和56年1月29日はかかる判断を行っている。
9 出捐者と名義人が異なっている場合には、預金者（受益者）の認定という問題が生じるが、本件では出捐者が名義人となっており、問題とならない。なお、従来の判例（最判昭和48年3月27日民集27巻2号376頁（無記名定期預金につき）、最判昭和52年8月9日民集31巻4号742頁（記名式定期預金につき））は、出捐者を名義人とする客観説をとっていたが、個別的事情を考慮して預金債権の帰属を決定した判例（最判平成15年2月21日民集57巻2号95頁（普通預金につき））もあり、客観説は一般的な契約法理による当事者確定の方法がとられる方向への変化がみられるという指摘もある（中田裕康『債権総論〔第3版〕』（岩波書店、2013）342頁）。なお、預金債権の帰属については第2講参照。
10 前掲注9の最判昭和48年3月27日、最判昭和59年2月23日民集38巻3号445頁など。
11 学説については、柴田保幸「判解」民事篇昭和48年度169頁以下参照。
12 前掲注10の最判昭和59年2月23日。

3　本判決の意義と射程

(1)　本判決は、貸付信託の受益証券担保貸付について民法478条が類推適用されることを明確にした点において一定の意義を有するが、上記個別論点についての判断は以下のとおりと考えられる。

(2)　論点①について、本判決は特段触れていないが、本判決が受益証券担保貸付に民法478条を類推適用することが信託制度の趣旨に反するものと考えていないことは明らかであろう[13]。

(3)　論点②について、原審判決は、貸付信託を担保とする貸付は、実質的には貸付信託の期限前買取りによる買取代金の支払であり、定期預金の期限前解約による払戻しと同視することができるとし、定期預金の期限前払戻しの場合に債権の準占有者に対する弁済に民法478条の適用を認めた最判昭和41年10月4日民集20巻8号1565頁（以下「昭和41年最判」という）や定期預金を担保として行った貸付との相殺について民法478条の類推適用を認めた前掲注9の最判昭和48年3月27日（以下「昭和48年最判」という）をあげ、銀行が貸付時に、預金担保の貸付を行うにつき銀行として尽くすべき相当の注意を用いたときは、銀行は、貸付によって生じた貸金債権を自働債権とする定期預金債権との相殺をもって預金者に対抗することができるものと解すべきであるとしている。そして、本判決は、原審判決が判示したところに加えて、貸付信託の法的な位置づけや実務上の取扱いに触れ、貸付信託を担保とする貸付と、定期預金の期限前解約による払戻しないし定期預金を担保とする貸付とを同視することができると判示している[14]。

13　原審判決も同様と解される。
14　なお、前掲注5の東京地判昭和56年1月29日は、「受益権担保の取扱いは、解約（買取請求権の行使）が許される1年経過後の場合と同様の機能と効果を、1年未満のときにもみとめようとするもので、実質的には両者の間に差異がなく、実体は解約であり、受益権の期限前の払戻し又は返済と同視することができる。従って、受託銀行が、貸付信託の信託通帳と届出印鑑の所持者を権利者とし、この者に受益権を担保として貸付を行い、貸付債務が不履行となり、その結果前記の差引計算その他の弁済充当の方法により、受益権と貸付金の債権債務を消滅させるのは、右の理由で期限前の払戻しと同視すべきであるから、銀行が善意無過失である以上、公平の理念より真実の権利者に対抗できるものとし、民法第478条の類推適用があると解するのが相当である」と判示している。

すなわち、本判決は受益証券担保貸付について、預金担保貸付との類似点を具体的に指摘することにより、受益証券担保貸付は定期預金の期限前解約による払戻しないし定期預金を担保とする貸付と同視することができるとして、民法478条の類推適用を認めている。
　したがって、本判決は、論点②のアについて、民法478条の類推適用説をとることを明らかにしたものである。
　また、論点②のイについては、原審判決および本判決が貸付時の注意義務を問題としていることから、最高裁判例に従い貸付時説を採用したものと思われる。
　(4)　なお、昭和48年最判は「貸付をし、これによって生じた貸金債権を自働債権として無記名定期預金債務と相殺がされるに至ったとき等は、実質的には、無記名定期預金の期限前払戻と同視することができる」としているのに対し、原審判決は「貸付は、（中略）定期預金の期限前解約による払戻しと同視できる」としており、貸付そのものをとらえて民法478条を類推適用しているとする指摘もある[15]。
　しかし、原審判決においても、これに続けて「銀行が右貸付時に、預金担保の貸付を行うにつき銀行として尽くすべき相当の注意を用いたときは、銀行は、右貸付によって生じた貸金債権を自働債権とする定期預金債権との相殺をもって預金者に対抗することができるものと解すべきである」と判示しており、必ずしも相殺が不要であると判示しているものではないように思われる[16]。
　この点について本判決も「貸付信託を担保とする貸付けと、定期預金の期限前解約による払戻しないし定期預金を担保とする貸付けとを同視すること

15　道垣内弘人「最近信託法判例批評(4)(5)」金法1594号69頁、1595号49頁。
16　道垣内・前掲注15(5)・金法1595号49頁においても、原審判決について「相殺が不要とまでの積極的な意味を込めて、貸付と払戻しを同視したわけではないかもしれない」としている。なお、生命保険会社の契約者貸付制度に基づく貸付について、貸付そのものに民法478条を類推適用した判例（最判平成9年4月24日民集51巻4号1991頁）があるが、同判決の調査官解説は、契約者貸付においては保険会社が契約者に貸付金の返還を求めることが想定されていないという契約者貸付の特殊性に照らせば、同判決は預金担保貸付における相殺の要否の問題にはなんら触れるものではないとみるべきであろうとしている（孝橋宏「判解」民事篇平成9年度（中）620頁）。

ができ」るとし、その後に続けて、「信託銀行が、権限を有すると見られる者から申込みにより貸付信託を担保とする貸付けをした場合、信託銀行として尽くすべき相当の注意を用いたときは、右貸付けによって生じた貸付債権を自働債権とする受益証券買取代金債務との相殺をもって受益者に対抗することができるものと解することができる」と判示していることからすると、貸付を払戻しと同視しているものではないように思われる。

(5) また、一般に、定期預金の期限前解約につき民法478条を適用する場合には、銀行は定期預金の期限前解約に応じる義務を負わないから、銀行の注意義務は満期後の払戻しより重くなるとする裁判例[17]も見受けられるところ、この点につき、同じことは定期預金の担保貸付の場合についても妥当し、貸付信託受益証券の担保貸付も同様に解されるとする見解もある[18]。このような見解に立ったとしても、信託総合口座の受益権担保貸付のように規定上担保貸付が義務づけられているといえる場合には、注意義務が加重されるべきであるということにはならないのではないかと思われる[19]。

(6) ところで、昭和41年最判は期限前払戻しの取扱いに関する商慣習の存在と当事者間における商慣習による旨の黙示的合意により、期限前払戻しの場合における具体的内容が当事者間の合意により確定していることを期限前払戻しについて民法478条を適用する要件としていると解される。本判決では、当事者間の合意については特段触れられていないものの、貸付信託について1年経過前に買取要請があった場合の取扱いにつき、貸付信託受益証券等を担保に当座貸越しを行うことや相殺について定めた信託総合口座約款が存在していることを当事者間の合意の根拠として認定しているように思われ

---

17 大阪高判昭和53年11月29日判時933号133頁、東京高判平成16年1月28日金法1704号59頁など。
18 前田・前掲注6・128頁。
19 孝橋・前掲注16・618頁は、生命保険会社の契約者貸付制度に基づく貸付に関連し、「預金担保貸付においては、理論的には、貸付時の審査の結果、金融機関側が貸付けを拒むことが可能である(総合口座取引の場合は別である。)が、契約者貸付においては、保険会社が約款上貸付けを行う義務を負っている。約款上の義務の履行として行われる点で契約者貸付は預金担保貸付よりも総合口座貸越しに類似しており、この点で、契約者貸付については、預金担保貸付よりも民法478条の類推適用を認めるべき必要性がより高いと言えよう」としており、総合口座貸越しについても銀行が約款上貸付義務を負うことを前提としていると解される。

る。したがって、民法478条の類推適用には、昭和41年最判のような当事者間における商慣習による旨の黙示的合意または約款による合意のいずれかの存在を必要としているように思われる。

(7) 以上のとおり、本判決は貸付信託の受益証券担保貸付について、これまで最高裁が預金担保貸付についてとってきた考え方を推し及ぼしたものとして意味があるものである。

貸付信託は新たな募集を受け付けておらず、貸付信託を担保とする貸付が今後新たに行われることはないと思われる。しかし、現在においても、金銭信託を担保とする信託総合口座による貸付など、規定上明示的にあるいは実務上商慣習として担保貸付の取扱いが成立しているものがある。このうち、元本補てん型の合同金銭信託については貸付信託と同様に本判決の考え方が妥当すると思われるものの、実績配当型の金銭信託については、本判決や原審判決において触れられている「定期預金との類似性」までは認められないように思われる。しかしながら、信託総合口座において定期預金同様に当座貸越の担保となるなど自動的に貸付が行われるものについては、やはり、本判決の考え方は妥当すると考えられるのではないだろうか。

なお、本判決後に信託法の改正がなされたが、受益証券担保貸付に対する民法478条の類推適用に関して改正が特段の影響を与えることはないと思われる。

4　本判決の評価

本判決は、貸付信託は銀行の取り扱う定期預金に類似する商品であることを前提に、信託契約取扱期間終了日から1年以上経過した受益証券については、受益者の請求によって銀行は時価をもって買い取ることができる旨規定されているところ、1年未満の買取要請があった場合、顧客の便宜を図るため、貸付信託を担保として貸付を行い、上記1年経過時点で貸付信託の受益証券を買い取り、その代金をもって貸付金の返済に充当するという実務の取扱いについて、実質的には貸付信託の期限前買取りによる買取代金の支払であり定期預金の期限前解約による払戻しと同視することができるものとして、銀行を民法478条の類推適用により保護したもので、実務上の取扱いを

是認するものであり、評価できるものである。

5　実務対応

　貸付信託の受益証券担保貸付について、預金担保貸付と同様、民法478条が類推適用されることが示されたが、前記のとおり、貸付信託については新たな募集を受け付けておらず、貸付信託を担保とする貸付が今後新たに行われることはないと思われる。

　しかしながら、本判決は、貸付信託の受益証券担保貸付について、昭和41年最判の考え方を取り入れ、具体的内容が当事者間の合意により確定しているものについては、預金担保貸付同様、民法478条が類推適用できるとの考え方を示しており、この考え方によれば、金銭信託を担保とする信託総合口座による貸付など、規定上明示的にあるいは実務上商慣習として担保貸付の取扱いが成立しているものにも、本判決は妥当するといえるのではないだろうか。

　その際、受益証券担保貸付については、信託総合口座の受益権担保貸付のように規定上担保貸付が義務づけられているものを除き、民法478条類推適用により保護されるとしても、注意義務の程度が重くなることもありうることに留意すべきであろう。

（野村周央）

第23講

MMF（マネー・マネージメント・ファンド）解約実行請求時の販売会社に対する解約金支払請求権の性質

最判平成18年12月14日民集60巻10号3914頁

判決要旨

① 証券投資信託であるMMF（マネー・マネージメント・ファンド。以下同じ）において、受益証券販売会社（以下「販売会社」という）は、信託契約の解約の実行を請求（以下「解約実行請求」という）した受益者に対し、委託者から一部解約金の交付を受けることを条件として一部解約金の支払義務を負い、受益者は、販売会社に対し、上記条件のついた一部解約金支払請求権を有する。

② 上記の受益者の販売会社に対する一部解約金支払請求権を差し押さえた債権者は、取立権の行使として、販売会社に対して解約実行請求の意思表示をすることができ、委託者によって信託契約の一部解約が実行されて販売会社が一部解約金の交付を受けたときは、販売会社から同請求権を取り立てることができる。

事案の概要

1　Aは、平成12年1月19日、Y銀行（被告、控訴人、被上告人）からMMF（以下「本件投資信託」という）を購入した。これは、投資信託委託業者であるB株式会社を委託者、信託会社であるC信託銀行株式会社を受託者として、両者の間で締結された信託契約（以下「本件信託契約」という）に基づき設定されたものである。そして、Bの指図に基づいて、主に有価証券（国内外の公社債が中心）に対する投資として、Cが信託財産を運用することを目的とする信託である。また、投資信託及び投資法人に関する法律[1]

（以下「投信法」という）に基づき設定され、その受益権を均等に分割して複数の投資家（＝受益者）に取得させることを目的とする。

本件投資信託に係る受益証券（以下「本件受益証券」という）の販売は、委託者または販売会社が行い、本件受益証券は当該販売会社に保護預りされ、購入者（＝受益者）による本件受益証券の換金は、Bに本件信託契約の解約の実行を請求する方法によることとされている[2]。そして、Yから本件受益証券を購入した受益者がYに対して解約実行請求を行ったときは、Yは解約実行請求があったことをBに通知し、BはCに対して一部解約を指示して、Cから支払われた一部解約金をYに交付し、YはBから交付を受けた一部解約金を受益者に交付する。

Aに対して債権（以下「本件債権」という）を有するX′（原告らの被承継人）は、Aを債務者、Yを第三債務者として、裁判所に対し、債務弁済契

---

[1] 平成12年法律第97号による改正前の名称は、「証券投資信託及び証券投資法人に関する法律」。
[2] 本件投資信託の換金等についての約定等の概要は、以下のとおりである。
① 本件信託契約に係る投資信託約款（以下「本件約款」という）
・受益者は、本件受益証券について、Bに対して解約実行請求をすることができ、解約実行請求は、Bまたは販売会社に対して、受益証券をもって行う。
・Bは、受益者から解約実行請求があったときは、本件信託契約の一部（当該解約実行請求に係る受益証券に相当する部分）を解約する（以下「一部解約」という）。
・一部解約に係る解約金（以下「一部解約金」という）の価額は、当該解約実行請求の受付日の翌営業日の前日の基準価額とする。
・一部解約金は、原則として解約実行請求を受け付けた日の翌営業日に、販売会社の営業所等において受益者に支払う。
・Cは、上記支払日にBに一部解約金を交付する。
② BとYとの間の「証券投資信託受益証券の募集・販売に関する契約書」（以下「本件委託契約」という）
・Yは、受益証券の購入を申し込んだ者から受領した申込金をBに払い込む。
・Yは、受益者からの解約実行請求を受け付け、当該一部解約に係る受益証券をBに引き渡し、一部解約金をBより受け入れて、これを受益者に支払う。
③ Yと投資家（＝受益者）との間の「投資信託総合取引規定」（以下「本件取引規定」という）等
・投資信託に係る受益証券の購入および解約の申込みは、取扱店（受益者が開設した投資信託口座および指定預金口座のあるYの店舗。以下同じ）等において受け付ける。
・解約を申し込む場合には、Y所定の解約申込書に必要事項を記入し、押印のうえ、預り証または受益証券の本券とともに取扱店に提出する。
・解約金は、取扱商品ごとに定められた日に、受益者の指定預金口座に入金する。

約公正証書の執行力ある正本に基づき、本件債権の弁済に充てるため、解約金支払請求権を含む債権（以下「本件被差押債権」という）について差押命令および転付命令を申し立て、裁判所は、平成13年7月4日、差押命令および転付命令（以下「本件差押命令等」という）を発し、本件差押命令等に係る決定正本は、Aに対しては同月29日に、Yに対しては同月5日に、それぞれ送達された。X′は、本件被差押債権の債権者として（予備的にAに代位して）、平成15年7月28日にYに送達された本件訴状をもって、Yに対し、Aの購入に係る本件受益証券について解約実行請求（以下「本件解約実行請求」という）を行い、解約金および遅延損害金の支払を求めた。なお、第1審係属中にX′が死亡したため、その相続人であるXら（原告、被控訴人、上告人）がX′の地位を承継している。

2　第1審判決（東京地判平成16年3月29日金判1192号15頁）は、本件投資信託において、Yは、Cに対して本件投資信託の一部解約権を直接行使する立場にないが、Aから一部解約の実行の請求を受けた場合、その旨をBに対し通知する義務があること、本件投資信託の一部解約がされた場合には、Aに対して一部解約金を支払う義務があること、BはYからの一部解約の指示に対し、CはBからの一部解約の指示に対し、それぞれ応諾する義務があることから、本件被差押債権の取立権に基づく本件解約実行請求により、一部解約の効果が直ちに生じる旨判示して、Xらの請求を認容した。

3　第1審判決に対してYが控訴したところ、原判決（東京高判平成17年4月28日判時1906号54頁）は、以下の理由で、第1審判決を取り消しXらの請求を棄却した。

(1)　本件受益証券に係る一部解約金支払請求権は、本件信託契約について一部解約がされることを条件として発生するもので、その一部解約権は、Yではなく、Bが有する。かかる一部解約金支払請求権は、受益者からの解約実行請求だけでは発生せず、Bによる一部解約権の行使によってはじめて発生する。Yは、本件委任契約に基づき一部解約金の支払等の事務を行うべき義務を負っているが、それはBに対するもので受益者に対するものではなく、本件信託契約の当事者でもないYが、受益

者に対して、本件信託契約の一部解約に伴う一部解約金の支払義務を負うものではない。Yは、Bに対し、解約実行請求があったことを通知するとともに、一部解約金がBから交付されたときにこれを受益者に交付する義務を負うにすぎず、一部解約をすることができる適格に欠ける。受益者がYに対して解約実行請求を行った場合に、YがBにこれを通知する義務を負い、その通知を受けたBが一部解約を実行する義務を負うとしても、いまだBが一部解約をしていない段階で一部解約の効力が生じると解することはできない。

したがって、Aは、Yに対して一部解約金支払請求権を有するものではないからX′またはXらにおいても、被差押債権として、一部解約金支払請求権を取得することはなく、本件差押命令等に係る差押えの権能として、Bに対して解約の意思表示をすることもできないし、Yに対して解約実行請求をすることもできない。

(2)　Xらは、Yが販売会社としての義務に反して本件解約実行請求があったことについてBに通知することを怠りながら、一部解約金の交付がない以上支払に応じられないと主張するのは、クリーンハンドの原則に反する、あるいは、故意に解約の実行を妨げたものとして民法130条が適用されるべきであると主張する。しかしながら、Aから解約実行請求があってもYが一部解約金の支払義務を負うものではなくX′またはXらもYに対して解約実行請求をすることができないから、Yが故意に一部解約の実行を妨げたものと評価することはできず、上記主張はいずれも失当である。

(3)　Xらは、予備的に、債権者代位権を行使して、本件受益証券について解約実行請求がされた旨主張する。しかしながら、解約実行請求により解約の効果が直ちに生じ、Yが一部解約金の支払義務まで負うものとはいえないことは前示のとおりであり、Xらの本訴請求が直ちに基礎づけられるわけではないから、主張自体失当である。

このような原判決に対して、法令解釈の誤りおよび判例（最判平成11年9月9日民集53巻7号1173頁）違反を理由にXらが上告受理を申し立てたのが本件である。

本判決

原判決破棄、差戻し。

「本件約款の定めによると、本件信託契約に基づき、受益者は、Bに対し、解約実行請求をすることができ、Bは、解約実行請求があった場合には、受益者に対し一部解約を実行した上、原則として解約実行請求を受け付けた日の翌営業日に販売会社の営業所等において一部解約金を支払う義務を負うものと解される。この義務は、本件信託契約の委託者であり、本件受益証券の発行者であるBが負うものであって、本件信託契約の当事者ではないYら販売会社の義務ではない。そして、一部解約の効力は、Bが一部解約を実行することによって初めて生ずるものであり、受益者による解約実行請求の意思表示によって当然に生ずるものではないと解される。

なお、本件委託契約は、Yが、本件受益証券に係る解約実行請求の受付や一部解約金の支払等に関する業務を引き受けることを、Bとの間で合意した業務委託契約にすぎないから、これによってYと受益者との間に一部解約金の支払についての権利義務関係が生ずるものではない。(中略)

しかしながら、本件取引規定は、Yと受益者との間の権利義務関係を定めるものとして、受益証券等の解約の申込みはYの店舗で受け付けること、解約金は取扱商品ごとに定められた日にYの店舗にある受益者の指定預金口座に入金することを定めており、本件受益証券の内容について定める本件約款においても、受益者による解約実行請求はB又は販売会社に対して行うものとされているから、本件取引規定に基づき、Yは、受益者に対する関係で、受益者から本件受益証券について解約実行請求を受けたときは、これを受け付けてBに通知する義務及びこの通知に従って一部解約を実行したBから一部解約金の交付を受けたときに受益者に一部解約金を支払う義務を負うもの、換言すれば、<u>Yは、受益者に対し、Bから一部解約金の交付を受けることを条件として一部解約金の支払義務を負い、受益者は、Yに対し、上記条件の付いた一部解約金支払請求権を有するものと解するのが相当である。</u>

なお、本件約款によれば、解約実行請求は本件受益証券をもって行うものとされているところ、販売会社の販売に係る本件受益証券は、当該販売会社

が保護預りしており、記録によれば、保護預りに係る本件受益証券は、受託者であるCに大券をもって混蔵保管されていて、受益者に本件受益証券が交付されることは予定されていないことがうかがわれるから、本件約款上は、直接Bに対して解約実行請求を行う方法も認められているが、事実上、解約実行請求は販売会社を通じて行う方法に限定されているのであって、このような取扱いの実態に照らしても、販売会社であるYと受益者との間には上記のような権利義務関係があるものと認めるのが相当である。（中略）

　金銭債権を差し押さえた債権者は、民事執行法155条1項に基づき、自己の名で被差押債権の取立てに必要な範囲で債務者の一身専属的権利に属するものを除く一切の権利を行使することができる（最高裁平成10年（受）第456号同11年9月9日第一小法廷判決・民集53巻7号1173頁）。前記のとおり、本件受益証券に係る受益者のYに対する一部解約金支払請求権は、BからYに対する一部解約金の交付を条件として効力を生ずる権利であるから、解約実行請求をすることは、一部解約金支払請求権の取立てのために必要不可欠な行為であり、取立ての範囲を超えるものでもない。したがって、<u>受益者のYに対する一部解約金支払請求権を差し押さえた債権者は、取立権の行使として、Yに対して解約実行請求の意思表示をすることができ、Bによって一部解約が実行されてYが一部解約金の交付を受けたときは、Yから上記一部解約金支払請求権を取り立てることができるものと解するのが相当である。</u>

　X′は、本件訴状の送達をもってYに対して本件解約実行請求の意思表示を行ったものであり、これは、差押債権者の取立権に基づくものとして、Yに対してBに対する本件解約実行請求の通知義務を生じさせるものということができる。（中略）

　前記のとおり、Bは、解約実行請求があった場合には、受益者に対し、一部解約を実行して一部解約金を支払う義務を負っているが、Yが上記通知をしなければ、Bによる一部解約の実行及び一部解約金のYへの交付によって前記条件が成就することはなく、Yは上告人らに対して<u>一部解約金の支払義務を負わないことになるというべきであるから、Yが上記通知をしないことについて民法130条所定の要件が充足されるのであれば、同条により前記条件が成就したものとみなされ、Yは、Xらに対して本件解約実行請求に基づ</u>

く一部解約金の支払義務を負う余地がある」

検　討

1　問題の所在

　MMFとは、契約型の証券投資信託のうち、国内外の公社債を中心に投資・運用し、株式を組み入れず、購入する時期が限定されていないという特徴を有する投資信託をいう[3]。投資信託が「信託」であり（投信法2条1項）、委託者・受託者・受益者の3者間で信託関係が構成されるにもかかわらず、投信法上は、投資信託委託会社（以下「委託会社」という）を委託者とし、信託会社または信託業務を営む金融機関を受託者とすることは明記されているものの（同法4条）、受益者についてはなんら定義されておらず、受益者が受託者に対しどのような請求権を有するのかあいまいにされたまま実務運用されているため[4]、受益者の受益権等に対する差押方法に変遷がみられる。

　本件もかかる変遷の渦中にあるものといえるが、本件においては、特に、①MMFの受益者が解約実行請求をした場合における販売会社に対する一部解約金支払請求権の性質、②MMFの受益者が販売会社に対して有する一部解約金支払請求権の差押債権者が、取立権の行使として当該会社に対し解約実行請求のうえ、同請求権を取り立てることの可否が問題となっている。

2　学説等の状況

(1)　証券投資信託とMMFの仕組みの概要

　証券投資信託とは、投信法2条4項が定義する「証券投資信託」すなわち「委託者指図型投資信託のうち主として有価証券（中略）に対する投資として運用すること（中略）を目的とするもの」をいう[5]。

　委託者指図型投資信託（投信法2条1項）は、投信法および投資信託約款

---

[3]　奈良輝久「投資信託受益証券に係る解約返戻金債権に対する差押え」金判1276号16頁は、「1円単位での換金が可能かつ容易である点で、自由度の高い金融商品であり、俗に『サイフ代わり』の投資信託と表現されることもある」とMMFの特徴を述べる。
[4]　新家寛ほか「投資信託にかかる差押え」金法1807号9頁以下。

に基づき、委託者、受託者および受益者の3者から構成される。委託者は、金融商品取引業者であり、受託者は、信託会社または信託業務を営む金融機関である（投信法3条）。委託者および受託者は、あらかじめ委託者が監督当局に届け出た投資信託約款に基づき、投資信託契約を締結する（投信法4条、同法施行規則6条）。

委託者は、販売会社となる第一種金融商品取引業者および登録金融機関と投資信託の受益権に係る募集販売委託契約を締結し、販売会社に投資信託の受益権の募集・販売を委託する。

販売会社は、信託契約および募集販売委託契約に基づき、投資家に対して均等に分割された投資信託の受益権の募集・販売を行い、投資家は、販売会社の定めた投資信託取引約款に従い、受益権を取得することで投資信託の受益者となる。

受益権は、受益証券をもって表示されるが（投信法6条1項）、投資信託受益権について社債、株式等の振替に関する法律（以下「社振法」という）が適用されることとなった平成19年1月4日以降は、受益証券は発行されず、振替投資信託受益権（以下「振替投信受益権」という）[6]の帰属は、振替機関および口座管理機関である販売会社に開設された振替口座簿の記載または記録により定まる（社振法に基づく投資信託振替制度（以下「投信振替制度」という）、同法121条により準用する66条1項）。

受益者は、信託財産の運用収益の分配および償還金を受領する権利を有するほか（投信法6条3項）、投資信託約款に基づき、投資信託契約の一部解約請求権や受益権の買取請求権が認められる。また、受益者は、投資信託取引約款に基づき、販売会社に対して解約実行請求を行い、販売会社は、募集販売委託契約に基づき、委託者に対して解約の取次を行う。これを受けた委託者が、受託者に対して指図することによって、販売会社に対して解約金が送金され[7]、販売会社を通じて受益者に対して支払われる。

---

5 以下の投資信託についての検討は、投信法2条4項が定義する証券投資信託についてのものであり、単に「投資信託」と記載することがある。
6 社振法121条の2は、特定の銘柄の投資信託受益権で振替機関が取り扱うものを「振替投資信託受益権」と定義する。

そして、受益者は、口座管理機関である販売会社に対し、他の口座管理機関が開設する振替口座への受益権の振替えを請求することができる（ただし、他の口座管理機関が当該受益権に係る銘柄の取扱いをしていない等の理由により、振替えを受け付けない場合がある）。

(2) 投資信託における受益権等の差押方法についての変遷

投資信託における受益権等の差押方法についての変遷は、次のように整理されよう[8]。

ア　銀行窓口販売開始前

投資信託一般において、受益証券が発行され、受益者が受益証券を手元に保管している場合には、債権者は当該受益証券を差し押さえたうえで、販売会社に対して投資信託契約の解約実行請求をしていた。他方、MMFにおいては、受益証券を発行するものの、販売会社と顧客との契約（取引規程等）により、受益者に交付せず、販売会社に預託する（以下「保護預り」という）ことが一般的であった。さらに、受益証券は大券として発行され、受託者たる信託銀行が販売会社から委託を受けて当該大券を保管しており、受益者はかかる受益証券の共有持分権を有するものと考えられていた[9]。そのため、銀行窓口販売（以下「銀行窓販」という）開始前には、受益証券返還請求権等を差し押さえ、そのうえで、販売会社に対して解約実行請求し、当該販売会社が委託会社を経由して受託者から受け取った解約金を受領するという方法がとられていたようである。

イ　銀行窓販開始後、東京地裁民事執行センターによる一括差押方式による対応前

銀行窓販後においては、受益証券が発行され、受益者が受益証券を手元に保管している場合でも、登録金融機関（販売会社）に対しては、受益証券で

---

[7] なお、投信振替制度前は、後述のように、受託者は委託者に対して解約金を交付することとなっており、それゆえ、同制度開始前の本判決においては、販売会社が委託会社から解約金の交付を受けることを条件として一部解約金の支払義務を負うとされている。

[8] 以下の記載は、各記載において引用する文献のほか、新家ほか・前掲注4・8頁～9頁を参考とした。

[9] 片岡雅「投資信託受益証券にかかる解約返戻金に対する差押え」金法1776号33頁。

【関係図】※

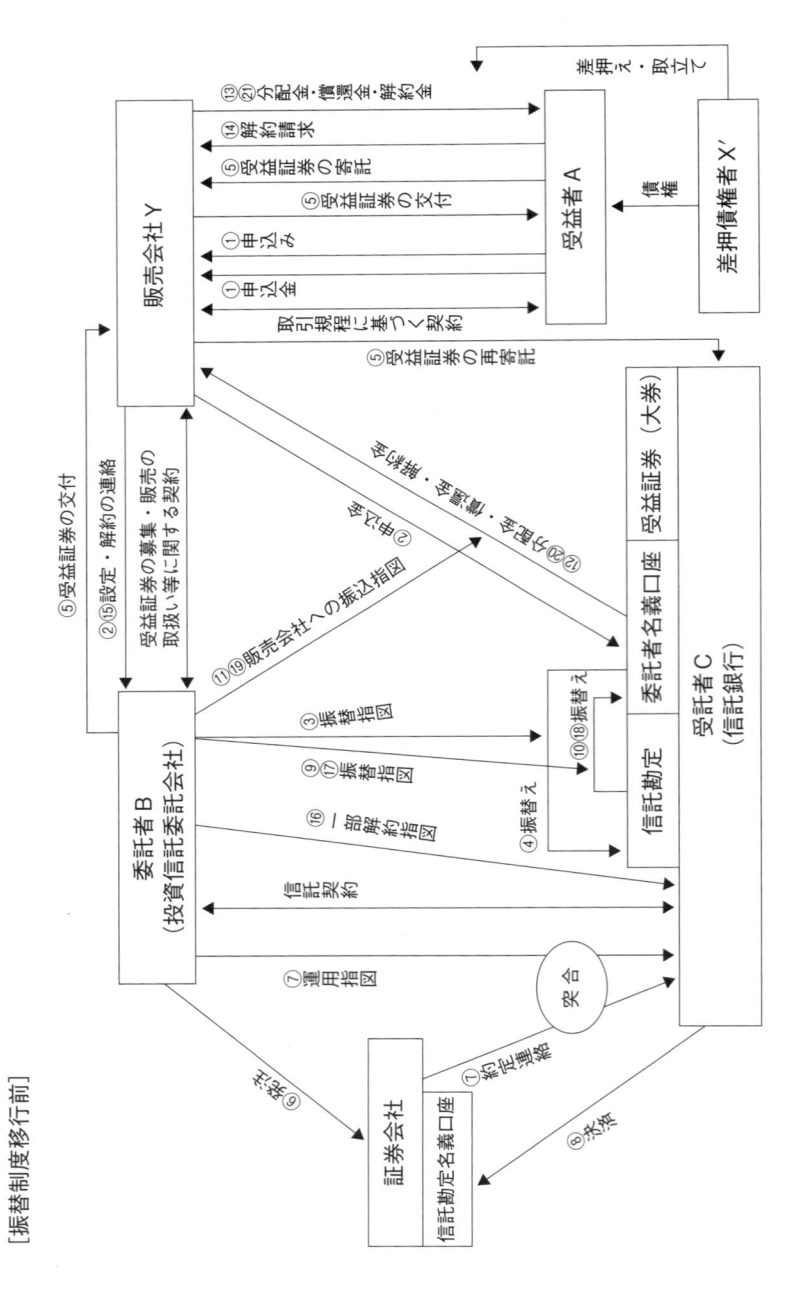

[振替制度移行前]

390 Ⅳ 信託と貸付取引等

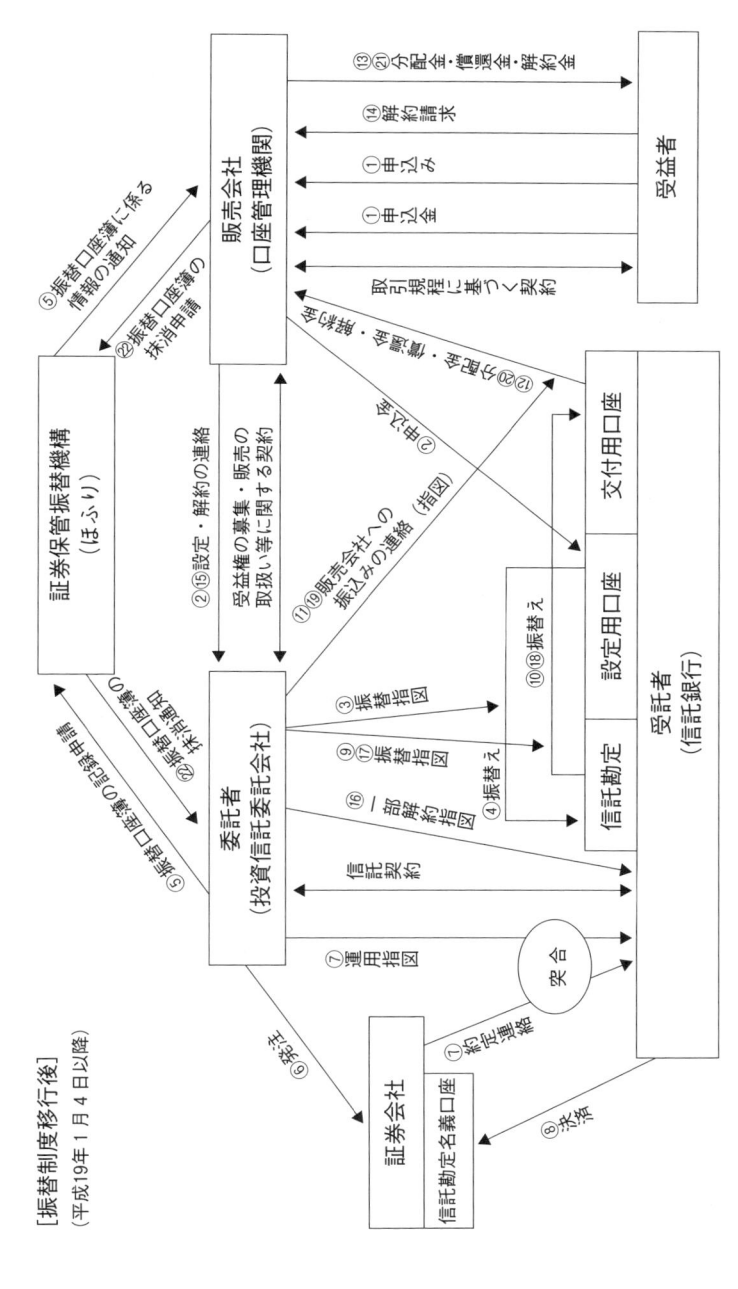

[振替制度移行後]
(平成19年1月4日以降)

第23講　MMF（マネー・マネージメント・ファンド）解約実行請求時の販売会社に対する解約金支払請求権の性質

はなく、解約金支払請求権等の金銭債権を差し押さえるという方法が現れてきた。これには、証券・証書を取り扱う証券会社に対しては投資信託受益証券の差押えが適するが、金銭を取り扱う銀行等の登録金融機関に対しては金銭債権の差押えがなじんだという背景があるのではないかということが指摘されている。

　しかしながら、登録金融機関は、委託会社の代理人にすぎず、また、解約金を受領していない時点では支払う立場にないこと等を根拠に解約金の支払を拒否することがあったため、やむをえず、委託会社を第三債務者とし、解約金支払請求権等の差押えを行う事態が生じたようである。もっとも、この場合、委託者・受託者間の投資信託約款においては、受益者が解約実行請求をするために受益証券の呈示を必要とすると規定しているのが通常であるところ、受益証券の保護預りをしているのは販売会社（または販売会社から委託を受けて保管している受託者たる信託銀行）であるため、受益証券の差押えなき解約金支払請求権によっては、委託会社は解約金の支払ができないというジレンマに陥ることとなった。

ウ　東京地裁民事執行センターによる一括差押方式による対応後、投信振替制度開始前

　東京地裁民事執行センターにおいては、このような状況にかんがみ、受益証券の差押方法として、受益者と販売会社との間の委任契約（取引規程等）に基づく関係をとらえて、販売会社を第三債務者とし、①受益証券返還請求権、②解約を申し出る地位、③解約代金請求権等を一括して「その他財産権」として差し押さえるとの対応がとられるようになった[10]。

　もっとも、かかる対応については、「受益者としての地位に基づく権利を一括して差し押さえる点で有用な方法であったと思われるが、差押債権者が解約の申出を行った場合に販売会社の応諾義務はないとされ、販売会社が差押債権者への支払いに応じないケースも生じたことから、差押方法が混乱することとなった」という指摘がされている[11]。

10　東京地方裁判所民事執行センター実務研究会編著『民事執行の実務・債権執行編（下）〔第2版〕』（金融財政事情研究会、2007）203頁以下。
11　新家ほか・前掲注4・9頁。

エ　投信振替制度開始後

　平成19年1月から投信振替制度が始まり、この制度により、原則として受益証券は発行されず、投資信託受益権の権利の帰属は振替機関等が管理する振替口座簿の記載または記録により定められることとなった（社振法121条、66条）。投信振替制度移行後も、後述のとおり証券投資信託の仕組みは基本的に変わらないため、投信振替制度の対象となる投資信託に関しても、受益者の販売会社に対する条件付一部解約金支払請求権を債権差押えの方法で差し押さえることができないわけではないと思われるが、投信振替制度開始後の実務は、民事執行規則150条の2以下の振替社債等に関する強制執行の方法によっているようである[12]。

3　本判決の意義とその射程

(1) 意　義

　本判決は、本件における関係者間の具体的な契約内容等を前提とした判断ではあるが、必ずしも明瞭とはいえないとされてきたMMFにおける関係者の法律関係について、以下の点について判断を示しており、実務上重要な意義を有するものと考えられる。

① 販売会社は、受益者から受益証券について解約実行請求を受けたときは、委託会社にこれを通知する義務を負う。

② 販売会社は、受益者に対し、委託者から一部解約金の交付を受けることを条件として、一部解約金の支払義務を負う。

③ 受益者の債権者は、受益者の販売会社に対する条件付きの一部解約金支払請求権を差し押さえたうえ、民事執行法155条1項に定める取立権の行使として、販売会社に対して解約実行請求の意思表示をすることができる。

④ かかる解約実行請求に基づく委託者の一部解約の実行により、委託者から一部解約金が販売会社に交付されたときは、差押債権者は、販売会社から一部解約金支払請求権を取り立てることができる。

12　東京地方裁判所民事執行センター実務研究会編著『民事執行の実務・債権執行編（下）〔第3版〕』（金融財政事情研究会、2012）230頁。

なお、本件の差戻審は和解により終了したようであり[13]、その具体的帰結は得られていないものの、本判決は、解約実行請求があった場合に、販売会社が委託者に通知をしなければ、委託者による一部解約の実行および一部解約金の販売会社への交付によって上記条件が成就することはなく、販売会社は差押債権者に対して一部解約金の支払義務を負わないことになるとし、販売会社がかかる通知をしないことについて民法130条所定の要件が充足されるのであれば、同条により前記条件が成就したものとみなされ、販売会社は、差押債権者に対して本件解約実行請求に基づく一部解約金の支払義務を負う余地があることを示している。本判決は、この点についても、販売会社の通知義務懈怠の効果を説示するものであり、その評価は分かれるものの[14]、実務上一応の参考となろう。

(2) 射　　程

ア　MMF一般および他の証券投資信託との関係

　本件における受益者・販売会社間の「投資信託総合取引規定」、販売会社・委託者間の「募集販売委託契約」、委託者・受託者間の「投資信託約款」の詳細は明らかではないものの、第1審判決、原審判決、および本判決に現れる条項（前掲注2参照）の内容にかんがみると、本件に特有の事情があるとは見受けられないため、本判決は、MMF一般、ひいてはMMFと基本的構造が異ならない証券投資信託一般にその射程が及びうるものと思われる[15]。

イ　投信振替制度開始後

　本判決は、関係者間の具体的な契約内容等を前提として判断しているもの

13　堂園昇平「1　投資信託の受益者が解約実行請求をした場合における受益証券を販売した会社に対する解約金支払請求権の性質　2　販売会社に対する解約金支払請求権を差し押さえた債権者が取立権の行使として販売会社に対し解約実行請求をして同請求権を取り立てることを認めた事例」金法1812号61頁。

14　奥国範ほか「投資信託に関する財産権の差押え」金法1833号44頁は、販売会社が差押債権者による解約実行請求を委託者に通知しなかった点につき帰責事由が認められるものの、信義則に反するとまではいえないような場合に、民法130条の適用が否定されてしまうことの妥当性に疑問を呈し、「受益者または差押債権者の救済方法として、民法130条による解決が最適であるかについては、議論の余地があるように思う」と指摘する。

15　結論について、加藤正男「時の判例」ジュリ1339号154頁も同様。

の、販売会社と受益者間の契約関係を定める取引規定の内容自体は、投信振替制度開始後も大きな変更はないため[16]、販売会社が受益者から解約実行請求を受けたときは、委託会社への通知をする義務を負い、かつ、解約金の交付を受領したら受益者に交付する義務を負うと考えられる。もっとも、本判決では、委託会社から解約金の交付を受けることが条件となっているが、投信振替制度開始後、解約金は信託銀行から販売会社の口座へ振り込まれるため、信託銀行から解約金の交付を受けることが条件となるのではないかと指摘されている[17]。

したがって、本判決の射程は、販売会社に対し解約金の交付を行う者が異なるのみで、投信振替制度開始後にも及ぶものと考えられる。

4 本判決に対する評価

(1) 受益権自体の差押えとの関係

本判決は、これまであまり議論されていなかったMMFについて解約実行請求がされた場合における関係者の法律関係について判断を示すとともに、一部解約金支払請求権の差押債権者が取立権の行使として解約実行請求をすることができることを明らかにしたものであるが、受益権自体の差押えと販売会社に対する条件付解約金支払請求権を含む受益者の「受益権にかかわる権利」の差押えとの関係をどのように考えるかについては、なお問題として残された[18]。

(2) 生命保険契約の契約返戻金請求権に関する判例との差異

受益者から販売会社に対する解約金支払請求権については、本判決よりも前に、生命保険契約の解約返戻金請求権に関する最判平成11年9月9日民集53巻7号1173頁が存在する。そして、当該判例は、本判決とは異なり、委託者から販売会社に対する一部解約金の交付を条件とするのではなく、解約権の行使を条件としている。この両者の関係について、「投資信託の基幹となる契約において、投資信託の解約権が委託者に帰属し、受益者は、委託者に

---

16 村岡・前掲注8・20頁。
17 新家ほか・前掲注4・14頁。
18 下村眞美「証券投資信託の執行方法」ジュリ1354号150頁。

対する解約実行請求をなし得るに過ぎないものとして定められていることとの整合性を確保するための工夫であると思われる」[19]との指摘がされており、本判決は、上記判例を踏襲したうえ、MMFの特性に応じた修正を施したものと評価できる。

(3) 民法130条の適用による解決

上述のように、本件は和解により終了したようであり、結果的に、民法130条の要件該当性の判断はされていない。仮に、和解によらず、民法130条の適用について判断されたとしたら、本件はどのような顛末となっていたのだろうか。

民法130条の要件は、①条件の成就によって不利益を受ける当事者が、条件成就の妨害をしたこと、②故意に妨害したこと、③妨害によって不成就となったこと、④条件を不成就にしたことが信義の原則に反することであると考えられている[20]。

本件に即して考えるに、条件は、委託者Bが販売会社Yに一部解約金を交付することであり、妨害行為は、YがBに差押債権者X′による解約実行請求を通知しなかったという不作為である。この場合、Yは、条件成就によって形式的にはX′に一部解約金支払債務を負担するものの、当該解約金は受託者に由来し、Y自身に経済的な負担は生じない。また、条件が不成就となっても、Yに利得が生じるものでもないように思われる[21]。そこで、少なくともY単独でみた場合には実質的な不利益がなく、要件①の「条件の成就によって不利益を受ける当事者」に該当しないと判断する余地もあるようにも思われる。

また、MMFにおいて、本判決以前は、一部解約金支払請求権の差押債権者が、取立権の行使として販売会社に対し解約実行請求のうえ、一部解約金を取り立てることの可否について明確に判断がされたことがなかったことにかんがみると、YがBにX′による解約実行請求を通知しなかったという不作為が信義誠実の原則にもとるとまではいえないようにも思われる。

---

19 奥ほか・前掲注14・42頁。
20 我妻榮『新訂 民法總則（民法講義Ⅰ）』（岩波書店、1965）411頁。
21 奥ほか・前掲注14・43頁にて同旨の指摘がされている。

したがって、民法130条を適用について判断した場合の結論については不透明な部分が残り、必ずしも一定の結論を導出できるものではない。もっとも、本判決は販売会社の委託者への通知義務を肯定しているため、今後は、販売会社による委託者への通知義務の懈怠が信義則違反となる可能性は以前に比して高まることとなろう。

5　実務対応

(1)　本判決の帰結

受益者の債権者が解約金支払請求権ないし振替投信受益権を差し押さえ、解約実行請求の意思表示をしたときは、販売会社としては、委託者にその通知を行い、当該解約実行請求に係る解約金を受領した場合には差押債権者に支払う必要がある。本判決以降、かかる通知義務の懈怠は、民法130条の要件該当性判断において、信義則違反と認められる可能性があり、また、解約金の不払いは受益者との関係では債務不履行、差押債権者との関係では不法行為を構成する可能性があるからである。

また、委託者としては、販売会社から上記通知を受けた場合には、一部解約し、受託者から販売会社に対し一部解約に係る解約金が支払われるよう振込指図を行う必要がある。

(2)　差押対象と取立て[22]

上述のように、差押対象として、①受益権自体の差押え、②販売会社に対する条件付解約金支払請求権を含む受益者の「受益権にかかわる権利」の差押えが考えられ、これらの関係をいかに解するかについては、本判決以後も問題として残されていた。

両者の関係について、選択的に行使しうるとする見方[23]と後者が前者を吸収するとする見方[24]があったようであるが、投信振替制度移行後の実務は前記のとおり、民事執行規則150条の2以下の振替社債等に関する強制執行の

---

[22]　(2)および(3)の記載は、各記載において引用する文献のほか、東京地方裁判所民事執行センター実務研究会・前掲注12・230頁、260頁以下を参考とした。
[23]　加藤・前掲注15・153頁。
[24]　新家ほか・前掲注4・15頁。

方法によることとされているようである[25]。振替投信受益権の取立て等換価については、民事執行規則150条の5第3項は民事執行法155条2項、157条1項および4項について「第三債務者」を「発行者」と読み替えたうえで準用しており、投資信託において受益証券の「発行者」は委託会社とされているため（投信法2条7項[26]）、振替投信受益権の取立ては委託会社に対して行うことが予定されているとも思われる。しかしながら、委託会社は振替投信受益権の差押えにつき振替機関等から民事執行規則150条の3第5項に基づく通知として差押債権者および債務者の氏名等の通知を受けたとしても投資信託設定時に受益者の氏名等の伝達を受けていないため、債務者が振替投信受益権の権利者か否かを判断することが困難であり、実務上支障が生じることとなる[27]。そのため、実務においては、振替機関等（販売会社）に対し、振替投信受益権の差押えを行ったうえで、取立てのために必要な権利の行使として解約実行請求を行う方法がとられているようであるが、受益権の内容や状況によってさまざまな方法がありえ（当該振替投信受益権が随時解約可能なものではなく、元本の償還期限前である場合や取立てが困難な場合に、執行裁判所が譲渡命令（民事執行規則150条の7第1項1号）や売却命令（同項2号）を発することができるものとされている）、今後の実務の集積を待つ必要がある。

(3) 信託受益権の差押え

受益証券化された受益権はその形態に応じた執行方法によることになるが、信託受益権の差押えは、一般的にはその他の財産権に対する執行（民事執行法167条）として行うこととなると思われる。

無記名の受益証券が発行され個々の投資家に交付されている場合は、債務

---

[25] 国税徴収法に基づく振替投信受益権の差押えにおいては、差押通知書が口座管理機関と投資信託委託会社の両方に送付されるようである。これは国税徴収法73条の2第2項において、徴収職員は、振替社債等を差し押さえるときは、振替機関等（振替機関および口座管理機関をいう）に対し振替社債等の振替えまたは抹消を禁じるほか、振替社債等の発行者に対しその履行を命じなければならないとされていることによるものと思われる。なお、民事執行規則にはかかる規定は存在しない。

[26] これは投信法上の受益証券の発行者を委託会社と定めるものであり、社振法上の発行者を定めるものではない。もっとも、投信振替制度においては実務上委託会社を発行者とする取扱いが行われている。

[27] 新家ほか・前掲注4・13頁〜14頁。

者が保有する受益証券そのものについての動産執行（同法122条以下）により、記名式の受益証券が発行され個々の投資家に交付されている場合は、債権執行（同法143条以下）またはその他の財産権の差押えによることとなると思われるが、いずれも実務上はまれと思われる。振替信託受益権（受益証券発行信託の受益権で振替機関が取り扱うもの。社振法127条の2）については、振替社債等に関する執行手続（民事執行規則150条の2以下）によることとなる。

なお、債権執行またはその他の財産権に対する執行として差し押さえる場合には、投資信託と異なり、信託銀行（受託者）を第三債務者として差し押さえることとなろう。

（藤池智則・冨松宏之）

第 24 講

投資信託受益者につき破産手続が開始した場合における、販売会社たる銀行が受益者に対して有する債権と解約金支払債務の相殺の可否

大阪高判平成22年4月9日金法1934号98頁

判決要旨

　受益者について破産手続が開始された場合において、破産管財人が投資信託を解約し、販売会社に対して解約金支払請求権を行使したのに対し、販売会社に解約金が入金された後に、販売会社である銀行が行った、販売会社が受益者に対して有する貸付債権を自働債権とし、投資信託に係る解約金支払債務を受働債権とする相殺は、条件付請求権による相殺が許されないとする特段の事情が認められない判示の事実のもとにおいては、許される。

事案の概要

　A社は、証券投資信託の販売会社であり銀行であるY（被告、被控訴人）との間で、平成18年3月31日、B社を委託者とし、C信託銀行を受託者とする証券投資信託である商品に関する累積投資取引契約（以下「本件契約」という）を締結した。なお、Aの受益権は、投資信託受益権につき、社債、株式等の振替に関する法律（以下「社振法」という）が適用されるようになった平成19年1月4日以降、振替機関および口座管理機関であるYが備える振替口座簿の記録によって管理されている。

　BとCの定めた投資信託約款においては、受益権は振替口座簿に記載または記録されることにより定まること、受益権の換金は、受益者が委託者に対する信託契約の解約の実行請求を、受益権を販売した販売会社に対して行う方法によること、委託者が解約実行請求を受け付けた場合には信託契約の一

部を解約し、一部解約金は販売会社の営業所等において受益者に支払うことなどが定められていた。

また、Yが定めた投資信託取引約款等においては、Yが、受益権の販売のほか、解約実行請求の受付および一部解約金の代理受領や受益者への支払等の業務を行うこと、Yの振替口座簿で管理されている受益権は、受益者からの申出により他の口座管理機関に振替えができること、受益権の購入および解約の申込みは、Y所定の手続により行うものとされていること、解約金は、受益者が届け出たYの指定預金口座に入金されること、解約は受益者から解約の申出があった場合のほか、やむをえない事情によりYが解約を申し出たときにもなされることなどが定められている。

Yは、Aに対し、平成19年8月31日、1億5,000万円を、平成19年9月25日、5,000万円を貸し付けた（いずれも弁済期は平成20年8月29日）。

Aは、平成20年6月2日、破産手続開始の申立てをした。これにより、上記貸付の弁済期が到来し、Yは、上記貸付債権とAおよび連帯保証人のYに対する預金を相殺した結果、Aに対し、残金1億9,976万1,031円の貸金債権を有していた。

Aは、平成20年6月13日、破産手続開始決定を受け、X（原告、控訴人）が破産管財人に選任された。Xは、Yに対し、平成20年7月11日、書面で、本件契約について、清算金の支払を受けたい旨を伝え、その手続の教示を求めた。同日時点で、本件契約の残高は、851万1,900円であった。

Xは、Yに対し、平成21年1月14日、解約金851万1,900円の支払を求め、本件訴訟を提起した。

Yは、Bに対し、平成21年4月27日、本件契約に係る信託契約の解約手続を行い、平成21年5月1日、621万3,754円の解約金を受領した。

Yは、Xに対し、平成21年5月13日、本件訴訟の第3回口頭弁論期日において、YがAに対して有する上記貸金債権を自働債権とし、上記解約金の支払債務を受働債権として、対当額で相殺する旨の意思表示をした（以下「本件相殺」という）。

上記Yの相殺の意思表示につき、Xは、①本件契約ではYが受益者であるAやXの意思を無視して一方的に解約することは予定されていないため、条

件成就の機会の放棄が可能であることを前提とする破産法67条2項[1]の適用場面ではなく、破産法71条1項1号[2]により相殺は許されないこと、および②仮に、解約金支払債務が条件付債務であったとしても、(i)解約金支払債務は、Xによる解約実行請求がない限り現実化せず、(ii)銀行取引約定書4条[3]の適用は、YがAから留置している有価証券などに限られ、本件契約には当てはまらず、また(iii)解約金支払債務額は、解約されるまで定まらないとの事情からすれば、本件相殺について、Yはなんら合理的期待を有しておらず、本件契約の解約金支払債務は、後述する破産法67条2項に該当しない特段の事情があることから、本件相殺が無効であるとの主張をした。Xの主張に対し、Yは、①′本件契約の解約金支払債務は、停止条件付債務と解されるから、破産法67条2項により相殺は有効になしうること、および②′(i)銀行取引約定書4条によれば、Yは、自ら占有する有価証券を処分したうえで債務の弁済に充当することができるところ、振替制度による受益権も、金融商品取引法上、有価証券とみなされ、解約金の受領等は、Yによって管理、支配されており、(ii)解約金は、客観的な基準価格により機械的に決定されるものであるとの事情からすれば、Yは、本件相殺に対する合理的期待を有していることから、本件相殺が有効である旨の主張をした。

---

1 破産法67条2項の規定は、以下のとおり。
　「破産債権者の有する債権が破産手続開始の時において期限付若しくは解除条件付であるとき、又は第103条第2項第1号に掲げるものであるときでも、破産債権者が前項の規定により相殺をすることを妨げない。破産債権者の負担する債務が期限付若しくは条件付であるとき、又は将来の請求権に関するものであるときも、同様とする」
2 破産法71条1項1号の規定は、以下のとおり。
　「破産債権者は、次に掲げる場合には、相殺をすることができない。
　　一　破産手続開始後に破産財団に対して債務を負担したとき。」
3 旧銀行取引約定書ひな型4条の規定は、以下のとおりであり、Yの銀行取引約定書にも同様の定めがあったものと思われる。
　「第4条（担保）
　　①・②　（略）
　　③　担保は、かならずしも法定の手続によらず一般に適当と認められる方法、時期、価格等により貴行において取立または処分のうえ、その取得金から諸費用を差し引いた残額を法定の順序にかかわらず債務の弁済に充当できるものとし、なお残債務がある場合には直ちに弁済します。
　　④　貴行に対する債務を履行しなかった場合には、貴行の占有している私の動産・手形、その他の有価証券は、貴行において取立または処分することができるものとし、この場合もすべて前項に準じて取り扱うことに同意します。」

原審大阪地判平成21年10月22日金法1934号106頁（以下「原判決」という）は、本件契約の解約の意思表示の時点につき、本訴提起時としたうえで、Yの相殺の可否については、後述する平成17年最判の「特段の事情」が存しないとし、相殺が可能であるとして、Xの請求を棄却した。

　Xは、控訴審において、投資信託解約金の性格は、ⓐ販売会社は取次的立場にすぎないこと、ⓑ銀行取引約定書4条および7条[4]の適用がないこと、ⓒYは自ら解約して権利を実現することはできないのであり、たまたま破産管財人が選任された場合に限って現実化するに過ぎないことから、合理的な相殺期待のある銀行預金とはまったく異なる旨の追加主張をした。

　他方、Yは、控訴審において、ⓐ′預金に類似するかは、相殺の合理的期待が認められるかについての判断要素の一つにすぎないところ、販売会社は、受益権を実質的に支配・管理しており、販売を取り次ぐのみではないこと、ⓑ′銀行取引約定書4条および7条の適用があること、ⓒ′破産管財人が選任されないとしても、投資信託は解約されるのがむしろ通常であることから、相殺による回収を見込むのはなんら不合理ではない旨の追加主張をした。

本判決

　控訴棄却。

　本判決は、Yのなした、貸金債権を自働債権として、XがYに対して有する解約金支払請求権と対当額で相殺するとの相殺権の行使は有効であり、Xの請求権は消滅したとした。

　その理由として、原判決の判示した理由の引用（後述の「4　本判決の評

---

[4] 信託銀行における銀行取引約定書7条1項の規定は、以下のとおりであり、Yの銀行取引約定書にも同様の定めがあったものと思われる。
　「第7条（差引計算）
　　① 期限の到来、期限の利益の喪失、買戻債務の発生、求償債務の発生その他の事由によって、貴行に対する債務を履行しなければならない場合には、その債務と私の預金その他の債権とを、その債権の期限のいかんにかかわらず、いつでも貴社は相殺し、または、私の預金、その他の債権につき、事前の通知および所定の手続を省略し、払戻し、解約または処分のうえ、その取得金をもって債務の弁済に充当することができます。」

価」参照）に加え、控訴審におけるＸの追加主張に対する判断として、以下の理由を判示した。

「本件契約において、Ｙは、Ａの受益権を管理する口座管理機関であり、Ｙを通してのみ他の口座管理機関への受益権の振替及び信託契約の解約による換金が可能であって、また、解約があった場合に、その解約金はＹの指定預金口座に入金されることが明らかである。したがって、Ｙの立場は、受益者であるＡと委託者であるＢを取り次いで投資信託の販売を行うことで終了するものではなく、その後も、解約若しくは他の口座管理機関への振替がなされるまで、本件契約に基づく受益権をその管理支配下に置いているということができる。したがって、このような受益者であるＡと口座管理機関であるＹとの関係は、信託契約の解約金について、Ｙの知らない間に処分されることがなく、また、その支払はＹの預金口座を通じての支払となることからして、相殺の対象となるとＹが期待することの相当性を首肯させるものというべきである。

また、ＡとＹとの間の銀行取引約定書（《証拠略》）には、ＡがＹに対する債務を履行しなかった場合には、Ｙがその占有しているＡの動産、手形その他の有価証券について、必ずしも法定の手続によらず一般に適当と認められる方法、時期、価格等により、当該動産又は有価証券を取立て又は処分の上、その取得金から諸費用を差し引いた残額を法定の順序にかかわらずＡの債務の弁済に充当できるとの任意処分に関する規定（4条3項）及びＹが、ＡのＹに対する債務とＡのＹに対する預金その他の債権とをいつでも相殺し、又は払戻し、解約、処分のうえ、その取得金をもって債務の弁済に充当することができるとの差引計算に関する規定（7条1項）が存在することが認められる。これらは、直接Ｙに対する権利でないものであっても、Ｙが事実上支配管理しているものについては、事実上の担保として取り扱うことを内容とする約定であって、このような約定の存在は、本件契約に基づく投資信託の解約金についてもＹの相殺の対象と期待することが自然であることを示しているというべきである。

Ｘは、破産事件の大半を占める同時廃止事件の場合や法的整理に至らない場合には、破産管財人が選任されない結果、投資信託も解約されず、した

がって金融機関は相殺ができないのに、たまたま破産管財人が選任され解約手続を行ったため、金融機関が相殺できるというのは、不合理な結果を招来するものであって、容認できない旨主張する。しかし、破産者を受益者とする投資信託が存在し、かつ口座管理機関である金融機関が破産者に対して債権を有する場合において、このような破産者が同時廃止となり、自由財産として破産者に管理処分が許される分のほかに、その有する投資信託が換価されずに破産者の下に残ることは、破産者の説明義務や重要財産開示義務、財産隠匿に対する罰則規定等からして、破産制度上容易に考え難いものである。また、投資信託を有する債務者について法的な整理手続が行われない場合であっても、口座管理機関である金融機関が債務名義を取得して投資信託の受益権を差し押え、換価することが考えられるのであって、Xの主張は理由がない」

　本判決に対し、Xが上告受理申立てをしたが、最決平成23年9月2日金法1934号105頁は上告不受理とした。

検　討

1　問題の所在

(1)　証券投資信託の仕組み[5]

　証券投資信託とは、投資信託及び投資法人に関する法律2条4項が定義する「証券投資信託」、すなわち、委託者指図型投資信託のうち、主として有価証券に対する投資として運用することを目的とするものである[6]。

　販売会社（証券会社・銀行等）は、投資信託の委託者の委託を受けて、投資家に対して投資信託受益権の募集・販売を行い、投資家は、販売会社の定めた投資信託取引約款に従い、受益権を取得することで、投資信託の受益者となる。振替投資信託受益権[7]の帰属は、振替機関および口座管理機関であ

---

[5]　証券投資信託の仕組みについては第23講に詳しい。
[6]　以下で単に「投資信託」と記載するものは、基本的に証券投資信託を意味する。
[7]　社振法121条の2は、特定の銘柄の投資信託受益権で振替機関が取り扱うものを「振替投資信託受益権」と定義する。

る販売会社が備える振替口座簿の記載または記録により定まる。

投資信託受益権の換金方法としては、償還金の受領のほか、投資信託契約の解約請求や受益権の買取請求を行うことが考えられる。受益者が投資信託取引約款に基づき販売会社に対して解約実行請求を行った場合、販売会社は、委託者に対して解約の取次を行い、委託者が受託者に対して指図することによって、販売会社に対して解約金が送金され、販売会社を通じて受益者に対して解約金が支払われることになる。

また、受益者は、口座管理機関である販売会社に対し、他の口座管理機関（当該口座管理機関が取扱いをしている銘柄に限る）が開設する振替口座への受益権の振替えを請求することができる。

(2) 破産手続における相殺の方法による投資信託からの債権回収

受益者について破産手続が開始された場合、破産管財人としては、投資信託を解約し、販売会社に対して解約金支払請求権を行使することが考えられる。これに対し、受益者に対して貸付債権を有する販売会社としては、破産管財人に対し、販売会社が受益者に対して有する貸付債権（破産債権）を自働債権とし、投資信託に係る解約金支払債務を受働債権とする相殺を行い、破産債権である自らの貸付債権を回収することが考えられる。

判例上、販売会社が受益者に対して負担する投資信託[8]の解約金支払債務の法的性質については、委託者から解約金の交付を受けることを条件とした停止条件付債務であると解されている（最判平成18年12月14日民集60巻10号3914頁。以下「平成18年最判」という。平成18年最判の解説については、第23講参照）。平成18年最判は、社振法に基づく振替制度が実施される前の事案ではあるが、販売会社が解約金の交付を受けることを条件として受益者に対して投資信託の解約金支払債務を負担するという構造は、振替制度が実施された後も同様であることから、社振法に基づく振替制度の実施後も、平成18年最判の判示事項は同様に妥当するものと考えられる[9]。

破産債権者が負担する、破産手続開始時に停止条件が成就していない債務

---

8 平成18年最判は、MMFについて判示したものであるが、同最判の理由づけは、MMFに限定されたものではないことから、同最判の判示した解約金支払債務の法的性質は、証券投資信託一般について妥当するものと思われる（第23講参照）。

を受働債権とする相殺につき、破産法67条2項後段は、破産債権者が負担する債務が条件付きであるときも、同条1項の相殺権を行使することができる旨定めている。他方、破産法71条1項1号は、「破産手続開始後に破産財団に対して債務を負担したとき」の破産債権者の相殺を禁止しているため、両条文の関係、すなわち、破産法上の停止条件付債務を受働債権とした相殺の可否が問題となる。

なお、関係図については、第23講の振替制度移行後の図を参照されたい。

2　判例（平成17年最判）

上記1(2)の論点につき、旧破産法[10]が適用される事案であるが、損害保険会社が、破産宣告後に満期が到来した満期返戻金および破産宣告後に解約により停止条件が成就した解約返戻金の支払債務を受働債権として相殺の抗弁を主張した事案につき、判例は、「破産債権者は、（中略）特段の事情がない限り、（中略）その債務が破産宣告の時において停止条件付である場合には、停止条件不成就の利益を放棄したときだけでなく、破産宣告後に停止条件が成就したときにも、同様に相殺をすることができる」と判示している（最判平成17年1月17日民集59巻1号1頁。以下「平成17年最判」という）。そして、破産法67条2項および71条1項1号は、旧破産法の規定をそのまま引き継いでいるものであるから、平成17年最判の判示した解釈は、現行の破産法のもとにおいても妥当するものと解されている[11]。したがって、現行の破産法のもとにおいても、平成17年最判の解釈を前提とすると、破産手続開始後に停止条件が成就する停止条件付債務を受働債権とした相殺の可否の問題は、結局、このような相殺が許されない「特段の事情」の存否の問題に集約されるものと思われる。

本件でも、上記1(2)で述べた販売会社による相殺につき、平成17年最判の

9　伊藤尚「破産後に販売会社に入金となった投資信託解約金と販売会社の有する債権との相殺の可否－大阪高判平22.4.9を契機に」金法1936号57頁。なお、振替制度移行後は、販売会社は委託者から解約金の交付を受けるのではなく、委託者の指図を受けた受託者から解約金の交付を受けることとなる。
10　平成16年法律第75号による廃止前のもの。以下同じ。
11　三木素子「判解」民事篇平成17年度（上）17頁。

いう「特段の事情」が認められるか否かが問題となり、後述するように、原判決および本判決も、平成17年最判の解釈を前提に、「特段の事情」の存否を問題としているものと思われる。

3　本判決の意義とその射程

　本判決は、原判決同様、平成17年最判の判断枠組みに従ったうえで、本件において、証券投資信託の販売会社であるＹが、受益者Ｘに対して有する貸付債権を自働債権とし、Ｘに対して負担する解約金支払債務を受働債権とする相殺権の行使につき、相殺権の行使を否定すべき「特段の事情」は存しないとし、相殺権を行使できる旨を判示した。したがって、本判決は、販売会社の債務者である受益者について破産手続が開始した後において、本件相殺のような方法による証券投資信託からの債権回収方法が可能であることを明らかにした点に意義があるものと思われる。

　また、下記4で詳述する、本判決の理由づけは、一般的な証券投資信託スキームであれば、同様に妥当するものと思われることからすれば、当事者間にこのようなスキームの一部を変更する内容の特別な約定がない限り、本判決の射程は、証券投資信託一般について及ぶものと思われる。

　ただし、本判決の射程が及ぶのは、破産法67条2項により、破産債権者が負担する、破産手続開始時に停止条件が成就していない債務を受働債権とする相殺が許容される破産手続の場合のみであると解される。民事再生手続の場合、民事再生法上、破産法67条2項後段に相当する規定が存在しないため、本判決の射程は及ばず、引き続き相殺の可否が問題となる[12]。また、会社更生手続や特別清算手続についても、同様に本判決の射程が及ばないものと考えられる。

---

[12] 販売会社による受益者再生手続開始後の相殺の可否についての学説状況については、坂本寛「証券投資信託において受益者に破産手続ないし民事再生手続が開始された場合の債権回収を巡る諸問題」判タ1359号34頁。坂本判事自身は、民事再生法92条1項の文言および再生手続が再建型の手続であることを理由に、否定説の立場に立つようである。

4　本判決の評価

本判決は、相殺権の行使の効力の判断にあたり、原判決の理由を引用していることから、まず、原判決の理由について検討し、そのうえで、本判決の評価を検討する必要がある。

(1)　原判決

原判決は、平成17年最判を引用し、同判決の判断枠組みに従って、「特段の事情」の存否、すなわち、相殺の合理的期待の有無[13]を問題としている。

そのうえで、Xが、本件のような証券投資信託の解約金支払債務の停止条件が、受益者から解約実行請求がなされない限り成就しないこと、さらには、実際に解約されるまで債務額が定まらないことを主張したのに対し、利殖を目的として運用される投資信託の性質上、解約実行請求がなされないことで条件不成就により販売会社が債務を免れることはまず考えられないこと、その債務額も基準価格により、いかなる時期においても容易にその算定がなしうる性質のものであることを理由に、Yが容易に現実化する一定額の債務を負担していたとし、相殺の合理的期待を有していなかったとまではいえないとする。

そして、一般に、解約実行請求権の行使が受益者の自由に委ねられているといえるにしても、破産管財人としては、破産者の受益権を放置することは、職責上許されていないものと考えられ[14]、受益者が破産した場合には、解約金支払債権は現実化すべきものであるとしている。

以上の原判決の判示事項からすれば、原判決は、解約金支払債務の現実化

---

[13] 平成17年最判の調査官解説には、「特段の事情」が認められる場合として、「相殺権の行使が相殺権の濫用に当たる場合」が考えられるとしたうえで、「破産債権者の相殺の担保的機能に対する期待が合理的か否かは、相殺権の行使が相殺権の濫用に当たるか否かを判断する際の重要な考慮要素として位置づけられるものと考えられる」との記載がある（三木・前掲注11・17頁）。同調査官解説では、相殺権の濫用該当性の考慮要素として相殺の合理的期待の有無をあげているが、相殺権の行使の可否の判断にあたり、相殺の合理的期待の有無を実質的に判断するという点では同様ではなかろうか。

[14] 貸付債権が解約金より少額ならば、配当財産の原資が増えることになり、また、貸付債権が解約金以上の額であったとしても、破産債権である貸付債権が相殺によって消滅することで、他の破産債権者への配当が増えることになるからである。

の観点から、相殺の合理的期待の有無を実質的に判断しているものと解される。

(2) 本判決

本判決は、相殺権の行使の効力の判断にあたり、原判決の理由を引用していることから、原判決と同様、平成17年最判の判断枠組みに従って、「特段の事情」の存否について判断しているものと解される。

そのうえで、本判決は、控訴審におけるXの主張に対する判断を行っているが、まず、Xが、Yは単なる取次にすぎず、相殺の合理的期待を有しないと主張したのに対して、販売会社であるYは受益権を管理する口座管理機関であり、Yを通じてのみ他の口座管理機関への振替えおよび信託契約の解約による換金が可能であって、また、解約があった場合に、その解約金が販売会社の指定預金口座に入金されるから、Yは、販売取次後も解約または他の口座管理機関への振替えがなされるまで、本件契約に基づく受益権を管理支配下に置いているということができ、解約金について、Yの知らない間に処分されることがなく、その支払はYの預金口座を通じての支払となることから、相殺の対象となると期待することの相当性があるとする（理由①）。

加えて、本判決は、銀行取引約定書に係るXの主張につき、任意処分の規定および差引計算に関する規定は、直接Yに対する権利でないものについても、Yが事実上支配管理しているものについては、事実上の担保として取り扱うことを内容とする約定であって、このような約定の存在も相殺の対象と期待することが自然であることを示すとしている（理由②）。

また、本判決は、同時廃止事件や法的整理に至らない場合には、破産管財人が選任されない結果、投資信託が解約されないとのXの主張については、投資信託が換価されず破産者のもとに残ることは、破産制度上容易に考えがたく、また、法的整理に至らない場合でも、口座管理機関である金融機関が債務名義を取得して投資信託の受益権を差押換価することは可能であるとする（理由③）。

以上の本判決の判示事項からすれば、本判決は、原判決が判示した理由に加え、解約金に対する管理支配、すなわち、Yの指定預金口座に解約金が入金されることを含め、投資信託の解約から現金化に至る全過程がYの管理支

配下にあるとの観点[15]から検討を加えるとともに（上記理由①および②）、解約金支払債務の現実化の観点についても、Xの主張を排斥しているものであり（上記理由③）、原判決と同様、相殺の合理的期待[16]を実質的に判断して肯定したものといえる[17]。

5 実務対応

投資信託からの債権回収に係る実務対応については、第25講を参照されたい。

（髙木いづみ・松本亮一）

---

15 他方、大阪地判平成23年10月7日判時2148号85頁は、本判決と同種の事案につき、販売会社のなした相殺が、破産法71条1項1号により無効である旨判示した。しかし、上記大阪地判の事案は、投資信託の取次業務にあたり利用が義務づけられる「投信窓販共同システム」により、解約金が販売会社を経由することなく自動的に受益者の指定預金口座に入金されるというものであり、現に、販売会社が相殺の意思表示を行ったのも、上記システムにより、解約金が受益者の指定預金口座に入金され、販売会社が受益者に対して預金返還債務を負担した後であった。上記大阪地判は、預金返還債務が解約金返還債務と異なる債務であることを理由に、破産法71条1項1号該当性を判断していることから（谷本誠司「判批」銀行法務21・756号62頁参照）、本件でも、解約金がXの指定預金口座に入金された後に相殺を行った場合は、上記大阪地判と同様に、Yの相殺が無効と判断されるリスクがあったように思われる。
16 本判決は、「合理的」との文言を用いていないが、原判決と同様の判断枠組みであると解されること、控訴審における両当事者の主張も、相殺の合理的期待の有無を問題としていることから、相殺の合理的期待を実質的に判断していると解することができるものと思われる。
17 名古屋高判平成24年1月31日金法1941号133頁（第25講参照）は、販売会社が、受益者の支払停止後、受益者に対して有する連帯保証債権と、MMFの解約金支払債務を相殺した事案において、MMFの解約金について、販売会社を通じてしか解約金の支払を受けることができない「仕組み」になっていると認定したうえで、相殺の合理的期待を実質的に判断している。本判決が本文中に述べた観点から相殺の合理的期待を実質的に判断したことは、上記名古屋高判が「仕組み」に言及して相殺の合理的期待を実質的に判断したことに相当するものであると思われる。

第 25 講

投資信託受益者につき民事再生手続が開始した場合における、販売会社たる銀行が受益者に対して有する債権と解約金支払債務の相殺の可否

名古屋高判平成24年1月31日金法1941号133頁

判決要旨

受益者について民事再生手続が開始された場合、受益者が支払停止に陥った段階で、販売会社が受益者の販売会社に対して有する解約実行請求権を代位行使したうえで行った、販売会社が受益者に対して有する貸付債権を自働債権とし、解約金支払請求権を受働債権とする相殺は、民事再生法93条1項3号に該当するが、解約金支払債務の負担が、販売会社が受益者の支払の停止を知った時より前に生じた原因に基づく場合に当たるものというべきであるから、民事再生法93条2項2号に該当し、その効力を認めることができる。

事案の概要

X（原告、被控訴人）は、証券投資信託の販売会社であり銀行であるY（被告、控訴人）との間で、投資信託総合取引規定等の規定（以下「本件取引規定」という）に基づき投資信託受益権の管理等を目的とする委託契約（以下「本件管理委託契約」という）を締結し、平成12年1月6日から平成19年3月28日の間に、証券投資信託であるMMF[1]（以下「本件投資信託」という）の5銘

---

[1] マネー・マネージメント・ファンド（MMF）は、内外の公社債および短期金融商品を運用対象とし、毎日決算を行って、利益を収益分配金として計上し、収益分配金の支払は毎月最終営業日に1カ月分まとめて行われ、投資家は毎営業日に取得あるいは換金の申込みができる点に特色がある（野村アセットマネジメント編『投資信託の法務と実務〔第4版〕』（金融財政事情研究会、2008）131頁以下参照）。

柄について受益権（以下「本件受益権」という）を購入した。なお、Ｘの受益権は、投資信託受益権について社債、株式等の振替に関する法律（以下「社振法」という）が適用されるようになった平成19年１月４日以降、振替機関および口座管理機関であるＹが備える振替口座簿の記録によって管理されている。

　本件投資信託に関する委託者、受託者および販売会社と受益者の４者の権利義務関係は、委託者および受託者との関係は、両者間で締結された投資信託約款による信託契約により、委託者と販売会社との関係は、両者間で締結された投資信託の募集販売委託契約により、販売会社と受益者との関係は、両者間で締結された本件取引規定を内容とする本件管理委託契約により、それぞれ規律されている。

　上記４者間の権利義務関係については、①上記の信託契約において、受益権の換金方法としての信託契約の一部解約について、受益者が委託者に対してその有する受益権について信託契約の解約の実行を請求（解約実行請求）するが、この解約実行請求は受益証券または振替投資信託受益権[2]をもって委託者または販売会社に対して行うものとされ、委託者は受益者から受益権についての解約実行請求があったときは信託契約の一部を解約すること、信託契約において定められた方法で算出した一部解約金は販売会社の営業所等において所定の支払日に受益者に支払われることなどが定められ、②上記の投資信託の募集販売委託契約において、委託者は、販売会社であるＹに対して、受益証券（受益権）の販売のほか、解約実行請求の受付および一部解約金の支払等の業務を委託し、販売会社はこれらの業務を受託し、受益者からその所有する受益権について解約実行請求があった場合にはこれを受け付け、委託者にその旨の通知をし、当該受益権に係る一部解約金を受け入れ、これを受益者に支払うことが定められ、③本件取引規定において、受益証券（受益権）の購入および解約の申込みはＹの取扱店等において受け付けるこ

---

[2] 社振法121条の２は、特定の銘柄の投資信託受益権で振替機関が取り扱うものを「振替投資信託受益権」と定義する。なお、本判決は、Ｘが購入した受益権を社振法による「振替受益権」としているが、社振法上、「振替受益権」とは、受益証券発行信託の受益権で振替機関が取り扱うものを意味し（同法127条の２）、正しくは、「振替投資信託受益権」ではないかと思われる。

と、一部解約金は取扱商品ごとに定められた日にＸの指定預金口座に入金されることなどが定められている。

　なお、Ｘの購入した５銘柄のうち、２銘柄は、Ｙ以外に同一銘柄の投資信託を取り扱っている金融機関等が存在しないため、事実上振替えを行うことができない状態にあった。この点、本件取引規定においても、他の口座管理機関への振替えについては、振替えの申出のあった銘柄の取扱いをしていない等の理由により振替えを受け付けない場合には、振替申請を受け付けないことがある旨の規定がある。

　Ｙは、Ｘが代表取締役を務めるＡ社に対し、平成20年11月25日、手形貸付の方法で7,000万円を貸し付けた（平成21年３月31日時点での同貸付残高は5,954万2,964円であった）。これに先立ち、Ｘは、平成19年１月30日、Ａ社がＹとの銀行取引により将来に負ういっさいの債務につき、６億円を極度額として連帯保証している。

　Ａ社は、平成20年12月10日、名古屋地裁に民事再生手続開始の申立てをし、平成20年12月24日、Ａ社の再生手続開始決定がされた。

　Ａ社の民事再生手続開始申立てにより、Ｘは、一斉に保証債務の履行を求められる状況になり、その数日後に支払不能の状態になって、平成20年12月29日、支払停止をした。Ｙは、同日、Ｘの代理人からの通知により、Ｘの支払停止を知った。

　Ｂ弁護士は、Ｘを代理して、Ｙの支店において、Ｙが預かっているＸの投資信託の返還を求めたところ、担当者は、解約金は連帯保証債権と相殺予定である旨を伝え、要請に応じなかった。Ｂ弁護士は、Ｙの債権に充当するのであれば解約をしない旨を述べた。

　Ｙは、平成21年３月23日、Ｘに対する債権者として、Ｘに代位して、販売会社であるＹに対して、Ｘの有する本件受益権について本件投資信託の解約実行請求権を行使するとともに、委託者に対し、本件投資信託の本件受益権分について解約請求があった旨の通知をした。

　本件投資信託の受託者は、Ｙに対し、平成21年３月26日、本件受益権分に係る一部解約金（以下「本件解約金」という）として717万3,909円を振り込み、Ｙは、Ｘに対し、平成21年３月31日、ＹのＸに対する本件連帯保証債権

とXのYに対する解約金返還請求権とを対当額で相殺する旨の意思表示をした。

Xは、平成21年4月28日、名古屋地裁に民事再生手続開始の申立てをし、平成21年5月12日、Xの再生手続開始決定がされた。

Xは、Yに対し、同年9月14日、本件訴訟を提起し、主として、以下の各請求を行った。

(i) 第一次的請求……Yによる本件受益権の解約実行請求の代位行使は、XY間の本件管理委託契約上の義務に違反する債務不履行または不法行為に該当するとして、これらに基づく損害賠償請求。

(ii) 第二次的請求……Yによる相殺が無効であることを前提に、Yの受領した解約金の返還請求。

Xは、上記Yの相殺が民事再生法（以下「民再法」という）93条1項3号[3]の相殺禁止事由に該当するとしたうえで、相殺禁止の除外事由を定める同条2項2号[4]の該当性に関し、ⓐ販売会社は、受益権の販売と管理業務を行うにすぎず、もともと解約金返還債務を負担していないこと、ⓑ受益者は、受益権の換価方法として、解約以外にも、買取請求や償還を受けることができ、また、いつでも受益権を譲渡することや、受益権の預替えができるのであって、これらの場合は、解約金返還債務は発生しないこと、およびⓒ受益者は、販売会社との間で締結した投資信託総合取引約定そのものを解約することができることから、相殺の合理的期待は認められず、相殺が無効である旨を主張した。

Xの主張に対し、Yは、民再法93条2項2号の該当性に関し、ⓐ′解約以

---

3 民再法93条1項3号の規定は、以下のとおり。
「再生債権者は、次に掲げる場合には、相殺をすることができない。
三 支払の停止があった後に再生債務者に対して債務を負担した場合であって、その負担の当時、支払の停止があったことを知っていたとき。ただし、当該支払の停止があった時において支払不能でなかったときは、この限りでない」

4 民再法93条2項2号の規定は、以下のとおり。
「前項第2号から第4号までの規定は、これらの規定に規定する債務の負担が次の各号に掲げる原因のいずれかに基づく場合には、適用しない。
二 支払不能であったこと又は支払の停止若しくは再生手続開始の申立て等があったことを再生債権者が知った時より前に生じた原因」

外の換金方法があるとしても、解約が一般的な換金方法である以上、解約金返還債務の発生する可能性は高いこと、ⓑ′顧客から解約申出があっても当然に解約とならず、販売会社の承諾が必要とされていること、ⓒ′受益権購入の原資の相当額は、販売会社の預金口座に滞留していた預金であり、仮に預金のまま滞留していた場合には、Yはこれをもって相殺できたこと、およびⓓ′Yは「当行預貸金」の欄に「預金」「貸付金」と並んで「投信他」との欄を設け、投資信託を他の一般資産と区別して管理していたことから、相殺の合理的期待は認められ、相殺が有効である旨を主張した。

原審名古屋地判平成22年10月29日金法1915号114頁（以下「原判決」という）は、Xの第二次的請求についてのみ判断し、Yの相殺の可否については、民再法93条1項3号に該当し、同条2項2号の相殺禁止除外事由に該当しないとし、相殺が禁止されるとして、Xの第二次的請求を認容した。

本 判 決

原判決取消し、Xの請求棄却。

1　Xの第一次的請求について

「受益権者が委託者に対してする一部解約実行請求は、その行使により、委託者に対して上記の一部解約権を行使すべき義務を負担させる権利であり、そのような法的効果を生じさせるものとして一種の形成権であることが認められる。（中略）上記の一部解約実行請求権は、資産運用を目的とする投資信託に係る権利として財産上の権利に過ぎず、これをもって一身専属的な権利とみることはできないから、債務者が無資力である場合、債権者代位権による行使が許されることは明らかである」として、Xの第一次的請求を棄却した。

2　Xの第二次的請求について

(1)　民再法93条1項3号本文による相殺禁止事由の有無について

「再生債権者が再生債務者に対して負担する債務が停止条件付き債務である場合で、再生債務者が支払を停止した当時なお停止条件が成就していなかったが、支払の停止後に停止条件が成就して当該債務が現実化したときには、そのときに再生債権者が再生債務者に対して債務を負担したものとし

て、同号本文の適用があるものと解する」と判示して、民再法93条1項3号本文の相殺禁止事由の該当性を肯定した。

　その理由として、原判決の判示した理由（民再法93条1項1号の債務負担時期について、同法には破産法67条2項後段のように、停止条件付債務を受働債権とする相殺を許容する明文規定がなく、また、再建型の倒産手続である民事再生手続では相殺による決済を緩やかに認める理由が乏しいとして、停止条件成就時としたうえで、民再法93条1項3号の債務負担時期についても、同号の場合、同条2項により例外規定を設けて調整を図っているから、同項1号と別異に解する必要はないとしたもの）を引用した。

(2)　民再法93条2項2号による相殺禁止除外事由の有無について

　「YのXに対する本件解約金返還債務の負担が、YがXの支払の停止を知った時より前に生じた原因によるものと認めるのが相当であるから、民事再生法93条2項2号の相殺除外事由が存在し、したがって、同法92（筆者注：原文ママ）1項3号による相殺禁止が解除され、本件相殺は有効であると解する。(中略)

　Yが本件解約金返還債務を上記のような条件付きのもの（筆者注：本件受益権分の解約により解約金がYに交付されることを条件として発生するもの）として負担することとなったのは、XがYから本件受益権を購入し、購入した本件受益権をYとの間に締結した本件管理委託契約に従ってYの管理に委ねることとしたからにほかならない。すなわち、前記前提事実によれば、本件解約金返還債務は、本件受益権の換金方法としての本件投資信託の一部解約により、委託者から受益者であるXに支払われるべき一部解約金に由来する債務であるが、XとY間の本件管理委託契約の内容となっている本件取引規定により、上記一部解約金は、委託者から直接にXに支払われるのではなく、いったんYに交付された後、YからXに対して支払われる約定となっているため、<u>本件受益権が本件管理委託契約に従ってYの下で管理されている限りは、本件受益権分の解約金である本件解約金は、必然的に上記のような流れでYからXに支払われる関係となるものである。</u>(中略)

　加えて、本件管理委託契約において定められている上記のような解約金の支払方法は、ひとりXとY間の本件管理委託契約上の取り決めというだけで

なく、本件投資信託の委託者と受託者間の権利関係を定める信託契約及び委託者と販売者間の権利関係を定める投資信託の募集販売委託契約においても同内容の合意がされている。(中略)

そして、(中略) Xは、本件受益権を購入する際に販売者から交付された目論見書（中略）により、本件投資信託が上記のような内容のものであることを承知した上で本件受益権を購入したものであることが認められるから、Xにおいて、委託者に対し、本件受益権分の解約金について上記と異なる支払方法（例えば、上記解約金をYを通さず、直接Xに支払うこと）により支払うよう求めることはできないのである。

本件受益権に係る本件投資信託の解約に関する上記のようなX（受益者）、Y（販売会社）、委託者及び受託者間の関係によると、Xが、本件管理委託契約に従って本件受益権の管理をYに委託している場合においては、本件受益権分について解約実行請求をして解約金の支払を得ようとしても、本件受益権を受益証券の保護預り又は振替受益権としてYが管理しているため、Yを通じてしか同解約金の支払を受けることができない仕組みとなっているものと認められるのである。

以上によれば、(中略) 当時なおXとYの間には本件管理委託契約が存続し、これに従って本件受益権はYによって管理されていたのであり、Yは、本件管理委託契約を包含する上記仕組みに従って、上記停止条件成就によりXの支払の停止後にXに対して本件解約金返還債務を負担したものであるから、本件解約金返還債務の負担は、YがXの支払の停止を知った時より前に生じた本件管理委託契約等という原因に基づく場合に当たるものというべきである」

として、Xの第二次的請求を棄却した。

なお、販売会社がもともと解約金返還債務を負担しておらず、また、受益者が解約以外の受益権の換価方法を有するため、相殺の合理的期待は認められないとのXの主張に対しては、Yが信託契約の当事者でなくとも、本件管理委託契約とこれを包含する本件投資信託の仕組みにより、Yが解約金返還債務を負担することとなることや、解約以外の換金方法があったとしても、解約の方法が一般的である等の理由をあげたうえで、本件管理委託契約が存

続し、これに従って本件受益権がYによって管理されている限りは、Yが相殺することについて合理的な期待を有しないということはできないとした。

本判決に対し、Xは上告受理申立てをした。

検　討

1　問題の所在

投資信託の販売会社が受益者に対して貸付債権を有していて、受益者が支払停止に陥った場合、販売会社としては、受益者について倒産手続が開始する前に、受益者が販売会社に対して有する解約実行請求権を代位行使したうえで、販売会社が受益者に対して有する貸付債権[5]を自働債権とし、解約金支払請求権を受働債権とする相殺を行うことが考えられる。上記相殺の意思表示後、受益者について再生手続開始決定がなされた場合、以下の点が問題となると考えられる。

判例上、販売会社が受益者に対して負担する投資信託の解約金支払債務の法的性質については、委託者から解約金の交付を受けることを条件とした停止条件付債務であると解されている（最判平成18年12月14日民集60巻10号3914頁。以下「平成18年最判」という。平成18年最判の解説については、第23講参照）[6]。そして、民再法93条1項3号は、「支払の停止があった後に再生債務者に対して債務を負担した場合であって、その負担の当時、支払の停止があったことを知っていたとき」の再生債権者の相殺を禁止しているところ、停止条件付債務の負担が民再法93条1項3号の債務の負担に該当した場合、同号に基づき相殺が禁止されることになると解されることから、受益者の支払停止後に解約金支払請求権の停止条件が成就した場合の同号該当性、すなわち、停止条件付債務について、いつ「債務を負担した」といえるかが問題となる。

5　本判決の事案の場合、自働債権は連帯保証債権であるが、自働債権が主債務者に対して有する貸付債権の場合であったとしても、結論に差が生じると思われないことから、以下、自働債権が貸付債権の場合と連帯保証債権の場合を区別しないで論じる。

6　社振法に基づく振替制度移行後も、平成18年最判が妥当することにつき、第23講および第24講参照。

また、仮に同号に該当するとしても、同条2項2号は、同条1項3号の債務の負担が、「支払の停止（中略）があったことを再生債権者が知った時よりも前に生じた原因」に基づく場合には、同号の相殺禁止が適用されない旨を定めるため、解約金支払債務が「前に生じた原因」に基づく債務の負担といえるかが問題となる。

なお、関係図については、第23講の振替制度移行後の図を参照されたい。

2　学説等の状況

(1)　停止条件付債務について「債務を負担した」時期（民再法93条1項3号）

停止条件付債務について「債務を負担した」時期（民再法93条1項3号）の解釈につき、同号の文言を忠実に解釈して、停止条件付債務の成立時と解する見解がある。しかし、このように解すると、民再法93条2項2号が空文化してしまうことになるため、停止条件が成就して債務が具体的に発生した時と解する見解をとり、再生債権者が有する停止条件付債務との相殺への期待は、同号により保護されると解する見解（条件成就時説）が有力であるとされている[7]。

この点、判例も、旧破産法（平成16年6月の現行破産法施行に伴い廃止された破産法をいう。以下同じ）104条1号[8]の債務負担時期についてであるが、条件成就時説を採用している（最判昭和47年7月13日民集26巻6号1151頁）。

(2)　「前に生じた原因」（民再法93条2項2号）

「前に生じた原因」（民再法93条2項2号）の解釈につき、「前に生じた原因」に基づく債務負担の場合に相殺が許されるのは、相殺禁止の要件が満たされる時期以前に再生債権者が正当な相殺期待をもっていたとみなされることによるから、「前に生じた原因」に当たるとされるためには、具体的な相殺期待を生じさせる程度に直接的なものでなければならないとする見解[9]が有力

---

[7]　髙山崇彦ほか「名古屋高判平24.1.31と金融実務への影響」金法1944頁9頁。
[8]　現行の破産法71条1項1号に相当し、現行破産法のもとでも同様に妥当するものと解される。
[9]　伊藤眞『破産法・民事再生法〔第2版〕』（有斐閣、2011）711頁、374頁。

である。

　他方、判例は、旧破産法104条2号但書[10]の「前に生じた原因」の解釈についてであるが、取立委任に基づき、破産者から裏書譲渡を受けていた手形を破産宣告前に取り立てた結果、破産債権者が破産者に対して負担した取立金引渡債務が、旧破産法104条2号但書の「前ニ生ジタル原因」に基づき負担したものに当たる旨を判示する（最判昭和63年10月18日民集42巻8号575頁）。同判例は、「前に生じた原因」の意義について具体的に言及するものではないが、同判例が、その理由として、破産債権者の相殺期待が保護に値する旨を述べていることからすると、上記見解と同様、相殺期待の有無によって「前に生じた原因」の該当性を判断する枠組みを採用しているものと思われる。

3　本判決の意義とその射程

　(1)　まず、本判決は、MMFの解約実行請求権につき、その法的性質が形成権であり、受益者について債権者代位権の要件を満たす場合に受益者の債権者である販売会社による代位行使が可能である旨を判示した。したがって、本判決は、受益者が解約実行請求を行わない場合であっても、解約実行請求権の代位行使によって、下記(3)の方法による証券投資信託からの債権回収が可能であることを明らかにした点に意義があるものと思われる。

　また、上記判示事項に係る理由づけが特にMMFに限定されるものではないことから、本判決の射程は、証券投資信託一般について及ぶものと思われる。

　(2)　次に、本判決は、停止条件付債務について「債務を負担した」時期（民再法93条1項3号）の解釈につき、条件成就時説を採用したといえる。

　本判決は、その理由として、原判決の理由を引用し、民再法93条1項1号と同項3号の債務負担時期について、同号の場合、同条2項により例外規定を設けて調整を図っているから、同条1項1号と別異に解する必要はないとしており、その旨を明らかにした。上記の理由づけは、特に証券投資信託の

10　現行の破産法71条2項2号に相当し、現行破産法のもとでも同様に妥当するものと解される。

解約金返還債務に限って当てはまるというものではないことから、停止条件付債務一般について妥当するものと思われる。

(3) そして、本判決は、「前に生じた原因」(民再法93条2項2号)の解釈につき、本件において、販売会社Yの受益者Xに対する解約金返還債務の負担が、YがXの支払停止を知った時より前に生じた原因によるものであり、民再法93条2項2号の相殺除外事由が存在し、Yが、Xに対して有する貸付債権を自働債権とし、Xに対して負担する解約金支払債務を受働債権とする相殺が有効である旨を判示した。したがって、本判決は、販売会社の債務者である受益者について支払停止があった後において、本件相殺のような方法による証券投資信託からの債権回収方法が可能であることを明らかにした点にも意義があるものと思われる。

本件は、MMFに係る解約金支払債務の事例ではあるが、本判決の判示した理由は、その他の証券投資信託の場合であっても同様に妥当することから、本判決の射程は、当事者間に特別な約定がない限り[11]、証券投資信託一般に及ぶものと思われる。

ただし、本件は、債務者の支払停止後再生手続開始決定前に解約金支払債務の停止条件が成就した事案であり、再生手続開始決定後に解約金支払債務の停止条件が成就した場合、民再法93条1項3号該当性の問題ではなく、同項1号該当性の問題となり、同号については民再法93条2項の適用はないことから、この場合については、本判決の射程が及ぶものではないと考えられる。

4 本判決の評価

既述のとおり、本判決は、「前に生じた原因」(民再法93条2項2号)の解

---

11 たとえば、大阪地判平成23年10月7日判時2148号85頁は、投資信託の受益者の破産手続開始後に販売会社が相殺による債権回収を図った事案についてであるが、販売会社のなした相殺が、破産法71条1項1号により無効である旨判示している。同事案においては、解約金の支払について、投資信託の取次業務にあたり利用が義務づけられる「投信窓販共同システム」により、解約金が販売会社を経由することなく自動的に受益者の指定預金口座に入金される仕組みを採用していたため、販売会社は預金債務との相殺を行ったものであり、このような仕組みの存在は販売会社の合理的な相殺期待を否定する特別の約定に該当すると思われる。

釈について、本件において、販売会社Yの受益者Xに対する解約金返還債務の負担が、YがXの支払停止を知った時より前に生じた原因によるものであり、民再法93条2項2号の相殺除外事由が存在し、Yが、Xに対して有する貸付債権を自働債権とし、Xに対して負担する解約金支払債務を受働債権とする相殺が有効である旨を判示した点に大きな意義があるものと解されるが、この点については、原判決と本判決で判断が分かれていることから、まず、原判決の理由について検討し、そのうえで、本判決の評価を検討する必要があると考えられる。

(1) 原判決

原判決は、民再法93条2項2号の「前に生じた原因」というためには、具体的な相殺期待を生じさせる程度に直接的なものである必要があるとした。

そのうえで、本件投資信託においては、①受益者Xの本件受益権は、Y以外の他の金融機関・証券会社への振替えが可能なものがあり、Xが希望すれば、Yは振替えを行う必要があり、販売会社であるYは本件受益権の解約金の返還義務そのものを負っているわけではなく、振替えが行われれば、解約金返還義務がYに発生することはないこと（以下①の理由を「振替可能性」という）、加えて、②受益権の換価方法は解約のほかに、買取請求、信託期間終了時の償還などの方法があるから、その意味でも、Yに解約金返還債務が発生する確実性が乏しいこと（以下②の理由を「代替可能性」という）から、具体的な相殺期待を生じさせる程度に直接的なものであるとはいえないと判示した。

このうち、振替可能性については、原判決が判示しているとおり、受益者から口座振替請求があった場合、販売会社としては、原則として、振替請求に応じるほかなく[12]、そのことから、販売会社は、債権回収の期待を有していないとの考えもありうるものと思われる[13]。

(2) 本判決

他方、本判決は、本件投資信託の解約に関して、本件取引規定、信託契約

---

[12] もっとも、販売会社が商事留置権を行使する要件を備えている場合には、受益者の振替請求にかかわらず商事留置権に基づき振替えを拒否し、銀行取引約定書の規定に基づき取立て、解約金について弁済充当ないし相殺をすることが考えられる。

および募集販売委託契約に解約金の支払方法が規定されていること、受益者も、受益権購入の際に目論見書により支払方法を承知したうえで購入しており、異なる支払方法を求めることができないこと等に言及したうえで、販売会社が解約金返還債務を条件付きのものとして負担することとなったのは、本件管理委託契約に従って販売会社に管理を委ねることとしたからにほかならず、販売会社を通じてしか解約金の支払を受けることができない「仕組み」となっていることを認定している。

そして、販売会社がそもそもの解約金支払義務者ではない点については、このような「仕組み」のもとで停止条件付債務を販売会社が負担し、次いで、停止条件成就により現実の返還債務として負担するものであるから、販売会社が相殺の合理的期待を有しないとはいえないとし、また、代替可能性については、解約の方法が一般的であるとしたうえで、当該「仕組み」によって販売会社が現実の返還債務を負担するから、本件管理委託契約が存続し、これに従って本件受益権が販売会社によって管理されている限りは、やはり相殺の合理的期待がないとはいえないとした。

本判決は、民再法93条2項2号の「前に生じた原因」の判断基準について原判決と異なり、明示的に示していない。しかし、「前に生じた原因」に基づく債務かを判断する過程において、「相殺することについて合理的な期待を有しないということはできない」ことを考慮していることから、相殺の合理的期待の有無を実質的に判断しているものと思われる[14]。

そして、本判決のいう相殺の合理的期待というのは、その文言上、合理的期待がないとはいえないレベルの、一定程度の相殺の期待が認められれば足

---

13 この点、浅田隆ほか「〈座談会〉ペーパーレス証券からの回収の可能性と課題－投信受益権からでんさいまで－」金法1963号19頁において、山本和彦教授は、原判決と本判決で判断が分かれたのは、管理委託契約の解約の自由をどのように考えるかの問題であり、原判決に基づいて考えれば、自由に銀行を変えられるのであるから、相殺の合理的な期待がないと判断する余地がある旨を示唆する。
14 この点、破産手続開始後に停止条件が成就する停止条件付債務を受働債権とした相殺の可否につき、最判平成17年1月17日民集59巻1号1頁は、このような相殺が許されない「特段の事情」の存否により決せられるとするが、同最判は、「特段の事情」の存否を、相殺の合理的期待の有無を実質的に判断することにより判断しているように思われ、本判決と同様の判断枠組みによっているものと解される（第24講参照）。

りるものであり、原判決[15]のいう「具体的な相殺期待を生じさせる程度に直接的なもの」という基準よりも緩やかな、抽象的な期待で足りるとするものであると解される。

原判決と本判決とでは、相殺に対する合理的期待のとらえ方が異なるようであるが、この点について最高裁判所がどのような判断をするかが注目されるところである。

5　実務対応

(1)　相殺の方法による投資信託からの回収

第24講の大阪高判平成22年4月9日金法1934号98頁（以下「本件大阪高判」という）および本判決の二つの判決をふまえると、投資信託の販売会社が投資信託の受益者に対して債権を有している場合における、相殺の方法による投資信託からの債権回収に関する留意点は次のとおりである。

ア　倒産手続開始後に解約実行請求権が行使された場合の相殺

破産手続開始後、破産管財人から受益者の投資信託の解約実行請求があった場合、本件大阪高判によれば、貸付債権と解約金支払債務を相殺することができることとなる。

しかし、再生手続開始後、同様の解約実行請求があった場合、裁判例からは、貸付債権と解約金支払債務を相殺することができるか、明らかではない。また、更生手続開始後および特別清算開始後についても、明らかではない。

したがって、破産手続以外の倒産手続の場合は、開始決定前に次のイの方法による債権回収も検討する必要がある。もっとも、後述するとおり、開始決定前にイの方法による債権回収が可能な場合は限られるように思われるため、破産以外の原因で債務者の倒産手続が開始した場合、債権者である販売会社としては、相殺の方法とあわせて後述の(2)の方法をとることによって債

---

[15] 原判決は、「前に生じた原因」の解釈につき、「これを合理的という言葉を用いて解釈するか別としても」としており、実質的には、本判決と同様、相殺の合理的期待という判断基準を採用していると解する余地もあるように思えるが、本件についての当てはめをみると、やはり、本判決よりも厳しい判断基準によって判断しているように思われる。

権回収を図ることを検討すべきことになる。

イ　倒産手続前の解約実行請求権の代位行使による相殺

　相殺の前提として、受働債権となる解約金支払債務が発生するには、投資信託の解約実行請求がなされる必要がある。

　解約実行請求の方法は、受益者や管財人が任意に行使する方法のほかに、本判決によれば、債権者である販売会社が、債権者代位権の要件を満たす限り、代位行使する方法が認められる。

　したがって、倒産手続開始前であれば、解約実行請求権を代位行使して、貸付債権と解約金支払債務を相殺することができることとなる（本判決は、再生手続に関してのものであるが、再建型の再生手続に関して相殺の合理的期待が認められるのであれば、他の倒産手続に関しても認められるのではなかろうか）。なお、受益者の指定預金口座に入金後は、預金返還債務という債務に転化したものとみなされるおそれがあるため、相殺は指定預金口座への入金前に行うべきであろう（大阪地判平成23年10月7日判時2148号85頁参照）。

　しかし、いったん倒産手続が開始されれば、債権者代位権は行使できなくなるものであり[16]、通常、債務者の支払停止から倒産手続の開始決定までそれほど時間を要しないことにかんがみると、債権者代位権を行使できるのは、本判決のように、主債務者に再生手続が開始したことに伴い、連帯保証人が支払停止となり、その後連帯保証人についても民事再生手続が開始されるといった例外的な場合に限られるように思われる。

　そして、本件大阪高判および本判決が存在することにかんがみれば、破産管財人や民事再生債務者の代理人等は、投資信託については他の口座管理機関への振替えが可能な銘柄である限り、解約実行請求ではなく、口座振替請求を選択する可能性があると思われるところ、そのような場合、債権者である販売会社としては、次の(2)の方法による債権回収を検討することになる。

　また、既述のように、本判決に対しては上告受理申立てがされ、最高裁判所の判断が待たれるところであるが、仮に本判決における相殺についての判断が覆された場合にも、販売会社としては、次の(2)の方法による債権回収を

16　伊藤・前掲注9・204頁。

検討することになる。

　(2)　その他の方法による投資信託からの債権回収について[17]

ア　強制執行による回収

　債権者は、振替社債等に関する強制執行の方法（民事執行規則150条の2以下）により振替投資信託受益権を差し押さえることにより、取立権の行使として（同規則150条の5）、販売会社に対して解約実行請求することができ、委託者によって信託契約の解約が実行されて販売会社が解約金の交付を受けたときは、販売会社から解約金支払請求権を取り立てることができる（第23講参照）。

　もっとも、強制執行の方法による場合は、他の債権者と競合した場合において、優先弁済権がなく、また、倒産手続開始決定後は奏効しない（破産法42条等）とのデメリットがある。

イ　旧銀行取引約定書ひな型4条に基づく取立て・弁済充当

　また、旧銀行取引約定書ひな型4条4項[18]に基づき、投資信託の解約実行請求権を行使し、解約金を弁済充当することが考えられる。

　旧銀行取引約定書ひな型4条に基づく取立て・弁済充当の可否を検討するにあたっては、①投資信託受益権が「動産・手形その他の有価証券」に該当するといえるか、②銀行が債権者として投資信託受益権を「占有」（準占有）しているといえるかの2点について検討する必要があると考えられる。また、同条項を銀行が取立て・処分権限を債務者から委任されたものと解する見解があり、この見解によると、破産手続開始決定は委任の終了事由に該当

17　投資信託からの債権回収については、安東克正「8つの裁判例からみた投資信託からの回収」金法1944頁40頁以下が詳しい。
18　旧銀行取引約定書ひな型4条の規定は、以下のとおり。
　「第4条（担保）
　　①・②　（略）
　　③　担保は、かならずしも法定の手続によらず一般に適当と認められる方法、時期、価格等により貴行において取立または処分のうえ、その取得金から諸費用を差し引いた残額を法定の順序にかかわらず債務の弁済に充当できるものとし、なお残債務がある場合には直ちに弁済します。
　　④　貴行に対する債務を履行しなかった場合には、貴行の占有している私の動産・手形、その他の有価証券は、貴行において取立または処分することができるものとし、この場合もすべて前項に準じて取り扱うことに同意します。」

するため（民法653条2号）、破産手続開始後は、旧銀行取引約定書ひな型4条に基づく取立てはできないと解されることとなる点に注意が必要である[19]。その他の倒産手続については、同条項を取立て・処分権限の委任と解したとしても、手続開始は委任の終了事由に該当しないと解されるが、手続開始後であっても、このような取立て・弁済充当が有効かについても、明らかではないため、この点についても検討する必要がある（③）。

大阪地判平成23年1月28日金法1923号108頁は、銀行が、債務者の民事再生手続開始後、旧銀行取引約定書ひな型4条4項と同様の規定に基づき、債務者の保有していた投資信託を受益者の了承を得ずに解約し、融資金に充当した事案について、①につき、投資信託の受益権について旧銀行取引約定書ひな型4条4項に相当する規定が適用ないし準用され、②につき、銀行の準占有が認められるとし、さらに、③につき、再生手続が開始した後も、準委任契約は終了せず、同項により銀行に授与された任意処分権は、なお存続しているものとしている。

他方、上記裁判例は、原告が、解約手続を理由とした不法行為を主張した事案であり、上記裁判例については、民再法上、弁済充当が正当なものとして維持されるかどうかということについては、特に述べていないとの見解[20]や、管理命令が発令され管財人が選定されており、特殊なケースであったのではないかと考えられ、判決内容をそのまま実務に反映させることについてはやや注意が必要ではないかとの見解があるところであり[21]、確立した見解とはいえないようにも思われる[22]。

ウ　商事留置権

受益者が株式会社等の商人の場合については、倒産手続開始後、別除権と

19　安東克正「銀行員が書いた銀取のトリセツvol.7　第4条3項（占有動産の処遇）・4項（法定担保権）」銀行法務21・752号50頁。
20　浅田ほか・前掲注13・18頁の森下哲朗教授発言。なお、同発言は、商法521条の商事留置権が認められない場合に旧銀行取引約定書ひな型4条4項の効力があるかを議論するなかでなされたものであり、この議論のなかでは、最判昭和63年10月18日民集42巻8号575頁を根拠に、商法521条の商事留置権が認められない場合には、旧銀行取引約定書ひな型4条4項による弁済充当も認められないとの発言もなされている（18頁の山本和彦教授発言、道垣内弘人教授発言）。
21　安東・前掲注18・30頁。

しての商事留置権（商法521条）の成立を主張し、旧銀行取引約定書ひな型4条に基づき取立て・弁済充当を行う方法が考えられる。

　この場合も、旧銀行取引約定書ひな型4条に基づく取立て・弁済充当の場合と同様、上記イで述べた①ないし③の各論点を検討する必要がある。③に関し、倒産手続開始後の効力については、商法521条の商事留置権は、民再法上、別除権として扱われ（同法53条）、判例上、銀行が破産・民事再生手続開始後に取り立てた手形金を旧銀行取引約定書ひな型4条に基づき弁済充当できるとされているため[23]、旧銀行取引約定書ひな型4条のみに依拠して取立て・弁済充当を行う場合に比べて、取立ておよび弁済充当の効力が認められやすいものと考えられる。しかし、これらの判例は、いずれも、約束手形についてのものであって、投資信託の受益権に妥当するかは明らかではないうえ、上記イで述べた①および②の点についても直接判示した裁判例はないようであり[24]、投資信託の受益権につき商事留置権が成立するかについて、判断が確立しているということはできない状況にあるように思われる[25]。

　したがって、商事留置権の成否について不確定要素が残る以上、実務上は、(1)の相殺の方法が可能な状況であるならば、まずは相殺によって対応し、相殺の方法によることができない場合に、（商事留置権の成立を主張しうる事案であれば）商事留置権の成立を主張して口座振替請求を拒み、旧銀行取引約定書ひな型4条に基づく取立て・弁済充当を行うということになろ

22　同様に民事再生手続開始後に金融機関が行った投資信託の解約金と貸付金との相殺について有効性を認めたものとして名古屋地判平成25年1月25日判時2182号106頁がある。上記名古屋地判においては、被告は、銀行取引約定書に基づき投資信託受益権を解約し、解約金を貸付債権の弁済に充当し、また解約金返還債務と貸付金とを相殺した等と主張したが、上記名古屋地判は、銀行取引約定書に基づく取立てについては認めながら、弁済充当については弁済充当が「債務を消滅させる行為の効力を主張する」ものであり、弁済禁止の保全処分による制約を受け、民事再生法30条6項に反し許されないとし、他方で、法定相殺を認めた。

23　破産手続につき、最判平成10年7月14日民集52巻5号1261頁。民事再生手続につき、最判平成23年12月15日民集65巻9号3511頁。

24　①および②の要件の該当性に係る議論につき、浅田ほか・前掲注13・24頁以下参照。

25　安東・前掲注18・42頁も、確立した回収方法というまでには決め手に欠けるといわざるをえないとする。他方、振替投資信託受益権につき商事留置権が成立するという見解として、中野修「振替投資信託受益権の解約・処分による貸付金債権の回収」金法1837号50頁および坂本寛「証券投資信託において受益者に破産手続ないし民事再生手続が開始された場合の債権回収を巡る諸問題」判タ1359号22頁がある。

う。

(3) 銀行取引約定書の対応[26]

旧銀行取引約定書ひな型4条を主張して投資信託からの債権回収を行うにあたり、(2)イ①の点について疑義をなくそうとするならば、銀行取引約定書の改定により、振替投資信託受益権について、換価および弁済充当の権利を有することを明確化することが考えられる（上記大阪地判平成23年1月28日参照[27]）。

（髙木いづみ・松本亮一）

---

26 髙山ほか・前掲注7・12頁参照。
27 同裁判例は、振替投資信託受益権について銀行取引約定書の適用を認めるにあたり、当該約定書が締結された時点においていまだ振替制度への移行途上にあり、「動産、手形その他の有価証券」という文言がなお継続的に用いられたことも無理からぬところがあるということを理由の一つとしており、振替制度への移行から相当期間が経過した後においては同様の理由づけは妥当しない可能性がある。

V

信託関係の対外的効力

第 26 講

信託型不動産小口化商品における敷金返還義務を含む賃貸人の地位の承継[1]

最判平成11年3月25日判タ1001号77頁

判決要旨

他に賃貸している建物を第三者に譲渡して所有権を移転した場合において、新旧所有者間において賃貸人の地位を旧所有者に留保する旨を合意したとしても、これをもって直ちに敷金返還義務を含む賃貸人の地位が新所有者へ移転することを妨げるべき特段の事情があるものということはできない。

事案の概要

1　(1)　平成元年3月31日、Aは本件ビルをBに譲渡し、Bより賃借した。

(2)　平成元年6月16日、X（原告、被控訴人、被上告人）は、Aより本件ビルの6〜8階部分（以下「本件建物部分」という）を賃借し（以下本件建物部分の賃貸借契約を「本件賃貸借契約」という）、Aに対し保証金名目で3,383万1,000円（以下「本件保証金」という）を交付した（20％を償却する旨の約定あり）。

(3)　平成2年2月15日、AはBより本件ビルを買戻しした。

(4)　平成2年3月27日、AはCほか38名（以下「Cら」という）に対し本件ビルを売却した。CらはY（被告、控訴人、上告人）に対し本件ビルの共有持分を信託譲渡した。YはDに対し本件ビルを賃貸し、DはAに対し本件ビルを賃貸した。

(5)　平成3年9月12日、Aは破産宣告を受けた。Xはこれ以前に(4)の事実を知らず、Aに対する賃料の支払を継続しており、A以外の者がX

---

[1] 本判決は、Column 1「信託関連訴訟の類型」で提示した信託訴訟類型のうちの②「信託の外部関係に関するもの」に該当する。

【関係図】

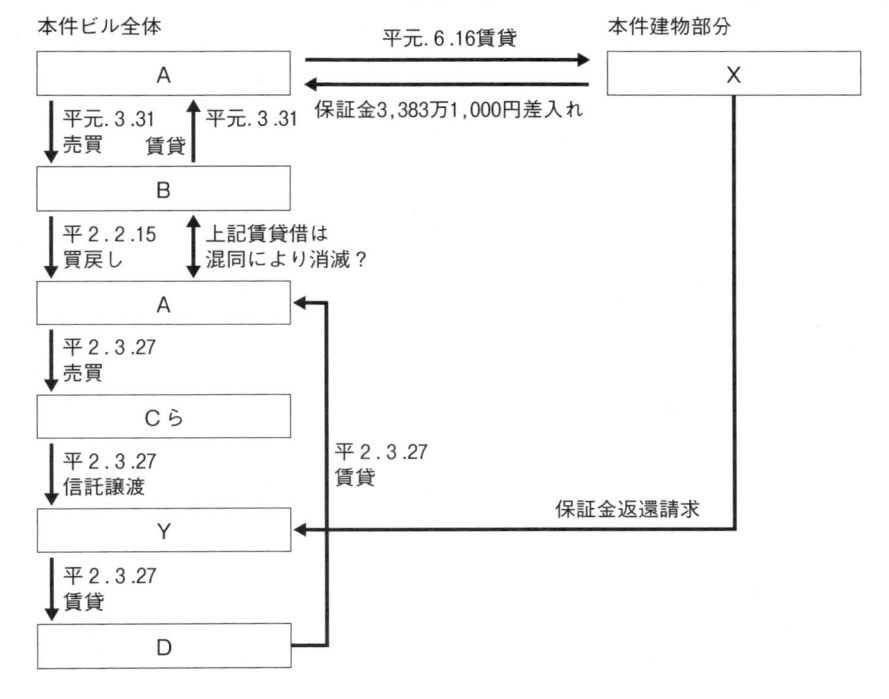

```
本件ビル全体                 平元.6.16賃貸            本件建物部分
    A          ─────────────────────→          X
                ←─────────────────────
  │ 平元.3.31  ↑ 平元.3.31   保証金3,383万1,000円差入れ
  ↓ 売買      │ 賃貸
    B
  │ 平2.2.15  ↑ 上記賃貸借は
  ↓ 買戻し    │ 混同により消滅？
    A ←──────────────────┐
  │ 平2.3.27                │
  ↓ 売買                    │
    Cら                    │
  │ 平2.3.27      平2.3.27 │
  ↓ 信託譲渡     賃貸       │  保証金返還請求
    Y ←──────────────────┤
  │ 平2.3.27                │
  ↓ 賃貸                    │
    D ←──────────────────┘
```

に対して本件賃貸借契約の賃貸人としての権利を主張したことはなかった。

(6) (5)を受けて、XはYに対し本件賃貸借契約の賃貸人の地位がYに移転したと主張したが、Yはこれを否定した。

(7) 平成4年9月16日、(6)により信頼関係が破壊されたとして、XはYに対し、本件賃貸借契約解除の意思表示をし、同月末日をもって本件建物部分より退去した。

(8) XはYに対し、本件保証金から約定の20％の償却費を控除した残額（2,706万4,800円）および遅延損害金の支払を求めて提訴した。

2　Xは、A・B間の本件ビルの賃貸借契約は、Aの買戻しにより混同によって消滅した、本件賃貸借契約の賃貸人たる地位は、AからCらを経てYに承継されたと主張したのに対し、Yは、①Xは本件ビルの所有者で

あったBから本件建物部分を借り受けたのでなく、Bから賃借していたAから転借を受けたものであるから、その後たまたまAが本件ビルを買い戻したからといって、A・B間の本件ビルの賃貸借契約が混同によって消滅することはない、②本件のような事実関係によれば、AとCら、CらとYは、それぞれ本件賃貸借契約の貸主たる地位を承継することなくXへの貸主はAとしたままとすることを合意して、本件ビルの持分の売買または信託譲渡をしたものと解すべきであり、Yが本件賃貸借契約における貸主の地位を承継したものというべき理由はない、③CらおよびYはAから本件保証金の交付を受けていない、④債務は信託の対象とならないからYは本件保証金債務を承継しない、⑤本件保証金は敷金の性質を有するものではないから賃貸人の地位の移転があっても返還債務は承継されない、などと主張した（③ないし⑤の主張は原審でYが主張を追加したもの）。

3　第1審である東京地判平成5年5月13日判時1475号95頁は、①賃貸人が賃貸借の目的たる不動産を第三者に売却するなどして譲渡したとき、賃貸人と引渡しを受けた賃借人との間の賃貸借契約における貸主たる地位は、そのまま第三取得者に当然に承継されるものであり、賃貸人と第三取得者とが第三取得者において賃貸人たる地位を承継しない旨の合意をしていても、それだけでは賃借人に対して効力を生じる余地はない[2]、②旧信託法上の信託にあっては、債務自体または積極財産と消極財産とを含む包括財産を信託の目的とすることはできないけれども、保証金の返還債務等を含む賃貸借契約は、賃貸目的物の所有権と結合した一種の状態債務関係ということができるから、公租公課の負担を伴った財産権などと同様に、賃貸借契約を伴った不動産を信託の目的とすることは許されるものと解することができる、と判示し、Xの請求を認容した。

4　原審である東京高判平成7年4月27日金法1434号43頁は、①自己の所有建物を他に賃貸している者が賃貸借契約継続中にその建物を譲渡した場合

---

[2] 第1審判決は、AからCら、Yへの所有権移転による賃貸人の地位の移転が生じる前提として、賃借人であったAが所有者（賃貸人）たるBから本件ビルを買い戻し、その所有権を取得したことによってA・B間の賃貸借関係はその存立の基盤を失い、混同（民法520条）によって消滅したと判示している。原審判決も同様。

には、特段の事情が存する場合を除き、賃貸人たる地位もこれに伴って当該第三者に移転するものであり、建物の賃借人が対抗力ある賃借権を有する場合には、その者が新所有者との間の賃貸借関係を主張する限り、賃貸借関係は新所有者との間に移行するものであるから、新旧所有者間において、従前からの賃貸借関係の賃貸人の地位を従前の所有者に留保する旨の合意があるほか、賃借人においても賃貸人の地位が移転しないことを了承または容認しているのでなければ、前記の特段の事情が存する場合に当たるとはいえない[3]、②旧信託法1条が信託の対象として規定する財産権は、積極財産を意味し、債務そのものは信託の対象とならないが、その積極財産が担保物権を負担していたり、財産権自体に付随する負担（たとえば、公租公課）を伴うことは妨げないものであり、本件ビルのように従前からの賃貸借が設定されている場合、目的物の所有権に伴う賃貸人たる地位は債権債務を含む包括的な地位であって、単なる債務とも異なるものであるから、賃貸借契約が存在すること自体は本件ビルを信託の対象とすることの妨げとなるものではないというべきである。旧信託法16条1項は、信託財産につき信託前の原因によって生じた権利に基づく信託財産に対する強制執行を認めているが、賃貸借関係の存在する不動産を信託の対象とした場合、敷金に関する法律関係は賃貸借契約に随伴するものであるから、敷金返還請求権は信託財産につき信託前の原因によって生じた債務というべきであり、本件ビルの信託譲渡を受けたYは本件建物部分の賃貸人たる地位を承継するとともに本件保証金返還債務を負担するに至ったものであるというべきである、と判示し、Yの控訴を棄却した。

---

[3] 本件保証金は本件賃貸借契約上の賃料および管理共益費の合計額の20カ月分に相当する金額であり、返還に際して20％の償却費を控除する約定となっており、これが敷金に該当するのか保証金に該当するのかも争点となるところである。第1審判決では、Yが、本件保証金の性質について特段主張していなかったため、この点についてなんら触れていないが、原審で、Yは、本件保証金は敷金の性質を有するものではないから本件賃貸借契約上の貸主の地位の移転があっても本件保証金返還債務は承継されないとの主張を追加した。原審判決は、本件保証金について、契約期間中の賃借人の賃貸人に対する債務に充当することができ、賃借人は賃貸人の通知を受けてから5日以内に不足額を補てんしなければならないこととなっていること、賃貸借契約が終了し賃借人が本件建物部分を明け渡した後本件保証金残額を返還することとなっていることをもって、敷金の性質を有するものと認定している。

本判決

上告棄却。

「自己の所有建物を他に賃貸して引き渡した者が右建物を第三者に譲渡して所有権を移転した場合には、特段の事情のない限り、賃貸人の地位もこれに伴って当然に右第三者に移転し、賃借人から交付されていた敷金に関する権利義務関係も右第三者に承継されると解すべきであり（中略）、右の場合に、新旧所有者間において、従前からの賃貸借契約における賃貸人の地位を旧所有者に留保する旨を合意したとしても、これをもって直ちに前記特段の事情があるものということはできない[4]。

けだし、右の新旧所有者間の合意に従った法律関係が生ずることを認めると、賃借人は、建物所有者との間で賃貸借契約を締結したにもかかわらず、新旧所有者間の合意のみによって、建物所有権を有しない転貸人との間の転貸借契約における転借人と同様の地位に立たされることとなり、旧所有者がその責めに帰すべき事由によって右建物を使用管理する等の権原を失い、右建物を賃借人に賃貸することができなくなった場合には、その地位を失うに至ることもありうるなど、不測の損害を被るおそれがあるからである。

もっとも、新所有者のみが敷金返還債務を履行すべきものとすると、新所有者が無資力となった場合などには、賃借人が不利益を被ることになりかねないが、右のような場合に旧所有者に対して敷金返還債務の履行を請求することができるかどうかは、右の賃貸人の地位の移転とは別に検討されるべき問題である」

なお、本判決には、以下のような藤井正雄裁判官の反対意見が付されている。

「（中略）甲が、その所有建物を乙に賃貸して引き渡し、賃貸借継続中に、右建物を丙に譲渡してその所有権を移転したときは、特段の事情のない限

---

[4] 本判決においては、原審において判断が示されていたAがBから本件ビルを買い戻したことによるA・B間の賃貸借契約の混同による消滅、本件保証金の敷金該当性および旧信託法と敷金返還債務の承継との関係についてなんら判示していないが、原審の判断を是認するものと考えられる。

り、賃貸人の地位も丙に移転し、丙が乙に対する賃貸人としての権利義務を承継するものと解されていることは、法廷意見の説くとおりである。甲は、建物の所有権を丙に譲渡したことにより、乙に建物を使用収益させることのできる権能を失い、賃貸借契約上の義務を履行することができなくなる半面、乙は、借地借家法31条により、丙に対して、賃貸借を対抗することができ、丙は、賃貸借の存続を承認しなければならないのであり、そうだとすると、旧所有者甲は賃貸借関係から離脱し、丙が賃貸人としての権利義務を承継するとするのが、簡明で合理的だからである。しかし、甲が、丙に建物を譲渡すると同時に、丙からこれを賃借し、引き続き乙に使用させることの承諾を得て、賃貸（転貸）権能を保持しているという場合には、甲は、乙に対する賃貸借契約上の義務を履行するにつき何の支障もなく、乙は、建物賃貸借の対抗力を主張する必要がないのであり、甲乙間の賃貸借は、建物の新所有者となった丙との関係では適法な転貸借となるだけで、もとのまま存続するものと解すべきである。（中略）

　もし法廷意見のように解すると、小口化された不動産共有持分を取得した持分権者らが信託会社を経由しないで直接にサブリース契約を締結するいわゆる非信託型（中略）の契約形態をとった場合には、持分権者らが末端の賃借人に対する賃貸人の地位に立たなければならないこととなるが、これは、不動産小口化商品に投資した持分権者らの思惑に反するばかりでなく、多数当事者間の複雑な権利関係を招来することにもなりかねない。また、本件のような信託型にあっても、仮に本件とは逆に新所有者が破産したという場合を想定したとき、関係者はすべて旧所有者を賃貸人と認識し行動してきたにもかかわらず、旧所有者に対して法律上保証金返還請求権はなく、新所有者からは事実上保証金の返還を受けられないことになるが、この結論が不合理であることは明白であろう」

検　討

1　問題の所在

　本判決では、自己の所有不動産を他に賃貸して引き渡した者が当該不動産

の所有権を第三者に移転した場合に、新旧所有者間における賃貸人の地位を旧所有者に留保する旨の合意が、賃貸人の地位の新所有者への移転を妨げるべき特段の事情に該当するかが問題となった。

また、本判決では直接触れられていないが、本判決の結論に至る前提として、第1審および原審で判示されているとおり、信託契約締結前に発生していた敷金返還債務を新所有者たる受託者が承継することの可否が旧信託法1条との関係で問題となったものである。

2　学説等の状況

(1)　旧信託法1条と敷金返還債務の承継について

旧信託法1条は「本法ニ於テ信託ト称スルハ財産権ノ移転其ノ他ノ処分ヲ為シ他人ヲシテ一定ノ目的ニ従ヒ財産ノ管理又ハ処分ヲ為サシムルヲ謂フ」としており、旧信託法においては、信託の対象となる「財産権」とは積極財産を指し、消極財産を受託者に移転するには債務引受等が必要とするのが通説である[5]。

しかし、通説の考え方によっても、信託財産に関して信託成立前に発生した債務が信託財産の負担となることがおよそ否定されるものではない。この点につき、四宮博士は、信託行為の目的とされる信託財産は積極財産でなければならず、債務自体を信託することは認められないが、信託の目的たる積極財産が、担保物権を負担していることはさしつかえなく（旧信託法16条1項参照）[6]、また財産権自体に付随する負担（例、公租公課）を伴うことは妨げないとしている[7]。

また、新井教授[8]は、少なくとも包括財産としての信託の設定が行われる限り、固定資産税のような潜在的な負担はもとより、通常の債務を含めて、

---

[5] 積極財産と消極財産とが混在する包括財産が信託された場合は、一部無効の理論により、積極財産のみの信託がなされたものと解し、当事者の意思が両者を不可分とする趣旨と解される場合にのみ全部無効と解することとなる（四宮133頁）。
[6] 能見253頁にも、「信託前の原因によりて生じたる債権」（旧信託法16条）とは、一般に、その信託財産となる財産について担保権などの物的な権利を有することを意味するとの記述がある。
[7] 四宮133頁。
[8] 新井341頁～342頁。

消極財産を旧信託法1条の財産権に含めてよいものと考えるべきとしている[9]。新井教授は、土地信託で設定後に信託事務として運用資金の借入れを行うことと、信託設定時から信託財産が消極財産を含む包括財産であることを区別し、前者は有効だが後者は無効とする必要はなく、積極財産性に固執するならば、潜在的なかたちでは固定資産税の負担が伴われている土地信託という類型自体が許容されないことになりかねないと述べている。

一方、道垣内教授[10]は、債務は、信託設定時はもちろん信託成立後においても「信託財産」となりえないとする。道垣内教授は、債務を「信託財産」と考えるならば、旧信託法15条により受託者の相続人には承継されないこととなるはずであるがそのような効果は生じない、したがって債務が受託者の「信託財産ニ関シテ負担シタル租税、公課其ノ他ノ費用」であるということは、信託財産から補償を受けられるにすぎないものである（旧信託法36条1項）とする。さらに、本判決の原審が採用したと思われる、信託財産が債務を負担するという四宮博士の見解は実質的法主体説[11]を前提としてはじめて採用しうるものであり、本判決の事案における敷金返還債務については、信託財産として承継したものではなく、賃貸人たる地位を承継した結果、信託設定時に新たに負うに至ったものと解すべきと述べている。

(2) 賃貸不動産の所有権移転と賃貸人たる地位の移転

債務を伴う契約上の地位の譲渡契約は、債権者の承諾がないときは債権者に対して効力を生じないのが原則であるが（最判昭和30年9月29日民集9巻10号1472頁）、最判昭和46年4月23日民集25巻3号388頁は、賃貸借の目的となっている土地の所有者が、その所有権とともに賃貸人たる地位を他に譲渡する場合には、賃貸人の義務の移転を伴うからといって、特段の事情のない限り[12]、賃借人の承諾を必要としないものと判示した。また、最判昭和39年8月28日民集18巻7号1354頁（以下「昭和39年最判」という）は、自己所有建

---

9 星野豊「建物の譲渡と賃貸借契約に基づく保証金返還債務の承継」ジュリ1087号154頁も、包括財産についての信託の設定は有効であるとの議論も今後は十分検討に値するとしている。
10 道垣内弘人「最近信託法判例批評(7)」金法1597号66頁〜69頁。
11 信託財産の実質的法主体性を承認し、受益者は受託者に対して債権を有するだけでなく、信託財産に対する物的権利も有するとする見解（四宮79頁〜80頁）。

物を他に賃貸している者が賃貸借継続中に第三者に当該建物の所有権を移転した場合には、特段の事情のない限り、賃貸人の地位もこれに伴って当該第三者へ移転するものと解すべきであると判示した。

そして、この「特段の事情」について、昭和39年最判の最高裁判所判例解説において、旧賃貸人が目的不動産の所有権移転に際し賃借人に対する賃貸の権能を留保する場合等が考えられるとの見解が述べられていた[13]。

3 本判決の意義およびその射程

(1) 旧信託法1条と敷金返還債務の承継について

原審判決の判旨は、旧信託法1条と敷金返還債務の承継との関係について、四宮博士の見解をそのまま取り入れたような記載となっている。しかしながら、四宮博士が負担を伴うことを妨げないとしているのは、信託された財産につき将来課されることのあるべき公租公課を意味するものであり、すでに発生している条件付債務を信託財産において負担することを意味するものではないとの見解もあり[14]、四宮博士の見解から直ちに原審判決の結論が導き出せるのかは定かではない。

本判決は、旧信託法1条と敷金返還債務の承継の関係について、なんら触れていないが、本判決の結論はYが敷金返還債務を承継していることを前提とするものであり、旧信託法1条にかかわらず受託者は敷金返還債務を承継

---

12 この「特段の事情」について、評釈において、賃借人の異議を意味するものと解すべきとする見解が述べられていたが（鈴木重信「判解」民事篇昭和46年度（122頁）、東京地判平成4年1月16日金判903号30頁は、「特段の事情としては、当該不動産の所有権移転に先立って賃貸人（旧所有者）において賃貸借契約上の賃貸人としての地位の移転には賃借人の承諾を要する旨を了承している場合や、賃借人の承諾なく賃貸借契約関係が新所有者との関係に移行することが、当事者間における当該不動産の賃貸借を含めた全体的な契約ないし合意の趣旨に反し、若しくは著しく賃借人の利益を害する場合等に限定して解するのが相当であって、（中略）単に、賃借人において当該不動産の所有権移転に際して賃貸人の地位の承継に異議を述べ、あるいは所有権移転後直ちに異議を述べたといった事情のみをもって、賃貸借契約承継を阻止する効果を生じるものと解することはできない。また、賃借人と新所有者との間の賃貸借契約の内容は、従前の旧所有者との間の契約内容と同一のものとなるから、賃借人が新所有者との間の賃貸借契約関係から離脱すべき事由についても従前の賃貸借契約によって決められることであり、常に賃借人において所有権移転後直ちに異議を述べることによって任意に新所有者との間の賃貸借関係から離脱する自由を有するものと解することもできない」と判示している。
13 森綱郎「判解」民事篇昭和39年度310頁。

すると判断していると解される。しかしながら、原審同様に四宮博士の見解を採用するものであるのか、第1審判決のように状態債務関係概念を利用するものであるのか、包括財産の信託を許容する見解によるのか等その理由づけは定かではない。したがって、本判決は、旧信託法のもとで、賃借人のいる不動産の信託において敷金返還請求権を受託者が承継することを明らかにしたものといえるものの、債権債務を包括する契約関係一般について信託成立と同時に受託者に承継させることを可能と判断したものとまで解することはできないように思われる。

この点、補足説明では、要綱試案第1の3の「信託契約の効力が生じる時に、受託者となる者は、委託者となる者が負担している債務を信託財産に属する債務として引き受けることができるものとする」という内容に関し、「信託契約による信託の設定の段階において、委託者が有する債務を受託者が信託債務として引き受けることができる旨を提案するものである。これまでも、受託者に債務を帰属させることは、信託の成立後に、民法の一般原則に従って債務引受の手続をとれば可能であると解されてきた。しかしながら、信託の成立後に、債権者の承諾を得て委託者から受託者に債務を移転することはできるが、信託の設定当初からこのように債務を移転することはできないと構成しなければならない合理性はないから、信託の設定当初から債務を引き受けることができることを明確にすることとしたものである。このように措置がされることにより、積極財産の価額が消極財産の価額を下回る形の信託の設定も可能となり、さらに、いわゆる事業の信託を行うことも可能となると考えられる」としており（補足説明4頁）、旧信託法下においては

14　前掲注8・星野154頁。なお、同論文は、第1審判決が、保証金返還債務をYが承継する理由とした、保証金返還債務を含む賃貸借関係は「一種の状態債務関係」であるという点について、保証金返還債務を含む賃貸借関係が「状態債務関係」であるということは賃貸借関係が包含する積極財産と消極財産とが分離不能であることを意味しているにすぎず、「状態債務関係」であることそれ自体から、かかる債務を伴った財産について信託の設定が有効であるとの結論を導くことはできないと批判している。なお、状態債務関係概念の援用を待つまでもなく、旧信託法16条の解釈論として敷金返還債務の承継を認める見解を妥当とするものとして、松本崇「「不動産小口化商品」において保証金返還債務を含むビル賃貸借契約上の貸主たる地位がビル持分の売買および信託に伴って承継されるとした事例」金法937号43頁。

信託成立時に受託者が債務を承継することは認められていなかったことを前提としているものと思われる。

(2) 現行信託法下での適用可能性

現行信託法においても、信託財産は積極財産でなければならないとの考え方は維持されていると解されているが[15]、信託財産責任負担債務の概念が導入され（現行信託法2条9項[16]、21条1項[17]）、債務についても信託行為で定めれば、信託設定と同時に承継することが認められた。敷金返還債務は、同法21条1項2号の「信託財産に属する財産について信託前の原因によって生じた権利」に係る債務に該当すると解され、現行信託法下においては、信託財産である不動産の賃貸借に伴う敷金返還債務を信託受託者に承継させることは問題なく認められるようになったと思われる。さらには、信託行為をもって明示的に規定すれば、建設協力金返還債務のような賃貸借契約に必ずしも付随するものとはいえない債務を信託受託者に承継させることも可能であると解される（当然のことながら、免責的債務引受とするには債権者たる賃借人の承諾が必要となる）。

(3) 賃貸不動産の所有権移転と賃貸人たる地位の移転

本判決は、昭和39年最判が賃貸不動産の所有権移転にかかわらず賃貸人の地位が移転しない例外的場合としてあげた「特段の事情」について、新旧所有者間における賃貸人の地位を旧所有者に留保する旨の合意のみでは「特段の事情」に該当しないことを明らかにしたものの、それ以上にどのような場合に「特段の事情」に該当するかについては明らかにしていない。

この点に関し、民法（債権法）改正検討委員会が平成21年3月末に取りまとめた債権法改正の基本方針【3.2.4.06】〈1〉においては、「賃貸借の目的

---

15 寺本昌弘ほか「新信託法の解説(2)−金融実務に関連する部分を中心に−」金法1794号22頁。
16 現行信託法2条9項は、「信託財産責任負担債務」につき、「受託者が信託財産に属する財産をもって履行する責任を負う債務をいう」と定義し、具体的な範囲については同法21条1項で規定している。
17 「信託財産に属する財産について信託前の原因によって生じた権利」（現行信託法21条1項2号）、「信託前に生じた委託者に対する債権であって、当該債権に係る債務を信託財産責任負担債務とする旨の信託行為の定めがあるもの」（同項3号）などが信託財産責任負担債務に該当する。

たる不動産の所有権が移転した場合において、【3.2.4.05】により、その不動産の賃借権が対抗できるときは、新所有者は、従前の賃貸借の賃貸人たる地位を承継する。不動産の旧所有者と新所有者との間での、賃貸人たる地位を譲渡人に留保する旨の合意は無効である」とすることが提案されていた。しかしながら、平成25年2月26日に法制審議会民法(債権関係)部会が決定・公表した「民法(債権関係)の改正に関する中間試案」(以下「中間試案」という)においては、第38(賃貸借)4において、「(2)不動産の譲受人に対して上記(1)により賃貸借を対抗することができる場合には、その賃貸人たる地位は、譲渡人から譲受人に移転するものとする。(3)上記(2)の場合において、譲渡人及び譲受人が、賃貸人たる地位を譲渡人に留保し、かつ、当該不動産を譲受人が譲渡人に賃貸する旨の合意をしたときは、賃貸人たる地位は、譲受人に移転しないものとする。この場合において、その後に譲受人と譲渡人との間の賃貸借が終了したときは、譲渡人に留保された賃貸人たる地位は、譲受人又はその承継人に移転するものとする」とされ、新旧所有者間において留保合意をし、かつ賃貸借契約を締結することにより、賃貸人の地位が承継されないことを認める内容となっている[18]。本論点は議論のあるところであり、今後いかなる方向で議論が進められるかは定かではないが、債権法改正によって、賃貸不動産の譲渡にかかわらず賃貸人たる地位を留保することが可能であることおよびその要件が明文化される可能性がある。

なお、本判決は、傍論で、新所有者のみが敷金返還債務を履行すべきものとすると、新所有者が無資力となった場合などには、賃借人が不利益を被ることになりかねないが、このような場合に旧所有者に対して敷金返還債務の

---

[18] 「民法(債権関係)の改正に関する中間試案の補足説明」(http://www.moj.go.jp/shingi1/shingi04900184.html) 第32の4(補足説明)の2は、実務では、たとえば賃貸不動産の信託による譲渡等の場面において賃貸人たる地位を旧所有者に留保するニーズがあり、そのニーズは賃貸人たる地位を承継した新所有者の旧所有者に対する賃貸管理委託契約等によってはまかなえないとの指摘がある、このような賃貸人たる地位の留保の要件について、判例(本判決)は、留保する旨の合意があるだけでは足りないとしているので、その趣旨をふまえ、留保する旨の合意に加えて、新所有者を賃貸人、旧所有者を賃借人とする賃貸借契約の締結を要件として、その賃貸借契約が終了したときはあらためて賃貸人たる地位が旧所有者から新所有者またはその承継人に当然に移転するというルールを用意することとしている、としている。

履行を請求することができるかどうかは、賃貸人の地位の移転とは別に検討されるべき問題であると述べている。

この点に関し、上記債権法改正の基本方針【3.2.4.06】〈5〉において、賃貸不動産の所有権移転に伴い賃貸借契約が新所有者に承継された場合において、旧所有者はその返還債務の履行について担保義務を負担するとされていたが、中間試案では削除されている。もっとも、本判決がこの点について「検討されるべき問題」とする趣旨が立法的課題を示すものであるのか、解釈による可能性をも示すものであるのかは定かではなく、事案によっては、旧所有者が賃貸借関係から離脱したにもかかわらず、なお敷金返還義務を負うものと認められる可能性は完全には否定できないと思われる。

4　本判決の評価

本判決は、昭和39年最判が賃貸不動産の所有権移転にかかわらず賃貸人の地位が移転しない例外的場合としてあげた「特段の事情」に関し、昭和39年最判の最高裁判所判例解説において「特段の事情」に該当するものとの見解が述べられていた、新旧所有者間における賃貸人の地位を旧所有者に留保する旨の合意について、それのみでは「特段の事情」に該当しないことを明らかにした点において一定の意義があるものと考えられる。

しかしながら、本判決は、具体的にどのような場合であれば「特段の事情」があると認められるのかについては何の判断要素も示していない。

もっとも、本判決は、理由中において、新旧所有者間の合意に従った法律関係が生じることを認めると、賃借人は、建物所有者との間で賃貸借契約を締結したにもかかわらず、新旧所有者間の合意のみによって、建物所有権を有しない転貸人との間の転貸借契約における転借人と同様の地位に立たされることとなり、旧所有者がその責めに帰すべき事由によって当該建物を使用管理する等の権原を失い、当該建物を賃借人に賃貸することができなくなった場合には、その地位を失うに至ることもありうる[19]など、不測の損害を被

---

[19] 賃借人の債務不履行によって賃貸借が解除された場合には、転貸人としての義務に履行不能を生じ、転貸借は上記賃貸借の終了と同時に終了するとしたものとして最判昭和36年12月21日民集15巻12号3243頁。

るおそれがあると述べ、賃借人保護を重視する考えが示されている。このような本判決において示された考え方から推測するならば「特段の事情」があると認められるのは、新旧所有者間の留保合意に加え賃借人の了承がある場合などに限られるものと思われる。なお、中間試案は、新旧所有者間の合意に加えて両者間において賃貸借契約を締結することにより、賃貸人の地位は旧所有者にとどまるが、当該賃貸借契約が終了した場合には賃貸人の地位が新所有者に当然に移転するとのルールを設け、賃借人の保護を図ることとしたものである。これは、本判決の考え方を基礎としながら、その判断枠組みを超えて、新たな枠組みを提示したものと思われる。

　なお、反対意見は、本判決が、後述のとおり、いわゆる不動産小口化商品の事案であり、法廷意見のような見解をとることにより、投資家らに予想しえなかった損失を与えるおそれがあること[20]を危惧するものである。しかしながら、投資家らに生じる損失が予想されたものであるか否かについては販売時の説明責任の問題として議論されるべきであり、不動産小口化商品という個別の商品において予想しえなかった損失が生じるおそれがあることをもって、賃貸不動産における賃貸人たる地位の移転という賃貸借全体における結論を左右すべきものではないように思われる。

　ところで、本判決は、傍論で、新所有者が無資力となった場合などに、賃借人が旧所有者に対して敷金返還債務の履行を請求することができるかどうかは、賃貸人の地位の移転とは別に検討されるべき問題であると述べているが、どのような場合に賃貸人たる地位の移転にかかわらず、旧所有者に対し、なお賃借人が敷金返還請求をなしうるかについては何も明らかにしておらず、立法的課題について述べているのか解釈によって認められる可能性を示しているのかも定かではない。その後の裁判例においても、旧所有者が賃貸人たる地位を離脱したにもかかわらず、なお敷金返還債務を負うと認めら

---

[20] 仮に不動産小口化商品が信託型ではない場合であって建物の譲受人が複数であるときは、敷金返還債務は不可分債務（大阪高判昭和54年9月28日判タ401号81頁）として、持分権者全員が全額の支払義務を負うと解される。わずかな持分を有するにすぎない持分権者であっても、敷金債権者との関係では敷金全額の返還義務を負うこととなり、持分権者相互間での円滑な求償が期待できない場合には持分の価値を超える負担が生じるおそれがある。

れた事案は見当たらないが、上記のような可能性を示すのであれば、実務にいたずらに懸念を生じさせないよう[21]、その意図するところをより明確に示すことが望ましかったように思われる。

　なお、本判決の結論は、旧信託法１条にかかわらず、信託受託者が敷金返還債務を承継することを前提とするものであるが、上告理由との関係もあって、本判決においてこの点がなんら言及されていないのは残念なところである。

5　実務対応

　(1)　本判決は、「不動産小口化商品」に関する事案である。「不動産小口化商品」とは、不動産の流動化方策の一つとして、バブル経済の末頃以降、大量に販売されたものである。その基本形態は、不動産会社が所有するオフィスビルを適宜の共有持分に分割して投資家に販売し、投資家らから不動産会社が賃借（リースバック）したうえでテナントに転貸するもので、信託の手法が用いられる場合には、信託銀行が投資家らから信託譲渡を受け、それを不動産会社に賃貸する。原審判決が認定した事実によれば、平成２年11月末時点における不動産小口化商品の販売実績は、いわゆる信託型が約3,500億円、いわゆる非信託型が約5,000億円であったとのことである。なお、平成６年６月には不動産特定共同事業法[22]が制定され（平成７年４月１日施行）、不動産特定共同事業は許可制とされた。信託型の不動産小口化商品は同法の適用対象とならないものであるが、その後不動産小口化投資スキームの主流はREIT[23]に移り、近年では本事案のようなスキームの組成はほぼみられな

21　現在の不動産実務は、敷金返還債務は賃貸人の地位の移転に伴い免責的に新所有者に承継されることを前提に成り立っていると思われるところ、万一これが否定されると、信用力の必ずしも高くない買い手は売り手から敷金返還債務見合いの担保提供や価格の上乗せを要求されるなどして、不動産売買市場から事実上締め出されるなどの混乱が生じるおそれがあると思われる。また、信託財産である賃貸不動産を第三者に売却して信託を終了させた場合にも、敷金債権者から敷金返還債務を承継させることについて同意を得るなどしない限り、受託者に敷金返還債務の履行を担保する義務が残ることとなるため、信託終了後も一定程度信託財産を留保せざるをえなくなるなどの事態が生じ、ひいては信託の方法を用いた不動産流動化の阻害要因となることも懸念される。
22　投資家が出資を行い、事業者が不動産取引（売買、交換または賃貸借）を営み、収益を投資家に分配する事業を規制することを目的とする。

くなっている。しかしながら、不動産信託の仕組み自体は、REITのほか、機関投資家向け不動産流動化スキーム等（私募ファンド等）における不動産の管理機能を有するものとして引き続き活発に利用されており、その市場規模の拡大と相まって、本判決は実務上なお重要な意義を有するものであるといえる。

(2) 本判決によって、新旧所有者間の合意のみでは賃貸人たる地位が留保されないことが明確になったため、以後はこれに基づいた実務が行われている。

すなわち、賃貸不動産を信託してリースバックする（あるいは第三者たるマスターレッシーを介してテナントへ転貸する）事案においては、賃貸人たる地位が信託に伴い受託者に移転していることを前提に、受託者から旧所有者（ないしマスターレッシー）に賃貸人たる地位を移転させる（従来の賃借人を転借人とする）ことについて、信託の設定に先立って委託者にテナントからの同意を取得させ、同意を取得できなかったテナントがいる場合には、委託者（旧所有者）から、受託者が負担することとなる敷金返還債務相当額の金銭の引渡しを受け、信託財産として管理するという実務が定着しているところである。

また、テナントから同意を得た場合であっても、マスターレッシーから受託者が預託を受ける敷金額がマスターレッシーがテナントから預託を受ける敷金額より少ない場合には、受託者とマスターレッシーとの間の賃貸借契約を終了させてもマスターレッシーが当該差額分をキャッシュとして保有していて賃貸借契約の終了に伴い受託者に引き渡すことができなければ、信託財産である賃貸不動産を売却する場合に新所有者にテナントからの預託敷金全額を承継できないこととなり、新所有者に承継する資金の額と承継させる敷金返還債務の額との差額分は売却代金から減価されることとなる。そのため、たとえば、金融機関がファイナンスのために不動産信託の受益権を担保

---

23 現物不動産や、不動産証券化商品に投資して、そこで得られる賃貸収入や売却益等の収益を投資家に分配するファンドをいう。2000年12月施行の投資信託及び投資法人に関する法律の改正法により不動産を投資対象とすることができることとなり、2001年夏から不動産投資信託がスタートした。

として取得する場合にも当該減価分については担保評価額を減額するのが通常である。

　このように、本判決により不動産の所有権には敷金返還義務を含む賃貸人たる地位が付随するものとして実務が形成されているところであるが、債権法改正により、新旧所有者間の留保合意に加えて、両者間において賃貸借契約の締結がなされた場合には、賃借人の同意がなくても賃貸人たる地位を承継させないことが可能となる可能性があり、この点に対する債権法改正の動向を注視する必要があると思われる。

（髙木いづみ）

第27講

過払金が生じている貸金債権の信託譲渡を受けた受託者の不当利得返還義務の有無

札幌高判平成24年9月20日判タ1390号244頁

判決要旨

信託の受託者が貸金業者から信託譲渡を受けた貸金債権について過払金が発生していたとしても、信託財産は、法律上・形式上は受託者に帰属するが、経済上・実質上は受益者に帰属するものであること、受託者は、回収金のなかから信託報酬を得ているのみであること等からすると、受託者は、貸金債務者の支払った金員に相当する利益を受けたものとみることはできない（利益を受けたのは、優先受益権を第三者に売却して利益を得、劣後受益権およびセラー受益権に基づき配当を受けた委託者兼劣後受益権およびセラー受益権の受益者というべきである）から、過払金返還義務を負わない。

事案の概要

1　X（原告、控訴人）は、貸金業者であるAとの間で、利息制限法所定の制限利率を超過する利息を支払う約定のもとに継続的な金銭消費貸借取引（金銭の借入れ）を行っていたところ、Aは、Xに対する貸金債権を、信託業務を営む金融機関Y（被告、被控訴人）に信託譲渡した[1]。

2　本事案におけるAからYへの貸金債権の信託譲渡は、いわゆる「金銭債権の証券化」取引の一環として行われたものであり、信託契約に基づき複数種類の信託受益権（優先受益権、セラー受益権、劣後受益権）が組成さ

---

[1]　その後Aについて民事再生手続が開始され、Yは、当該貸金債権を、貸金業者であるBに譲渡し、信託契約を解除した。本件訴訟では譲受人Bも被告になっており、Bとの関係ではBの債権譲受後にされた弁済金についてのみ過払金返還義務を負うとされたが、本稿ではXのBに対する請求については取り扱わない。

れ、Aはそのうち優先受益権を投資家に売却して資金調達を行った（以下、Aによる証券化取引および上記スキームを、それぞれ「本件証券化取引」および「本件証券化スキーム」ということがある）。

3　信託譲渡にあたっては、債権譲渡登記による第三者対抗要件は具備されていたが、債務者対抗要件は具備されておらず、Aは、信託譲渡後も民事再生手続開始に伴いサービシング契約が解除されるまでの間、サービサーとして引き続き貸金債権の回収業務を行った。また、信託譲渡の時点で残存する債権だけでなく、継続的な取引により将来発生する貸金債権もあわせて信託譲渡されていた。

4　信託譲渡された貸金債権の回収金は、AからYに引き渡され、信託契約に定める順序および計算方法に従い、Aに対するサービサー手数料を含む諸費用の支払、受託者Yに対する信託報酬、優先受益者に対する元本、収益の配当に充てられた後、残余はセラー受益権および劣後受益権を保有するAに対する配当として支払われた。なお、途中からは、Aは、自らが取得するサービサー手数料および配当を控除した残額をYへ送金していた。

5　Xは、Aとの間の信託契約に基づいて上記貸金債権の譲渡を受けたYに対し、同譲渡の時点において上記取引により過払金が発生していて、譲渡に係る債権は存在していなかったから、同譲渡後のXとYとの間の取引によって生じた過払金をYが法律上の原因なく利得していると主張し、不当利得返還請求権に基づき、過払金の返還を求めた。

6　原審判決（札幌地判平成24年3月29日判例集未登載）は、Yに対する請求を棄却し、Xが控訴した。

本判決

控訴棄却（確定）。

「前記認定事実によれば、本件第1債権譲渡（筆者注：AからYへの譲渡）が行われた平成17年6月28日の時点で、本件基本契約に基づくAのXに対する債権が存在していなかったことが認められるところ、これを前提として、本件第1債権譲渡後の本件取引（中略）の弁済と借入れを制限利率に基づいて引直計算してみると、原判決別紙計算書記載のとおりとなり、本件第2債

【関係図】

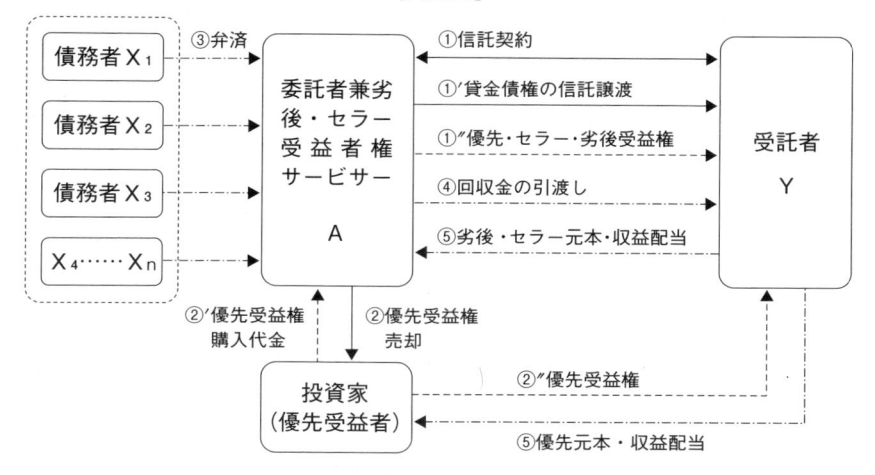

```
債務者X₁ ──┐       ①信託契約
債務者X₂ ──┤  ③弁済  ①'貸金債権の信託譲渡
債務者X₃ ──┼──→ 委託者兼劣後・セラー ←──────────→ 受託者
X₄……Xₙ ──┘     受益者権              ①"優先・セラー・劣後受益権    Y
                サービサー             ④回収金の引渡し
                   A                  ⑤劣後・セラー元本・収益配当

              ②'優先受益権      ②優先受益権
              購入代金 ↑ ↓      売却
                   投資家          ②"優先受益権
                (優先受益者) ←──────────────
                                  ⑤優先元本・収益配当
```

権譲渡（筆者注：YからBへの譲渡）が行われた平成20年6月25日までの間に過払金が発生していることが認められるから（上記計算書においては、民法704条前段の適用が前提となっているが、その適用の問題をおいても、過払金の発生自体は認められる。）、Xは、本件取引（中略）により、その過払金相当額の損失を被ったとみることができる。

　したがって、Xは、受益者、すなわち、法律上の原因なくXの財産（弁済金）によって利益を受け、そのためにXに上記損失を及ぼした者に対し、不当利得返還請求権を取得するものというべきところ、次に述べるとおり、本件においては、上記受益者としてXに対して不当利得返還義務を負う者をYと認めることはできない。

　前記認定事実のとおり、本件信託契約（筆者注：A・Y間の信託契約）においては、債務者が支払うべき信託債権に関する元金、利息及び遅延損害金を含めた信託債権の回収金の全額を受領する権利は、Yに付与されるものとされ、Aが行っていた信託債権の回収事務は、Yの委託に基づくものである。これによると、Yは、上記債務者であるXが本件第1債権譲渡後本件第2債権譲渡前にAに支払った金員に相当する利益を受けたものということができるようでもある。しかしながら、不当利得の成立要件である受益とは、一定

の事実が生じたことによって財産の総額が増加することをいうものであるところ、本件信託契約もそうであるように、信託は、他人による財産管理・処分のための法制度の一つであり、その目的のために、財産権は委託者によって受託者に移転又は処分され、受託者はその名義人となり、受託者が信託財産につき対外的に唯一の管理・処分権者となるものではあるが、その任務の遂行、権利の行使は信託目的に拘束され、受益者のために行われなければならないものであり、受託者が信託の利益を享受することは禁止されているのであって（旧信託法（筆者注：本件信託契約に関しては、旧信託法が適用される。）9条）、信託財産は、法律上・形式上は受託者に帰属するが、経済上・実質上は受益者に帰属するものというべきであること、また、信託財産は、それ自体に法人格はないものの、受託者からの独立性が認められること（旧信託法16、17条等）、実際に、Yは、前記認定事実のとおり、本件回収金の中から信託報酬を得ているのみであることからすると、Yが、Xが本件第1債権譲渡後本件第2債権譲渡前にAに支払った金員に相当する利益を受けたものとみることはできない（利益を受けたのは、優先受益権を第三者（投資家）に売却して利益を得、劣後受益権及びセラー受益権に基づき配当を受けたAというべきである。）。

　もっとも、本件信託契約の内容が第三者であるXからはうかがい知ることが困難なため、上記の認定によりXに不測の不利益を及ぼす事情が認められるのであれば、それは衡平に反するものといわなければならず、受託者であるYに利益が帰属していると認めるのが相当な場合があり得るとしても、本件においては、かかる事情も認められない。すなわち、前記認定事実のとおり、Xは、本件第1債権譲渡前において、Aから貸付けを受け、Aに対して弁済を繰り返していたところ、本件第1債権譲渡後も、Xに対する債権譲渡の通知はされず、貸付けについてはAが行い、Aが信託債権の回収事務の委託を受けて弁済金を受領していたことから、Xとしては、Aから貸付けを受け、Aに対して弁済を繰り返している認識であったというべきであり、また、Xが被った損失である過払金については、それが継続的金銭消費貸借において発生し、貸付金元本に順次充当されていくものであるという性質上、Xによる弁済をAが行った貸付けと一体と見ることが取引の実態に沿うこと

からすると、XがAを相手方として過払金の返還を求めることが、Xの認識や取引の実態に合致するものというべきであり、上記の認定によりXに不測の不利益を及ぼすことはない」

関連する裁判例

1　本件証券化取引をめぐっては、Aについて民事再生手続開始決定がなされ、Aに対する過払金返還請求は民事再生手続における配当の限度でしか行使できなくなったことを契機に、Aとの間で継続的な金銭消費貸借取引を行っていた複数の債務者がYに対し本件と同様の訴訟を提起し、現在もなお係属中であるが、地裁の判断は分かれている（平成25年11月現在）。

2　本判決と同様に信託の受託者に対する不当利得返還請求権の成立を否定したものとしては、以下の(1)ないし(3)の裁判例がある。

(1)　東京地判平成24年12月25日判例集未登載（「事案の概要」は、上記札幌高判と同様につき省略。以下同様）

「そもそも、信託は他人による財産管理・処分のための法制度の一つであり、財産権は委託者によって受託者に移転又は処分され、受託者はその名義人として、対外的には、唯一の管理処分権を有するが、その任務の遂行や権利行使は信託目的に拘束され、受益者のために信託財産を管理、処分しなければならず、受託者は信託の利益を享受することはできないものとされている（旧信託法9条）。

また、旧信託法において、信託財産は、受託者が死亡してもその相続財産を構成せず（同法15条）、受託者の債権者からの強制執行等を原則として受けず（同法16条）、信託財産に属する債権と信託財産に属しない債務との相殺が許されない（同法17条）など、受託者固有の財産からの独立性が認められている。また、信託財産の管理処分によって得た利益は信託財産に属するものとされている（同法14条）。

以上によれば、信託財産は、法律上・形式上は受託者に帰属するが、経済上・実質上は受益者に帰属するものというべきである。本件信託契約においても、X_2らローン債務者からの弁済金が、サービサーであるAを通じて本件信託口座に入金されたとしても、それは、Yの財産とは別個独立のものと

して区別され、その大部分は、本件信託契約に基づき、受益者に対して配当金として支払うことが予定された財産であり、Yが回収金から配当を受けることはなく、受益者に配当される金額に比して、かなり少額の信託報酬のみを取得するにすぎない。上記弁済金の一部は、Yに対する信託報酬として支払われたとはいえ、この支払には、本件信託契約に基づく信託事務に対する報酬として、法律上の原因があるというべきである。

　以上によれば、上記弁済金について、法律上の原因なく利得をしたのは、優先受益権を第三者（投資家）に売却して利益を得、劣後受益権及びセラー受益権に基づく配当を受けたAであり、Yではないというべきである」

(2)　大阪高判平成25年7月19日判時2198号80頁（上告・上告受理申立て）

　「ところで、信託財産は受託者から独立した財産となり、受託者の固有財産とは区別される（旧信託法15条ないし17条）ところ、信託行為により受益者とされる者が信託の利益を享受し、受託者は共同受益者の一人とされた場合を除き、信託の利益を享受することはできない（同法7条、9条）とされている。そして、上記の事実によれば、Aは、本件信託の受益権を取得し、本件弁済金を含むローン債権の債務者によりA名義の預金口座に振り込まれた弁済金の額からA配当分の金額（セラー受益権及び劣後受益権の配当額）及びサービサー報酬相当額を控除してYが管理する本件信託口座に送金したのであるから、弁済金の額から控除されたA配当分等の金額は、受益者であるAが信託の利益を得た（利得した）ものというべきである。また、本件信託口座に送金された分についても、Yは、この口座から、租税公課、信託費用、信託報酬等の諸費用を支払い、優先受益権に配当したが、優先受益権はAが取得し第三者に売却した権利であるから、優先受益権への配当の受益者は優先受益権者及びAであり、Yであるということはできない。一方、Yは、本件信託により月額315万円程度の信託報酬を得たが、前記認定の各月における本件信託口座への送金額と比しても信託の受託者として不当に高額なものではなく、信託報酬は信託業務の対価とみることができ、信託の利益を取得したものとみることはできない。結局のところ、本件スキームにより回収されたローン債務者の弁済金（X₃の本件弁済金もその中に含まれる。）によって経済的な利益（利得）を得た者は、A及び優先受益権者であるというべきで

あり、Yが利得を得たものということはできない」
(3) 東京地判平成24年4月19日判タ1379号140頁（東京高判平成24年9月26日判例集未登載により控訴棄却）

本判決は、受託者Yに利得は生じていないと説示したうえで、「仮に、Yに本件弁済金による利得が生じているとしても、以下のとおり、Yの利得には法律上の原因があるものというべきである」として、その理由を次のように述べている。

「ア　本件信託口座への回収金の送金はAとYとの間の給付関係であるところ、前記のとおり、Yは、Aからの送金を本件信託契約等に基づき受領しているのであるから、Yの利得には法律上の原因があるというべきである。

　　すなわち、前記前提事実のとおり、本件更新契約（筆者注：本件信託契約の更新契約を指す）において、Aは、信託債権について、債務者に対して債務を負っていないことや、貸金業の規制等に関する法律の要件を遵守していることなどを表明及び保証し、かかる表明及び保証に違反した場合、Aは当該信託債権をYから買い戻す義務を負うほか、信託債権に係る過払金の返還はAが行い、Aが過払金の返還を行った場合にはYに対して求償をすることができず、Yが過払金の返還義務を負う場合には、Aが当該過払金相当額をYに対して償還する義務を負うものとされていたが、他方で、上記規定によりAが買戻し義務を負う信託債権に対する元本及び利息相当額は、受益権者に対する配当等に充てられることが予定され、上記買戻し金額に含まれることからすると、Yは、Aに対して当該信託債権に係る過払金に相当する送金額を返還する義務を負わないものと認められ、Yによる本件弁済金の受領についても本件信託契約等上の根拠があるというべきである。

イ　契約に基づいて給付された利得が対価関係を欠くため、第三者との関係で法律上の原因を欠くと評価されることはあるが（最高裁平成7年9月19日第三小法廷判決・民集49巻8号2805頁参照）、本件の場合、Yは、信託債権の譲渡を受ける対価として、Aに対して受益権を付与し、Aは優先受益権を投資家に売却して多額の譲渡代金を得ているのであっ

て、前記(3)のとおり、Aからの回収金の大部分は優先受益権者に対する配当に充てられたのであるから、Yの利得（本件信託契約等に基づいて回収金の送金を受けること）は対価関係を欠くものとはいえず、この点からも法律上の原因に基づくものであることを否定することはできない。

ウ　また、本件のように本件弁済の当事者であるXとAとの間では給付に法律上の原因が認められない場合において、かかる給付の当事者でない第三者（本件ではY）が当該給付に係る金銭を受領するにつき悪意又は重大な過失があるときには、上記金銭の取得は、給付をした者に対する関係においては、法律上の原因がないものと解する余地があるが（最高裁昭和49年9月26日第一小法廷判決参照）、上記アのとおり、本件更新契約において、Aは、信託債権について貸金業の規制等に関する法律の要件を遵守していることなどを表明及び保証している上、前記(1)で認定したところによれば、本件貸金債権以外にも多数かつ多額の債権（過払いの状態になっていないものも多数あると推認される。）が信託債権に含まれているものと認められることからすると、本件貸金債権に係る過払金が生じており、かつ、それがAから本件信託口座に送金された回収金に含まれていることについてYに悪意又は重大な過失があったものとは認められない」

3　一方、これらと異なり、受託者Yの不当利得返還義務を認める判断を示したものとして、前記大阪高判平成25年7月19日の原審である(4)大阪地判平成24年12月7日判時2175号41頁がある。当該判決は、給付不当利得における法律上の原因とは、原則として給付の基礎となった当該法律関係を意味し、給付をした者に損失を認め、給付を受けた者に利益を認めるのが相当であるとし、本件弁済金の給付利得の当事者は貸金債権の債権者の地位にあった受託者Yであり、弁済の当時、債務者がだれを債権者と認識していたかには左右されないとして、受託者Yの不当利得を認めている[2]（同様の判断を示したものとして、(5)福岡地判平成25年4月26日判例集未登載[3]などがある）。

検　討

1　問題の所在

　利息制限法上の制限利率を超過する利息である「過払金」については、従来、貸金業者の顧客（消費者ローン等の債務者）から貸金業者に対して多数の訴訟が提起され、期限の利益喪失特約下での支払の任意性を否定した最判平成18年1月13日民集60巻1号1頁や、過払金返還請求権の消滅時効の起算点について、特段の事情がない限り取引終了時点から進行するとした最判平成21年1月22日民集63巻1号247頁等により、一定の判例理論が形成されてきた。

　本件事案を含むAの証券化取引に係る一連の事案において、過払金の不当利得性や過払いとなる金額それ自体については特に重要な争点とはなっていない。主に争点となっているのは次の2点である。

① 　貸金債権の信託譲渡に伴い、受託者Yは、委託者Aがすでに負担する過払金返還債務を承継するか。

② 　受託者Yは、信託譲渡後の弁済金に係る過払金返還義務を負うか。

　上記①の争点については、信託固有の問題ではなく、最終的には契約当事者の意思解釈の問題と考えられること[4]、本件のような証券化スキームにおいて、信託受託者が委託者の不当利得返還義務を積極的に引き受けるべき一般的な必要性は想定しがたいことから、本稿では取り上げない。

　一方、上記②の争点は、多数当事者が関与し、相互に関連する複数の契約により構成される複雑な証券化スキームのなかで、実際はだれに不当利得が発生していて、だれがその返還義務を負うべきかという問題である。信託の

2 　これに対し、前記大阪高判平成25年7月19日や前記東京地判平成24年4月19日では、本件弁済金の給付利得の当事者は、本件弁済当時の事実関係により定まるものであるとし、原告はAを債権者と認識し、A名義の銀行口座に送金していたのであるから、かかる給付による利得はAに発生しているとしている。

3 　同判決の内容は名古屋消費者信用問題研究会のホームページに掲載されている内容（http://www.kabarai.net/judgement/pdf/250426.pdf）によった。

4 　最判平成23年3月22日金法1929号136頁、最判平成23年9月30日金法1949号87頁参照。

法的構造や、受益権譲渡取引を含む本件証券化スキームの全体像、各当事者の役割、取引目的や経済効果、市場慣行等をふまえた実質的公平の観点からの検討が必要になるものと考えられるが、裁判所の判断が分かれていることが端的に示すとおり、むずかしい事案であると思われる。

2 学説等の状況

(1) 「多数当事者の不当利得」

不当利得法は、「形式的、一般的には正当視される財産的価値の移動が、実質的、相対的には正当視されない場合に、公平の理念に従ってその矛盾の調整を試みようとすること」を本質とする制度であると説明される[5]。

民法703条に定める不当利得の要件は、①法律上の原因なく、②他人の財産または労務によって利益を受け（受益）、③そのために（因果関係）、④他人に損失を及ぼすことである。いわゆる「給付利得」の類型においては、「受益」とは財貨の給付を受けたことであり、「損失」とは財貨を給付したことであるから、典型的な2者間の給付利得類型では、通常これらは表裏一体の関係にあり、「因果関係」が問題となることはない[6]。

しかしながら、本件のように当事者が多数となる複雑なケースでは、受益と損失の間に必ずしも「直接の因果関係」が認められない場合がある。また、形式的な法律関係あるいは直接的な財貨の給付関係のみからでは実質的な「受益」者がだれであるかを一義的に明らかにすることが困難な場合もあり、このようなケースにおける妥当な解決を図るため、学説および判例はさまざまな調整を試みてきた。

(2) 受益と損失の「因果関係」

通説は、因果関係については、法律要件の形式等に拘泥せず、「社会観念上の因果関係」があればよいとし、そのうえで、一連の関係者のうちだれからだれへの不当利得返還請求権を認めることによって全関係の調整を行うべきかは、もっぱら「法律上の原因の有無」によって決するべきであるとする[7]。

---

5 我妻榮『債権各論下巻一（民法講義V₄）』（岩波書店、1972）938頁。
6 内田貴『民法Ⅱ〔第3版〕債権各論』（東京大学出版会、2011）569頁～570頁。

判例（最判昭和49年9月26日民集28巻6号1243頁）も通説の立場をとっており、「甲が騙取又は横領した金銭をそのまま丙の利益に使用しようと、あるいはこれを自己の金銭と混同させ又は両替し、あるいは銀行に預入れ、あるいはその一部を他の目的のため費消した後その費消した分を別途工面した金銭によつて補填する等してから、丙のために使用しようと、<u>社会通念上乙の金銭で丙の利益をはかつたと認められるだけの連結がある場合には、なお不当利得の成立に必要な因果関係があるものと解すべきであり</u>、また、丙が甲から右の金銭を受領するにつき悪意又は重大な過失がある場合には、丙の右金銭の取得は、被騙取者又は被横領者たる乙に対する関係においては、法律上の原因がなく、不当利得となるものと解するのが相当である」と判示しているとおり、不当利得の要件として、受益と損失の間に必ずしも直接の因果関係を要求していない。

(3) 実質的な利益状況による調整

また、ある者が、法律関係等により形式的には利益を受けたとみるのが相当な場合であっても、「特段の事情」によっては、利益を受けていないとみるべき場合がありうることにつき、以下のとおり判例（最判平成10年5月26日民集52巻4号985頁）がある。

事案は、YがAの強迫により消費貸借契約の借主となり貸主Xに指示して貸付金を第三者Hに給付させた後、上記強迫を理由に同消費貸借契約を取り消した（民法96条1項）のに対し、XがYに対して主意的に貸付金の弁済を請求し、予備的に不当利得の返還請求を行ったというものである。原審（大阪高判平成7年11月17日民集52巻4号1021頁）は、主位的請求については強迫による取消しを抗弁として認め請求を棄却したものの、予備的請求についてYによる不当利得を認定し請求を認容した。Yが不当利得返還請求の棄却を求め上告したところ、最高裁は、「<u>消費貸借契約の借主甲が貸主乙に対して貸付金を第三者丙に給付するよう求め、乙がこれに従って丙に対して給付を行った後甲が右契約を取消した場合、乙からの不当利得返還請求に関しては、甲は、特段の事情のない限り、乙の丙に対する右給付により、その価額</u>

7　我妻・前掲注5・977頁。

に相当する利益を受けたものとみるのが相当である。けだし、そのような場合に、乙の給付による利益は直接には右給付を受けた丙に発生し、甲は外見上は利益を受けないようにも見えるけれども、右給付により自分の丙に対する債務が弁済されるなど丙との関係に応じて利益を受け得るのであり、甲と丙との間には事前に何らかの法律上又は事実上の関係が存在するのが通常だからである。また、その場合、甲を信頼しその求めに応じた乙は必ずしも常に甲丙間の事情の詳細に通じているわけではないので、このような乙に甲丙間の関係の内容及び乙の給付により甲の受けた利益につき主張立証を求めることは乙に困難を強いるのみならず、甲が乙から給付を受けた上で更にこれを丙に給付したことが明らかな場合と比較したとき、両者の取扱いを異にすることは衡平に反するものと思われるからである。しかしながら、本件の場合、前記事実関係によれば、Y（筆者注：借主）とH（筆者注：給付を受けた第三者）との間には事前に何らの法律上又は事実上の関係はなく、Yは、Aの強迫を受けて、ただ指示されるままに本件消費貸借契約を締結させられた上、貸付金をHの右口座へ振り込むようX（筆者注：貸主）に指示したというのであるから、先にいう特段の事情があった場合に該当することは明らかであって、Yは、右振込みによって何らの利益を受けなかったというべきである」と判示した。

　上記判例は、金銭消費貸借契約における債務者について利得の有無が問題となったものであり、本判決の事案とは異なるが、形式上は金銭を受領すべき地位にある者（以下「本人」という）が、これを第三者に取得させていたところ、本人の利得の有無が問題になったという点において本判決の事案にも通じるところがあり、利得の有無を、形式的判断にとどまらず、「特段の事情」の有無の判断を通じて実質的に判定すべき旨の指摘は、本判決の事案についても解釈の指針となりうるものと思われる。

3　本判決の意義とその射程

　本判決は、信託を利用した証券化スキームにおける関係当事者間の不当利得の帰属について、信託の法的構造をふまえた一定の判断を示したものである。

本判決は個別事案に関する判決であるが、その理論構成は、「多数当事者の不当利得」の一類型としての信託当事者間における利得の帰属の問題に関し、信託事案一般において適用される可能性のある内容を含んでおり、参考になるものと思われる。

4　本判決の評価

(1)　信託受託者に利得は発生しているか

一般に、貸金債権の譲渡を受け、債権者たる地位を有することとなった者は、「特段の事情」のない限り、当該貸金債権の回収金による利益を受けるとみるのが相当というべきである。仮に、回収金を第三者に取得させていたとしても、それにより、その者が利益を得るべきなんらかの法律上または事実上の関係があるのが通常だからである[8]。

しかしながら、そもそも信託の受託者は、信託法により、「何人ノ名義ヲ以テスルヲ問ハス信託ノ利益ヲ享受スルコトヲ得ス」（旧信託法9条）とされており、信託の利益は、信託財産の分別管理を通じて、いかなる段階においても受託者に帰属することなく、受益者が「当然」に（同法7条）享受するのである[9]。すなわち、信託の構造上、信託の受託者には原則として利得は生じないはずなのであって[10]、このことは、前記最判平成10年5月26日の示す「特段の事情」に当たるということができるものと思われる。

この点、本事案において、裁判所は、Yに信託譲渡された貸金債権の回収金は、信託契約に基づき諸費用の支払および各受益者への配当に充当されており、Yは信託事務処理に係る役務提供の対価である信託報酬しか得ていないと事実認定したうえで、Yは信託受託者であり、旧信託法に基づき利益享受が制限されていること等からすると、受託者たるYに不当利得が発生して

---

[8] 前記最判平成10年5月26日参照。
[9] 受益債権に係る債務の弁済（受益者に対する信託財産の交付）により受託者の債務が消滅した場合には、受託者に利得が生じることになるのではないかという疑問も想起されるところではあるが、信託は「実績配当」が原則であって、受益債権に係る債務は現存する信託財産をもって履行すれば足りるのであるから、かかる債務の弁済によって受託者が固有の債務を免れ利益を得ることにはならないと解すべきである。
[10] 四宮14頁。なお、後記「5　実務上の対応」に記載のとおり、状況によっては、受託者に固有の利得が生じるケースも想定しうる。

いるとはいえないと判示しており、妥当な判断と思われる。

(2) 実質的な不当利得はだれに発生しているか

それでは、本事案において実質的に利得していたのはだれか。本判決は、「利益を受けたのは、優先受益権を第三者（投資家）に売却して利益を得、劣後受益権及びセラー受益権に基づき配当を受けたAというべきである」との判断を示している。

信託の受益者は、信託の利益を当然に享受するから（旧信託法7条）、貸金債権の債務者から債権者として直接弁済を受けないとしても、貸金債務者の損失により信託財産に生じた利益と受益者の利得との間には、信託を通じて社会通念上の連結関係があるというべきである[11]。

本件信託において、Aはセラー受益権および劣後受益権を有する受益者である。貸金債権の回収金から、諸費用の支払、優先受益者への元本・収益の配当を行った残余の金銭は受益者たるAに交付されるから、その限りにおいてAの受益は明らかである。一方、優先受益権に係る元本・収益の配当は投資家に交付される。そのため、仮に優先受益権に係る配当に過払金が充当されたと観念することができるのであれば[12]、その部分については投資家が受益しており、形式的にはAに利得は発生していないようにもみえる。

しかしながら、優先受益権はもともとAが保有していたものであり、もしも投資家への譲渡が行われなければ優先受益権に係る元本・収益もすべてAが受領するはずであったところ、Aは自らの資金調達を目的として、キャッシュフローの総体としての優先受益権を、相当の対価を得て投資家に譲渡したのである。かかる対価は、将来交付を受けるべき優先受益権の元本・収益のキャッシュフローを、優先受益権の投資リスク（格付機関による格付が付さ

11　前記最判昭和49年9月26日参照。
12　本件証券化スキーム上、過払金に起因するいわゆる「希薄化」のリスクは劣後受益権およびセラー受益権がまず負担し、これらを超えて希薄化が進んだ場合にはじめて優先受益権の負担が生じることとなるが、実際には、信託譲渡された多数の貸金債権のうちどれだけの債権に過払金が発生していたかは明らかになっておらず、仮にある債務者の弁済金に過払いが生じていたとしても、そのことをもって直ちに優先受益権の受益者が法律上の原因のない利得を得ていたとまではいうことはできないものと思われる。信託受託者に対して支払われた信託報酬についても同様のことがいえるものと思われる。

れるのが通常である）に応じ、証券化市場において求められる相当の利回り
で割り引いた「現在価値」に相当するもの（通常は優先受益者として過払金に
よる希薄化リスクを負担しない前提での評価額）であると考えられ、割引料相
当額についてはＡが資金調達の費用として負担したものとみることができる
から、結局のところ、優先受益権のキャッシュフローに含まれる過払金（も
しあれば）についても、優先受益権の売却代金のかたちでＡが利得している
と評価することが合理的である。そして、Ａは、過払金の発生について悪意
または重過失があると考えられるから（Ａは債務者との取引履歴を知るべき立
場にある）、受益者として受領する元本・収益の配当および優先受益権の売
却代金について信託契約および受益権譲渡契約上の原因があったとしても、
貸金債権の債務者との関係においては、これらの利益の享受について法律上
の原因を欠き、不当利得になるものと思われる[13]。以上のように考えれば、
本事案において不当利得返還義務を負うべきはＡであるとした本判決の判断
は首肯できるものである。

　なお、優先受益権を取得した投資家は、形式上は信託の受益者として配
当＝利得を得ており、この点は前記大阪高判平成25年７月19日でも指摘され
ているところである。しかしながら、仮にある特定の債務者について過払金
が発生していたとしても、それが直ちに優先受益権の配当に充てられたとい
うことはできないと考えられるうえ[14]、通常、投資家はＡと債務者との個別
の取引履歴を知りうる立場にはなく、知るべき義務もないと考えられるか
ら、過払金の発生について悪意または重過失があったとはいえないように思
われる。また、投資家は優先受益権の取得にあたり、上記のとおりＡに対し
て相当の対価を支払っていると考えられるところ、かかる対価が、優先受益
権の投資リスクや期間に応じて証券化市場において通常求められる適正な利
回りに基づいて決定されている限りは[15]、信託契約に基づく配当の給付と受
益権取得代金の支払との間には合理的な対価関係があるといえるから、投資
家の利得が法律上の原因を欠くことにはならないと考えられる[16]。

　さらに、投資家は上記のとおりキャッシュフローの「割引料」相当の経済

13　前記最判昭和49年９月26日参照。
14　注12参照。

的利益（配当）しか得ていないうえ、これを実質的に負担したのは証券化による資金調達を行ったAであり、これはAにとっては資金調達の対価として負担した費用の一部にほかならないこと、また、前記東京地判平成24年4月19日にて示されているとおり、過払金の発生によるキャッシュフローの毀損（いわゆる「希薄化」によるもの）はAの負担とし、毀損分をAが補てんしたうえで受託者Yに引き渡し、受益者への配当等に充てられることが信託契約で定められており、優先受益権の譲渡価格はAによる補完後のキャッシュフローを前提として決定されていると考えられること等、本件証券化スキームの実態に照らしてもみても、優先受益権の投資家が不当利得を得ていると評価することは適当でないと思われる。

なお、証券化取引のオリジネーター（本件ではA）は、割引料相当の優先配当以外にも、信託財産から、あるいは固有財産から直接、複数のスキーム関係者に対して諸費用（アレンジメントフィー、デューデリジェンス費用、信託報酬、バックアップサービシング手数料、格付費用、弁護士費用、優先受益権の販売手数料等）を支払うのが通常であるが、これらはいずれもオリジネーターが証券化による資金調達を行うために必要なスキーム組成およびスキーム運営に必要な役務提供の対価であり、各取引または各手続の相手方に利得が生じたとしても、それらについては法律上の原因があるというべきである。

(3) 公平の観点からの検討

本判決でも述べられているとおり、本事案における貸金債権の債務者はAを債権者として認識し、Aに対して弁済を行っていたのであるから、不当利得返還義務を負うのはAであってYではないという結論が、債務者の期待に反し、債務者の利益を不当に害することになるとはいえないと考えられる。

---

15 この点、前記大阪地判平成24年12月7日は、Aは優先受益権の売却によって対価を得ているが、その対価額は不明であり、同対価額が、過払金の分配部分も含んだ配当を優先受益権者が将来受け取ることができるという事情を織り込んだ対価額となっていたか等の事情も不明であり、顧客のなかに過払金発生を主張して弁済を停止をする者が現れること等も予測して、相当廉価で、同受益権が売却されている可能性も否定できないとしているが、第三者間において取引されている以上、優先受益権の売却価格は適正なものであるとの推定が働くのではないだろうか。

16 前記最判平成7年9月19日参照。

Aに不当利得が発生しているものとして直接請求を認めれば、いったんYに負担させたうえで、YからAに求償させるという迂遠な構成をとる必要もない。

むしろ、Aに支払能力がないことを前提に、信託譲渡の事実が事後的に判明したことを奇貨として受託者に対する不当利得返還請求を認めることは、信託譲渡の対象とならなかった他の貸金債権の債務者との間での公平を失するし、そもそも既述のとおり実質的な利益を得ていない受託者の負担において、一部の貸金債権の債務者に対してのみ追加的な救済を与えるという結論が、単にYが法律上の債権者であるという形式を理由として導かれることには違和感を覚える。

貸金債権の法律上の債権者がYであるという「部分」にとらわれず、本件証券化スキームの全体像を俯瞰したうえで、利得者はAであり受託者ではないとした本判決は、「公平の理念に従った矛盾の調整」という不当利得法の本質に照らしても、妥当な判断と思われるのである。

5 実務対応

(1) 金銭債権信託

債務者による過払金返還請求と金銭債権信託との関係については、上記のとおり本判決が示した方向で判決の動向が収束しつつあるように思われるが、最高裁判例が明確に示されたわけではなく、これらと異なる内容の判決も出ていることから、引き続き留意が必要である。

金銭債権信託を受託する場合、受託金融機関としては、対象債権について債務者により過払金の返還請求がなされる可能性があるか否か、デューデリジェンスの一環として確認することが望ましい。また、かかる債権が含まれる可能性がある場合は、希薄化のリスクに対するスキーム上の手当やオリジネーターの法的破綻時の対応等について十分に確認する必要があろう。

(2) その他の信託

ところで、前記大阪地判平成24年12月7日は、貸金債権の債務者が優先受益者の氏名・住所等を把握することは困難であり、優先受益者に対して不当利得返還請求を行って過払金を取り戻すことは事実上困難であるから、仮に

信託の受託者も不当利得返還義務を負わないとなると、結局、信託の仕組みを用いれば、本来受領することにつき法律上の原因のない過払金を、配当、信託報酬等の名目で関係者間で分配することが可能になるのではないかとの懸念を示している[17]。

この点、たしかに受益者が多数存在する集団投資型スキームに係る信託において、第三者が個々の受益者を特定することは現実的には困難と思われ、信託の利得は原則として受益者に生じるという結論を単純に当てはめた場合、結果としてだれにも不当利得返還請求することができなくなるという支障が生じることも想定される。

一方で、もしも個々の受益者が特定されたならば、ある日突然、身に覚えのない不当利得返還請求を受けることがありうるということになると、そのような信託の受益者となることには躊躇せざるをえないように思われる。

そこで、以下、実際に利用されている代表的な信託の類型をいくつか想定して、本判決の立場をとった場合に実務上問題が生じるかどうか、簡単に検討を加える。なお、誤解のないよう付言すれば、これらの信託において実際に貸金債権に対する運用が行われていることや当該貸金債権において現実に過払金が発生している事例を筆者が認識しているわけではなく、あくまでも仮定の議論である。

ア　証券投資信託

証券投資信託は、投信委託会社の指図に基づき、主として有価証券等に運用する受益者多数の信託である。証券投資信託の受託者が個別の貸金債権の譲渡を受けることは考えにくいから、ありうるとすれば証券化スキームの優先受益権を取得するケースである。

かかる場合には、受託者は本判決における投資家と同じ立場であるから、前述のとおり、投資家たる受託者に対する不当利得返還請求は認められない。したがって、証券投資信託の信託財産が毀損することはなく、また、証券投資信託の受益者が受託者から求償されることもない。利得者は証券化の

---

[17] 本判決の事案およびこれと同様の証券化スキームにおいては、劣後受益者たるオリジネーターに対して不当利得返還請求できるので法的には問題にならない（オリジネーターに対する信用リスクの問題にすぎない）と考える。

オリジネーターたる貸金業者であるから、不当利得返還請求の相手がいないという不都合も生じない。

イ　年金信託

年金信託も、主として有価証券等に運用する受益者多数の信託である。運用方法は、投資顧問会社の特定指図に基づく特定運用と、受託者の裁量で運用する指定運用がある。

年金信託においても、上記の証券投資信託の場合と同じく、受託者が個別の貸金債権を直接取得することは考えにくいから、ありうるとすれば優先受益権を取得するケースである。その場合、上記と同様の結論となり、受益者たる年金基金ないし年金受給権者に負担が生じるおそれはないといえる。

ウ　元本補てん特約付合同運用指定金銭信託

元本補てん特約付合同運用信託は、受託者裁量で運用する信託であるが、兼営法6条に基づく元本補てん特約を付すことにより、元本確保の安全運用を求める顧客ニーズに応える預金類似商品であり、運用結果にかかわらず、受託者が受益者に対して約定どおりの元本金額を支払うべき義務を負うものである。

元本補てん特約付合同運用信託の運用対象は、主として有価証券や貸付金等であるが、証券化スキームの優先受益権を取得した場合の結論は上記に同じであるから省略し、ここでは、信託財産の運用として取得した貸金債権に過払金が発生しており、その弁済充当により債権の一部または全部が消滅した場合を想定する。

この場合において、受託者は、仮に債務者が債務の消滅を主張して弁済を行わなかったときには、これによる元本損失分を補てんして受益者に支払うべき義務を負うところ、債務者がかかる主張をすることなく支払った過払金を受益者に対する元本の支払に充てたときは、受託者は結果として元本補てんの義務を免れていることになるから、固有の利得を得ていると評価することができ、受託者に対する不当利得返還請求が認められる可能性があるように思われる[18]。一方、受益者の立場としては、元本補てん特約に基づき、そ

---

[18] この点、後記「エ　実績配当型合同運用指定金銭信託」の場合とは異なり、受託者の管理失当の有無を論じるまでもない、ということになろう。

の利得には法律上の原因があるということとなろう[19]。

エ　実績配当型合同運用指定金銭信託

　それでは、元本補てん特約の付されない実績配当型の合同運用信託の受託者が、過払金の発生している貸金債権の譲渡を受けたケースではどうか。指定金銭信託の場合、証券化スキームにおける金銭債権信託の場合とは異なり、受託者は信託財産の運用に関して一定の裁量権を有する。また、上記「ウ　元本補てん特約付合同運用指定金銭信託」とは異なり、元本補てん特約が付されていないことから問題となりうる。

　この場合、信託の損益は原則として受益者に帰属することになるが、一方で、受託者裁量による運用の結果、万が一信託財産に損害が生じたときは、受託者は運用リスクを負担する受益者から運用責任を問われる可能性がある。合理的な投資判断に基づきリスクをとってリターンを追求した結果の損失であれば、受託者の管理失当が認められることはないと考えるが、過払金が発生している可能性のある債権を、希薄化リスクに対する適切な補完措置を講じることもなく取得し、その結果、信託財産に損害が生じた場合には、受益者との関係において、受託者の管理の失当が問われるおそれがあるものと考えられる。

　そうすると、かかる損害は債権を譲り受けた時点で事実上すでに発生しており、受託者は本来、信託財産に対する補償義務を負うはずであるところ（現行信託法40条1項）、たまたま債務者が債務の消滅を主張することなく受託者に対し弁済を行ったために信託財産の損害が顕在化しなかったときは、結果的に受託者は補償義務の履行を免れていることになるから、実質的な利得が発生している状態にあるということもできそうである。

　以上のように考えれば、受益者多数の集団投資型スキームにおいて本判決の立場をとったとしても、必ずしも妥当な解決を導くことが不可能ということにはならないと思われる。本判決の事案において、実質的に利益を得ていたオリジネーターのAが破綻したという事情はあるものの、不当利得の帰属

---

[19] 法律上の原因があるという点においては、本事例中の受益者は、本判決の事案においてAに補てん義務を負わせた信託契約に基づき回収金および配当金の交付を受けた受託者および優先受益者の立場と同様と考えられる。

の問題と返還請求時の返還義務者の支払能力の問題はまた別であって、そのことによって本判決の結論の妥当性が左右されるものではないと考える。

(信森久典)

判 例 索 引

（太字は各講の検討対象判例）

大判大正11年 7 月17日民集 1 巻398頁 ……………………………………… 267
東京地判大正14年11月 6 日法律評論14巻諸法427頁 …………………… 87
大判昭和 4 年10月28日法律評論19巻諸法149頁 …………………… 86、87
大判昭和 5 年 9 月17日法律新聞3184号10頁 ……………………………… 87
大判昭和 8 年 3 月14日民集12巻 4 号350頁 ………… **318、338、353、373**
大判昭和 9 年 5 月29日法律新聞3706号14頁 ……………………………… **116**
大判昭和13年 9 月21日民集17巻20号1854頁 ……………………………… **61**
大判昭和14年10月13日民集18巻17号1137頁 ……………………………… 46
大判昭和17年 7 月 7 日民集21巻13号740頁 ……………………………… **216**
最判昭和25年11月16日民集 4 巻11号567頁 ……………………………… **101**
最判昭和29年 2 月 5 日民集 8 巻 2 号366頁 ………………………………… 231
最判昭和29年 4 月 8 日民集 8 巻 4 号819頁 ………………………………… 305
最判昭和29年11月16日金法61号 4 頁 ………………………………………… 6
最判昭和30年 5 月31日民集 9 巻 6 号793頁 ………………………………… 306
最判昭和30年 9 月29日民集 9 巻10号1472頁 ……………………………… 439
最判昭和32年12月19日民集11巻13号2278頁 ……………………………… 23
最判昭和35年 3 月 8 日最高裁判所裁判集民事40号177頁 ……………… 23
最判昭和36年 3 月14日民集15巻 3 号444頁 ……………………………… **83**
最判昭和36年12月21日民集15巻12号3243頁 ……………………………… 444
最判昭和39年 1 月24日最高裁判所裁判集民事71号331頁 ………… 21、25
最判昭和39年 8 月28日民集18巻 7 号1354頁 ……………………………… 439
最判昭和41年10月 4 日民集20巻 8 号1565頁 ………………………… 371、376
最判昭和42年 5 月23日民集21巻 4 号928頁 ………………………………… 89
東京高判昭和43年 5 月28日判タ226号158頁 …………………………… 314
最判昭和44年 3 月27日民集23巻 3 号601頁 ………………………………… 89
最判昭和45年11月11日民集24巻12号1854頁 ……………………………… 89
東京地判昭和45年11月19日下級審裁判所民事裁判例集21巻11〜12号1447頁 ……… 306
最判昭和46年 4 月23日民集25巻 3 号388頁 ……………………………… 439
最判昭和47年 7 月13日民集26巻 6 号1151頁 ……………………………… 420
神戸地判昭和47年 9 月 4 日判時679号 9 頁 ………………………………… 41
最判昭和48年 3 月27日民集27巻 2 号376頁 ………………………… 23、371、375
大阪高判昭和48年 7 月12日金判525号47頁 ……………………………… **41**
東京高判昭和48年 9 月17日高等裁判所民事裁判例集26巻 3 号288頁 ……… 306

判例索引　471

最判昭和49年 9 月26日民集28巻 6 号1243頁 ･････････････････････････････ 456、459
最判昭和49年12月24日民集28巻10号2152頁 ････････････････････････････････ 42
東京地判昭和49年12月25日判タ322号198頁 ････････････････････････････････ 87
最判昭和52年 8 月 9 日民集31巻 4 号742頁 ･･････････････････････････ 23、375
大阪高判昭和53年11月29日判時933号133頁 ････････････････････････････････ 378
大阪高判昭和54年 9 月28日判タ401号81頁 ･････････････････････････････････ 445
東京地判昭和56年 1 月29日判時1011号73頁 ････････････････････････････････ 374
京都地決昭和58年 8 月27日判例集未登載 ･･･････････････････････････････････ 72
大阪高決昭和58年10月27日判時1106号139頁 ･･･････････････････････････････ 71
最判昭和59年 2 月23日民集38巻 3 号445頁 ･････････････････････････････････ 375
大阪高決昭和60年 4 月16日判タ561号159頁 ･････････････････････････････････ 76
東京地判昭和63年 3 月29日金法1220号30頁 ･････････････････････････････････ 24
東京地判昭和63年 7 月27日金法1220号34頁 ･････････････････････････････････ 25
最判昭和63年10月18日民集42巻 8 号575頁 ･････････････････････････ 421、428
東京地判平成 4 年 1 月16日金判903号30頁 ･････････････････････････････････ 440
最判平成 5 年 1 月19日民集47巻 1 号 1 頁 ･･･････････････････････････････････ 46
東京地判平成 5 年 5 月13日判時1475号95頁 ････････････････････････････････ 434
東京高判平成 7 年 4 月27日金法1434号43頁 ････････････････････････････････ 434
最判平成 7 年 9 月19日民集49巻 8 号2805頁 ････････････････････････････････ 455
大阪高判平成 7 年11月17日民集52巻 4 号1021頁 ････････････････････････････ 459
千葉地判平成 8 年 3 月26日金法1456号44頁 ･････････････････････････････････ 24
東京地判平成 8 年 4 月26日判時1594号105頁 ･･･････････････････････････････ 370
大阪高決平成 8 年10月21日金法1486号102頁 ･･･････････････････････････････ 366
東京高判平成 8 年11月28日判タ962号171頁 ････････････････････････････････ 368
最判平成 9 年 4 月24日民集51巻 4 号1991頁 ････････････････････････････････ 377
最判平成10年 5 月26日民集52巻 4 号985頁 ･････････････････････････････････ 459
最判平成10年 7 月14日民集52巻 5 号1261頁 ･････････････････････ 357、358、429
広島高判平成10年 7 月16日金判1049号27頁 ････････････････････････････････ 314
札幌地判平成10年12月 2 日金判1167号11頁 ･････････････････････････････････ 20
最判平成11年 3 月25日判タ1001号77頁 ････････････････････････････････････ 432
札幌高判平成11年 7 月15日金判1167号 9 頁 ･････････････････････････････････ 20
東京高判平成11年 8 月31日高等裁判所民事判例集52巻36頁 ････････････････････ 35
最判平成11年 9 月 9 日民集53巻 7 号1173頁 ････････････････････････････････ 384
神戸地判平成12年 1 月27日判時1723号126頁 ･･･････････････････････････････ 347
名古屋地裁豊橋支判平成12年 2 月 8 日金判1087号40頁 ････････････････････････ 4
京都地判平成12年 2 月18日金法1592号50頁 ･････････････････････ 332、362、366
最判平成12年 2 月29日民集54巻 2 号553頁 ･････････････････････････････････ 126
名古屋高判平成12年 9 月12日金判1109号32頁 ･････････････････････････････････ 4

東京高判平成12年10月25日金判1109号32頁 …………………………	13
大阪高判平成12年11月29日判時1741号92頁 …………………………	**331**、362
東京高判平成12年12月14日判時1755号65頁 …………………………	36
最決平成13年1月30日民集55巻1号30頁 …………………………	267
東京地判平成13年2月1日判夕1074号249頁 …………………………	161、**252**
最決平成13年7月13日金法1752号53頁 …………………………	332、362
東京高判平成13年8月2日判例集未登載 …………………………	258
大阪高判平成13年11月6日判夕1089号279頁 …………………………	338、**344**
最判平成14年1月17日民集56巻1号20頁 …………………………	**2**、28
最決平成14年2月28日判例集未登載 …………………………	258
東京地判平成14年7月26日判夕1212号145頁 …………………………	**150**、281
最判平成15年2月21日民集57巻2号95頁 …………………………	**19**、375
神戸地判平成15年3月12日判時1818号149頁 …………………………	198
最判平成15年6月12日民集57巻6号563頁 …………………………	10、28
東京高判平成16年1月28日金法1704号59頁 …………………………	378
東京地判平成16年3月29日金判1192号15頁 …………………………	383
最判平成16年7月1日民集58巻5号1214頁 …………………………	266
東京地判平成16年8月27日判時1890号64頁 …………………………	162
最決平成16年12月16日金法1744号56頁 …………………………	355
最判平成17年1月17日民集59巻1号1頁 …………………………	407、424
大阪高判平成17年3月30日判時1901号48頁 …………………………	184、**196**
東京高判平成17年4月28日判時1906号54頁 …………………………	383
大阪地判平成17年7月21日判時1912号75頁 …………………………	162
最判平成18年1月13日民集60巻1号1頁 …………………………	457
大阪地判平成18年1月19日判時1939号72頁 …………………………	184
大阪地裁平成18年7月12日判時1963号88頁 …………………………	184、210
大阪地判平成18年7月21日金法1792号58頁 …………………………	306
最判平成18年12月14日民集60巻10号3914頁 …………………………	**381**、406、419
さいたま地判平成19年5月30日判例地方自治301号37頁 …………………………	31
さいたま地判平成19年11月16日判時2007号79頁 …………………………	31
大阪地判平成20年3月18日判時2015号73頁 …………………………	169
東京高決平成20年6月12日金判1295号12頁 …………………………	266
大阪高判平成20年9月24日判夕1290号284頁 …………………………	11
最判平成21年1月22日民集63巻1号247頁 …………………………	457
神戸地判平成21年2月26日金法1935号71頁 …………………………	133、240、270
東京地判平成21年6月29日金判1324号18頁 …………………………	**233**
熊本地判平成21年7月28日金法1903号97頁 …………………………	303
東京地判平成21年9月1日判夕1324号176頁 …………………………	168

判例索引 473

大阪地判平成21年10月22日金法1934号106頁	403
福岡高判平成22年2月17日金法1903号89頁	**301**
大阪高判平成22年4月9日金法1934号98頁	**400**、425
大阪高判平成22年5月14日金法1935号59頁	**129**、270
大阪地判平成22年8月26日金判1350号14頁	248
最判平成22年10月8日民集64巻7号1719頁	305
名古屋地判平成22年10月29日金法1915号114頁	416
大阪地判平成23年1月28日金法1923号108頁	428
最判平成23年3月22日金法1929号136頁	457
福岡地判平成23年6月10日金法1934号120頁	308
最決平成23年9月2日金法1934号105頁	405
最判平成23年9月30日金法1949号87頁	457
大阪地判平成23年10月7日判時2148号85頁	343、411、422、426
最判平成23年11月17日民集238号115頁	136、239、**269**、293
大阪地判平成23年12月9日判時2141号50頁	142、281
最判平成23年12月15日民集65巻9号3511頁	429
名古屋高判平成24年1月31日金法1941号133頁	411、**412**
東京高判平成24年3月19日金法1958号96頁	89
札幌地判平成24年3月29日判例集未登載	450
東京地判平成24年4月19日判タ1379号140頁	455
札幌高判平成24年9月20日判タ1390号244頁	**449**
東京高判平成24年9月26日判例集未登載	455
東京地判平成24年11月26日判時2182号99頁	167
大阪地判平成24年12月7日判時2175号41頁	456
東京地判平成24年12月25日判例集未登載	453
名古屋地判平成25年1月25日判時2182号106頁	429
大阪地判平成25年1月29日判時2189号93頁	165
大阪地判平成25年3月7日判時2190号66頁	141、277、**285**
大阪地判平成25年3月29日判時2194号56頁	**171**
福岡地判平成25年4月26日判例集未登載	456
大阪地判平成25年5月30日判例集未登載	141
大阪高判平成25年7月19日判時2198号80頁	454
最判平成26年2月25日金判1438号10頁	315

【編集代表紹介】

弁護士 堀 裕 (ほり ゆたか)

堀総合法律事務所代表弁護士
国立大学法人千葉大学理事・副学長・評議院
内閣府公益認定等委員会委員
千葉大学大学院専門法務研究科客員教授
各種金融機関の役員・委員等
モナシュ大学ロースクールLL.M.（Westpac銀行奨学生）

《主要著書・論稿等》

還暦記念論文集『企業法に親しんで』（金融財政事情研究会）、「金融法務と時代」（金融法務事情1978号）、「金融機関の金融商品取引業務と一般的義務の概要」（金融法務事情1992号、共著）、『金融先物取引法解説』（商事法務、1991年、共著）、「不動産に関する権利の証券化と小口化」（NBL517号、523号）、「金融機関による電子決済の概観」（金融法務事情1631号）、「銀行持株会社の創設のための合併手続特例法による合併方式の検討」（商事法務1477号）ほか多数

【編集委員紹介】

信森 久典 (のぶもり ひさのり)

みずほ信託銀行 法務・受託審査部 部長
一橋大学商学部卒業
1986年　入行
2009年　法務部長
2012年4月より現職

秋山 朋治 (あきやま ともはる)

みずほ信託銀行 法務・受託審査部 法務室 室長
東京大学法学部卒業
1994年　入行、筑波大学大学院ビジネス科学研究科法曹専攻修了
2013年2月より現職

《主要著書・論稿等》

『債権流動化の法務と実務』（金融財政事情研究会、2005年、共著）、「信託受益権に対する担保権の設定」（信託法研究第27号）

弁護士　**藤池　智則**（ふじいけ　とものり）

堀総合法律事務所パートナー
千葉大学大学院専門法務研究科講師（企業法務担当）
日本マルチペイメントネットワーク運営機構法務委員長
日本電子決済推進機構法務委員長
ロンドン大学キングスカレッジLL.M.

《主要著書・論稿等》

「新信託法と裁量信託・受益者指定権付き信託－英国法上の裁量信託・指名権付き信託と比較して」（金融法務事情1810号）、「顧客資産の保全方法としての信託の一般的活用」（金融財政事情2840号）、『遺言信託の実務』（清文社、2010年、共著）、「インターネット・エスクロー決済の法的構成案の検討」（NBL707号、共著）、「外国証券取引の実質法上の検討の深化を望む」（金融法務事情1798号）、「金融コングロマリットと内部統制」（金融法務事情1769号）ほか多数

弁護士　**髙木　いづみ**（たかぎ　いづみ）

堀総合法律事務所パートナー
東京大学法学部卒業

《主要著書・論稿等》

「「振り込め詐欺」事件等と金融機関の資金移動取引」（金融法務事情1741号、共著）、「信託型ライフプランの実例分析と総括的検討」（金融法務事情1754号、共著）、「ケーススタディ窓口実務」（金融法務事情1766号、1769号、1771号、1774号、1777号、1779号、1782号、1785号、1787号、1790号、1792号、1795号、共著）、「特集利益相反管理体制の構築－利用者保護の見地から－利益相反等に関するケース・スタディ（事例4・事例5担当）」「〈座談会〉利用者保護管理体制整備の進め方－利益相反等管理を中心として」（金融法務事情1850号）、『新訂 貸出管理回収手続双書 回収』（金融財政事情研究会、2010年、共著）ほか多数

弁護士 **亀甲　智彦**（かめこう　ともひこ）

堀総合法律事務所勤務
東京大学大学院法学政治学研究科法曹養成専攻修了
東京大学法学部卒業
《主要著書・論稿等》
『銀行窓口の法務対策4500講』（金融財政事情研究会、2013年、共著）、『新訂　貸出管理回収手続双書　回収』（金融財政事情研究会、2010年、共著）、『民法改正でかわる金融取引』（金融財政事情研究会、2013年、共著）

【執筆者紹介】

谷川　修一（たにがわ　しゅういち）

みずほ信託銀行　株式戦略ユニット・コンプライアンス・リスク管理室　参事役
東京大学法学部卒業
1995年　入行
2014年1月より現職

弁護士 **岡田　孝介**（おかだ　こうすけ）

みずほ信託銀行株式会社　法務・受託審査部　調査役
《主要著書・論稿等》
『全株懇株式実務総覧』（商事法務、2011年、共著）、『IPO実務検定公式テキスト〔第4版〕』（中央経済社、2013年、共著）、『基礎から学ぶ株式実務〔全訂第2版〕』（商事法務、2010年、共著）、「事業報告作成上の留意点」（商事法務1994号）、「震災の影響はどう出た？　本年6月総会の実態と今後へのアドバイス」（ビジネス法務2011年10月号、共著）

鈴木　あや（すずき　あや）

みずほ信託銀行　個人業務部　調査役
1996年　入行
2013年4月より現職

須田　力哉（すだ　りきや）

みずほ信託銀行　ストラクチャードプロダクツ営業部　部長代理
日本大学大学院法学研究科博士前期課程修了
2002年　入行、学習院大学大学院法学研究科博士後期課程単位取得退学
2012年12月より現職
《主要著書・論稿等》
「指図を伴う信託事務処理に関する法的考察」（信託法研究第34号）、「信託事務の範囲と自己執行義務に関する考察」（学習院大学大学院法学研究科法学論集第19号）

弁護士　隈元　慶幸（くまもと　よしゆき）

堀総合法律事務所パートナー
神奈川大学特任教授
逓信病院治験審査委員
京都大学工学部卒業
《主要著書・論稿等》
「電子的決済と関係当事者の信用リスクに関する論点整理」（金融法務事情1631号）ほか、「知的財産法の基礎と実務」（商事法務）等の知的財産権に関する講演多数

弁護士　野村　周央（のむら　ひろお）

堀総合法律事務所パートナー
東京大学ハラスメント防止委員会委員
東京大学法学部卒業
1992年から2003年まで総務省勤務
《主要著書・論稿等》
「社会保険庁における個人情報保護への取組みの概要」（NBL807号、共著）、「金融機関役員のための新会社法必携（上）（中）（下）（補遺）」（金融法務事情1755号、1756号、1757号、1764号、共著）、「ケーススタディ窓口実務」（金融法務事情1766号、1769号、1771号、1774号、1777号、1779号、1782号、1785号、1787号、1790号、1792号、1795号、共著）ほか多数

弁護士 **松本　亮一**（まつもと　りょういち）

　堀総合法律事務所勤務
　千葉大学大学院専門法務研究科修了
　東京大学法学部卒業
　《主要著書・論稿等》
　『銀行窓口の法務対策4500講』（金融財政事情研究会、2013年、共著）、『民法改正でかわる金融取引』（金融財政事情研究会、2013年、共著）

弁護士 **冨松　宏之**（とみまつ　ひろゆき）

　堀総合法律事務所勤務
　中国清華大学法学院高級進修生
　中央大学大学院法務研究科修了
　東京大学経済学部卒業
　《主要著書・論稿等》
　『民法改正でかわる金融取引』（金融財政事情研究会、2013年、共著）、「民法改正と信用組合の実務③」（しんくみ第60巻第12号）、「民法改正と信用組合の実務④」（しんくみ第61巻第1号）

弁護士 **関口　諒**（せきぐち　まこと）

　堀総合法律事務所勤務
　慶應義塾大学大学院法務研究科修了
　早稲田大学法学部卒業

詳解信託判例──信託実務の観点から

平成26年7月8日　第1刷発行

　　　　　　　　　　　編　者　みずほ信託銀行
　　　　　　　　　　　　　　　堀総合法律事務所
　　　　　　　　　　　発行者　小　田　　　徹
　　　　　　　　　　　印刷所　株式会社太平印刷社

〒160-8520　東京都新宿区南元町19
発　行　所　一般社団法人 金融財政事情研究会
　　　　　　編集部　TEL 03（3355）2251　FAX 03（3357）7416
販　　　売　株式会社きんざい
　　　　　　販売受付　TEL 03（3358）2891　FAX 03（3358）0037
　　　　　　URL http://www.kinzai.jp/

・本書の内容の一部あるいは全部を無断で複写・複製・転訳載すること、および磁気または光記録媒体、コンピュータネットワーク上等へ入力することは、法律で認められた場合を除き、著作者および出版社の権利の侵害となります。
・落丁・乱丁本はお取替えいたします。定価はカバーに表示してあります。

ISBN978-4-322-12570-2